企业并购特征及产业优化效应
——基于供给侧结构性改革背景

赵 息 著

科 学 出 版 社
北 京

内 容 简 介

本书立足于我国经济转型及供给侧结构性改革背景，一方面研究企业并购对“去产能、去杠杆、去库存”的促进作用，另一方面研究并购主体所采取融资方式、支付方式、并购所涉及的行业背景及管理层特征等因素对并购后企业绩效与市场表现的影响。聚焦产业结构调整层面，研究了并购活动带来的产业集聚效应和优化效应。随着经济全球化进程的不断推进，中国企业走出国门，实施跨国并购，本书亦探讨了我国企业跨国并购及其价值创造。供给侧结构性改革下的企业并购具有政府主导的特点，基于此，本书分析了政府主导对企业并购行为及并购效应的影响。

本书对宏观管理部门的政策制定者制定与并购相关的制度规范、企业并购的决策者通过并购活动实现企业价值增值具有借鉴意义。

图书在版编目（CIP）数据

企业并购特征及产业优化效应：基于供给侧结构性改革背景/赵息著. —北京：科学出版社，2020.9

ISBN 978-7-03-062901-2

Ⅰ. ①企… Ⅱ. ①赵… Ⅲ. ①企业兼并－研究－中国 Ⅳ. ①F279.21

中国版本图书馆 CIP 数据核字（2019）第 243071 号

责任编辑：王丹妮 / 责任校对：王晓茜

责任印制：张 伟 / 封面设计：无极书装

科学出版社 出版

北京东黄城根北街 16 号

邮政编码：100717

http://www.sciencep.com

北京九州迅驰传媒文化有限公司 印刷

科学出版社发行 各地新华书店经销

*

2020 年 9 月第 一 版 开本：720×1000 B5

2021 年 5 月第二次印刷 印张：20

字数：398 000

定价：182.00 元

（如有印装质量问题，我社负责调换）

前　　言

自 20 世纪 90 年代发生第一起并购事件以来，我国并购市场得到了迅速发展，涌现出许多成功的案例，如吉利收购沃尔沃，联想收购 IBM 个人电脑业务等。上述企业利用并购手段，实现了“1+1>2”的协同效应，提升了资源配置效率，增强了自身的核心竞争力，实现了跨越式发展。但已有研究表明，相当数量的并购活动并未实现预期目标，没有为股东创造价值，有些甚至损害了股东的利益。企业并购的成败受诸多因素的影响，如企业所处行业、主并企业管理层特征、并购所采用的融资方式和支付方式、宏观管理部门的政策导向等都会影响并购活动的经济结果。因此，并购的资源整合和价值创造效应仍是学术研究的热点。

目前我国经济发展已经步入新常态，为进一步适应新的经济形势，促进国民经济稳定健康发展，中央于 2015 年提出实施供给侧结构性改革，要求在适度扩大需求的同时，着力于提升供给体系的质量和效率，推进结构性调整，扩大有效供给，增强供给侧对需求变化的适应性和灵活性，提高全要素生产率。具体包括“三去一降一补”五大任务，即钢铁、煤炭等产能过剩行业去产能；房地产业去库存；银行业降低不良贷款及地方政府降低债务比重，实现去杠杆；降低工业制造业企业的成本；弥补创新能力不足的短板。通过推进企业兼并重组，可以淘汰落后产能，推进产业结构升级；可以优化企业资本结构，降低债务风险；可以消化积压库存，实现房地产市场稳定发展的长效机制，最终实现“去产能、去杠杆、去库存”三大目标。同时，并购带来的协同效应与效率的提升亦能间接地推动“降成本、补短板”两大目标的实现。因此，供给侧结构性改革背景下如何通过企业并购活动，推动国民经济持续高质量发展，已成为当前和今后一段时期中国经济发展中的重大战略问题。

本书结合我国经济转型及供给侧结构性改革的大背景，一方面研究并购对“去产能、去杠杆、去库存”的促进作用，另一方面研究企业所处行业、管理层特征、并购融资方式和支付方式等因素对并购后企业财务绩效与市场表现的影响。同时，从经济发展的宏观视角，聚焦产业结构调整层面，研究并购活动带来的产业集聚效应和产业优化效应。由于经济全球化进程的不断推进，越来越多的企业走出国门，实施大规模的跨国并购。因此，本书也探讨了我国企业跨国并购及价值创造的相关问题。此外，供给侧结构性改革下发生的并购具有政府主导的特点，基于此，本书探讨了政府主导对企业并购行为及并购效应的影响。最后，本书为宏观管理部门的政策制定者和企业管理层提出相关建议，以提高政策制定和并购决策的科学性与合理性，为推动产业结构优化升级，提高并购绩效提供借鉴。

在章节安排上，全书共分 10 章，具体内容如下：

第 1 章介绍了本书的研究背景和意义，评述了相关领域的文献，提出了研究目标和研究方法。

第 2 章对并购相关概念进行了界定，梳理了并购相关理论，为之后的研究提供了理论基础。

第 3 章和第 4 章研究了并购化解产能过剩，提高行业集中度（concentration ratio，CR_n），推动产业结构优化升级的作用。第 3 章从宏观角度出发，研究了并购后企业的市场表现及效率的变化，并分析了并购带来的产业效应；第 4 章从具体行业视角分别研究了并购对有色金属行业和煤炭行业产能和绩效的影响。

第 5 章研究了并购改善企业资本结构、降低杠杆率、化解债务危机的作用。同时基于资本结构理论，论证了企业负债率对并购融资方式、并购支付方式及并购绩效的影响。

第 6 章研究了并购对房地产行业降低库存、提升效益的作用。同时选取营利能力、市场价值、股权集中度等关键性特征指标，探究这些因素对并购绩效的影响。

第 7 章和第 8 章研究了跨国并购的相关问题。第 7 章着重于跨国并购价值创造的实证检验；第 8 章则聚焦于管理层特征因素，研究其对并购后企业绩效的影响。

第 9 章研究了政府控制下企业并购的相关问题，首先研究了政府控制对企业并购频率和规模的影响，在此基础上实证检验了并购前后企业绩效的变化，最后依据相关理论，探讨了高管权力对并购绩效的调节作用。

第 10 章对全书进行了总结，分析了供给侧结构性改革的现状，提炼了全书的主要研究成果，并据此为政府和企业提出相应政策建议。

本书的撰写得到了笔者的研究生团队的大力支持。硕士研究生齐媛参与了

第 3 章的写作，硕士研究生古拉拉·哈力木、李玥沂参与了第 4 章的写作；博士研究生陈佳琦、硕士研究生刘欣参与了第 5 章的写作；硕士研究生高源参与了第 6 章的写作；博士研究生褚洪辉参与了第 7 章、第 8 章的写作；博士研究生屈海涛参与了第 9 章的写作。此外，硕士研究生张景文参与了全书的校对和编辑工作。

目　录

第1章 绪　论

1.1 研究背景与研究意义

1.1.1 研究背景

自改革开放以来，我国经济经历了飞速发展，但同时也面临着一些问题。2008年经济危机期间，政府为保证经济增长和稳定就业出资4万亿元刺激经济，通过政策扶持效益低下的企业，在取得一定成效的同时也产生了许多问题，如部分行业产能过剩，杠杆率过高，资源无法有效配置且在低效企业沉淀，企业持续亏损、效益恶化。在当前阶段，我国经济发展中的矛盾比较突出，具体表现为长期经济结构不合理及结构性产能过剩而导致的“供给失灵”。一方面，产能过剩导致低效率的资源配置，主要集中在钢铁行业和煤炭行业；另一方面，国内的生产无法满足消费者的有效需求，导致消费与供给脱节。如果“供给失灵”无法找到有效的解决方案，单纯地增加内需势必会造成更加艰难的结构性调整问题。与此同时，债务规模的几何式上升也导致实体经济杠杆率快速上升，加剧了潜在的金融风险；房地产行业库存的积压与居高不下的房价也制约着经济的发展。面对新常态下错综复杂的新型经济形势，2015年11月，以习近平同志为核心的党中央首次提出“供给侧结构性改革”的经济工作战略部署，要求在适度扩大总需求的同时，从供给端与生产端出发进行改革，提高生产效率，增加有效和优质供给，减少无效和劣质供给。2015年12月，中央经济工作会议更加明确地强调了在我国宏观经济进入平稳发展局面的背景之下，供给侧结构性改革的“三去一降一补”五大任务，以此来提高供给体系质量和效率。

进入新常态的中国经济，面临一系列新的矛盾和问题，表面上是速度问题，但根本上是结构问题。一方面，在长期形成的粗放式发展惯性作用下，一些过度盲目投资的如钢铁、煤炭、水泥、玻璃、石油、石化、铁矿石、有色金属等几大行业形成了严重的产能过剩，已成为制约中国经济转型的一大包袱；另一方面，中国高品质消费品供给严重不足，产业结构亟须优化升级。供给侧结构性改革的重点是产能结构，要淘汰落后产能、化解过剩产能，使产业优化升级。而并购作为一种扩大企业规模、实现外延发展的市场手段，可以使企业突破传统的有机增长方式，通过资本运作手段，实现生产规模的跨越式发展，显著降低运营成本，达成财务、管理、战略等多层次协同效应，对产业升级、资源配置和刺激经济增长新动力具有重要意义，是实现供给侧结构性改革五项目标的有效手段。因此，供给侧改革背景下，如何通过企业并购活动提高资源配置效率，并促进产业结构优化升级，已成为中国经济发展中的重大战略问题。

纵观世界经济发展史，并购浪潮此起彼伏，贯穿于整个近现代工业文明发展的全过程。美国经济学家、诺贝尔奖得主 George 对此有过精辟的论述：没有一家美国大型企业不是在某个时点通过某种方式的兼并收购成长起来的，也几乎没有一家公司是单纯依靠利润的积累和内生性增长发展壮大起来的。并购作为配置生产要素的重要方式，为企业开辟了高效获取战略资源、迅速进入目标市场的便捷通道。经济上行周期中，基于对经济增长的信心和投资回报的良好预期，并购同行业竞争对手或上下游关联公司成为企业扩大生产规模、提升市场份额的重要战略手段。与投资新建等方式相比，并购能够让企业第一时间获得市场存量资源，大幅降低目标市场进入壁垒，迅速抓住转瞬即逝的市场机遇。经济下行周期中，全球资源定价普遍降低，众多并购标的在资本寒冬中纷纷寻求资金注入，与此同时，市场中涌现出一批意图通过多元化发展规避风险的潜在买家，多种因素的叠加为并购市场的繁荣和发展创造出广阔的空间。因此，尽管世界经济起起伏伏，资本市场中的并购行为却如火如荼，企业并购成为管理学界和经济学界永恒的热点话题。

自 19 世纪世界步入工业化时代至 2010 年，以美国为代表的西方国家共经历了五次并购浪潮（表 1-1）。第一次并购浪潮发端于 1883 年全球经济危机爆发之后，以同行业内的横向并购为典型特征，并购史上第一单超过 10 亿美元的并购就诞生于此次并购浪潮中——美国钢铁公司陆续收购卡内基钢铁公司等 785 家钢铁公司，重组后的美国钢铁集团产量一度占到整个市场的 75%，成为美国钢铁行业名副其实的主导者。第二次并购浪潮始于 1916 年，止于 1929 年，此次并购浪潮以纵向并购为主要方式，共有 12 000 余家企业消失在此次并购浪潮之中。通过对上下游企业的兼并和整合，寡头企业应运而生。第三次并购浪潮发生于 1965~1969 年，第二次世界大战后美国掌握了世界经济的主导权，电信等一系列新兴行业迅速崛起，行业内的并购重组络绎不绝；与此同时，传统行业借助第三次工业革命产生的一系列尖端技术也发生了颠覆式的变革和创新，并购舞台上“以小博大”的现象时有发生。第四次并购浪潮贯穿整个 20 世纪 80 年代，高盛、摩根大通等华尔街投资银行成为此次并购浪潮的重要推手，投资银行的崛起成为第四次并购浪潮显著不同于前三次并购浪潮的重要特征。随着经济一体化进程的加速和全球分工协作体系的初步建立，第四次并购浪潮正式拉开了跨国并购的序幕，1987 年英国石油公司出价 78 亿美元收购美国标准石油公司成为当时跨国并购的典型案例。第五次并购浪潮始于 20 世纪 90 年代中期，经济全球化背景下的金融创新、产业升级、管制趋松和科技革命共同推动跨国并购取代绿地投资成为对外直接投资的主导方式，众多大型跨国公司将围绕主业打造核心竞争力并逐步拓展全球市场作为公司经营的核心战略，跨国公司之间围绕资源整合进行的战略导向型并购持续升温，成为推动企业跨国并购的重要动因。

表 1-1 西方国家五次并购浪潮基本情况

时间	类型	并购动机	行业	典型案例
1883~1904 年	横向并购	追求规模经济与垄断利润	铁路行业、冶金行业、石化行业	美国钢铁公司陆续收购卡内基钢铁公司等 785 家公司
1916~1929 年	纵向并购	规避法律限制、降低交易成本	钢铁行业、机械行业、有色金属行业	巴雷特化工公司、通用化学公司、苯胺化学公司、蛋氨酸苏威公司合并组建联合化学股份有限公司
1965~1969 年	混合并购	多元化经营、分散风险	电信行业、餐饮行业、基建行业	美国国际电话电报公司收购喜来登酒店、大陆银行、安飞士汽车租赁公司
1981~1989 年	杠杆并购	摆脱经营困境、全球扩张	金融业、医疗卫生行业、批发零售行业	英国石油公司收购美国标准石油公司
1996~2010 年	战略并购	引入先进技术、强化主业	信息行业、生物医疗行业、航空航天业	美国在线与时代华纳合并为美国在线时代华纳

我国的并购重组交易于 20 世纪 90 年代起步，近年来，并购重组市场处于十分活跃的状态。CVsource 统计，2011 年以来，我国并购重组市场交易完成规模整体呈现上升趋势，仅仅在 2016 年略有回落。并购交易完成数量及披露交易金额均在 2015 年达到历史峰值，并购完成案例数量为 5 236 个，披露的完成交易并购金额更是达到 3 422.3 亿美元，并购已成为企业实行发展战略的重要途径。

因此，本书立足于供给侧结构性改革这一背景，结合去产能、去杠杆、去库存等具体目标，研究企业进行相关并购活动时的特征，以及对产业优化的推进作用，丰富相关并购理论，为宏观管理部门的政策制定者和企业管理层提出相关建议，以提高政策制定和并购决策的科学性与合理性，为推动产业结构优化升级、提高企业并购绩效提供借鉴。

1.1.2　研究意义

目前，我国经济正处于转型期，经济发展已由追求速度转变为追求质量，越来越多的企业开始运用并购重组这一得力手段寻求优质资源、提升发展质量、提高经营效率，客观上促进了资源的优化配置及产业结构的调整升级。因此，本书结合我国供给侧结构性改革背景，研究企业并购特征及产业效应，具有一定的理论意义和现实意义。

1. 理论意义

第一，有助于丰富和发展我国并购的相关理论。20 世纪 90 年代初我国出现第一起并购案例后，并购市场得到了迅速发展，并购已成为大型企业在发展壮大过程中必不可少的手段。与此相对的，由于我国的并购市场发展历史较为短暂，针对并购的研究成果同国外相比仍有较大差距。并购作为一项不确定性较高的企业价值创造活动，其中蕴藏的风险问题不容忽视，我国企业开展并购活动时不仅面临着西方企业经历过的一系列共性问题，也面临着我国特殊的时代背景下产生的不同于西方企业的个性化问题。具体而言，在并购刚刚在我国萌芽的时期，国有企业凭借雄厚的财力和显著的政策优势成为跨国并购大军中当仁不让的主力，频繁活跃在世界各大并购要案之中。与西方资本市场股权高度分散不同，我国资本市场中国有控股公司占据较大比重，相当一部分上市公司是由国企转制而来的，许多并购行为都是由政府的政策推动的。与此同时，民营企业在我国经济腾飞的过程中也获得了长足的发展，随着我国市场经济的日臻成熟和完善，政策层面也给予了民营企业更加宽松的氛围和更加公平的竞争环境，民营企业逐渐成长为我国企业跨国并购大军中举足轻重的力量。因此，国有企业和民营企业双足鼎立的态势及政府与政策的推动成为我国企业并购活动不同于西方企业的显著特征。本书根据我国国情与经济体制，在西方研究的基础上对我国并购市场相关问题进行了研究。

第二，为有关并购的研究提供新的视角。已有的对企业并购效应等问题的研究尚局限于以并购交易方为研究对象，主要是从参与并购的企业主体视角研究企业并购自身的行为特征，鲜见结合国家战略和宏观经济背景解读企业并购特征的研究。在企业并购效益评价研究方面，仅关注微观组织的并购特征及绩效，而且过分关注企业并购的财务价值。本书的研究结合宏观政策，以供给侧结构性改革背景下的并购行为为研究对象，重点聚焦于高产能、高库存、高杠杆行业与并购重组的研究，将国内并购研究与跨国并购价值创造研究相结合，拟探讨供给侧结构性改革背景下企业并购的特征及并购效应评价问题。一方面，研究供给侧结构性改革背景下特定行业的企业并购活动中的新特征，在从并购参与方即微观视角探讨并购特征和效益的同时，亦从宏观层面对企业并购带来的产业优化效应进行探究。另一方面，研究我国企业跨国并购的价值创造效应及其影响因素，为企业实现"走出去"目标、延伸产业链、提升相关产业在全球价值链中的地位提供理论依据。这一系列研究丰富了我国市场上与并购相关的理论，为并购活动的进行提供了理论支撑，为研究企业并购活动提供了新的思路。

2. 现实意义

第一，为科学合理地评价并购活动对企业及相关产业产生的影响提供方法。随着我国经济发展进入稳定增长的新常态及供给侧结构性改革的不断推进，并购重组活动将会在资本市场上呈现出愈演愈烈的态势。然而，并购双方交易达成仅仅是第一步，交易双方能否实现实质性整合、预期的协同效应能否实现等诸多因素都将影响并购活动的成败。科学有效地衡量并购绩效对未来的并购重组交易具有参考意义。资本市场对并购重组事件持何种态度？并购重组事件是否使得股东财富显著增长？并购重组活动能否提升企业的运营效率？以供给侧结构性改革政策为导向的兼并重组对行业整体市场结构造成怎样的影响？是否实现了预期中的产业效应？这些都是研究者亟须解决的重要现实问题。本书以已有文献中的并购绩效评价方法为基础，结合我国供给侧改革的大背景，期望达到合理全面评价并购活动经济效益的目标。

第二，为企业及政府宏观管理部门和行业政策制定者提供有益借鉴。研究供给侧改革背景下企业并购重组的特征，一是为企业管理层实施并购活动提供指导。通过研究总结企业并购活动中的一般性规律，引导企业在选择并购目标、融资方式与支付方式等方面进行科学决策，从而实现企业并购的预期目的，即企业价值增值，最终实现企业可持续发展。二是为政府宏观管理部门制定相关政策提供有益借鉴。结合去产能、去杠杆、去库存等具体目标，研究企业并购活动所产生的产业优化效应，为政府科学制定相关的产业政策提供决策支持，促进产业结构优化升级，规范资本市场的运作，促进我国资本市场稳定、健康发展。

1.2 供给侧改革与并购文献回顾

1.2.1 并购与去产能

供给侧结构性改革五大任务之一的“去产能”即化解过剩产能。产能过剩是国内外经济发展进程中难以规避的问题，产能严重过剩将引发市场价格大幅下跌，产生大量滞销库存，影响企业的周转能力和营利能力，不利于行业长期发展。国内外研究者对产能过剩开展了广泛研究，研究重点主要是产能过剩的含义及其形成动因。

1. 产能过剩的含义

国外研究学者基于微观经济学理论，认为在垄断竞争或者不完全竞争的市场结构下，生产者无法实现最优产出水平，实际产出未能达到产能产出而形成产能过剩。但在界定产能产出时，研究结论存在分歧。Kamien 和 Schwartz（1972）将实现最低平均成本作为产能产出的衡量要素。Kirkley 等（2002）则把固定投入存量作为最优产出的约束条件，将产能产出界定为在假设可变投入不受限制的条件下，固定投入存量利用程度最佳状况下所能达到的最大产出。

国内学者对产能过剩的定义则结合了宏微观经济学理论，并且更加侧重于从宏观角度出发界定产能过剩。早期的研究学者多数将经济周期视作产能过剩的主导性因素。李江涛（2006）认为由于经济周期步入衰退或萧条阶段，市场需求处于疲软状态，生产者的实际生产能力超出了市场中实际的有效需求，从而形成了周期性产能过剩。在 2008 年全球经济危机后，我国的产能过剩矛盾日益突出，学者们对产能过剩的探讨也逐渐增多。王立国和张日旭（2010）界定了体制性产能过剩这一概念，认为在政府主导的经济发展模式下，政府对市场经济的过度干预可能导致过度投资和重复建设。周劲和付保宗（2011）等研究学者则认为，除了周期性产能过剩以外，在产业演进进程中存在的供需错配问题引发了结构性产能过剩，即落后产能严重供过于求，但先进产能供不应求。

2. 产能过剩的形成动因

国外学者通常将产能过剩视为经济周期下的常规现象，对产能过剩成因的研究极少。国内学者的相关成果较为丰富。基于我国社会主义市场经济的特殊性，关于产能过剩成因，张维迎（1998）等学者认为是经济结构失衡，林毅夫（2007）等学者认为是市场失灵。韩国高（2013）以行业集中度、赫芬达尔-赫希曼指数（Herfindahl-Hirschman index，HHI）和熵指数衡量我国钢铁行业的市场结构，认为严重偏低的行业集中度导致了企业过度进入和产品结构失衡等问题，使得产能过剩愈发严重。程俊杰（2015）探究了税负、贸易保护、创新补贴等产业政策对产能利用率的影响。随着供给侧结构性改革政策的推进，更多的研究学者将产能过剩的成因与供给侧结合起来。鞠蕾等（2016）认为单方面需求管理引发了供给侧结构性矛盾，地方政府通过把控要素供给不当地影响了公司投资及退出决策，他们用制造业12年面板数据实证检验了这一影响机制。胡荣涛（2016）持有相似观点，认为供需结构失衡实际上表现为供给过剩，成因包括投资规模、结构、效益失当，政策导向及管控方式不合理。

3. 产能过剩与并购重组

在目前政策过度倾斜、行业高同质化、内外需求锐减的行业背景下，并购重组是产能严重过剩行业去产能的重要手段。产能过剩和并购重组之间的关系是国内外学者的重要研究课题。Jensen（1993）通过对并购动因的研究发现，产能过剩驱动的并购重组活动广泛存在。产能过剩条件下企业受到公司治理的约束，难以实现企业规模收缩，主要依赖并购重组方式化解过剩产能。史贞（2014）对美国、日本、德国应对产能过剩问题的经验进行研究，认为兼并重组有助于化解过剩产能、促进产业转型升级。

1.2.2 并购与去杠杆

五大供给侧结构性改革任务之一的“去杠杆”即为改善债务结构，增加权益资本比重。杠杆在企业内体现为资本结构。适度的债务比率有利于企业盈利和经济发展，但如果杠杆率过高，债务增速过快，还债的压力就会反过来增大金融风险甚至拖累发展。对于去杠杆，国内外学者主要从以下方面展开了广泛研究。

1. 资本结构的含义

资本结构是企业在一定时期内进行债务-股权组合筹资形成的累计结果，反映了企业债务资本和股权资本的价值构成及其比例关系。从广义上看，资本结构是指企业全部资本的价值构成及比例关系。从狭义上看，资本结构是指各种长期资本的价值构成及比例关系。企业在实际经营管理过程中会出于各种原因调整自身资本结构。这种调整包括两个方向：资本结构的向上调整和向下调整。主要是通过增加或降低企业的负债率完成对资本结构的向上或向下调整。以资产负债率为例，该比率是企业的负债总额与企业资产总额的比，因此资产结构的向上调整可通过债务融资或股票回购等完成，资产结构的向下调整可通过减少债务或增资扩股等完成。

企业承担过度负债压力时，将面临较大破产风险；而杠杆不足时，企业将不能充分利用举债形成的税盾效应，从而损害企业价值。因此，企业会对自身资本结构进行调整，且 Hovakimian 等（2001）、Flannery 和 Rangan（2006）已通过研究证实，这种调整将使得企业的资本结构保持或动态维持在一个合理的水平。

2. 资本结构与并购融资方式

已有关于企业目标资本结构与并购融资方式的研究认为，并购融资会引入外部投资者，从而引发企业资本结构的变动，最终可能影响公司运作效率和股东价值。因此，从企业角度出发，可以通过并购融资行为优化资本结构。

国外学者关于此问题的研究多数认为并购融资是企业的一种资本结构优化行为。Ozkan（2001）针对390家英国上市公司的实证研究表明，企业存在长期目标杠杆率且该比率对融资决策有重要影响。Titman 和 Tsyplakov（2007）设计了一个包含持续投资和融资选择的资本结构动态模型来探讨财务困境成本与债务人、股东权益代理问题之间的相互作用。该模型同时得出了公司资产的折旧率、预期未来增长机会、财务困境成本、税收和交易成本等公司特征对债务选择的影响。Harford 等（2009）对 1981~2000 年美国上市公司大规模并购交易的研究指出，如果主并方实际杠杆率比目标水平高，主并方更倾向于权益融资而不太可能通过债务为并购提供资金，这一结果支持了动态权衡理论。Uysal（2011）发现，管理者在计划收购时会考虑杠杆的偏差，这一偏差对收购行为的影响不对称，过度杠杆公司发起收购的可能性较小，并且不太可能在其报价中使用现金，而杠杆不足的主并方不存在这些现象。但若过度杠杆公司管理者认为进行收购的可能性很高，也会积极调整其资本结构。Elsas 等（2014）选取美国并购事件来检验资本结构的三个观点：权衡、优序融资和市场择时假设，发现与目标调整行为一致的证据很强。用于并购的债务（股权）的比例在很大程度上取决于公司实际与目标杠杆之间的差异。在大型并购项目融资时，过度杠杆的公司减少债务并增加股本。在股价上涨或市账率高的时候，公司也倾向于发行更多的股票。国内学者对于此问题的研究主要基于企业并购支付方式选择的视角，忽视了对为支付并购对价需要采用的融资方式的研究。刘淑莲等（2015）考察了企业是否利用并购机会进行资本结构的动态调整，发现企业在并购时会选取一定的支付与融资方式来向目标水平调整其资本结构。赵子坤（2017）基于企业产权属性视角，研究得出民营企业杠杆正向偏离越大，并购中现金支付比例越小；国有企业杠杆负向偏离越大，并购中现金支付比例越大，而民企不会显著提高现金支付比例。李井林（2017）综合考虑动态权衡理论和市场择时理论，探究资本结构在并购融资决策中的作用，得出与股价被低估的主并方相比，过度杠杆且股价被高估的主并方更倾向于选择股票融资方式。

3. 资本结构与并购支付方式

已有关于资本结构与支付方式的研究认为，不同的支付方式会显著影响资本结构，因此企业在选择并购支付方式时，资本结构是其考虑的重要因素之一。学界对于资本结构影响支付方式的研究，主要集中于两个角度：一是管理层控制权和债务能力对支付方式的影响；二是从企业目标资本结构的角度，对并购支付方式选择的影响进行研究。

关于管理层控制权对并购支付方式选择影响的研究，早在 20 世纪 90 年代，西方学者 Stulz（1990）便提出目标公司管理层控制权比例将影响并购交易中的对价支付。后来 Martin（1996）的进一步研究显示股权控制与股票支付的关系在管理层控制权低于5%和高于25%时并不显著，而当控制权处于5%~25%时，股权控制与股票支付呈负相关关系。Faccio 和 Masulis（2005）则以并购方最大股东的控制权对支付方式的影响为研究对象，发现并购方在股东持股处于 15.79%~61.67% 时最有可能选择现金支付。Hovakimian 等（2001）在对“债务-股权选择”的研究中以企业的有形资产衡量债务能力，发现企业的债务容量与选择现金支付的可能性呈正相关关系。而 Faccio 和 Masulis（2005）则以“负债加交易价之和”与“资产加交易价之和”的比例作为衡量企业债务容量大小的标准。他们通过研究1997~2000年欧洲市场完成的3 667起并购交易中的并购支付方式选择，认为支付方式受到债务融资能力的影响。现金支付往往需要进行融资。当面临债务融资和股权融资的选择时，企业不得不在控制权集中度和债务发行成本中进行权衡。因此，企业是否选择现金支付，受到债务融资能力和本身债务容量大小的影响。

国内学者孙世攀等（2013）在 Faccio 的研究基础上，结合我国市场背景，将现金支付、股票支付和混合支付均纳入样本进行研究，结果表明我国企业高管持股比例和并购交易使用现金支付比例显著正相关，且大股东持股的中间区域内，股权比例与股票支付的使用正相关；同时还证明我国企业债务容量与现金支付比例显著正相关。部分学者也通过实证研究，证明融资约束对我国企业并购支付方式的选择产生影响（谢纪刚和赵立彬，2014；葛伟杰等，2014a）。融资约束与公司的现金持有量显著负相关，而现金持有量越多，并购方越有可能选择现金支付。通过对国内上市公司的实证研究，融资约束越高，企业越有可能选择股票支付。

与此同时，学者们还从目标资本结构的角度切入，研究并购前资本结构与目标资本结构的偏离对并购支付方式的影响。关于目标资本结构对并购支付方式的影响，国外学者的研究较为深入。Baxter 在 1967 年提出目标资本结构的存在性，大量研究也证实了这一观点。Hovakimian 等（2001）从动态权衡理论出发研究企业行为，发现企业会通过债务融资或股票回购等方法维持特定的杠杆比例。Flannery 和 Rangan（2006）通过构建调整模型证实企业存在特定的目标资本结构，并会进行调整使其资本结构趋近于目标资本结构。Harford 等（2009）收集了 1981~2000 年美国 1 188 个收购案例数据，研究并购前企业资本结构与目标水平的偏离如何影响并购融资方式的选择及并购后企业如何调整资本结构，并得出结论：企业不仅存在目标结构，而且资本结构与目标水平的正向偏离与企业选择债务融资的可能性显著负相关，也就是说，当资本结构与目标水平的正向偏离较大，即杠杆赤字较高时，企业更有可能选择股权融资。Uysal（2011）的研究证实了 Harford 的结论，并进行了补充。他认为企业资本结构与目标水平的偏离确实影响并购交易中现金支付的使用，过度杠杆公司采用现金支付的可能性很小且支付的溢价极低。Jiang 等（2013）也认为企业在筹划并购活动时，在并购支付方式的选择方面，应谨慎考虑并购前资本结构与目标资本结构的偏离度。Vermaelen 和 Xu（2014）通过构建预测模型与实际实行的筹资决策进行比较，发现公司在选择并购支付方式时，倾向于使其资本结构发生较小偏离的方式。

国内研究则略显不足，赵息和孙世攀（2015）结合我国资本市场发展阶段特征，不仅证实企业资本结构对并购支付方式会产生影响，且进一步研究证明，我国企业并购交易中，杠杆赤字对支付方式具有显著调节作用，且这种作用在股市高涨期间尤为明显，而在股市低迷时期并不显著。

4. 支付方式与并购绩效

截至目前，学者们对现金支付和股票支付方式的并购研究占大多数，因此本书对这两种方法与并购绩效研究进行重点梳理。国内外学者对二者之间的关系做出了大量实证研究，选择事件研究法、财务指标法进行的实证研究居多，但研究结果并不一致。一方面，部分学者认为，采用股票支付的并购方在并购活动发生之后的企业财务指标及股票市值优于其他支付方式。Chang（1998）对美国私募企业研究发现，股票支付的短期绩效较好，而现金支付获得的短期绩效为负，获得该种实证结果的主要原因是股权集中度的调节作用。周绍妮和王惠瞳（2015）、Andrade 和 Stafford（2001）分别从风险分担理论和公司治理角度分析得到了相同的结论。陈信元和原红旗（1998）采用会计指标法对2000年上市公司并购全样本进行研究发现，股票支付的企业绩效大于现金支付，其中关联交易是其主要影响因素。

另一方面，也有部分学者认为，选择现金支付能够提高企业并购效率。主要有以下三个原因：①基于自由现金流理论，采用现金支付方式的并购活动会传达给投资者这样一个信号，即并购方拥有大量自由现金流，且对于目标公司的未来发展和经营水平拥有信心，股东能够从并购活动中取得正向超额收益。②选择股票支付的并购方会认为自身股价被市场高估，容易向投资者传达消极信息，导致异常收益为负。Travlos（1987）从并购财富与并购支付方式关系角度研究发现，并购方采用现金支付能够获得正向超额收益，而股票支付获得负向异常收益，Wansley 和 Yang（1983）也印证了这一观点。③从信息不对称角度出发，如果并购方能够获得预期收益，则在并购活动中并购方更倾向于选择现金支付。

从财富分配效应的角度来看，支付方式对并购绩效的影响还依赖于并购方和被并购方的特征。从目标公司角度来看，得到的研究结论大体一致，无论选择现金还是股票支付，目标公司股东均能获得平均 10%~30%的正向超额收益，如 Schwert（1996）、余光和杨荣（2000）、杜兴强和聂志萍（2007）等。从并购方的角度来看，并购方会基于以下两点更加倾向于选择股票支付：①价值估值。Hansen（1987）和 Fishman（1989）等发现，当股票价值被低估时，并购方更愿意采用现金，相反则更愿意发行股票，而当股票价值被高估时，“逆向选择效应”会增加并购方选择股票支付的动机。Travlos（1987）发现，在并购活动中公告效应为负的更多选择了股票支付，这有效地证明了逆向选择理论。这种效应减小了并购方股东控制权被威胁的可能，导致并购方最终选择股票支付。②资本市场特定时期的特征。这也是并购方选择支付方式所考虑的重要因素，在资本市场处于低谷而股市行情蒸蒸日上时，资本结构与支付方式的交互作用使得并购方更倾向于选择股票支付。

1.2.3 并购与去库存

去库存，主要针对房地产行业，旨在扩大有效需求，打通供需通道，消化库存，稳定房地产市场。为达成这一目标，中央政府提出了消化房地产库存的路径，通过进一步深化改革户籍制度及不断推进城市化率、新农民工落户城市来消化房地产库存，继续推动落实住房制度改革，完善棚改安置房、公租房、租赁市场并打通商品房市场与它们的界限，这需要发挥政府的购买力量来消化房地产库存，此外，前期各大中城市纷纷制定了限购政策，政府可以根据市场变化对政策进行动态调整以消化房地产库存等。其中，房地产企业间的并购行为，可以整合行业资源、明确房地产开发战略并实现精准营销以实现房地产业去库存的目标。目前，已有的研究主要是针对房地产行业的并购效应展开的。

国内不少学者对房地产行业上市公司并购活动的绩效表现进行了研究，但并未得到一致结论。刘京虎和李兵（2013）将我国房地产企业战略规划、策略选择加入理论模型，探究其与并购绩效之间的影响关系，研究发现我国房地产企业短期并购绩效并不明显，具有延时性；同时，采用非水平一体化战略、股票支付的并购事件的绩效表现明显优于其他类型的并购。刘正菊（2012）研究了不同因素对我国房地产上市公司并购绩效的影响，发现我国房地产并购事件降低了公司绩效，股权性质与结构会对绩效表现有负向影响，交易相对规模有正向影响，而是否属于关联交易则并不会对绩效表现产生显著影响。黎泽（2011）采用财务指标法评价上市公司并购绩效，发现房地产企业并购发生当年绩效表现最好，而后期则会出现明显下降，两年之后绩效又开始提高。侯杰（2013）分别运用事件研究法和财务指标分析法进行研究，发现房地产并购公司在短期内绩效表现较好，而长期绩效则与并购后期的整合过程相关，当实现规模经济与协同效应时才能够表现出竞争优势。熊欣（2014）基于平衡计分卡对我国珠三角地区房地产企业并购绩效进行了研究，发现并购绩效与并购参与双方特征、政府行为及并购发生后的整合过程息息相关，因此在评价绩效时应当各有侧重。

1.2.4 跨国并购研究综述

跨国并购指一国企业（又称并购企业）为了达到某种目标，通过一定的渠道和支付手段，将另一国企业（又称被并购企业）的所有资产或足以行使运营权的股份收买下来，从而对另一国企业的经营管理实施实际的或完全的控制行为。这已成为当今时代下中国经济深度参与全球产业协作、化解国内过剩产能、实现供给侧结构性改革的重要战略手段。

1. 跨国并购动因

John Dunning将企业的资产划分为两种类型：一类是自然资源，除了包括传统意义上的矿产资源、能源、林木资源等能够直接从自然界获取的资源外，还包括未经专门培训的劳动力等原生态的资源；另一类是创造性资产，指的是经过后天努力而获取的以知识为基础的资源，主要包括专利成果、专有技术、品牌、商标等资产，这类资源具有独创性和难以模仿性等特征，是企业竞争优势的根本来源。

跨国并购是企业获取创造性资产、打造核心竞争优势的重要战略途径。企业资源观理论认为，企业能够较为轻易地获取自然界中普遍存在的资源，这些资源并不具备稀缺性特征，无法帮助企业构筑行业壁垒。企业竞争力的来源必须是短时间内不能被竞争对手掌握或复制的核心资源，这些资源不仅包括专利、商标等显性资源，还包括企业价值观、组织架构、管理范式等隐性资源。不管是显性资源还是隐性资源均具有一定的路径依赖性，需要耗费较长的时间才能构建完成。跨国并购能够让企业在短时间内获取这些稀缺性的战略资源，在新兴市场中迅速建立起竞争优势，并将其与自身优势有机融合，通过资源的配置与整合提升企业经营绩效。

除了获取创造性资产，市场开拓也是企业跨国并购的重要动机。企业通过并购目标市场所在地的企业，能够获得完整的产品分销网络，并借助企业在当地建立起来的客户资源和品牌渠道迅速切入当地市场，打开销售局面。与此同时，并购也是构建行业壁垒、强化市场势力、提高企业经营绩效的重要手段。

中国企业跨国并购初期，其主要的战略目标是获取目标企业先进的技术和管理经验，以提升企业的技术实力。中国企业在这一过程中将后来者优势发挥到极致，充分利用中国的人口红利和政策优势，提升产品和服务的市场竞争力，企业产品逐渐由内销转为出口，中国企业跨国并购动机呈现出市场寻求与技术获取交相辉映的情况。2001年加入WTO（World Trade Organization，世界贸易组织）后，中国进一步降低关税、开放国内市场，发达国家和地区的工业制成品大批量涌入国内市场，在一定程度上挤压了国内企业的生存空间，与此同时，中国的机电、纺织、机械等行业出现了较为严重的产能过剩现象，国际市场潜在的消费需求对中国企业产生了巨大的吸引力。相较于投资新建方式而言，跨国并购能够让中国企业及其产品在短时间内迅速进入东道国市场，利用目标企业在当地成熟的销售网络与分销渠道为企业打开海外市场赢得契机。

2. 跨国并购风险

后金融危机时代，全球经济动荡加剧，局部金融危机频发，贸易保护主义抬头，企业跨国并购面临着诸多不稳定因素，这些因素表现为企业跨国并购过程中面临的各种形式的风险，包括政治风险、经济风险、法律风险及文化风险等。

相较于境内并购而言，跨国并购面临着更加复杂的交易流程和更加不确定性的外部环境，并购方所在国与目标企业所在国的差异越大，则企业跨国并购面临的难度也越大，国家之间的差异主要表现为地理距离、正式的制度距离和非正式的文化距离。地理距离是指通常意义上的两个国家之间的物理距离，地理经济学的观点认为，企业的空间分布与企业间并购活动发生的概率及并购难度显著相关，地理距离越远的国家，企业进行跨国并购成功的可能性越小。正式的制度距离包括并购方所在国与目标企业所在国法律、政治、经济体制和商业习惯等方面的差异。文化距离主要包括并购方所在国与目标企业所在国的文化、语言、价值观等方面的差异。国家之间的地理距离、制度距离和文化距离会强化并购方与目标公司之间的信息不对称状况，增加并购活动完成之后的整合难度，对企业跨国并购绩效产生负面影响。国家之间的差异是并购风险的重要来源，并由此衍生出政治风险、经济风险、金融风险和经营风险等一系列派生风险。Beamish 和 Delios（2005）的研究结果显示，东道国的国家风险水平会对企业并购方式和并购绩效产生显著的影响，并可能最终决定并购活动的成败。

企业跨国并购活动除了面临国家层面的宏观风险外，还面临企业层面的风险，这些风险按照不同的时间节点可以分为事前风险、事中风险和事后风险。事前风险包括交易目标搜寻风险和谈判风险；事中风险包括交易方案设计风险、融资风险和汇率风险；事后风险包括企业的价值观、绩效评估、企业整合和运营方面的风险。其中，事后风险是建立在企业已经成功完成并购交易基础上的。Datta（1991）以 173 例美国企业跨国并购作为样本数据，检验了并购方和目标企业绩效评估系统和管理方式的差异对企业并购绩效的影响，研究结果显示：企业并购绩效与管理方式差异、绩效评估系统呈显著的负相关关系。温巧夫和李敏强（2006）的研究指出，企业跨国并购同时受到经济因素和非经济因素的影响，其中战略决策失误、文化冲突和交易方案设计不当是影响并购协同效应发挥的关键性因素。

3. 跨国并购绩效评价

Aw 和 Chatterjee（2004）运用事件研究法对 1991~1996 年英国公司跨国并购

进行研究，得出结论：跨国并购两年内的累计超额收益显著为负值，跨国并购并未得到市场认可。Gugler 等（2003）运用财务分析法对包括美国、加拿大、日本、新西兰、澳大利亚、欧盟在内的跨国并购事件进行研究后得出结论：总体而言，在跨国并购后的 1~5 年内，虽然企业销售额有所下降，但利润率得到提升，其中，小企业通过并购实现了规模经济，而大企业则通过并购获取了市场垄断收益。Moeller 等（2005）运用事件研究法对美国企业境内并购与跨国并购进行研究后发现，国内并购累计超额收益率为 1.173%，而跨国并购累计超额收益率仅为 0.307%，并且不具备统计学意义上的显著性。

Varaiya 和 Ferris（1987）研究了 1974~1983 年完成的 96 起跨国并购事件，发现市场夸大了并购的预期收益，在并购公告日前 20 天至并购公告后 100 天，并购方的财富效应显著为负，在总样本中有 58%的并购事件的财富效应被高估，实际超额收益率为−14%。Luedi（2008）运用事件研究法对中国上市公司跨国并购样本进行研究后得出结论，超过 56%的中国企业跨国并购并未获得预期的价值创造效应。

1.2.5 管理层特征与并购绩效文献综述

并购作为一项高风险高收益的战略手段，在所有权与经营权相分离的现代企业制度中，其成功实施往往依赖于管理层的正确分析与决断，而管理层的各项特征会潜移默化地影响其行为，从而对企业产生不同的影响，已有研究从不同的角度进行了深入探讨。

1. 管理层年龄特征

管理层年龄特征与其职业经验、决策偏好和风险承受意愿密切相关。企业管理层的年轻化特征，通常意味着更加强烈的事业进取心、相对激进的决策偏好和更高的风险承受意愿。企业管理者随着其年龄的增长，身体机能逐步呈现下降的态势，与之相伴的是工作时间和工作强度的下降，外部信息输入的减少和对周围商业环境反应的相对迟滞会降低管理者的决策意愿；在职业生涯的中后期，管理者多数已经取得了一定的职业成就和社会地位，同时也肩负着更多的家庭责任，因此，与年富力强的年轻管理者相比，其学习能力和学习意愿均有所降低。面对日趋复杂多变的竞争环境，随着年龄的增加，管理者更加倾向于利用前期积累的知识和经验带领组织通过循序渐进的方式取得长足的发展，在进行重大战略抉择和组织变革时往往更加谨慎。Carlsson 和 Karlsson（1970）的研究结果表明，职业稳定和财务安全对于年长的管理者来说至关重要，他们会极力避免对其可能具有“毁灭性”的风险性职业行为。Yim（2013）的研究结果表明，CEO（chief executive officer，首席执行官）的年龄与企业并购行为的可能性呈负相关关系，即在同等条件下，CEO 越年轻，企业实施并购行为的可能性越大。面对瞬息万变的竞争环境，年轻的管理者往往具备更加敏锐的商业嗅觉和更加灵活的应变能力。但风险与收益成正比，这是商业社会永恒不变的法则，更强烈的尝试意愿和更频繁的战略行动同样意味着更大的不确定性和更高的风险。张建君和李宏伟（2007）的研究结果有力地支持了上述观点。魏立群和王智慧（2002）对沪深两市 114 家上市公司管理者的年龄与企业经营绩效关系的实证研究结果显示，管理层年龄越大，企业经营绩效越出色。随着年龄的增长，管理者的管理经验和专业知识的积淀更加深厚，且年长的管理者往往在企业工作的期限更长，对企业资源禀赋的理解更加深刻，从而能够帮助企业更好地把握市场机会。

2. 管理层任职期限

高层梯队理论认为，任职期限与管理者之间的协作意愿和默契程度密切相关。管理者在同一组织内共事的时间越长，对组织愿景和企业文化的认同越深刻，当企业面临复杂的外部环境需要迅速做出决策时，长期共事配合默契的管理者能够更高效地完成任务。企业管理者的任职期限越长，表明企业的管理层团队越稳定，组织内部的聚合力越强，重大战略决策的制定和执行也更具连贯性，而既定经营方针和经营战略的有效贯彻执行是影响企业战略成败的重要因素。Finkelstein 和 Hambrick（1990）的研究结果表明，管理层的任职期限与企业的决策执行力呈现显著的正相关关系，管理层在长期的磨合过程中，形成了一套相对稳定的信息沟通机制和行为范式，在企业面临新的管理和经营问题时，能够迅速调用前期积累的合作经验和处理思路第一时间做出反应。Tihanyi 等（2000）的研究结果有力地支持了这一观点，他们认为管理者彼此越熟悉，组织决策时个体摒弃冗余信息的过程越迅速，相互之间的意见交流也更加直接和坦诚，这一点在企业的国际化战略中表现得尤为突出。在企业国际化进程中，企业面临的竞争往往更加激烈，当企业管理者面对更加复杂和多样化的决策环境时，团队成员之间的彼此信任和前期形成的成熟的决策机制能够帮助企业迅速评估面临的机遇和风险，有助于国际化经营战略的成功执行。Sutcliffe（1994）认为，管理层任职期限与其对外部环境的感知和掌控能力密切相关，管理者的任职期限较短，意味着对企业所处的内外部环境、企业自身的优劣势和面临的机遇和挑战的认识不足，从而导致战略决策失误的可能性增加。关于管理层任职期限与企业国际化战略的研究，Jaw 和 Lin（2009）的研究结论显示，企业的国际化经营程度和管理者的平均任职期限呈现出倒 U 形的关系。在开始阶段，企业的国际化进程会随着管理者任职期限的增长而加快，但随着企业管理层的固化，企业的经营战略渐趋保守，将会更加倾向于在巩固现有经营成果的基础上稳步推进企业的生产经营。Katz（1982）在研究管理层任职期限与企业绩效的关系时发现两者存在倒 U 形的关系，管理者任职前期通常具备较强的风险承受意愿，若企业能抓住机会则可能会收获较为显著的经济利益；但在管理者任职后期，维持既有声望和追求职业稳定的倾向可能在一定程度上影响到企业的经营绩效。Barker 和 Muller（2002）对管理层任职期限与企业研发投入的关系进行实证研究后得出结论：管理层任职期限和企业研发投入呈现负相关关系，任职期限较长的管理者对技术创新和研发活动的积极性相对较低，其更加注重现有资源利用效率的最大化。

3. 管理层学历水平

学历水平能够在一定程度上反映出个人的认知能力、专业素养、眼界范围和知识技能层次。一般而言，个体受教育程度与其信息处理能力和风险防范意识密切相关。Shipilov 和 Danis（2006）的研究结果表明，学历水平与个体掌握的社会资源呈正相关关系，管理层的平均学历水平越高，企业能够掌控的隐性社会资本越丰富。Pegels 和 Yang（2000）的研究结论支持了上述观点，他们认为，管理层平均学历水平在一定程度上代表了企业所能聚合的战略资源，这些战略资源是企业经营成败的关键性因素。文芳和胡玉明（2009）对中国上市公司的实证研究结果发现：管理层平均学历水平与企业过度投资倾向呈现显著的负相关关系，管理层平均学历水平越高，在进行投资决策时理性程度越高。姜付秀等（2009）的研究结果有力地支持了上述观点，他们的研究结果表明沪深两市 A 股上市公司管理层平均年龄与过度投资之间存在显著的负相关关系。Ginsberg（1990）研究了管理层教育水平与企业多元化战略之间的关系，研究结果显示，管理层平均学历水平越高，则其面对复杂问题时的信息处理能力和战略决策能力越突出，因此，企业国际化经营战略成功的可能性越高。Camelo-Ordaz 等（2005）、Kimberly 和 Evanisko（1981）的研究结果表明，管理层学历水平越高，在企业经营管理过程中的创新意识和创新能力越强。Flood 等（1997）认为，高学历管理者更加偏好按照一系列程式化的流程进行决策，这可能让企业在瞬息万变的商业竞争环境中失去先机。

4. 管理层职业经历

管理层职业经历是指管理者在不同行业、不同企业或者不同部门任职的工作经历。Lant 等（1992）的研究结果显示，具备多种职业经历的管理者能够对企业面临的环境做出更加全面客观的判断并且对环境的变化保持着更高的警惕性。Harrison 和 Klein（2007）认为，企业的本质是一种信息处理装置，企业管理层过往任职经历的丰富程度决定了信息输入的多样性和有效性，因此，管理者职业经历的多样性能够提升企业的经营绩效。Amason 和 Sapienza（1997）的研究结果显示，管理层职业经历的多样性能够促使企业从多元化的角度分析面临的复杂性问题，从而提升企业决策的质量，尤其是在企业目标市场顾客的需求差异较大时，管理层职业经历多样性的作用体现得更加明显。魏刚等（2007）认为，管理者的海外任职经历与企业国际化战略的成败密切相关，Sambharya（2015）的研究结论佐证了这一观点，企业管理层中拥有海外任职经历的管理者比例越高，企业的国际化进程越快。Bantel 和 Jsckson（1989）在研究银行管理层与银行经营绩效的过程中发现，虽然管理层职业经历的多样性对企业战略决策而言可能是一个利好消息，但却会对组织绩效和股东投资回报率产生负面影响。Michel 和 Hambrick（1992）认为，管理层团队的同质性是强化企业凝聚力的基础，相同的职能背景和工作经历会使得管理层在决策过程中更具效率，规避不必要的摩擦和冲突，尽管这种摩擦和冲突可能是隐性的和不易被察觉的。陈璐等（2010）以 78 家企业 371 名管理者作为研究对象，构建了领导模式、认知冲突和决策效果概念模型，实证研究结果表明，职能背景的差异可能导致组织内部的群体分化，这会削弱企业的信息处理能力，最终导致企业决策质量下降。

1.2.6 政府控制与并购绩效综述

在供给侧结构性改革背景下，政府多次会议强调要通过并购重组的方式实现去产能、去杠杆、去库存等目标，我国许多并购活动都是在政府的推动下进行的。同时由于我国上市公司大部分是国有企业，即使部分为私营企业也是由国有企业转制而来的，这些特点使我国企业并购活动在某种程度上受国家宏观调控的影响。因此，结合我国实际研究政府控制下企业的并购效应富有实际性意义。学者们主要从以下方面进行政府控制对并购绩效的影响研究。

1. 政府控制与并购效应

关于政府控制与并购，国内学者已经开始研究它们之间的关系，并取得了重要成果。方军雄（2008）以1994~2007年发生的594起并购事件为研究对象，实证检验了政府干预对企业并购的影响。研究发现主并方企业性质与并购决策相关，地方政府控制的企业更倾向于实施本区域内并购；由于具有中央政府背景，中央政府控制企业可以突破地方政府对企业并购的阻碍，且地方政府也青睐中央政府控制企业对本区域内企业并购，所以中央政府控制企业易于实施异地并购。潘红波和余明桂（2011）以2003~2005年发生的上市企业与非上市企业并购事件为研究对象，研究发现，政府控制下的企业很少实施异地并购，即使实施异地并购，其并购绩效也不高；相反，政府控制下企业实施的本区域内并购更多，说明国有企业在本区域内并购有来自政府的支持，间接说明政府对企业的“扶持之手”。张雯等（2012）研究发现国有股对企业并购产生重要影响，国有企业的政府背景，使其更易并购国有企业，且政府层级对此没有显著影响，也就是中央政府和地方政府控制下的企业都易于并购国有企业；由于政府的干预，国有企业并购双方的绩效都显著降低。葛伟杰等（2014b）在研究剩余资源、政府干预和企业并购时发现，相对于民营企业，政府干预可以推动国有企业进行并购，企业剩余资源与企业并购之间的相关性较小，这说明国有企业在企业并购时得到了政府的支持。

关于政府和企业并购绩效之间的关系，也有学者对此进行了研究。王凤荣和高飞（2012）研究了在不同的生命周期下政府干预对企业并购绩效的影响，研究结果发现，在不同的生命周期下，政府对企业并购绩效的影响显著不同。企业成长期，政府干预不利于企业并购绩效的提高；而在成熟期，政府干预能显著提升企业并购绩效。杨柳勇和张晶晶（2013）以2001~2012年发生的海外并购事件为研究对象，研究了政治关联、政府干预和并购绩效，研究发现政府对企业的干预越大，企业并购效应就越小。曾春华和胡国柳（2013）在研究终极控制人对企业并购绩效的影响时发现，在转轨经济中，政府控制的企业在经营过程中因政府原因承担了非市场化的政策性负担。这些社会性活动的实现取代了政府控制企业价值最大化的目标，反映到并购上就是规模扩张有损于企业价值的并购活动出现；相对于非政府控制的公司而言，政府控制的公司并购绩效更差。王霞和王宸（2014）通过对上海市政府控制国有企业的研究发现，在短期内政府控制国有企业并购效应高于非国有企业，但是从长期看并购效应低于非国有企业并购效应，说明国有企业并购是实现资本配置、扩大企业规模的最有效途径，但是不能给所有者创造价值。魏星（2014）研究了沪深两市2007~2009年的110起并购事件，运用净资产收益率、TQ（Tobin's Q）值等 12 个指标衡量国有企业并购绩效，研究发现地方政府控制企业并购绩效显著低于非地方政府干预企业。陈旭东等（2014a）以 2007~2010 年发生的并购事件为样本研究政府对企业并购绩效的影响，研究结果表明，政府控制下的企业并购绩效显著低于非政府控制下的企业并购绩效，且地方政府因政绩等原因干预企业程度更强，但是金字塔结构能抑制地方政府对企业干预的负向影响。胡国柳等（2015）通过研究 A 股上市企业发生的并购事件，发现非政府控制下企业并购绩效高于政府控制下企业并购绩效；政府对企业的干预导致企业并购绩效降低，中央政府控制企业的并购绩效显著高于地方政府控制企业；政府控制下企业长期并购绩效要显著高于非政府控制企业，且政府层级对企业并购绩效没有显著影响。

2. 政府控制、高管权力和并购效应

高管作为企业各项政策的参与和执行者，在企业并购过程中发挥着举足轻重的作用。根据委托代理理论和管理层权力理论，企业并购等资本扩张行为有很大程度是由高管的私人利益驱动的；虽然高管具有较少的剩余收益权，但是却有较大的控制权，高管会通过并购增加自己的寻租利益。Jensen 和 Mecking（1976）在研究委托代理理论时提出了高管权力理论，认为企业高管具有组织结构权、声望权等权力，高管在企业经营管理过程中时刻关心其权力、声望及由此产生的收益。关于高管和企业并购之间的关系，理论界已经对此进行了研究，并取得了一定的成果。

自从高管权力理论提出以后，理论界就对高管权力的影响进行了深入研究，但目前研究主要集中在高管权力对其薪酬的影响方面。代彬等（2011）以国有企业为样本研究高管权力对薪酬的影响，研究表明高管权力过大容易导致企业间薪酬差距过大，而且除了正常薪酬外，高管还获得了超额收益；但是政府控制的层级有利于抑制高管的薪酬机会主义动机。刘星和徐光伟（2012）研究政府管制、管理层权力和薪酬时发现，由于政府的干预，国有企业不能为高管提供市场化的薪酬；同时，国有企业的治理机制缺陷及政府的放权导致高管利用手中权力自定其薪酬，薪酬契约不但不能解决所有者和经营者之间的代理问题，反而成为代理问题的一部分，国有企业需要进行根本改革。Arye 等（2004）提出高管权力理论，指出企业治理机制能显著影响高管对其薪酬的控制，当高管能对董事会产生重大影响时，其薪酬就会增加，且薪酬和企业业绩敏感性降低。Bebchuk 和 Fried（2005）的结论为研究高管权力提供了新的视角，推动了理论界开始研究高管和并购之间的关系。

在并购决策时，高管更关心自己的地位、声誉和收入，当自身利益和企业利益发生冲突时，他们可能更倾向于从自身利益考虑。高管这种自利动机产生的代理成本使所有者试图通过一套约束激励契约来减少高管的“逆向选择”和“道德风险”，使高管和企业的目标函数趋于一致。高管权力理论认为高管可以通过权力影响决策的制定和一定程度的自定薪酬，并利用其在企业内的权威，进行多渠道的寻租。高管的寻租收益会对企业价值产生负面影响，寻租越盛行，越会导致本该属于所有者的收益被高管攫取，势必会降低企业的绩效，对企业的发展不利。因此，高管寻租行为对并购效应的影响应该是消极的。Grinstein 和 Hribar（2004）在研究西方高管薪酬激励制度后发现，具有较大权力的高管具有强烈动机追逐成功完成一项并购所带来的高额奖金，然而市场对这些并购事件给予负面的股价反应，成功并购后高管奖金的金额与并购后效应之间并不存在显著关系，这说明作为“经济人”的高管在做并购决策时更多的是从私有利益的角度出发。杜玉鹏（2010）研究了管理层权力对国有企业并购及其效应的影响，研究发现国有企业的所有者缺位和多重的代理关系，使管理层拥有企业经营决策权，在实际经营过程中，高管能够决定绝大部分企业活动，且国有企业高管追求政治地位及个人私利目的促使其利用手中权力推动企业并购，权力越大，企业并购规模就越大，并购次数就越多，特别是在企业有充足的现金流时；国有企业高管通过并购实现其薪酬增加的机会主义动机，且高管权力越大薪酬就越高；高管权力推动下的企业并购的绩效却没有提高。赵息和张西栓（2013）以沪深两市上市公司股权并购为样本，研究了内部控制、高管权力和并购绩效，研究发现：健全企业内部控制能够抑制高管权力，高管的机会主义动机降低，但是由于企业内部控制不完善，企业高管利用手中权力实现私有收益，而并购则成为高管实现私利的途径，所以，高管权力越大，企业并购绩效越低。张洽和袁天荣（2013）在研究上市公司并购行为时发现，CEO 的私有收益和权力欲望对企业的并购行为产生重要影响。并购不但会扩大 CEO 的“企业帝国”，还可以通过并购实现其私有机会主义动机，CEO 权力越大，越可能推动企业并购活动的发生，其收益也越大。朱栋和李雪（2014）以 2007~2009 年 A 股上市企业发生并购的 820 家企业为研究样本，从代理成本的角度进行研究，他们发现，管理层权力越大，越可能实施并购活动，忽视企业价值最大化会导致企业并购后的绩效不能得到提高。陈旭东等（2014b）以 2007~2010 年发生的非金融上市企业并购事件为研究对象，研究了高管权力对企业并购的影响，研究结果表明，高管权力不利于企业并购绩效的提高，特别是在国有企业中，政府对国有企业并购活动干预程度强烈，且所有者缺位产生的内部人控制导致国有企业并购绩效更低，但是市场化程度能抑制高管权力对并购绩效的影响。傅颀等（2014）研究高管权力、薪酬和企业并购时发现，国有企业高管推动的企业并购规模和并购活动复杂性比民营企业大；高管推动企业并购的目的是提高薪酬，其中高管权力越大，企业并购后其薪酬增长越快，但是高管权力对家族成员担任高管的企业的高管薪酬影响不明显，只对政府控制下的企业和职业经理担任高管的民营企业影响较大。

1.3 研究目标与研究方法

1.3.1 研究目标

本书研究供给侧结构性改革背景下企业并购特征及并购效应评价问题，尤其关注高产能、高杠杆及高库存等具有代表性的行业，构建供给侧结构性改革下企业并购特征分析模型和微观主体并购绩效及产业优化效应的评价模型，用定性与定量相结合的方式评价并购的经济效果，并提取该背景下并购的特征，进一步进行深入分析。

上述研究的结果揭示了供给侧结构性改革背景下企业并购活动及其效应，为并购企业提供相关建议，使得企业能合理利用并购这一手段实现跨越式发展，提升自身经济效益；为政府宏观管理部门和行业政策制定者提供有益的借鉴，以正确引导和规范企业并购行为，提高并购决策的科学性，促进相关产业优化升级。

1.3.2 研究方法

本书在前人的理论与实证研究成果的基础上，主要采用以下研究方法。

1. 定性的文献研究法

在充分阅读国内外与并购相关的文献的基础上，对并购动机、并购绩效评价、并购与去产能、并购与去杠杆、并购与去库存等相关理论有了深层次的了解。本书采用文献分析法对相关领域的研究进展进行了系统的梳理和总结，采用归纳和演绎相结合的理论分析方法，以分散的研究成果为基础，建构出理论研究框架。同时还阅读了政府出台的与供给侧改革相关的文件及高产能、高杠杆、高库存行业的研究报告，在整体把握宏观经济政策导向及各行业发展现状的基础上，运用并购相关理论对供给侧结构性改革背景下企业的并购活动展开研究。

2. 定量的实证研究法

本书综合采用了各种统计学研究方法，用事件研究法评价企业并购的市场绩效，用因子分析法评价企业并购的财务绩效，用数据包络分析（data envelopment analysis，DEA）法评价企业的并购效率，用配对样本 *t* 检验法、非参数检验法及多元线性回归分析法来分析不同因素对并购特征和并购绩效的影响，用逻辑回归法研究并购融资方式与支付方式的选择问题。在综合运用以上方法的基础上对供给侧结构性改革背景下并购的相关特征及产业效应进行了系统定量的研究，借助SPSS、Stata、EViews 等统计计量软件得到相应的实证研究结果。

1.4 章节安排与研究框架

本书基于供给侧结构性改革背景，研究并购对产业的优化效应及该背景下企业并购的特征，基本结构如下：

本书第 1 章阐述了供给侧结构性改革背景下企业并购特征及产业优化效应的研究背景与研究意义，在回顾了国内外相关文献的基础上提出研究方法。第 2 章对并购与供给侧改革相关理论进行了梳理，作为本书研究的基础。接下来本书基于去产能、去杠杆、去库存三个具体目标分别分析了企业并购的基本特征、并购对企业绩效的影响及并购对产业效应的影响。其中以去产能为目标的并购按总体效应和分行业效应分别进行研究，对应本书的第 3 章和第 4 章；以去杠杆为目标的并购研究对应本书的第 5 章；以去库存为目标的并购研究对应本书的第 6 章。在上述研究基础上，第 7 章和第 8 章探讨了供给侧结构性改革背景下企业遵循“走出去”战略，实施跨国并购的价值创造效应；企业管理层特征、会计稳健性对跨国并购绩效的影响等内容。由于供给侧结构性改革背景下发生的并购具有政府主导的特点，第 9 章又对政府主导下并购的效应与特征进行了分析。最后一章对本书的研究成果进行了总结。本书框架结构见图 1-1。

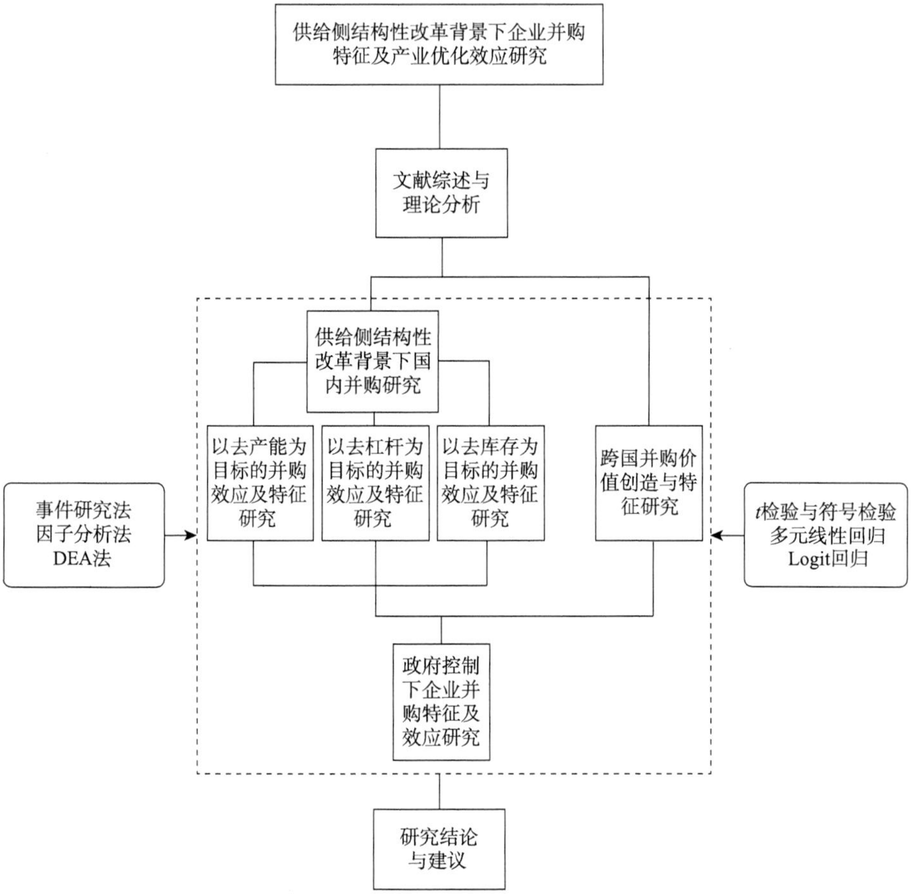
供给侧结构性改革背景下企业并购特征及产业优化效应研究
文献综述与理论分析
供给侧结构性改革背景下国内并购研究
以去产能为目标的并购效应及特征研究
以去杠杆为目标的并购效应及特征研究
以去库存为目标的并购效应及特征研究
跨国并购价值创造与特征研究
事件研究法
因子分析法
DEA法
t检验与符号检验
多元线性回归
Logit回归
政府控制下企业并购特征及效应研究
研究结论与建议

图 1-1　本书框架结构

第 2 章　并购相关理论分析

本章梳理与并购相关的理论与研究方法，主要包括并购的相关概念、并购动因理论、并购与资本结构相关理论、管理层特征与并购相关理论、政府控制与企业并购相关理论。通过对现有理论的研究，为后续的章节提供理论支撑与方法指导。

2.1　并购概念综述

2.1.1　并购定义

并购是一项可以导致两个或者多个企业结合和一体化的交易，在国际上学术界和理论界通常称其为“merger & acquisition”。它包含两个内容：merger（兼并）和 acquisition（收购），也通常简称为并购。在市场经济条件下，并购不但可以扩大企业市场规模，提升竞争力，而且可以对存量资源进行优化配置，是完善企业治理机制的一种重要途径，能潜在地提升产业结构，为经济的快速发展扫清障碍。随着市场竞争的激烈发展，企业并购范围在扩大、深度在加强，从最初的横向并购扩展到纵向并购及后来其他并购重组形式。可从以下方面理解企业并购。

1. 兼并

兼并是指两个或者两个以上的企业合并，但是原企业的权利和责任由存续（新设）企业承担，但通常是占优势的企业合并弱势地位企业。美国的《布莱克法律词典》中对兼并的解释：兼并是指一家企业吸收了另外一家企业，兼并者仍保留自己的企业法人地位，以及获得被兼并者的资产、债务等权利和义务，被兼并者的法人地位消失，不再以一个独立的法人资格存在。2018 年我国新修订的

《中华人民共和国公司法》认为：公司合并可以采取吸收合并或者新设合并。一个公司吸收其他公司为吸收合并，被吸收的公司解散。两个以上公司合并设立一个新的公司为新设合并，合并各方解散。其中，吸收兼并就是一家企业吸收另外一家企业，其中一家企业消失，另一家企业继续存在，该情况可以表示如下：A+B=A（B）；新设兼并就是指两个或两个以上的法人合并成一个新法人，原有法人不复存在，该情况可以表示如下：A+B=C。

2. 收购

收购是指一家企业购买另一家企业的资产或者股票，支付方式为股票或者资产，从而达到对另一企业的控制，且被并购方的法人资格不会消失。2014 年新修订的《上市公司收购管理办法》指出：拟收购上市公司股份超过 30%，须改以要约方式进行收购的，收购人应当在达成收购协议或者做出类似安排后的 3 日内对要约收购报告书摘要作出提示性公告，并按照本办法第二十八条、第二十九条的规定履行报告和公告义务，同时免于编制、报告和公告上市公司收购报告书；依法应当取得批准的，应当在公告中特别提示本次要约须取得相关批准方可进行。《布莱克法律词典》对收购的解释：从法律上取得某一财产所有权，获得该资产的控制权的行为。从国内外文献中可以知道并购方能通过取得被并购方的资产或者股票来达到控制企业的目的，分别被称为资产收购和股权收购。资产收购是并购方购买被并购方的全部或者部分资产的行为；股权收购是指并购方购买被并购方股份，根据持股比例承担义务、行使权利。收购的另一种表述方式就是接管（takeover），主要是指某企业通过购买或转让股权，或者股权持有数量超过目标企业原控股股东而达到对目标企业的控制的行为。接管和收购一般不做区分。

随着市场经济竞争更加激烈，企业间的并购情形越来越复杂，兼并和收购的界限已经很模糊，难以将两者准确区分开来。实际中，国内外常常将兼并和收购合二为一，统称为并购。它包含企业间的兼并、收购、重组、买壳和所有权变更等问题。本书提到的“并购”其实是“兼并”和“收购”的统一，两者都是本书的研究主体。

2.1.2 并购分类

并购具有多种多样的形式，按不同的分类标准可以得到不同的分类。

按并购前主并企业与目标企业的行业关系可划分为横向并购、纵向并购和混合并购。横向并购是指同行业生产或销售类似产品的企业间的并购，通过并购可以减少竞争对手，形成规模效应，提高市场占有率。纵向并购是指企业与其产业链上下游企业，即与供应商或者客户企业之间进行并购，这种并购模式有利于加强各个生产环节的配合，加快生产进程，减少交易费用，体现出协作化生产的优势。混合并购指企业的并购目标既非同行业企业也非产业链上的企业。混合并购有利于企业进行多元化经营，拓宽市场，寻找新的利润增长点，降低经营风险。

按并购交易的支付方式可划分为现金并购、股票并购、债转股式并购、间接控股并购、承债式并购及无偿划拨。现金并购指以现金作为并购的对价；股票并购指以主并公司的股票作为并购的对价；债转股式并购指目标企业债务无力偿还，主并企业将债券转化为股权完成对目标企业的并购；间接控股并购指主并企业通过并购目标企业第一大股东的方式完成对目标企业的并购；承债式并购指主并企业以帮目标企业承担的债务作为并购对价；无偿划拨指政府部门将国有公司股权无偿划拨给主并企业。

按并购双方关系可划分为关联并购与非关联并购。若交易双方构成关联方关系则为关联并购，否则为非关联并购。

按主并企业对目标企业并购时的态度可分为善意并购和敌意并购。善意并购指主并企业在实施并购前与目标企业进行沟通，协商并购相关事宜，达成一致意见后进行的友好型并购。敌意并购指并购双方未达成一致意见，主并公司采用强硬手段促成的并购。

按是否通过交易所交易可划分为要约收购和协议收购。要约收购指主并公司不通过目标公司董事会，直接通过交易所向目标公司股东发出要约。协议收购指主并企业不通过证券交易所，而是采取与目标公司股东协商的方式私下达成并购协议。

按并购双方的国家可划分为跨国并购与国内并购。若并购双方来自不同国家则为跨国并购，若来自同一国家则为国内并购。

2.2　并购动因理论

2.2.1　效率理论

效率理论认为并购活动具有价值创造性，能够给社会收益带来一个潜在的社会效益增量，主要体现在管理层的经营业绩改进或者并购双方获得某种形式的协同效应，即“1 + 1>2”的效益。效率理论有两个基本假设：①并购活动的前提是收购企业在并购前存在剩余的资源，并且可以通过并购释放出来；②对于目标公司而言，其经营低效率可以通过收购企业的资源输入而得到显著改善。显而易见，效率理论支持公司进行并购。对并购取得的协同效应进行总结，可以将其归纳为管理协同效应（management synergies）、经营协同效应（operating synergies）、财务协同效应（financial synergies）、多元化经营（diversification management）四种。

1. 管理协同效应

管理协同效应理论认为企业的并购动因在于并购企业和目标企业之间在管理效率上的差异，即如果A企业管理层的管理效率优于B企业的管理层，那么A企业可以通过并购B企业的方式，使B企业的管理效率提升至同样的水平，这不仅会给单个企业带来效率，也会给整个社会带来福利的增进，这是一种帕累托改进。也就是说，如果公司的管理层非常有效率，而且其管理能力超过了公司内部的日常需求，那么就可以并购一家管理效率低下的公司来实现管理能力的输出，使得额外的管理资源得到充分的利用，从而提高目标公司的管理效率而创造价值。显而易见，要取得管理协同效应的前提是两个企业的管理能力具有互补性，也就是要熟悉对方的管理模式，最好是处于同一行业，因此，这一理论常常被视为横向并购的理论依据之一。Lewellen和Huntsman（1970）证明了收购企业从并购中获取的收益与收购企业的管理能力成正相关。国内学者赵琳和王湛（2001）则从组织经验和组织资本的角度对管理协同效应进行了研究，他们认为企业组织资本与组织经验相结合后，就形成了企业的管理能力，管理能力按其专属性的不同可以分为一般管理能力、行业专属管理能力、企业专属非管理人员的能力。他们认为这三种管理能力在随企业并购而发生转移的属性方面有较大的区别：一般管理能力的专属性最差，可以转移到其他大多数行业或企业中去；行业专属管理能力则只能在本行业内的企业之间进行转移；企业专属非管理人员的能力的可转移性最小，即便是在同行业的企业之间也难以转移。

2. 经营协同效应

经营协同效应理论认为企业可以通过并购给企业生产经营活动在效率方面带来显著改善，主要体现在规模经济和范围经济两个方面。规模经济是指在一定的技术条件下，企业在一定的产量水平范围内由于扩大生产规模而使单位成本下降，经济效益得到提高。规模经济可以通过企业的横向并购和纵向并购两种方式取得，横向并购可以通过整合销售网络及合并职能部门来谋取平均成本的下降，纵向并购则可以减少谈判成本和交易费用。而范围经济是指企业联合生产几种产品的支出比分别生产它们的支出要少。Weston 认为企业的并购行为可以使一种产品的生产能力扩展使用到相关产品上，以获得范围经济的协同效应。

经营协同效应理论的隐含前提是该行业存在规模经济，并且在并购之前，并购公司的运营还没有达到规模经济，包括横向并购降低成本费用的生产规模经济，如横向并购使得企业将生产调整到最优经济规模，降低企业的生产成本；纵向并购降低交易费用的规模经济，如纵向并购使得外部市场行为内部化，节约了交易成本；特定管理职能方面的规模经济，如扩大企业规模后节省管理费用和市场费用。经营协同效应理论在 20 世纪 70 年代较为流行。

3. 财务协同效应

财务协同效应是指企业并购后在财务方面得到协同收益，主要有自由现金流的充分使用、合理避税、资本成本的降低和举债能力的提高等。并购的财务协同效应理论建立在内外部资金分离的基础上，认为企业并购的协同效应不是管理能力的协同，而是在投资机会和内部现金流量方面的互补性。通过并购可以减少外部融资的交易费用，形成较低的内部资金成本优势。合并后公司的资本可以从边际利润率较低的生产活动向边际利润率较高的生产活动转移，从而提高公司资本的配置效率，这也为企业的混合并购提供了理论基础。例如，处于衰退行业的公司可能拥有超额现金流，但缺乏投资机会，而成长行业的公司有很多投资机会，但是缺少资金支持，这时两者很可能发生并购，公司资本得到充分利用，从而取得收益。另外，并购还可以扩大公司的资产规模，提高其负债能力，增强其抗风险的能力，降低企业的财务风险。

4. 多元化经营

多元化经营是指企业同时从事或经营两个以上相关程度较低或不相关的行业。多元化经营可以分散企业的经营风险，避免因某种行业的市场变动而影响企业的收益。长期以来多元化经营能否提高公司价值一直是研究的焦点。Singh 等（2001）、Khanna 和 Tice（2001）、Cheng 和 Leung（2004）等的研究结论认为多元化经营有利于企业价值提升。但同时多元化经营也会不可避免地带来负面效果，如代理成本的提高、过度投资等。Lang 和 Stulz（1994）利用经营单元数和销售额的赫芬达尔-赫希曼指数衡量多元程度与公司价值之间的关系，发现多元化公司的 TQ 值比专业化公司更低，研究结果否定了多元化经营。

由于股东可以在资本市场上将其投资分散于其他行业，从而分散其风险，故公司进行多元化经营并不是出于为股东利益考虑，而是针对公司管理层和其他员工，由于他们不能像公司股东一样可在资本市场上分散其风险，只有靠多元化经营才能分散其投资回报的来源，降低来自单一经营的风险，而且公司内部的长期员工由于具有特殊的专业知识，其潜在生产力必优于新进的员工，为了将这种人力资本保留在组织内部，公司可以通过多元化经营来增加职员的升迁机会和工作的安全感。此外，如果公司原本具有商誉、客户群体或是供应商等无形资产，多元化经营可以使这些资源得到充分的利用。虽然多元化经营未必一定通过企业并购来实现，也可通过内部的积累达成，但时间往往是重要因素，通过收购其他公司可迅速达到多元化扩展的目的。多元化理论的前提是通过多元化经营降低的市场风险足以弥补由此增加的管理成本和产生的新风险。多元化经营模式曾经十分流行，但 20 世纪 90 年代以来，随着核心竞争力、价值链等管理理论的兴起，越来越多的公司更加倾向于采用专业化的经营模式，而且研究证实，混合并购并未能降低企业的系统风险。

综上所述，效率理论支持企业并购，认为企业并购具有潜在收益。潜在收益的来源就是目标公司的经营效率改善。收购企业具备超额能力，并购后发生了能力的溢出效应，带动了目标企业的效率提高，实现了并购的整体价值。

2.2.2 市场势力假说

市场势力假说认为企业并购的动因在于市场竞争的需要，企业通过并购一方面可以有效地降低进入新行业的障碍，利用目标企业的资产、销售渠道、人力资源等优势，实现企业低成本、低风险的扩张；另一方面可以借助并购活动减少竞争对手，寻求市场的支配地位，增强对企业经营环境的控制，提高市场占有率，从而获得长期获利的机会。根据市场势力假说，企业在收购一个竞争对手后，即产生了将该竞争者挤出市场的效应，可能会在削减或降低现有竞争对手的市场份额的同时，提高其市场地位和控制能力，从而可以提高其产品的价格和市场的垄断程度，获得更多的超额垄断利润。Hoskisson 和 Hitt（1990）研究发现，相关业务单元的扩张可以减少并购后双方获得市场竞争优势的成本，而市场竞争优势的保持使得公司价值得到不断的积累和提升。Andrade 和 Staford（2001）则研究发现，企业并购后企业规模得到扩张，即使销售额受市场边界限制而下降，但净利润率仍会上升，说明企业通过并购活动提升了市场势力，从而获得了一定的超额收益。

市场势力假说从市场竞争的视角来解释并购的动因，其隐含的假设前提是企业行为完全是市场导向的，市场结构决定了企业的一切行为及其背后的动机。但是，由于种种其他因素的制约和限制，企业行为不能仅仅用唯一的市场变量来解释，此外，企业目标的多元化也使得企业并购的动机不能完全用市场竞争来解释。该假说将企业并购的动因归结于并购能够提高市场占有率，且由于市场竞争对手的减少，并购企业可以增加对市场的控制能力。许多学者对此提出了质疑，认为行业集中度提高往往是激烈竞争、优胜劣汰的结果，而且在实际竞争中，企业串谋几乎不可能实现。他们指出，市场一方竞争者的并购扩张行为将迫使其他企业进行并购重组，同时，先发企业往往有很强的动机加快并购步伐，即具有继续并购的动机，这将会引起企业之间的并购重组大战。

2.2.3　价值低估理论

价值低估理论认为企业并购的动因在于发现目标企业的市场价值由于某种原因未能反映出其真实价值或潜在价值。企业市场价值被低估的原因主要有以下三点：第一，目标企业的经营者由于管理能力的原因，未能充分发挥自己应有的潜能，因此该企业的实际价值被低估；第二，并购企业拥有外部市场所没有的关于目标企业真实价值的内部信息；第三，由于通货膨胀造成资产的市场价值与重置成本的差异，造成企业的价值被低估。当某一股票的市场价值低于资产的重置成本时，并购将会产生潜在的效益。衡量公司价值是否被低估通常采用两种比率：一是价值比率，即股票市场价值与资产的账面价值之比；二是TQ 值，即股票市场价值与重置成本之比。当以 TQ 值来反映企业并购发生的可能性时，TQ 值大于 1 时，企业被并购的可能性较小；TQ 值小于 1 时，企业被并购的可能性较大。例如，当目标企业 TQ 值为 0.6 时，并购企业在目标企业市场价值的基础上再支付 50%的溢价进行并购，对并购企业来讲与重置成本相比是经济的，最后的购买价格将是 0.6 乘以 1.5，相当于公司重置成本的 90%，节省 10%的成本。

该理论隐含的假设前提是市场不是完全有效率的。例如，20 世纪 70 年代美国高通货膨胀率导致许多企业的价值被市场所低估，TQ 值一般在 0.5~0.6，导致实施并购比投资新建公司要经济得多，于是发生了大量的并购活动。但是，该理论只能解释特定条件下的部分并购动机。Mueller（1969）把 1967~1968 年被收购者的价值比率与“出资收购”其他企业的收购者的价值比率做了比较，结果发现其中 38 例被收购者价值比率高于该行业平均水平，而 36 例低于工业平均水平，较低的价值比率并不一定能产生并购动机。

2.2.4　交易成本理论

交易成本理论认为企业并购的本质是企业内部的组织对市场的替代，将市场交易内化为企业内部的组织协调，能够减少生产经营活动中的交易成本。企业的扩大可以是横向并购，也可以是纵向并购，交易费用理论更多地研究了纵向并购的问题。交易成本理论运用于“资产专用性”、“交易不确定性”和“交易频率”三个概念，对纵向一体化并购进行理论阐述：他们认为纵向并购的关键在于企业存在“资产专用性”，即某一资产对市场的依赖程度。一般而言，交易所涉及的资产专用性越高，不确定性越强，交易频率越大，市场交易的潜在成本就越高，纵向并购发生的可能性就越大；当市场交易成本大于企业的内部协调成本时，纵向并购就会发生。交易成本理论还以“内部市场说”对混合并购做出解释。他们认为混合并购之所以发生，是因为混合并购后多行业经营，企业可以通过决策职能与执行职能分离等原则，使不相关经济活动的管理费用低于通过市场进行交易所发生的费用，这时的企业可以看作一个内部化的资本市场，通过统一的战略决策，使得不同来源的资本能够集中起来投向高的盈利部门，使得资本通过企业内部的组织协调取代市场协调而得以内在化，从而大大提高资源利用效率。正如威廉姆森所说，混合企业组织的基本功能在于，它能够有效地把资源分配到高盈利部门。

因此，在交易成本理论看来，企业并购是现代企业组织创新发展的主要方式，实质上是为了节约交易费用而进行的一种合约选择，只有当企业的并购行为能够提高企业的生产力、降低成本及提高公司业绩时，企业的并购才能成功。无论是采用横向并购还是纵向并购，都是以企业内部的组织管理协调代替市场机制的协调，目的就是节省交易费用。我国学者吴晓庆和邓荣霖（1992）认为，当企业涉及的合约交易通过市场协调的成本大于企业内部协调的成本时，旨在使交易内在化的兼并行为就会产生。而通过企业并购可以减少交易成本，主要表现在以下几个方面：

（1）企业通过研究和开发的投入获得产品和知识。在市场存在信息不对称和外部性的情况下，产品和知识市场价值的实现过程需要大量的投入，以及高昂的谈判成本和监督成本。这时如果企业采用并购行为，就可以通过企业并购使产品和知识在企业内部得以实现市场价值，大大节约企业的交易成本。

（2）有些企业在生产经营过程中，需要大量的专门中间产品投入，如果企业采用外部采购的方式得到所需要的中间产品，很有可能由于外部市场供给的不确定性、质量难以控制及机会主义行为等问题而使企业的生产受到影响，造成经济损失。当然企业可以采用固定合约交易，减少交易风险，但是这种合约仍然存在道德风险，如果采用并购的方式，将企业的合作者内化为内部的生产部门，就可以大大消除交易风险。

（3）有的企业在某一产品或者某类产品开拓市场的过程中，需要大量促销投资，而这种投资就具有资产的专用性。资产专用性大大提高了交易的成本，当发生违约行为时，会造成巨大的经济损失，为减少这种风险，要付出高额的谈判成本和监督成本。在这种成本高到一定程度时，并购成为最佳选择。

2.2.5　委托代理理论

委托代理理论认为代理成本主要体现在四个方面：①订立所有人与代理人契约的成本；②委托人对代理人行为进行监督和控制的成本；③促使代理人执行最优决策或执行次优决策所需的成本；④剩余损失，即由于代理人的决策和委托人福利最大化决策之间发生偏差而使委托人遭受到的福利损失。委托代理问题可以通过组织内部和市场外部两个方面进行有效控制，降低代理成本。在内部组织机制方面，Fama 等（1983）认为，当公司的经营权与所有权分离时，决策的拟定和执行与决策的评估和控制应加以分离，前者归属于代理人的职权，后者归属于股东的权力，这样就能够限制代理人侵占股东利益的行为，有效降低代理成本。此外，股票市场为企业的所有者提供了外部市场监督机制，股票价格直接反映出管理者经营的效果，股价的下跌必会对管理者施加压力，改变其决策，维护股东的利益。当以上制约机制不足以解决代理问题时，接管并购就成为解决代理问题的最后外部市场机制。并购可以使外部的管理者取代现有的管理层，从而取得对目标企业的决策控制权。因此，如果目标企业由于存在代理问题而使企业经营效率低下，那么，兼并机制使得接管的威胁始终存在，从而促使和监督经理层努力工作，有效地降低企业的代理成本。在这一意义上，并购作为代理问题的一个次优解，其主要作用不在于预先约束经营管理者的代理问题，而在于代理行为发生后对他们的惩罚和原股东困境的解脱。因此，并购的作用主要表现在事后而非事前。

2.2.6　管理主义假说

与并购可以解决代理问题的观点相对立，一些学者认为并购活动只是代理问题的一种表现形式，而不是解决办法，经营管理者在进行并购交易时，是为了个人利益最大化而不是股东财富最大化。Mueller（1969）提出管理主义假说，他假设管理者的报酬是公司规模的函数，认为管理者为了增加报酬就会具有强烈增加企业规模的动机，这样就可能接受投资回报率较低的项目而损害股东利益。Firth（1980）的研究在一定程度上证实了 Mueller 的管理主义假说，他发现并购公司经理在并购后的两年里平均收入增加 33%，而在没有并购活动发生的公司里，经理的平均收入只增加了 20%。此后有大量研究表明，管理者的代理动机是推动公司并购的主要因素，而且这些并购行为总体上损害了企业长期价值。但是也有学者研究发现，管理者的收入与公司的盈利水平相关性更强，Lewellen 和 Huntsman（1970）实证发现代理人的薪酬与公司的报酬率相关，而与公司规模无关。因此，Mueller 的管理主义假说也有待商榷。

2.2.7　自负假说

继 Mueller 之后，Roll 于 1986 年提出了“自负假说”。该假说认为，在强有效的市场里，公司的市值已经基本反映了公司价值，但是企业管理者往往高估了自身的管理能力，在规划改造目标企业时过分乐观，以至于在资本市场上大规模高价收购其他企业，最后无法成功完成对目标企业的整合，从而导致并购失败，并把财富转移给了目标企业的股东。Miller 和 Ross（1975）研究发现，人们会将自己的成功归于行动，而将失败归于运气。而当人们在评估自己时，往往会高估自身的能力。随后，Weinstein（1980）则研究发现控制幻觉、高度向往良好收益及难以比较个体间的业绩这三个因素很容易引发过度自信。而在现代企业制度下，拥有企业控制权的管理层容易相信自己能够控制收益，并在企业投资的过程中表现得过度自信。

Roll 的假说在后来的实证研究中被多次验证，即当并购消息传出后，并购企业股价不涨反跌。此外，自负假说并不假定管理者自私自利，管理者在决定并购重组之初可能抱有良好的愿望，但由于野心、自大或过于骄傲，在评估并购机会时犯了过分乐观的错误。过度自负假说是以强式效率市场为前提的，也就是说，股票价格可以反映所有公开和未公开的信息，生产性资源的重新配置不会带来收益，且无法通过公司间的重组与合并来改善企业的经营管理。但是在现实的经济体系中，强式效率市场是难以存在的，因此自负假说只能在一定程度上部分解释并购活动的产生。

2.2.8　自由现金流量假说

1986 年，Michael Jensen 从代理问题出发提出了自由现金流量假说，他认为融资结构会通过约束自由现金流量，减少经理人员可用于相机处理的现金流量，降低经理人员的控制权，对企业代理问题产生积极影响，并影响企业的价值。自由现金流量是指公司现金在支付了所有净现值为正的投资计划后所剩余的现金量。Jensen 认为自由现金流量应完全交付股东，这将降低代理人的权力，同时再度进行投资计划所需的资金在资本市场上的筹集将受到控制，由此可以降低代理成本，避免代理问题的产生。除了减少自由现金流量，Jensen 还认为，降低代理成本的另一个途径是企业并购，企业通过并购可以提高公司的负债比例，而由于未来的现金支付要求，在监督管理者行为方面适度的债务要比采用其他任何股利政策更为有效，更容易降低代理成本。尤其是在面临低速成长、规模逐渐缩小但仍产生大量现金流量的公司中，采取这些措施可降低代理成本，增加公司价值。

2.2.9　大股东掏空理论

大股东掏空理论主要是从股权结构出发，认为股权集中形成了大股东控制问题，由此产生了控股股东侵占中小股东利益的行为。La Porter 等（1999）、Shleifer 和 Vishny（1997）、Claessens 等（2000）研究发现美国以外的大部分国家的股权结果并不是 Berle 和 Means（1930）所担心的高度分散而是高度集中，股权高度集中导致多数国家公司治理问题不是管理者和股东之间的冲突，而是控制了管理者的控股股东和小股东之间的矛盾。Shleifer 和 Vishny（1997）指出，大股东的存在能够部分解决管理层与股东之间的代理问题。控股股东与公司价值之间密切关联，使得控股股东有动力去监督管理者，使其努力工作，减轻股东和管理层之间的代理成本。如果其他因素不变，随着大股东持股比例的增加，大股东将会有更大的动力来监督管理层的行为，增加公司价值。如果小股东可以在这个过程中分享由此产生的现金流量，那么就出现了控制权共享收益。但是大股东控制又有可能产生第二类代理问题，即大股东和小股东之间的利益冲突，大股东有动力也有能力使用控制权来独占公司利益，得到与所持股份比例不相称的额外的控制权收益。Johnson 等（2000）研究发现股份公司的大股东会采取多种方式侵占中小股东的利益，他们用“掏空”来描述资源从公司向控股股东转移的现象。Claessens 等（2002）选择东亚地区的 1 301 家公司作为研究对象，研究发现交叉持股、金字塔式的所有权结构，使得控股股东拥有了超过现金流权的公司控制权，且在控制权私利的驱使下存在大量掠夺和侵占小股东的利益的行为。Friedman 等（2003）则发现大股东在某些时候不得不对掏空行为有所限制，甚至当公司陷入困境或受到不利环境冲击时，这些控股股东也会动用私人财产“支持”公司。“掏空与支持”假说从控股股东行为角度进一步拓展了企业并购的研究视角，认为并购活动是大股东侵占中小股东利益的工具，为丰富企业并购理论起到了积极作用。

2.3 并购与资本结构相关理论

2.3.1 博弈论与 MM 定理

博弈论，又称对策论或谈判论。“动物利用大自然移动的瘾魂，在决策人期待的空间里，形成三维均衡的语文学”，从《博弈圣经》对博弈论的定义中，我们可以提炼出博弈论的几个关键词：利益关系、观察、预测、优化、均衡。从这一点可以看出，博弈论研究的是利益相关者之间的均衡问题。

企业之间发生的并购交易行为是由两方或多方参与配合进行的，并购方对于支付方式的选择是在考虑利益相关者的多方影响因素后与目标企业协商后的结果。并购方在选择支付方式时，通常首先考虑的是自身因素和做出此选择可能产生的影响，然后通过不断谈判和交涉判断目标企业的意愿和接受度，在最大化我方利益或完成特定目标的前提下不断优化支付方案，使得双方均可接受并达成交易。因此，可以说在并购支付方式的选择过程中，并购方和被并方之间存在博弈关系。在信息不对称的情况下，企业并购支付方式的选择可视作不完全信息博弈。并购方不能完全了解目标企业的行为和意愿，于是不断与对方讨价还价，最终达成一致。在这个博弈过程中，并购方和被并购方都期望实现自身利益的最大化，并购方希望用最低的成本完成收购，而被并购方则希望自己的公司能以最高的价格售出。当并购方选择的支付方式与被并购企业的期望相距甚远时，并购交易便很可能失败。因此，并购方在选择支付方式时，既要保证自身最大可能获利，也要考虑目标企业的要求和利益，这就是不对称信息条件下企业选择并购支付方式的博弈过程。

20 世纪六七十年代，非对称信息理论建立后，博弈论很快被运用到资本结构的研究中，尤其是不完全信息博弈论。著名的 MM（Modigliani-Miller）定理打开了现代资本结构理论研究的大门，由于其创造性地引入了对人类行为的分析，在严格且完美的假设条件下，MM 定理本身就可视作一个完全信息静态博弈模型。

在 MM 定理中，筹资者和投资者为冲突双方，即博弈的参与者。该定理假设在一个完全信息的市场，每个参与者对彼此的特征、战略及支付函数均了解。MM 定理在证明企业价值与资本结构无关时，采用的套利模型即可理解为博弈中的行为。在这样一个模型下，假定其中存在无数筹资结构不同的筹资者，投资者通过在不同筹资者之间进行套利，对于某一特定筹资者来说将逐渐失去高于其他筹资者的利益优势，即使改变战略，投资者也会在完全信息的情况下改变战略再次打破这种优势。经过无数次的博弈，不同筹资结构的筹资者达到一个纳什均衡点，即资本结构与企业价值无关。而在现实中，参与者双方往往处于非对称信息的状态。根据非对称信息理论，企业对外融资将偏向于发行债券，但融资方式的选择还要受到资本结构等多因素的影响。大量研究表明，当企业处于低杠杆水平时，筹资者倾向于发行债券，投资者也更愿意购买债券，反之则倾向于发行股票。

2.3.2　权衡理论

权衡理论产生于对 MM 定理的质疑中。MM 定理建立在理想的资本市场假设之上，然而这样完美的情形在现实中并不存在。静态权衡理论引入对企业负债的收益和财务风险的考虑，认为企业存在目标资本结构，并且目标资本结构是由债务融资产生的税收收益或税收节约与负债引起的财务困境成本综合权衡后的结果。该理论认为公司价值随财务杠杆水平的提高而提高。这是因为负债具有抵税作用，财务杠杆提高，公司获得的税收减免也随之提高，从而公司价值得以上升。仅从这一角度来看，公司负债水平越高则公司价值越高。然而，负债水平的不断提升将给公司带来巨大的财务风险和各种费用，即公司很可能陷入财务困境，甚至导致公司破产，因此公司须在负债抵税带来的收益和负债引起的财务风险或破产成本之间进行权衡，由此得到的资本结构即目标资本结构，并且此时公司的价值最大，具体如图 2-1 所示。

图 2-1 中，V_U 表示无杠杆公司的市场价值。公司开始增加债务融资后，税盾效应使得公司的价值逐渐提高。在公司价值达到 A 点前，无财务困境成本的存在，公司价值等于无杠杆公司价值与税盾产生的收益现值之和。图 2-1 中的 F_A 为财务困境成本，于 A 点后出现。在 B 点前，边际税收收益大于边际财务困境成本，因此公司仍将继续增加债务筹资。而 B 点后，边际财务困境成本大于边际税收收益，公司价值开始下降，公司不再增加债务资本。B 点的公司价值最大，此时的负债比则为最佳资本结构，即目标资本结构。

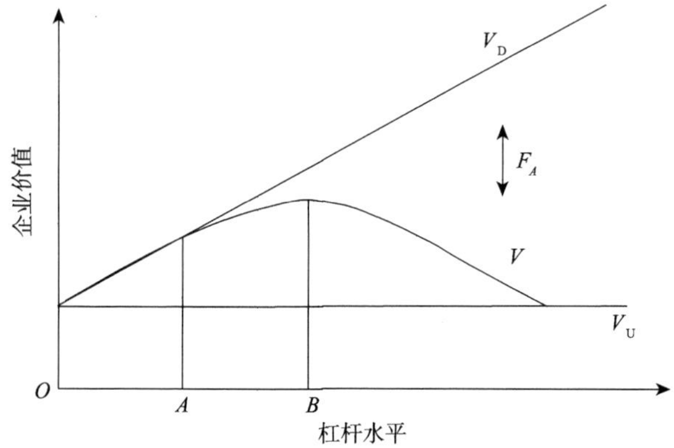

图 2-1　杠杆水平与企业价值的关系

动态权衡理论主要探讨负债的税盾效应与财务困境成本这两个因素如何在动态模型中决定目标资本结构，以及公司如何调整资本结构使其趋向于目标水平。根据动态权衡理论，非理想状态下资本结构的调整存在不可避免的调整成本，而这类成本的存在对资本结构的调节具有抑制作用，妨碍了公司实际资本结构向目标资本结构及时靠拢。实际资本结构与目标资本结构存在偏差将对企业并购的融资方式和支付方式产生影响。一方面，并购资金的来源取决于资本结构的偏离；另一方面，采用现金还是股票进行支付将影响到并购完成后的资本结构，企业则很有可能利用并购进行资本结构的调整。

2.3.3　优序融资理论

1984 年，Myers 和 Majluf 在非对称信息的理论基础上，放宽 MM 定理完全信息的假设，考察了不完全信息对企业融资成本的影响，提出了优序融资理论。该理论的基本观点是企业的融资具有“啄食顺序”。在信息不对称的情况下，企业将尽可能避免进行股权融资，包括发行普通股或其他风险证券等。优序融资理论认为内部融资成本最低，因此这种融资方式是企业的融资首选。然而，内部融资的体量有限，融资需求难以完全实现时，企业将进行外部融资。风险是进行外部融资决策的关键因素，企业在保证安全的前提下才会采用外部融资以满足部分融资需要，并且外部融资首先从相对风险较小的发行债券开始，如普通债券、可转债等，而股权融资是企业的最后选择。内部融资是几种融资方式中成本最低的，主要是采用留存收益和固定资产折旧等。其次是债务融资成本，大量研究证明，债务融资比股权融资更节省成本，这是因为债务融资具有利息，利息是可以从税前利润中扣除的，因此企业可以利用财务杠杆增加每股税后盈余；而股权融资产生的股息须从税后利润中支出，存在法人和股权持有人双重课税的问题，因此在融资金额相同的条件下，债务融资的资金报酬率高于股权融资的资金报酬率。债务融资可具体分为发行债券和向金融机构发起贷款两类。其中，融资成本是企业决定使用债券或贷款的关键因素。

然而，这一融资顺序未必适用于所有情况，国内一些学者针对我国上市公司展开研究，得到了相悖的结论。黄少安和张岗（2001）提出我国上市公司股权融资偏好明显。刘星等（2004）认为中国上市公司在特殊的制度环境下，相比于内源融资更偏好外源融资，外源融资中股权融资优于债务融资。

2.3.4　市场择时理论

市场择时假说由 Stein 在 1996 年首次提出，该假说认为当公司股价被严重高估时，管理者可能会出于机会主义发行更多股票以期获得更高的融资收益。Baker 和 Wurgler 在 2002 年市场择时假说的基础上提出市场择时理论，这一理论的提出向目标资本结构的存在性发起了挑战。市场择时理论认为公司当前的资本结构是公司以往根据股票市场情况择时发行股票累积到现在的结果，并不是出于对目标资本结构偏离的调整。Welch（2004）研究发现市场择时在公司的融资活动中会使得目标资本结构在短期内严重偏离，然而这种偏离会发生反转，因此从长期来看，市场择时行为对资本结构的影响可能并没有那么重要，更多表现为一种机会主义驱动行为，仅在短期内影响资本结构，而长期来看，资本结构的调整仍然符合权衡理论。

从市场择时角度研究资本结构对并购支付方式的选择影响首先要分离资本市场的高涨期和低迷期，观察并购企业在不同时期的选择变动。相对于资本市场的低迷期，在高涨期时，股票价格整体上扬的情形下，企业股票价值被高估的可能性增大，此时企业选择股票或以股票对价为主的支付方式的动机将比较强烈。有学者认为这是由逆向选择效应引起的。逆向选择效应认为在股票价格普遍高涨时期，并购企业的市场价值被高估，潜在股东对现有股东造成的威胁将大大降低，因为股票价格大幅上涨时采用股票支付，现有股东拥有的控制权被稀释的程度和可能性都大幅下降，股票价值上升越多逆向选择效应越明显。在这种情况下，那些担心股票支付导致控制权稀释的管理层将很可能重新考虑股票支付的使用。另外，如果并购企业具有杠杆赤字，在股票高涨时期内利用股价高估发行股票进行支付，可以产生大量股权资本，迅速调节杠杆赤字。

2.3.5　产权属性理论

由于我国特殊的制度背景，不同产权属性的企业面临着不同的制度约束。在我国，国有企业的公有产权属性决定了其拥有经济和政治双重职能，且公司治理模式和经营决策都更多地受到政府部门的干预，经济决策常常与政府政策挂钩，并且在保障民生、解决就业等民生方面做出了极大的贡献。而非国有企业，其私有产权属性决定了其在做出各种经营决策时以实现股东价值最大化为目标，决定其管理决策的影响因素是企业本身的发展经营治理和市场等外部因素，较少受到政府的干预。由此可见，不同产权属性企业在做出包括支付方式在内的并购决策方面存在明显差别。

在我国，由于国有企业更容易得到政府的支持，同样存在高杠杆水平的情况下，国有企业将比非国有企业更容易从银行等金融机构获取贷款，且贷款利息较低，造成国有企业对财务杠杆风险的低敏感性，即使存在高杠杆风险，由于融资约束较小，国有企业在并购支付中仍然倾向于使用现金支付。而相反，由于我国资本市场尚不成熟、金融体制尚不完善等原因，非国有企业仍然面临较大的融资约束，资本结构对融资和支付方式的影响将使得非国有企业更有动机去探索合适的并购支付方式来调节资本结构、提高并购绩效等。

另外，国企混合所有制改革和供给侧结构性改革在鼓励国有企业吸收非公有资本的融入的同时，要求国企并购重组不改变国有控制权的地位。因此出于对股票支付的控制权稀释、国有资产流失等问题的考虑，国有企业在并购中对股票支付的运用更加谨慎小心，因而更倾向于采用现金支付方式。

2.4　管理层特征与并购相关理论

2.4.1　高层梯队理论

1984年，哥伦比亚大学学者Hambrick和Mason（1984）提出了高层梯队理论（upper echelons theory），他们被认为是企业管理层团队领域理论研究的奠基者。高层梯队理论的突出贡献是其将理论界对于管理者个人的研究范式引导为研究管理者团队的整体特征，从而更加贴近企业经营管理决策的实际。

古典决策理论将决策者视为完全理性的经济人，高层梯队理论作为战略决策领域的新兴理论，其与古典决策理论的根本区别在于它放弃了古典决策理论“完全理性的经济人”的假设。Hambrick 和 Mason 认为并不存在完全理性的经济人，企业管理者都是“有限理性”的，因此，高层梯队理论以管理者的有限理性作为假设前提。此后，学术界逐渐达成共识，在企业战略决策研究领域，“有限理性假设”更加符合企业的经营实际，与此同时，要考虑管理层作为一个团队对企业决策可能带来的影响。

有限理性假设认为，管理者的精力、知识和技能不可避免地存在局限性，且管理者的思维模式、价值观念和目标取向同样处于动态变化之中，因此，管理者通常处于非理性和完全理性中间的有限理性状态。在企业的经营管理中，决策者在发现问题和识别问题的过程中可能受制于复杂多变的外部环境而出现认知偏差，管理者无法充分掌握与决策相关的全部信息，其只能依据自身所掌握的信息做出相对合理的决策。Hambrick 和 Mason 进一步指出，即使再杰出的管理者，也是有着复杂感情的社会人，不可能做到完全理性；再优秀的个体也会有鞭长莫及的领域，无法洞察到企业内外部的方方面面，即使是在管理者专业领域内的问题，管理者也只能从纷繁复杂的信息流中，根据有限的条件做出战略决策；而团队决策则能在一定程度上弥补管理者个人的认知缺陷和能力缺陷，降低团队决策失败的风险。

高层梯队理论认为，人口统计学特征能够作为解释管理者行为的有效变量，这些特征包括但不限于管理层的年龄、性别、教育背景、职业经历、专业背景等，相比于管理层的性格特征和价值观等心理层面的特征，人口统计学特征不仅较为稳定易得，且能够量化。管理者的人口统计学特征作为其价值观念和认知能力的外在表征，能够作为管理者的管理水平和经营才能的替代变量，为研究管理层团队特征对企业战略决策和经营绩效的影响奠定了基础。

企业管理层团队对公司战略决策和经营绩效的影响主要体现在以下几个方面。首先，在现代企业委托代理体系下，管理层作为企业经营管理的第一责任人，其专业技能、管理水平、风险偏好和信息捕获能力直接影响企业经营战略的制定；其次，管理层作为企业重要的人力资本，其行为范式和行事风格会对企业既定战略的实施和执行产生关键性影响，这些影响最终均会体现在企业的经营业绩层面。

在高层梯队理论的发展过程中，一些学者认为仅仅关注人口统计学特征的平均水平并不能全面体现管理层团队的特征，开始尝试引入异质性分析框架，以考察管理层团队内部的差异性对企业战略决策的影响。当企业管理层团队内部差异性特征较为明显时，异质性分析框架能够进一步提升高层梯队理论在企业战略决策与经营绩效领域的解释力度。

2.4.2　委托代理理论

Berle 和 Means 在 1932 年发表的关于委托代理理论的开创性研究成果成为现代公司治理领域的开山之作，他们是委托代理理论的最早提出者。Jensen 和 Meckling（1976）首次明确提出了股东和经理人之间存在委托代理关系，股东让渡企业的经营权但保留企业剩余利润的索取权，经理人全面负责企业内部的生产经营，股东依据与经理人之间签订的契约支付给其相应报酬。

委托代理理论是现代企业组织和运行的基础理论之一，委托代理关系广泛存在于商业和社会各个领域之中。委托代理关系指的是行为主体基于契约关系指定其他主体为其完成约定的事项并按照后者提供服务的质量和水平支付报酬。在委托代理关系中，受托方通常具备部分或者全部决策自主权，在不违背委托方意愿的前提下，其应当通过发挥主观能动性为委托方谋取最大利益。

委托代理关系是生产力发展和社会进步的产物。一方面，随着社会分工的细化和生产复杂度的提升，物质资料占有者囿于时间、精力的限制，无法亲力亲为参与到所有事项的经营管理之中；另一方面，在社会发展的过程中，大批具备专业知识和技能的代理人逐渐崛起为经济活动的重要参与方，他们拥有充足的时间并且具备较强的专业优势，逐渐被委托了越来越多的权利。

根据委托代理理论，现代企业本质上是“委托-代理”关系的集合体，委托代理关系强调通过契约约定委托方和受托方的权利和义务，它包含两个基本假设：第一，委托方和受托方存在一定程度的利益冲突，其目标函数并非完全一致；第二，委托方和受托方之间存在信息不对称问题，受托方直接参与到企业的日常生产经营活动中，因此，其掌握的信息更加全面具体，具备明显的信息优势，这些因素的叠加最终导致了代理成本的产生。

在企业的生产经营活动中，委托代理问题主要表现为道德风险和逆向选择。道德风险是指经理人在企业生产经营过程中利用自身信息优势和契约的不完备性实施的一系列自利主义行为。逆向选择指的是经理人利用其在企业生产经营过程中掌握的信息优势为谋取自身利益而侵占企业资源、损害股东利益的行为。在委托代理关系确定后，股东让渡了企业的经营管理权，同时意味着股东成为信息劣势方，只能依靠阶段性的经营成果对经理人行为进行评价。由于股东很难时刻监督经理人的行为，对于经理人的在职消费和经营过程中的未尽全力等问题难以完全洞察，最终导致了道德风险和逆向选择行为的发生。

委托代理理论作为契约理论的重要成果，解决企业经营过程中产生的委托代理问题是其重要目标。自 Jensen 和 Meckling 之后，经济学家 Ross（1973）、Grossman 和 Hart（1983）深入研究了企业生产经营过程中的信息不对称问题，他们认为，当股东让渡出企业的经营权之后，企业对他们而言就成为一个“黑箱系统”，股东仅能从系统的输出结果即企业的经营业绩推断企业内部的运行情况，这些经济学家试图从信息不对称问题入手，研究理想的契约关系应当具备的特征。

在现代企业委托代理体系下，管理者天然具备实施多元化战略的倾向。一方面，管理者的报酬体系往往与企业规模直接相关，通过并购扩大企业规模能够为管理者带来现实收益；另一方面，随着企业规模的扩张，管理者在就业市场上的名气与声望会进一步提升，进而降低管理者被替代的可能性，进一步巩固管理者在企业中的地位。

Mueller（1969）是最早运用委托代理理论分析企业多元化动机的学者，他认为管理者的首要目标是追求企业规模的快速增长而非企业价值最大化。Stulz（1990）的研究结果表明，企业跨国并购活动完成后能够显著增加企业可支配的自由现金流，管理者也会因此受益。Amihud 和 Lev（1981）指出，企业规模过小或者业务单一会增加企业破产的可能性，管理者可能会面临失业的风险，而多元化战略能够提高企业的抗风险能力，进而为管理者提供更安全的职业保障。

委托代理理论从最初的单一委托人和单一受托方逐渐衍生出了众多其他的形式：多方委托人和多方代理人、单方委托人和多方代理人，以及委托人同时委托多项任务的多任务代理理论。尽管不同的委托代理理论的具体表现形式不同，但其逻辑起点却具备内在的一致性，当委托人把其拥有的资源委托给受托人时，委托人和受托人之间的信息不对称问题就会随之产生，当他们的利益产生矛盾与冲突时，委托代理问题也会随之产生。为了解决企业经营管理过程中出现的委托代理问题，企业所有者需要设计一套完整的激励和约束机制来防范管理层的道德风险和逆向选择等自利主义行为。

2.4.3　高管权力理论

高管权力理论认为高管可以通过控制董事会来控制企业。股东通过董事会来控制企业，所以董事会应在决策过程中以企业价值最大化为目标，公平公正、独立客观地履行职责。但现实中董事会不可能完全独立不受影响地进行决策；高管利用各种途径能显著影响董事会的决策。实际中，高管想要控制企业首先需要在某种程度上干预董事的选择、任命；选择对自己友好、有利于达到控制企业目的的董事；还可以改变董事会规模和构成。Morse 等（2011）研究发现，董事会规模越大，由于董事之间的年龄、教育、经验等差异，其凝聚力就越弱，董事之间的沟通交流越难，高管“分而治之”的可能性就越大，其对高管的监督能力也就越弱，高管权力也就越大。高管参与制定的董事薪酬也在某种程度上使董事附和和支持高管的决策；同时高管还会给予支持他的董事一部分额外收益，所以内部董事需要依靠高管达到其事业发展及财富满足的目的。为了对高管进行监督，保证董事的独立性，董事会还常常引入独立董事，但是高管在独立董事的选择上具有重要发言权，而且由于信息的不对称及时间、精力的限制，独立董事不可能尽心尽责地监督高管决策行为。如果董事经常对高管进行监督，在经营决策上时常与高管冲突；那么高管可能利用其影响力不再聘用不服从其命令的董事，导致董事的社会和声誉成本增加。

机构投资者也可能对企业高管权力产生影响，其具有专业的知识，以营利为目的，能够对高管的重大决策产生影响；然而由于我国机构投资者持股比例较低，外部监督对高管的决策影响较小，高管决策的自由度较大。目前股份有限公司有两种形式：要么是股权集中，要么是股权分散。股权集中的企业，大股东因其拥有企业控股权，能够监督高管决策行为，降低代理双方的代理问题，高管权力受到一定限制。股权分散的企业由于没有绝对的控股股东，众多中小股东由于监督成本较大，常存在“搭便车”的现象，此时高管拥有企业的经营权和决策等权力。高管的所有权也能强化其权力，持股比例越大，对董事会的影响也就越大。

高管权力的增大给其机会主义动机提供了条件。高管常常利用手中的权力达到其私有目的，其中最主要的就是对其薪酬及薪酬-业绩敏感性的影响。高管利用其手中的权力影响董事会关于薪酬契约的制定，从而制定最大化其收益的薪酬契约。高管权力理论认为，董事会作为股东的代表在签订薪酬契约时能和高管进行协商，最大限度地使股东利益最大化，但是现实情况是，董事会成员（特别是独立董事）在企业经营管理过程中对高管的依赖要远远大于对股东的依赖，故董事会的薪酬决策不一定是以股东价值最大化为原则，可能出现高管和董事会共谋的现象。虽然股东可能会对高管薪酬提出异议，但是只要高管薪酬不足以引起股东及董事愤怒，鉴于时间、精力和成本，股东一般不会对此异议付诸行动。Grabke-Rundell 和 Gomez-Mejia（2002）认为委托代理理论隐含着在管理层和股东之间存在着高管权力，高管可以利用手中的权力追求私利而提高其薪酬。Chen 等（2011）在研究高管货币薪酬时发现，高管的组织结构权力（股权）和声望权力（教育）能显著促进高管薪酬的提升，组织权力（两职兼任）虽然能促进高管薪酬的提升，但是不够显著；执行董事的级别也和高管薪酬正相关。Bebchuk 和 Fried（2005）指出由于公司治理机制缺陷和高管权力的存在，高管薪酬的增加没有带来企业绩效的提升。Otten 和 Heugens（2008）研究了 17 个国家的 451 个企业的数据，分析高管权力的普遍适用性，分别采用两职兼任、持股比例、执行董事比例和是否兼任董事衡量高管权力，验证了 Bebchuk 等提出的高管权力理论在不同类型国家中都存在。我国学者张金若和陈逢文（2012）研究发现，高管的两职合一、任职期限、持股比例与 CPS（CEO 薪酬占排名前三高管薪酬的比重）显著正相关，说明高管利用其手中的权力牟取私利。曹慧（2014）研究市场化水平、管理层权力和薪酬激励时发现，激励不足或激励过度的情形下，高管都有可能利用手中的权力提高薪酬水平。所以，由高管权力理论可知，权力较大的高管可以利用薪酬的制定和实施来达到其自利行为。当企业内外部治理机制不成熟时，高管利用手中的权力影响薪酬的设计进而达到自身利益最大化的行为将不可避免。其实契约理论和高管权力理论并不矛盾，只是两种理论的基础和核心不同，契约理论强调的是代理双方利益最大化，科学的薪酬能降低代理问题的影响；而高管权力理论从管理者的角度分析最优契约能否解决代理问题，其实是契约理论的深化，有助于企业所有者更好地控制企业。

2.5　政府控制与企业并购相关理论

2.5.1　控制权定义

政府控制权是理解企业经营活动本质的重要线索，是国有企业治理机制需要考虑的重要因素。在分析政府控制理论之前，需要先了解企业控制权。企业组织的发展及其在经济、政治和社会生活中的重要角色引起了广大学者对企业控制权的讨论。控制是掌管、操纵和管束、约束的意思，权是权力的意思。控制权在被正式提及之前，西方学者已从不同角度对其进行了定义。例如，Jensen 和 Ruback（1983）认为控制权就是确定资源的管理权，雇佣、解聘和设置薪酬的权力。Henderson（2010）将其定义为支配董事会的内外部机制的权力。我国学者也对此进行了研究，雷玉德（2006）认为企业控制权是依据国家法律法规，由利益相关者享有的企业经营管理的决策权。鲍盛祥（2011）则认为控制权是企业决策权及监督权的支配，主要包括：参与企业经营管理的权力、选择高管的权力及其他相关权力。关于企业控制权，学者们尚未形成统一的观点，本书对控制权的理解可以归纳为以下三种：

（1）从投票权（股本权）的角度界定企业控制权。投票权是股东的一项固有的基本权利，企业的重大经营决策都要经过股东大会批准才可得以执行；但在日常经营活动中董事会是常设机构，负责企业经营决策。Berle 和 Means（1930）指出：鉴于企业各项经营活动是在董事会的主导下完成的，因此企业控制权是能够选举董事会的权力；现代股份制企业，两权分离，企业所有者虽拥有企业股份，但却把企业经营管理权交予经理层，其对企业的控制只能是通过股东大会选举企业董事会与对企业管理层的选聘和任命达到对企业的控制。此时股东对企业的控制权主要表现为投票权（股本权），即在股东大会上用手或者用脚投票。其实，股东通过股东大会控制了董事会也就控制了企业。由此得出结论，投票权越大对企业的控制权就越大。

（2）从不完全契约角度界定企业控制权。传统理论认为，企业的控制权来源于对物资资本的拥有，即企业控制权和所有权相对应，拥有越多的所有权，对企业的控制权就越大。然而在现实中，物资资本所有权固然重要，但是随着经济社会快速发展，人力资本在企业经营管理中的作用越来越重要，其重要性逐渐显现出来，因此人力资本拥有者对企业控制发挥的作用越来越大。随着企业经营状况越来越复杂，人力资本的专用性也就越强，在契约的安排上可能人力资本所有者和物资资本所有者可以共享企业控制权。Grossman 和 Hart（1987）提出了不完全契约理论，即 GHM（Grossman-Hart-Moore）理论，该理论的核心是剩余控制权直接来源于物资资本的所有权，像投票权、所有权、董事会选举权等都可以在契约中明确界定；但是由于人的有限理性及签订完全契约的成本过高，除了可以在契约中规定的权力外，还有部分剩余控制权是无法规定的，这种在契约外决定企业资产经营的权力就可能来源于人力资本。企业高管由于拥有丰富的技能和较高的素质，也可能拥有企业的经营管理权。

（3）从决策的角度来界定企业控制权。以 Jensen 和 Meckling 为主要代表，他们认为企业的控制权体现在决策权上，根据决策步骤而拥有制定、选择、实施等权力，但是企业的决策制定权和实施权应当分离，否则可能产生代理问题。Fama 和 Jensen（1983）也从决策管理的角度分析发现，作为所有者除了拥有投票权外，把其他权力赋予了董事会，而董事会除了保留部分“决策控制权”外，把“决策管理权”赋予了企业高管，因此形成了多层代理问题。如果拥有企业的决策权其实也就实质上拥有企业控制权。

2.5.2　控制权实现途径

政府控制权就是政府对企业的控制，需要先从国有产权分析。国有产权是国家对企业资产的所有权及相关权利。在早期的西方发达国家，由于市场的失灵，一些存在外部性的行业往往需要政府控制，但是对于政府能否有效抑制企业的外部性，学者们尚存在争议。对于发展中国家，由于经济发展水平较低，市场在解决发展过程中具有一定局限性，可以依靠政府集中解决经济社会发展中的问题及矛盾。但是对于政府是否应当拥有和控制企业，理论界一直存在着争议。方勇（2014）认为政府控制的企业在社会效益、运营能力及效率等方面都优于非政府控制企业，但是却对企业价值、公司治理等方面产生负面影响。唐洋（2009）将国有企业效率低下的原因归纳为三点：①国有企业的公有产权使企业所有者缺位，导致企业经营目标非经济效益最大化。②国有企业代表所有者的政府和代表经营者的高管之间信息不对称，同时政府只是名义上的所有者，不享有企业剩余收益，由此产生了“内部人控制”问题。③高管的激励不足，由于国有企业承担了过多的政策性目标，企业业绩评价不仅仅局限在经济效益上，从而无法对高管进行有效激励。关于国有和非国有企业问题的讨论主要集中在以下几个方面：①产权性质是否影响企业业绩，国有企业是否一定比非国有企业业绩差？②政府对企业的控制是否是导致企业业绩差的主要原因？③国有企业改革是否必须是私有化？国内学者对此也进行了研究，如吴风来（2003）认为整体上国有企业绩效低于非国有企业，在竞争性行业可以进行产权改革，引入私有资本。关于企业产权，田国强（2001）认为企业最优产权安排不能离开具体的制度环境；通过最优产权模型分析得出，当政治法律环境与计划经济相适应时，国有产权最优；当政治法律环境与市场经济相适应时，私有产权最优；当政治法律环境处于向市场经济完善的过程中时，适度的国有产权是最优的。因此，他认为国有企业改革，首先应改善制度环境，企业的股权结构随着制度环境的改善必然会相应发生变化。当前我国正处于经济转型重要阶段，产权改革迫在眉睫，但是由于我国市场经济机制还不完善，完全的私有化非最优选择，最有效的就是国有产权“有进有退”。关于政府和企业之间的关系，学者们归纳了以下两种类型：

（1）政府对企业的“扶持之手”。即政府为企业发展提供支持，如相对于非国有企业，政府控制企业能得到较低的税负和销售成本；政府控制下的企业在经济效益、社会效益、营运能力和劳动生产率方面都显著优于其他类型企业；当企业出现财务危机时，政府控制企业具有宽松的融资环境，获取银行贷款更为便利；而且，政府控制企业能够进入管制性行业来获取垄断性利润。

（2）政府对企业的“看不见的手”。市场是有效的，不需要政府来干预企业，政府只需要执行公共管理功能即可。政府对国有企业有着较强的控制权，因为政府可以通过以下几种途径控制企业：

第一，政府拥有企业的投票权。投票权来源于股权，为保持国家对国民经济的控制力，国有股权在国有企业中占据了很大比例，某些情况下甚至达到100%。这直接导致我国股权结构上的一大特征——国有股“一股独大”。随着资本市场的发展和国有企业改革的深入，国有股权的控股比例有所降低；但是国有企业“一股独大”的特点并没有发生实质性的改变。这些特点导致政府能控制企业股东大会及董事会，以及企业的大部分决策。

第二，对企业人事控制，即通过对高管的任免权来达到控制企业的目的，这是政府控制企业的具体体现。对我国企业高管层来说，由于我国资本市场不完善，并不存在像西方发达国家那样的竞争性的经理人市场，即企业高管不是通过市场公开选拔而来的而是由政府直接任命的。

第三，政策法规的制定。政府在相关法律条款设计和执行上具有天然的优势和免疫力。《中华人民共和国公司法》《中华人民共和国证券法》《上市公司收购管理办法》等法律法规的颁布，都从法律层面上对企业重大经营决策进行了规制。虽然制定法律法规的出发点是规范市场环境，保护投资者等利益相关者，进而促进经济社会发展，但由于我国上市公司多由各级政府及相关管理部门控制，在企业的发展过程中，这些国有企业会受到政府部门的约束。

第3章　去产能背景下企业并购重组及效应总体研究

本章主要研究并购对产能过剩行业的总体影响，从整体层面，运用事件研究法、DEA 法及行业集中度指标衡量并购重组活动中主并方公司的短期市场绩效、中期并购效率和长期宏观产业效应，其中，以 Super-SBM（slacks-based measure，基于松弛变量测度）模型测算超效率值评价静态效率，以 Malmquist 指数及其分解指数评价动态效率，分析并购过程中全要素生产率、纯技术效率及规模效率的变动情况，针对不同并购类型、产权性质和所属行业等进行分样本对比分析。

3.1　研究背景

在当下我国经济发展步入新常态的背景下，以“三去一降一补”为重点任务的供给侧结构性改革正在稳步推进。其中，“去产能”工作旨在通过化解过剩产能推动产业转型升级，从供给侧着手调节失衡的供需关系，缓解行业内部恶性价格竞争态势。与东南亚、印度等相比，我国逐渐失去劳动力价格的比较优势，加之欧美贸易保护主义盛行，难以依靠出口消化过剩产能。未来产业转型升级以技术创新为核心，重点发展的高端制造业和服务业难以拉动传统重工业产品需求。可见，化解过剩产能的核心要点应当由需求侧管理转向供给侧改革，“去产能”已经迫在眉睫。

在当前经济下行的压力下，钢铁产业、有色金属产业、水泥行业、平板玻璃行业等老牌第二产业面临着严峻的危机。这类重工业存在诸多相似之处，都具有明显的规模经济效益，但实际企业效益并不乐观。在整体经济不景气的环境下，产品需求疲软、市场竞争激烈，使得传统重工业企业的利润空间被不断压缩，钢铁行业甚至曾经长期处于全行业普遍亏损的状态。产能过剩的一大特征就是产能利用率偏低。据民生证券研究院统计资料，2010~2015 年我国钢铁行业的粗钢产能利用率分别为82%、79.2%、72%、72%、70.7%、67.2%，伴随着产能利用率的下降，钢企的生产经营举步维艰。与此同时，2015 年水泥行业中熟料的产能利用率也只达到 67%，水泥行业同样处于产能严重过剩状态。此外，在市场结构方面，钢铁等产能过剩行业远未达到高度集中的垄断水平，行业集中度与美国、日本、韩国等国家的水平存在较大差距。在产能过剩的表象之下，是突出的产品结构性供需矛盾。低端产品产能过剩并且过于同质化，缺乏市场竞争力，技术领先的中高端产品却存在产能不足问题，部分产品甚至需要依赖进口。另外，钢铁、水泥、有色金属等许多行业企业在空间布局上过于分散，不利于规模经济效益的实现。行业内中小企业众多、中低端产能过剩则进一步加剧了产品的供需结构性失衡，使得市场竞争局势更为恶化。

面对供需结构性矛盾，如何使产能过剩行业焕发生机呢？市场竞争有助于实现行业内优胜劣汰。但对钢铁等重资产行业而言，企业的退出成本过于高昂。鉴于破产清算可能导致的社会稳定风险和资产流失风险，并购重组成为消化“僵尸企业”、去除过剩产能的重要手段。并购重组可以在抑制新增产能增量的同时促进落后产能退出市场，调整优化产业结构，以实现产业可持续发展。在《国务院关于促进企业兼并重组的意见》等政策推动下，在未来经济转型期内，以供给侧结构性改革推动的产业结构调整、以“去产能”为背景的并购重组活动将成为市场主流。本章主要从整体层面介绍钢铁、水泥、平板玻璃等五大产能过剩行业的并购效应，第 4 章将从有色金属和煤炭这两个具体行业的视角，研究去产能背景下并购绩效与并购特征问题。

3.2 基于事件研究法的并购重组市场绩效分析

3.2.1 样本选择

在供给侧结构性改革的大环境中，本章主要研究以去产能为背景的上市公司并购重组事件及其并购绩效。参考 2013 年国务院印发的《国务院关于化解产能严重过剩矛盾的指导意见》，去产能政策主要影响了钢铁行业、水泥行业、有色金属行业、平板玻璃行业及船舶行业这五大产能过剩的重工业行业的并购重组活动。结合这类产能过剩行业内并购重组活动的发展规律，以及后续实证分析对所取得数据区间的需求，选定了 2013~2014 年作为并购重组绩效的研究区间。以钢铁、有色金属、水泥、平板玻璃、船舶这五大行业中，沪深两市 A 股上市公司在 2013~2014 年发生的并购重组活动为样本，对其并购重组的市场绩效展开研究。

研究的原始数据主要来自国泰安数据库的并购重组数据库、股票市场交易数据库、财务报表数据库及中经网统计数据库，依据如下标准对研究样本进行筛选：

（1）并购重组交易成功，剔除并购重组交易未达成的案例。

（2）上市公司的交易地位为买方，即选取并购重组交易的主并方上市公司作为样本研究并购绩效。

（3）上市公司就同一并购重组事件发布多次事件公告的，以首次事件公告日为准；上市公司一年内发生多次并购重组事件的，选取其中交易金额最大的并购重组事件为研究样本。

（4）剔除事件公告日处于 ST（*ST）[①]状态的上市公司，ST（*ST）上市公司经营处于非常规状态，其绩效影响因素可能与非 ST 上市公司不同。

（5）剔除并购重组交易考察期内发生可能引起公司股票价格波动的配股、送股、分红等权益变动的样本。

（6）市场绩效估计期及考察期内股票市场数据、企业财务数据、并购交易特征等信息完整可取得，市场绩效评价指标可求得。剔除上市时间较短、相关数据不完整的样本。

依据上述样本筛选条件，共筛选出 103 起并购重组事件作为并购重组市场绩效的研究样本，样本特征分布如表 3-1 所示。

表 3-1　样本特征分布表

项目		数量/起	比重
发生年度	2013	52	50.49%
	2014	51	49.51%
并购类型	横向并购	75	72.82%
	纵向并购	15	14.56%
	多元化并购	13	12.62%

① ST 是 special treatment 的缩写，是其他特别处理标记；*ST 是退市风险警示标记。

续表

项目		数量/起	比重
支付方式	现金支付	84	81.55%
	非现金支付	19	18.45%
产权性质	中央企业	17	16.50%
	地方国有企业	42	40.78%
	非国有企业	44	42.72%
所属行业	钢铁行业	29	28.16%
	有色金属行业	50	48.54%
	水泥行业	19	18.45%
	平板玻璃行业	4	3.88%
	船舶行业	1	0.97%

3.2.2　并购市场绩效研究假设

基于现有研究理论和成果，提出假设 3-1a 和假设 3-1b，分别如下：

假设 3-1a：并购提升主并方企业市场绩效。

假设 3-1b：并购重组将使主并方长期效益受损。

同时，在分析并购特征对产能过剩行业绩效的基础上提出假设 3-2～假设 3-5，即关于并购类型、产权性质、支付方式和所属行业对并购绩效的影响。在探究以上四个因素对并购重组市场绩效的作用时，具体如下：

假设 3-2：并购类型影响并购市场绩效，多元化并购市场绩效优于非多元化并购。

假设 3-3：产权性质影响并购市场绩效，国有企业并购市场绩效优于非国有企业。

假设 3-4：支付方式影响并购市场绩效，非现金支付的市场绩效优于现金支付。

假设 3-5：主并方行业对并购市场绩效存在显著影响。

3.2.3　模型设定及变量选择

以累计超额收益率（cumulative abnormal return，CAR）作为被解释变量衡量并购重组事件的市场绩效，引入 7 个虚拟变量分别表示并购重组交易的并购类型、支付方式、主并方上市公司的产权性质及所属行业。并购类型 DiverType 按照主并方企业与目标公司所属行业的关联性分为产业并购（包括行业内横向并购及上下游产业间的纵向并购）和多元化并购。产权性质 CorpType 根据主并方上市公司年报中披露的实际控制人划分为国有企业和非国有企业。支付方式主要为现金支付方式和非现金支付方式。样本企业分为钢铁、水泥、有色金属、平板玻璃和船舶 5 个行业，故设 4 个行业虚拟变量。α_i 为常数项，ε_i 为随机误差项。

建立多元线性回归模型如下：

$$\begin{aligned}\text{MarketPerf}_i = \alpha_i &+ \beta_1\text{DiverType} + \beta_2\text{CorpType} + \beta_3\text{CashPay}\\ &+\beta_4\text{SharePay} + \beta_5\text{IronSteel} + \beta_6\text{NonferrousMetal}\\ &+\beta_7\text{Cement} + \beta_8\text{Glass} + \varepsilon_i\end{aligned} \tag{3-1}$$

本节选取的因变量和自变量的名称及含义如表 3-2 所示。

表 3-2　变量名称及其含义

影响因素	变量符号	变量名称	说明
市场绩效	MarketPerf	市场绩效	不同考察期内的 CAR
并购类型	DiverType	并购类型	虚拟变量，多元化并购取 1，产业并购取 0
产权性质	CorpType	产权性质	虚拟变量，主并方为国有企业时取 1，为非国有企业时取 0
支付方式	CashPay	现金支付	虚拟变量，现金支付取 1，非现金支付取 0
所属行业	IronSteel	钢铁	虚拟变量，钢铁行业取 1，非钢铁行业取 0
	NonferrousMetal	有色金属	虚拟变量，有色金属行业取 1，非有色金属行业取 0
	Cement	水泥	虚拟变量，水泥行业取 1，非水泥行业取 0
	Glass	平板玻璃	虚拟变量，平板玻璃行业取 1，非平板玻璃行业取 0

注：行业分类基于《上市公司行业分类指引（2012 年修订）》和新浪财经板块分类；主并方为船舶行业时，IronSteel、NonferrousMetal、Cement、Glass 均取 0

3.2.4　实证结果分析

1. 市场绩效的描述性统计分析

主并方上市公司的股价波动反映了投资者对并购事件所持的态度。事件研究法基于异常收益率，直接衡量并购事件是否为其投资者带来正向财富。

表 3-3 反映了窗口期[−10，10]内并购公告时间对样本平均异常收益（average abnormal return，AAR）和累计平均异常收益（cumulative average abnormal return，CAAR）的影响。在并购公告日前，除 T−8、T−6 外，样本 AAR 在 α =5% 下均不显著不为 0，呈现围绕 0 上下小幅波动态势。CAAR 在并购重组事件公告前

t检验统计量始终不显著，说明T=0前，样本公司不存在显著的超额收益。T=0当日，AAR、CAAR均通过了α=5%下双侧t检验，说明在并购公告当日，主并方上市公司获得了显著为正的异常收益。此后CAAR整体呈上升趋势，在T+5日达到峰值4.651%。T+6起AAR始终为负值，CAAR持续下滑，主并方市场绩效出现了显著的负向回归效应。在整个窗口期内，CAAR最终取得3.110%的显著的超额收益，总样本的并购市场绩效显著为正。

表3-3　AAR、CAAR及显著性检验结果

时间	AAR	t	Sig.	CAAR	t	Sig.
T−10	0.027%	0.111	0.912	0.027%	0.111	0.912
T−9	0.060%	0.254	0.800	0.087%	0.250	0.803
T−8	−0.468%***	−2.699	0.008	−0.381%	−1.007	0.316
T−7	−0.029%	−0.134	0.894	−0.410%	−0.897	0.372
T−6	−0.410%**	−2.404	0.018	−0.820%	−1.740	0.085
T−5	0.398%*	1.896	0.061	−0.421%	−0.772	0.442
T−4	0.380%*	1.691	0.094	−0.041%	−0.071	0.943
T−3	0.196%	0.840	0.403	0.155%	0.260	0.795
T−2	−0.055%	−0.249	0.804	0.100%	0.153	0.879
T−1	0.249%	1.157	0.250	0.349%	0.514	0.608
T=0	1.790%***	3.883	0.000	2.139%**	2.489	0.014
T+1	1.048%**	2.443	0.016	3.187%***	2.977	0.004
T+2	0.898%**	2.381	0.019	4.085%***	3.141	0.002
T+3	0.592%*	1.729	0.087	4.678%***	3.202	0.002
T+4	−0.095%	−0.295	0.769	4.582%***	2.888	0.005
T+5	0.069%	0.305	0.761	4.651%***	2.800	0.006
T+6	−0.361%	−1.499	0.137	4.290%***	2.651	0.009
T+7	−0.081%	−0.342	0.733	4.209%**	2.630	0.010
T+8	−0.479%**	−2.510	0.014	3.730%**	2.358	0.020
T+9	−0.310%	−1.344	0.182	3.420%**	2.186	0.031
T+10	−0.309%*	−1.675	0.097	3.110%**	2.016	0.046

*、**和***分别表示在10%、5%和1%的水平上显著

图3-1描绘了总样本的AAR与CAAR时序图，从中可以看出，样本企业在并购重组窗口期[−10，10]内，AAR、CAAR波动经历了三个阶段：在公告日前[−10，0），AAR和CAAR围绕0上下波动；公告后T=0至T+5区间内，样本公司AAR除T+4外均为正值，CAAR迅速攀升，并购重组事件的主并方出现了正向财富效应；T+5至T+10区间内，AAR为负值，CAAR出现负向回归效应，直至趋于稳定水平；在整个考察期T−10到T+10内，主并方实现了正向异常收益。

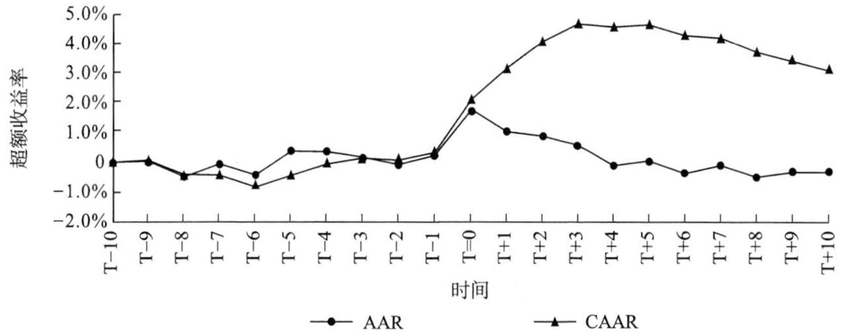

图 3-1　总样本 AAR、CAAR 时序图

鉴于此，将考察期划分为[−10，0）、[0，5]、（5，10]和[−10，10]，分别进行单样本 t 检验，结果如表 3-4 所示。并购公告日前[−10，0），主并方上市公司并未出现显著的异常收益；并购事件公告后早期[0，5]内，样本公司CAAR显著大于0；公告后期（5，10]内，CAAR 显著回落；在整个窗口期[−10，10]内，接受假设 3-1a，主并方上市公司取得了显著的超额收益。

表 3-4　各考察期内 CAR 描述性统计

编号	考察期	均值	标准差	t 值
1	[−10，0）	0.003	0.069	0.514
2	[0，5]	0.043***	0.148	2.951
3	（5，10]	−0.015***	0.046	−3.366
4	[−10，10]	0.031***	0.157	2.016

***表示在 1%的水平上显著

2. 市场绩效的回归分析

基于四个考察期[−10，10]、[−10，0）、[0，5]、（5，10]内 CAR 呈现不同的变动趋势，针对不同考察期建立四个模型（分别为模型 1、模型 2、模型 3、模型 4），考察并购类型、产权性质、支付方式及所属行业对主并方上市公司并购绩效的影响，模型回归结果如表 3-5 所示。

表 3-5　市场绩效回归结果

类别	变量		模型			
			模型 1	模型 2	模型 3	模型 4
常数项	α	系数	0.467	0.002	0.490	−0.026
		t	3.526	0.037	3.910	−0.551
		Sig.	0.001	0.971	0.000	0.583

续表

类别	变量		模型			
			模型 1	模型 2	模型 3	模型 4
并购类型	并购类型 DiverType	系数	0.100	0.018	0.103	−0.021
		t	2.441	0.892	2.650	−1.457
		Sig.	0.017	0.374	0.009	0.148
产权性质	产权性质 CorpType	系数	0.014	−0.017	0.050	−0.018
		t	0.509	−1.190	1.846	−1.797
		Sig.	0.612	0.237	0.068	0.076
支付方式	现金支付 CashPay	系数	−0.182	−0.036	−0.160	0.014
		t	−5.187	−2.017	−4.816	1.098
		Sig.	0.000	0.047	0.000	0.275
所属行业	钢铁 IronSteel	系数	−0.313	0.038	−0.374	0.023
		t	−2.295	0.558	−2.899	0.477
		Sig.	0.024	0.578	0.005	0.634
	有色金属 NonferrousMetal	系数	−0.301	0.043	−0.353	0.009
		t	−2.243	0.634	−2.777	0.191
		Sig.	0.027	0.527	0.007	0.849
	水泥 Cement	系数	−0.358	0.011	−0.375	0.007
		t	−2.636	0.156	−2.919	0.140
		Sig.	0.010	0.876	0.004	0.889
	平板玻璃 Glass	系数	−0.234	0.121	−0.385	0.030
		t	−1.584	1.626	−2.755	0.577
		Sig.	0.116	0.107	0.007	0.565
拟合优度	R^2		0.364	0.166	0.361	0.083
	调整 R^2		0.317	0.104	0.314	0.015
F 检验	F		7.777	2.695	7.673	1.227
	Sig.		0.000	0.014	0.000	0.296

表 3-5 中，以[−10，10]、[−10，0）、[0，5]、（5，10]考察期内 CAR 为被解释变量，以并购类型、产权性质、支付方式、所属行业等 7 个虚拟变量为解释变量，建立 4 个多元线性回归模型。模型的拟合优度分别为 0.364、0.166、0.361 和 0.083，说明模型选定的解释变量对被解释变量的解释程度分别为 36.4%、16.6%、36.1%和 8.3%。R^2 和调整 R^2 除模型 4 外均大于 0.1，模型的拟合程度可以接受。模型 1~模型 3 的 F 检验统计量分别为 7.777、2.695、7.673，模型整体均通过了 5%水平下的显著性检验。模型 4 的拟合优度及 F 检验结果均不理想。

针对模型 1，在并购重组事件整个窗口期[−10，10]内，除了产权性质以外，企业的并购类型、支付方式均对主并方上市公司的短期市场绩效具有显著影响。其中，CashPay 的系数通过了显著性水平为 1%的 t 检验，DiverType、IronSteel、NonferrousMetal、Cement 的系数通过了 5%水平下的显著性 t 检验。具体来说，DiverType 的回归系数为正且在 5%水平下显著，说明多元化并购对主并方市场绩效的改善比产业并购高。此外，并购支付方式同样影响并购市场绩效，与非现金支付方式相比，现金支付不利于企业市场价值的提升。另外，主并方公司的短期市场绩效具有行业差异性，钢铁、有色金属、水泥三个行业的并购市场绩效显著低于样本平均水平。

在[−10，0）的考察期内，不同支付方式的主并方的 CAR 存在显著差异，解释变量 CashPay 的估计参数为−0.036，在 5%水平下显著，说明在现金支付方式下并购重组事件公告日前的CAR劣于非现金支付样本企业。除此以外，其他解释变量的回归系数均不显著，说明不同并购类型、产权性质及行业的样本公司在并购重组事件公告日前的 CAR 无显著差异。

并购重组事件公告日后到CAR达到最大值期间，即在CAR上升期间[0，5]，并购类型、产权性质、支付方式及所属行业均对企业并购市场绩效产生显著影响。其中，DiverType、CashPay、IronSteel、NonferrousMetal、Cement、Glass 的系数通过了显著性水平为 1%的 t 检验；CorpType 的系数在 10%水平下的 t 检验显著。具体而言，多元化并购相较于产业并购更能提升主并方公司的并购市场绩效；国有企业在并购重组事件公告后的CAR的提升大于非国有企业；现金支付方式不利于主并方上市公司市场绩效的提升；钢铁、有色金属、水泥及平板玻璃四个行业的主并公司的市场绩效均劣于船舶行业主并公司，其中平板玻璃行业主并方的市场绩效表现最差，钢铁行业、水泥行业次之，有色金属行业主并公司市场绩效较好，船舶行业主并方的市场绩效最优。

并购重组事件公告日后 5 天，样本公司的 AAR 为负值，出现显著回落。这一下滑趋势主要源自投资者回归理性，是证券市场对并购重组公告过度反应的自发调节。以（5，10]区间内 CAR 指标为因变量建立的多元线性回归模型未能通过 5%水平下的 F 检验，可见，不同并购类型、产权性质、支付方式及所属行业下，主并方市场绩效的负向回落程度不具有显著差异。

综上所述，接受假设 3-2、假设 3-3、假设 3-4、假设 3-5，即多元化并购市场绩效优于非多元化并购，国有企业并购市场绩效优于非国有企业，非现金支付的市场绩效优于现金支付，主并方行业对并购市场绩效存在显著影响。

3. 市场绩效的分类评价

为考察并购类型、产权性质、支付方式及所属行业对并购市场绩效的影响，对各分类样本在考察期内的 CAR 进行描述性统计，如表 3-6 所示。

表 3-6 CAR 分类描述性统计

影响因素	分类	*N*	极小值	极大值	均值	标准差
并购类型	横向并购	75	−0.204	0.486	0.023	0.159
	纵向并购	15	−0.139	0.194	−0.015	0.088
	多元化并购	13	−0.024	0.506	0.132	0.171
产权性质	中央企业	17	−0.159	0.481	0.037	0.182
	地方国有企业	42	−0.204	0.486	0.026	0.170
	非国有企业	44	−0.163	0.506	0.033	0.136
支付方式	现金支付	84	−0.204	0.465	−0.007	0.109
	股份支付	10	−0.163	0.486	0.178	0.209
	其他支付方式	9	−0.196	0.506	0.222	0.238
所属行业	钢铁	29	−0.171	0.193	0.006	0.081
	有色金属	50	−0.196	0.486	0.039	0.176
	水泥	19	−0.204	0.506	0.002	0.162
	平板玻璃	4	0.031	0.325	0.133	0.131
	船舶	1	0.481	0.481	0.481	—
全样本		103	−0.204	0.506	0.031	0.157

由表 3-6 可知，不同并购类型下主并方公司的 CAR 差异较大，其中多元化并购组取得最高的市场绩效（0.132）；横向并购发生最为频繁，但其整体市场绩效仅为 0.023，逊于多元化并购组；纵向并购组主并方则出现了不显著的负财富效应。

考察期内，主并方上市公司的产权性质对其市场绩效无明显影响，中央企业、地方国有企业及非国有企业三组样本的 CAR 无显著差异。

主并方上市公司采用不同支付方式，其市场绩效有一定差异，现金支付方式下 CAR 均值为−0.007，股份支付方式并购市场绩效优于现金支付，其他支付方式（如资产支付、混合支付等）的市场绩效最佳。

依据行业分类进行观察，钢铁、水泥、有色金属三个行业发生较多并购活动，各组并购绩效均不显著且差异不大，平板玻璃行业、船舶行业绩效均值较高，但样本数量过少。因此，在不区分产权性质、所属行业的前提下，再对并购市场绩效进行对比分析。

运用 K-W 检验考察在考察期各阶段内各分类样本的 CAR 值是否存在显著差异，K-W 检验结果如表 3-7 所示。各个阶段内，分行业、分产权性质各组样本均无显著差异，而不同并购类型、不同支付方式的样本在[0，5]和[−10，10]内存在显著差异。

表 3-7　K-W 检验结果

考察期	并购类型	产权性质	支付方式	所属行业
[−10，0）	2.821	4.429	4.251	8.28*
[0，5]	8.491**	0.943	14.771***	4.628
（5，10]	0.647	2.041	4.272	4.941
[−10，10]	8.635**	1.035	14.872***	7.05

*、**和***分别表示在 10%、5%和 1%的水平上显著

图 3-2 描述了横向并购组、纵向并购组及多元化并购组样本的 CAR 值在考察期内的逐日走势。横向并购组和多元化并购组均出现先上升后下降趋势。其中，多元化并购组在[0，5]内的上升幅度明显高于另外两组，并在公告后第 5 日达到峰值。相比之下横向并购组增长速度较慢。纵向并购组在公告日后整体呈现缓慢下降趋势。

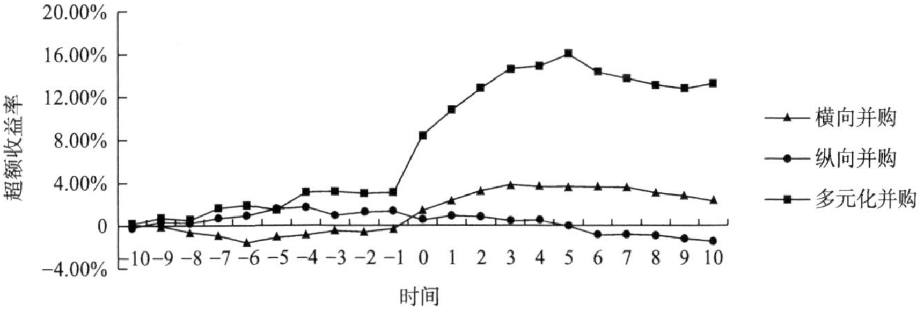

图 3-2　不同并购类型的 CAR 时序图

不同并购类型下各分组样本在不同阶段内的 CAR 的 t 检验结果如表 3-8 所示。在并购事件公告日前[−10，0），各组均无显著 CAR，样本公司并未出现提前反应。公告后，横向并购组、多元化并购组分别有 0.040、0.129 的显著正财富效应，纵向并购组则出现不显著的负财富效应。事件后期（5，10]，横向并购组出现均值为−0.014 的显著的负向回归效应，纵向并购、多元化并购组同样出现下降，但不显著。可见，仅多元化并购组为投资者创造了显著的正向超

额收益，横向并购与纵向并购的市场绩效均不显著。多元化并购组的并购标的多属于传媒、新能源汽车等新兴产业，投资者对传统制造业企业的多元化发展持积极态度。

表 3-8 各考察期内不同并购类型 CAR 的 *t* 检验

考察期	横向并购			纵向并购			多元化并购		
	均值	标准差	*t* 值	均值	标准差	*t* 值	均值	标准差	*t* 值
[−10，0)	−0.003	0.067	−0.421	0.013	0.074	0.704	0.031	0.073	1.513
[0，5]	0.040**	0.143	2.397	−0.015	0.065	−0.869	0.129**	0.207	2.254
（5，10]	−0.014**	0.045	−2.631	−0.014	0.035	−1.528	−0.028	0.066	−1.506
[−10，10]	0.023	0.159	1.241	−0.015	0.088	−0.658	0.132**	0.171	2.786

**表示在 5%的水平上显著

如图 3-3 所示，不同支付方式下主并方短期市场绩效存在显著差异。采用股份支付或其他支付方式的样本公司的CAR在事件公告日后出现显著上升，而现金支付组市场绩效的波动趋势则不明显。股份支付组CAR上升幅度大于其他支付方式组，但其达到峰值（T=4）后下落的幅度较大。其他支付方式组在 T=5 达到峰值，之后呈现波动下落趋势，降低幅度比股份支付组小。

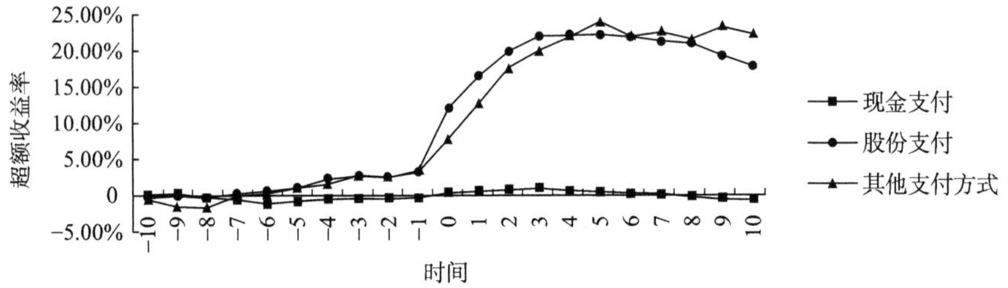

图 3-3 不同支付方式的 CAR 时序图

不同考察期内，各组 CAR 的 *t* 检验结果如表 3-9 所示。公告日前，现金支付组和其他支付方式组均未出现显著异常收益，股票支付组出现 0.035 的正向异常收益，在5%水平下显著。在CAR上升期[0，5]内，股票支付、其他支付方式组分别出现 1%、5%水平下显著的正向超额收益，而现金支付组的 CAR 在统计上不显著。考察期（5，10]内，现金支付组和股票支付组均出现 5%水平下显著的负向异常收益，其他支付方式组的 CAR 均值为负值但不显著。故整体而言，非现金支付方式的主并方市场绩效更为显著，其中资产支付等其他支付方式的市场绩效较股票支付方式更优，现金支付方式的市场绩效最差。

表 3-9　各考察期内不同支付方式 CAR 的 t 检验

考察期	现金支付			股票支付			其他支付方式		
	均值	标准差	t 值	均值	标准差	t 值	均值	标准差	t 值
[−10，0)	−0.003	0.064	−0.439	0.035**	0.055	2.111	0.031	0.107	0.879
[0，5]	0.008	0.099	0.742	0.197***	0.183	3.572	0.208**	0.257	2.427
(5，10]	−0.012**	0.045	−2.404	−0.035**	0.047	−2.495	−0.017	0.058	−0.906
[−10，10]	−0.007	0.109	−0.580	0.197***	0.207	3.147	0.222**	0.238	2.803

、*分别表示在 5%、1%的水平上显著

3.3　基于 DEA 法的并购重组静态效率分析

3.3.1　样本选择

为考察并购重组事件对企业中长期效率的影响，将并购前两年至并购后一年作为并购效率的考察期，选择产能过剩行业 2013~2014 年发生并购重组事件的沪深两市上市公司作为研究样本。参考事件研究法的样本筛选标准，根据 DEA 法对数据区间的要求，进一步剔除了并购前两年至并购后两年内相关数据无法完整取得或无法得到线性规划解的样本。最终选定的样本由 76 家企业组成。

3.3.2　模型设定

选择基于松弛度量的投入导向的超效率 DEA 模型进行并购重组静态效率评价。与 DEA 模型中传统的 CCR 模型①、BCC 模型②相比，SBM 模型基于松弛问题考量决策单元的有效性，在此基础上改进的 Super-SBM 模型进一步解决了处于生产前沿面上的各决策单元间相对效率评价的问题。

相关数据主要来自国泰安数据库、中经网统计数据库及新浪财经等网站提供的上市公司公开披露信息。为保证超效率值的可比性，在进行静态效率分析时，将各样本企业并购前两年至并购后两年的相关数据运用 DEA Solver 5.0 软件计算各决策单元各年度的 SBM 超效率值，运用 Stata 软件建立随机效应静态面板模型，进行经济计量分析。

① CCR 模型是 DEA 模型的一种，CCR 是 Charnes、Cooper 和 Rhodes 名字的缩写。

② BCC 模型是 DEA 模型的一种，BCC 是 Banker、Charnes 和 Cooper 名字的缩写。

基于生产函数，参考刘玉瀛（2012）的研究成果选取如下输入输出指标（表 3-10）。

表 3-10　DEA 法输入输出指标

输入指标	劳动投入	现金流量表	支付给职工及为职工支付的现金
	原材料投入	现金流量表	购买商品、接受劳务支付的现金
	资本投入	现金流量表	固定资产折旧
		现金流量表	无形资产摊销
		资产负债表、央行贷款基准利率	资本成本（=资产合计×5 年贷款基准利率）
输出指标	主营业务收入	利润表	主营业务收入
	净利润	利润表	净利润

由于部分样本公司净利润指标为负值，不符合 DEA 法对输入输出指标非负性的要求，对输入输出指标做如下标准化处理：

$$Z_{ij}' = \frac{Z_{ij} - \min Z_{ij}}{\max Z_{ij} - \min Z_{ij}} \times 9 + 1 \qquad (3\text{-}2)$$

在回归分析中，除并购重组行为变量外，从主并方内外部环境出发，选择了资产负债率、资产回报率（return on assets，ROA）2 个变量衡量企业内部环境，选择国内生产总值（gross domestic product，GDP）及 GDP 增长率作为外部环境变量，进行回归分析以度量并购重组事件及内外部环境因素对企业绩效的影响。静态重组效率回归模型中各变量如表 3-11 所示。

表 3-11　回归模型变量选取及说明

类别	符号	变量	说明
因变量	SE	超效率得分	Super-SBM 求解得出的超效率得分
自变量	MA	并购重组	并购重组行为变量，已发生并购重组取 1，尚未发生取 0
内部环境变量	ALR	资产负债率	总负债占总资产的百分比，衡量企业的财务杠杆
	ROA	资产回报率	利润总额占平均资产总额的百分比，衡量企业营利能力
外部环境变量	GDP	国内生产总值	当年全国 GDP 总额，衡量当年宏观经济环境
	GDPR	GDP 增长率	GDP 较上一年增长率，衡量宏观经济发展环境

3.3.3　并购静态效率的描述性分析

以 SE_{t-2}、SE_{t-1}、SE_t、SE_{t+1}、SE_{t+2} 分别代表并购前两年、并购前一年、并购当年、并购后一年和并购后两年样本企业在 Super-SBM 模型中的超效率值，其描述性统计如表 3-12 所示。

表 3-12　并购静态效率描述性统计

超效率	N	极大值	中值	极小值	均值	标准差
SE_{t-2}	76	1.071 5	0.102 2	0.007 2	0.148 0	0.166 5
SE_{t-1}	76	0.475 9	0.068 6	0.005 8	0.107 0	0.101 2
SE_t	76	0.569 1	0.067 6	0.010 3	0.096 7	0.094 2
SE_{t+1}	76	0.345 2	0.061 5	0.007 9	0.079 5	0.066 3
SE_{t+2}	76	5.119 3	0.069 2	0.005 1	0.217 8	0.814 2

从表 3-12 中可以看出，并购重组事件发生前，主并方样本公司整体超效率值逐年下滑，说明企业经营绩效日益恶化，拟通过并购重组方式提升投入产出效率。并购重组发生当年、后一年的静态效率仍呈现降低趋势，并购后短期内主并方效率尚未得到提升。并购重组事件后两年，样本公司超效率均值出现回升，说明并购重组活动逐步发挥改善效率的作用。从标准差角度看，并购重组事件公告前，样本公司效率间差异较大；并购当年及其后一年，极差缩小，样本整体呈现出效率普遍降低的问题；并购后两年，主并方效率出现两极分化，样本极差为各年最大，不同企业效率的差异显著。

表 3-13 列出了 SE_{t-2}、SE_{t-1}、SE_t、SE_{t+1}、SE_{t+2} 的成对样本 t 检验中的超效率均值和 t 统计量。从配对 t 检验结果可以看出，与并购前两年超效率值相比，并购前一年、并购当年及并购后一年均出现了显著的效率降低。此外，并购后一年的超效率值还显著低于并购前一年及并购当年的超效率值。

表 3-13　配对 t 检验结果

均值及 t 统计量	SE_{t-2}	SE_{t-1}	SE_t	SE_{t+1}
SE_{t-1}	−0.041 0***			
	(−3.70)			
SE_t	−0.051 3***	−0.010 3		
	(−3.32)	(−1.38)		
SE_{t+1}	−0.068 5***	−0.027 5***	−0.017 2**	
	(−4.37)	(−4.16)	(−2.48)	
SE_{t+2}	0.069 8	0.110 8	0.121 1	0.138 3
	(0.74)	(1.21)	(1.32)	(1.52)

、*分别表示在 5%、1%的水平上显著

注：括号内为 t 检验统计量

3.3.4　并购静态效率的回归分析

整体而言，并购重组事件并未提升主并方效率。为了验证假设 3-1b，参考尹

筑嘉等（2013）的研究，在模型中设并购重组行为变量以衡量并购重组事件对主并方效率的影响作用，并将内外部四个环境因素纳入影响效率的考量范畴。

在模型选择上，由于Tobit模型可进行因变量受限条件下的极大似然估计，而BCC模型或CCR模型中效率值属于（0，1]，故DEA-Tobit两步法被广泛应用于效率评价研究中。但是，因为DEA效率值无法以正概率取0，理论界对该情形是否能满足Tobit模型的假设条件这一问题存在争议。相比之下，超效率DEA模型求解的效率值可以大于1，因此可以采用普通最小二乘法进行回归分析。

选定的样本隶属于5个时期的76个个体，属于短面板数据；对个体异质性 u_i 的 F 检验的 P 值为0.000 8，故认为固定效应模型显著优于混合回归；考虑时间效应，增加年度虚拟变量 t_2~t_5 进行双向固定效应回归，所有年度虚拟变量的联合显著性检验 P 值为0.137 5，故认为模型中不应包括时间效应；Hausman检验 P 值为0.000 0，故认为应当使用固定效应模型而非随机效应模型。

鉴于此，建立个体固定效应模型对面板数据进行回归，分析并购重组事件及环境变量对并购效率的影响。回归结果如表3-14所示。

表3-14 固定效应模型回归结果

变量	变量符号	系数	标准误差	t 统计量	P 值
常数项	C	−0.819 098	0.310 626	−2.636 930	0.008 8
并购重组	BG	−0.210 772	0.051 686	−4.077 907	0.000 1
资产负债率	ALR	−0.259 772	0.153 636	−1.690 834	0.091 9
资产回报率	ROA	−0.312 375	0.176 971	−1.765 119	0.078 6
国内生产总值	GDP	1.671 655	0.428 909	3.897 461	0.000 1
GDP增长率	GDPR	1.592 452	0.683 142	2.331 070	0.020 4
R^2		0.376 729	因变量均值		0.116 493
调整后的 R^2		0.209 968	因变量标准差		0.279 173
回归标准误差		0.248 139	赤池信息准则		0.236 933
残差平方和		18.410 32	施瓦茨准则		1.076 812
对数似然估计值		35.982 68	H-Q信息准则		0.570 200
F 值		2.259 094	D-W统计量		2.107 018
显著性（F 值）		0.000 000			

回归结果显示，这一模型的拟合优度较好（R^2约为 0.377，调整后的R^2约为 0.210），该模型通过了1%水平下的F检验及自相关检验（D-W统计量约为2）。其中，并购重组行为变量的回归系数为负值，且在 1%的水平上显著，说明并购重组事件并未在考察期内促进主并方企业效率提升，相反，样本上市公司的并购效率出现了毁损。内部环境因素中，ALR 和 ROA 系数小于零，并在 10%水平下显著，说明其对并购效率具有负面影响。外部因素中，代表宏观经济环境发展状况及增长水平的 GDP、GDPR 参数显著为正，说明企业效率受国家经济运行状况的影响较大。

由此可见，在考虑内外环境因素的作用下，假设 3-1b 得到证实，并购重组将导致主并方效率毁损。

3.4　基于 DEA 法的并购重组动态效率分析

3.4.1　模型构建

Sten Malmquist 于 1953 年首次提出 Malmquist 指数，用于测算决策单元的动态效率。Malmquist 指数代表全要素生产率变动指数（tfpch）。在规模报酬可变（variable return to scale，VRS）条件下，根据 Ray 和 Desli 的分解方法，可以将 Malmquist指数分解为技术进步指数techch、纯技术效率变动指数pech和规模效率变动指数 sech，即 tfpch= techch×pech×sech。各指标的计算方法如表 3-15 所示。

表 3-15　指标信息及计算公式

指标名称	指标符号	计算公式
全要素生产率变动指数	tfpch	$M_t^{t+1}=\left[\dfrac{D_0^t\left(x^{t+1},y^{t+1}\right)}{D_0^t\left(x^t,y^t\right)}\times\dfrac{D_0^{t+1}\left(x^{t+1},y^{t+1}\right)}{D_0^{t+1}\left(x^t,y^t\right)}\right]^{\frac{1}{2}}$
技术进步指数	techch	$\text{techch}_t^{t+1}=\left[\dfrac{D_0^t\left(x^{t+1},y^{t+1}\right)}{D_0^{t+1}\left(x^{t+1},y^{t+1}\right)}\times\dfrac{D_0^t\left(x^t,y^t\right)}{D_0^{t+1}\left(x^t,y^t\right)}\right]^{\frac{1}{2}}$
纯技术效率变动指数	pech	$\text{pech}=\dfrac{D_0^{t+1}\left[\left(x^{t+1},y^{t+1}\right)\vert\text{VRS}\right]}{D_0^t\left[\left(x^t,y^t\right)\vert\text{VRS}\right]}$
规模效率变动指数	sech	$\text{sech}=\dfrac{D_0^{t+1}\left[\left(x^{t+1},y^{t+1}\right)\vert\text{CRS}\right]}{D_0^{t+1}\left[\left(x^{t+1},y^{t+1}\right)\vert\text{VRS}\right]}\times\dfrac{D_0^t\left[\left(x^t,y^t\right)\vert\text{VRS}\right]}{D_0^t\left[\left(x^t,y^t\right)\vert\text{CRS}\right]}$

在进行并购重组动态效率分析时，所选定的样本范围、考察区间、输入输出指标及相应数据来源、标准化处理方法等均与并购重组静态效率分析时相同；但静态效率分析基于各年度时点样本公司形成的面板数据，并购重组动态效率分析则更侧重于对效率在各时期间变动趋势的分析，以及对效率指标波动原因的进一步分解和研究。

3.4.2 全要素生产率变动分析

tfpch 指数代表全要素生产率 tfp 的变化率，其衡量界限为 1，即全要素生产率变动指数大于 1 代表全要素生产率有所提高，反之则表示全要素生产率较前一年度存在下降。在整个考察期[−2，2]内，样本整体全要素生产率变动指数为 0.943，说明并购重组事件并未在发生后两年内提升效率，相反的，并购后两年较并购前两年的效率出现统计上不显著的小幅降低。

运用 DEAP 2.1 软件计算 76 家样本公司 5 年间全要素生产率变动指数（tfpch），样本整体在各年度间的并购效率变动情况如图 3-4 所示。

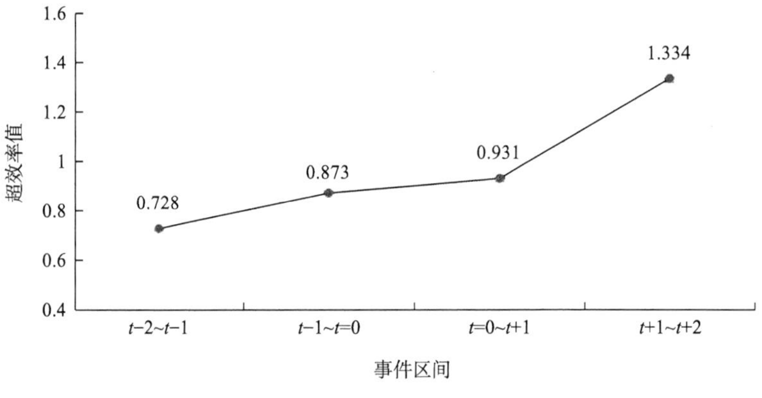

图 3-4 全样本平均全要素生产率变动图

本章内容中的均值代表几何平均数

从图 3-4 中可以发现，各年间全要素生产率变动指数处于稳步提升的变化趋势。直到并购重组事件发生后一年为止，样本整体平均全要素生产率均处于下滑状态，但下滑速度逐年减缓。并购重组事件发生后第二年较前一年度全要素生产率有大幅度提升，但整体考察期间内，样本整体全要素生产率略有下降。

具体而言，并购事件发生前，企业全要素生产率已经出现大幅下滑。并购发生前一年与并购重组事件发生前第二年相比，全要素生产率降低了 27%左右，此结果在一定程度上印证了前文论述的并购重组事件可能基于效率改善的动因分析。并购重组事件发生当年，样本整体全要素生产率较前一年存在下降情况，但下降幅度仅为上年度降幅的一半。并购重组事件后一年较并购当年的效率依然出现小幅下落，随着并购后整合的推进，这一下降趋势在并购后第二年实现扭转。全要素生产率出现 33.4%的提升，说明通过并购重组改善主并方效率需要较长时间来实现，在考察期内样本整体效率仍处于降低状态。

据前文所述，主并方上市公司选择的并购类型、支付方式及其产权性质、所属行业均会对并购绩效产生影响。根据以上并购特征将各类分样本的全要素生产率变动指数汇总，并分别进行 Mann-Whitney U 检验或 K-W 检验，结果如表 3-16 所示。

表 3-16　分类全要素生产率变动表（tfpch）

类别		n	[−2，−1]	[−1，0]	[0，1]	[1，2]	[−2，2]
并购类型	横向并购	57	0.735	0.863	0.931	1.490	0.969
	非横向并购	19	0.707	0.907	0.930	0.958	0.869
	Mann-Whitney U 检验	Z	−1.446	−0.294	−0.420	−1.661	−1.740
		渐近显著性	0.148	0.769	0.675	0.097	0.082
支付方式	现金支付	60	0.690	0.899	0.962	1.313	0.941
	非现金支付	16	0.891	0.782	0.824	1.417	0.950
	Mann-Whitney U 检验	Z	−1.402	−1.351	−0.828	−1.504	−0.637
		渐近显著性	0.161	0.177	0.408	0.133	0.524
产权性质	中央企业	13	0.619	0.805	0.928	1.884	0.966
	地方国有企业	32	0.914	0.865	0.946	1.224	0.978
	非国有企业	31	0.617	0.912	0.917	1.261	0.898
	K-W 检验	卡方	9.399	1.154	0.387	0.867	6.740
		渐近显著性	0.009	0.562	0.824	0.648	0.034
所属行业	钢铁行业	21	0.722	0.999	0.834	1.140	0.910
	有色金属行业	38	0.831	0.842	0.929	1.295	0.958
	水泥行业	13	0.474	0.737	1.267	1.786	0.943
	平板玻璃行业	2	0.875	1.219	0.510	1.325	0.921
	船舶行业	2	0.878	0.919	0.762	1.848	1.032
	K-W 检验	卡方	5.845	3.068	6.050	1.304	0.480
		渐近显著性	0.211	0.547	0.195	0.861	0.975

从表 3-16 中可以看出，主并方主要采取横向并购的并购类型和现金支付的支付方式；地方国有企业和非国有企业是并购重组活动的主要发起方，国有企业发起并购重组的频率多于非国有企业；钢铁行业和有色金属行业是并购重组事件的高发领域，2013~2014 年，水泥行业同样有部分并购重组活动发生，相比之下，平板玻璃行业及船舶行业上市公司数目较少，并购重组事件数目也相应较少。在整个考察期[−2，2]内，不同并购类型和产权性质的主并方上市公司的全要素生产率变动情况存在显著差异；[1，2]内并购类型对并购效率具有显著影响；[−2，−1]期间产权性质影响企业全要素生产率变动情况。

从并购前两年至并购后两年，横向并购主并方效率的降低程度明显小于非横向并购主并方。发起横向并购的上市公司综合的全要素生产率变动指数为 0.969，效率降幅微小；而非横向并购组则出现了显著的效率下降。形成这一差异的主要原因是，在并购后一年至并购后两年，即[1，2]，发起横向并购的主并方上市公司与非横向并购非发起者间同样存在 10%水平下显著的效率差异，横向并购组效率改善程度大大优于非横向并购组。

在样本整体考察期内，中央企业、地方国有企业及非国有企业间呈现显著差异。在[−2，−1]、[0，2]内，中央企业和地方国有企业的全要素生产率变动指数显著高于非国有企业。非国有企业发起并购重组交易后，tfpch 为 0.898，其并购效率出现显著下滑。相比之下，[−2，2]间中央企业和地方国有企业的全要素生产率变动指数分别为 0.966 和 0.978，国有企业效率降低并不明显。这主要是由于在并购前两年至并购前一年期间，非国有企业效率下降大大超过地方国有企业；尽管中央企业与非国有企业效率降幅基本持平，但中央企业在并购后第二年实现了最高幅度的全要素生产率反弹。

故整体而言，产权性质影响并购效率，国有企业主并方的并购效率优于非国有企业。

就全要素生产率变动指数整体而言，不同支付方式及所属行业的分样本间存在全要素生产率变动的不同趋势，但这类差异在统计上并不显著。

现金支付组在并购重组事件前两年至前一年的效率衰退较非现金支付组更为明显，但其并购当年及并购后一年的全要素生产率降低幅度则相对较小，并购重组事件发生后一年至两年间，非现金支付组的并购效率略优于现金支付组。总体而言，在整体[−2，2]考察期内，现金支付组的全要素生产率变动指数略低于非现金支付组，但该差异并不显著。

不同行业的主并方上市公司的全要素生产率变动指数同样出现了差异化的波动趋势。其中，钢铁行业、有色金属行业及船舶行业均呈现在[−2，1]内效率逐年下滑，在[1，2]内逆转这一效率毁损趋势，实现全要素生产率的大幅回升。整体而言，钢铁行业及有色金属行业的并购效率在全考察期内仍处于下降状态，船舶行业是五组分行业样本中唯一实现并购效率改善的行业。水泥行业组与其他行业组相比，在并购重组事件发生前两年至前一年，主并方全要素生产率出现极大幅度降低，但是水泥行业组从并购后第一年起即扭转了效率下滑的态势，领先于其他各组。水泥行业组并购后全要素生产率的提升无法弥补并购前两年内效率下降的幅度，故整体考察期内的并购效率存在轻微下降。平板玻璃行业组的样本量较少，其并购重组效率呈现波动状态。

3.4.3　并购动态效率分类评价

为了进一步衡量并购类型、支付方式、产权性质和所属行业对企业中期并购动态效率的影响，把全要素生产率变动指数 tfpch 分解为技术进步指数 techch、纯技术效率变动指数 pech 和规模效率变动指数 sech，分别探究各组分类样本在各个效率维度上的波动情况和组间差异。

1. 并购类型与动态效率变动

按照并购重组交易事件双方所属行业的关系，将样本划分为同行业间的横向并购组及双方归属于不同行业的非横向并购组两类分样本进行对比分析。

从表 3-17 中可以看出，尽管各考察期内，技术进步指数 techch、纯技术效率变动指数 pech 及规模效率变动指数 sech 的组间差异均不显著，但在[1，2]和[−2，2]内，横向并购组与非横向并购组的全要素生产率变动指数存在显著差异。具体而言，并购前两年至并购后一年，各考察期内技术进步指数、纯技术效率变动指数及规模效率变动指数的波动方向不尽相同，导致最终全要素生产率变动指数的组间差异并不显著。例如，在并购重组当年，横向并购组的技术进步指数优于非横向并购组，但其规模效率变动指数则较低，而二者的纯技术效率变动指数则基本持平，故两组样本的全要素生产率变动指数的差异在统计上并不显著。相比之下，并购重组事件后一年到后两年，横向并购组的技术进步指数、纯技术效率变动指数及规模效率变动指数均优于非横向并购组。尽管各分解效率指标差异在统计上并不显著，但在其共同作用下，形成了全要素生产率变动指数的显著差异。

表 3-17 不同并购类型的全要素生产率变动、技术进步、纯技术效率变动及规模效率变动

类别	考察期	横向并购	非横向并购	Mann-Whitney U 检验	
				Z统计量	渐近显著性
tfpch 全要素生产率变动指数	[−2，−1]	0.735	0.707	−1.446	0.148
	[−1，0]	0.863	0.907	−0.294	0.769
	[0，1]	0.931	0.930	−0.420	0.675
	[1，2]	1.490	0.958	−1.661	0.097
	[−2，2]	0.969	0.869	−1.740	0.082
techch 技术进步指数	[−2，−1]	0.702	0.721	−0.358	0.721
	[−1，0]	0.863	0.846	−0.438	0.661
	[0，1]	0.849	0.803	−1.548	0.122
	[1，2]	2.269	1.724	−0.474	0.636
	[−2，2]	1.039	0.959	−1.404	0.160
pech 纯技术效率变动指数	[−2，−1]	0.886	0.786	−1.611	0.107
	[−1，0]	1.014	1.079	−0.691	0.490
	[0，1]	0.959	0.959	−0.169	0.866
	[1，2]	0.643	0.570	−1.297	0.195
	[−2，2]	0.863	0.825	−1.032	0.302
sech 规模效率变动指数	[−2，−1]	1.184	1.248	−0.300	0.764
	[−1，0]	0.985	0.992	−0.432	0.666
	[0，1]	1.144	1.207	−0.096	0.924
	[1，2]	1.021	0.975	−0.048	0.962
	[−2，2]	1.080	1.099	−0.510	0.610

技术进步指数方面，不同并购类型的两组样本在并购重组前两年至并购重组后一年期间，其技术进步指数始终小于 1，说明在该段时期内，横向并购组与非横向并购组均出现了不同程度的效率毁损。其中，并购前两年至并购前一年的技术进步指数最低，此期间效率降低最为显著，而横向并购组的效率毁损程度比非横向并购组更为严重；并购重组前一年至并购当年及并购当年至并购后一年的效率毁损程度相对较低，横向并购组的技术进步指数优于非横向并购组。但是，在

并购重组后一年至并购重组后两年，两组样本上市公司的技术进步指数大幅增加，其中横向并购组的技术进步幅度优于非横向并购组。在整体[−2，2]的考察期间，横向并购组呈现为技术轻微进步，而非横向并购组的技术并购指数则呈现为效率轻微毁损。

纯技术效率变动指数方面，横向并购组与非横向并购组均呈现先增后减的变动趋势。在并购重组事件发生前两年至并购重组事件发生前一年间，横向并购组与非横向并购组的纯技术效率均出现效率降低，非横向并购组的纯技术效率毁损比横向并购组更为严重。并购重组事件发生当年与前一年相比，主并方上市公司的纯技术效率出现提升，非横向并购组纯技术效率上升幅度大于横向并购组。此后，两组样本的纯技术效率开始下滑。并购重组后一年两组纯技术效率呈现同等幅度的轻微下降。并购重组后第二年纯技术效率毁损更为严重，与横向并购组相比，非横向并购组的纯技术效率下降比重更大。整体而言，不同并购类型的两组样本均出现了纯技术效率毁损，其中横向并购的纯技术效率下降比例相对轻于非横向并购组。

规模效率变动指数方面，横向并购组与非横向并购组存在不同的波动趋势。其中，并购重组前两年至并购重组前一年，不同并购类型的两组样本均出现规模效率提升，非横向并购组的规模效率提升幅度大于横向并购组；并购重组前一年至并购重组当年，两组主并方的规模效率均呈现为小幅度的效率降低，非横向并购组的规模效率降低更为轻微；并购重组当年至并购重组后一年，横向并购组与非横向并购组都实现了规模效率的上升，后者的提升比例更为显著；并购重组后一年至后两年，横向并购组的规模效率延续了增长趋势，实现了规模效率的小幅提升，而非横向并购组的规模效率则出现小幅度下滑。整体而言，两组规模效率有微小提升，非横向并购组的规模效率提升幅度相对较大。

由此可见，并购类型对全要素生产率具有显著影响，横向并购可显著减轻全要素生产率的毁损；并在一定程度上降低纯技术效率毁损，促进技术进步，不利于规模效率的提升，但其对各分解指数的影响在统计上并不显著。

2. 支付方式与动态效率变动

根据并购重组交易对价的支付方式，将样本划分为现金支付组和非现金支付组两个分类样本。根据表 3-18，并购重组发生前两年至并购重组后两年的各个年度间，以及整体考察期内，不同支付方式的两组样本的全要素生产率变动指数均不存在显著差异。但我们将全要素生产率分解后可以发现，现金支付组与非现金支付组间存在显著差异。由于各分解指数的变动方向不尽相同，综合性的全要素生产率变动指数的组间差异并不显著。

表 3-18 不同支付方式的全要素生产率变动、技术进步、纯技术效率变动及规模效率变动

类别	考察期	现金支付	非现金支付	Mann-Whitney U 检验	
				Z 统计量	渐近显著性
tfpch 全要素生产率变动指数	[−2，−1]	0.690	0.891	−1.402	0.161
	[−1，0]	0.899	0.782	−1.351	0.177
	[0，1]	0.962	0.824	−0.828	0.408
	[1，2]	1.313	1.417	−1.504	0.133
	[−2，2]	0.941	0.950	−0.637	0.524
techch 技术进步指数	[−2，−1]	0.696	0.748	−1.668	0.095
	[−1，0]	0.856	0.871	−0.739	0.460
	[0，1]	0.852	0.786	−1.453	0.146
	[1，2]	2.100	2.190	−0.784	0.433
	[−2，2]	1.016	1.029	−0.465	0.642
pech 纯技术效率变动指数	[−2，−1]	0.858	0.864	−0.460	0.646
	[−1，0]	1.024	1.054	−0.740	0.459
	[0，1]	0.938	1.039	−0.960	0.337
	[1，2]	0.587	0.783	−1.805	0.071
	[−2，2]	0.834	0.928	−2.307	0.021
sech 规模效率变动指数	[−2，−1]	1.156	1.379	−0.669	0.504
	[−1，0]	1.027	0.852	−1.835	0.067
	[0，1]	1.203	1.010	−1.013	0.311
	[1，2]	1.064	0.827	−1.554	0.120
	[−2，2]	1.110	0.995	−2.599	0.009

技术进步指数方面，并购重组交易前两年至并购重组交易当年及并购重组后一年至并购重组后两年，现金支付组的技术进步指数均劣于非现金支付组，而在并购重组当年至并购重组后一年，现金支付组的技术进步指数优于非现金支付组。具体而言，并购重组前两年至前一年，现金支付组的效率毁损程度在 10%水平下显著大于非现金支付组，该期间同样是各个考察期内绩效毁损最为严重的期间。并购重组前一年至并购重组当年，现金支付组的效率毁损与非现金支付组相比较为严重，但两组间差异在统计上并不显著。并购重组交易当年至后一年，现

金支付组与非现金支付组均维持效率毁损的趋势，但该年度现金支付组的效率毁损比例较非现金支付组有所减轻。并购重组后一年至并购重组后两年，可能由于并购重组后整合进程的推进，两组样本均实现了大幅度的技术进步，其中非现金支付组的技术进步略优于现金支付组。综合来看，非现金支付组的技术进步指数优于现金支付组。

纯技术效率变动指数方面，不同支付方式的两个分类样本在并购重组后一年至后两年及整体考察期内均存在显著差异，各个考察期内现金支付组的纯技术效率变动指数均劣于非现金支付组。并购重组前两年至并购重组前一年，两组均出现纯技术效率降低，其中现金支付组的纯技术效率毁损程度比非现金支付组更为严重；并购重组前一年至并购重组当年，两组纯技术效率均有所提升，非现金支付组对纯技术效率的提升作用大于现金支付组；并购重组后一年，现金支付组持续了效率毁损的趋势，而非现金支付组则实现了纯技术效率的逆向增长；并购重组后一年至后两年，在两组均出现效率毁损的情况下，现金支付组纯技术效率的下降比例远大于非现金支付组，这一差异在 10%水平下显著。整体而言，现金支付组的纯技术效率毁损比非现金支付组更为严重，纯技术效率变动的差异在 5%水平下显著。

规模效率变动指数方面，现金支付组在各年度间保持了规模效率持续上升，而非现金支付组则出现了波动态势；与纯技术效率变动指数相反，现金支付组在[−1，2]内的规模效率变动均优于非现金支付组，其中，并购重组前一年至并购重组当年及整个考察期内，两组间规模效率的差异在统计上显著。具体而言，并购重组前一年较上一年度的规模效率有所提升，非现金支付组的提升幅度大于现金支付组；并购重组前一年至并购重组当年，现金支付组维持了规模效率上升趋势，而非现金支付组则出现了规模效率降低，二者的差异在 10%水平下显著；并购重组当年至并购重组后一年，不同支付方式的两组均实现规模效率递增，其中现金支付组的规模效率增长优于非现金支付组；并购重组后一年至后两年，现金支付组实现规模效率的微弱增长，非现金支付组规模效率降低。整体而言，现金支付组实现了规模效率递增，非现金支付组规模效率降低，不同支付方式的两组样本的规模效率变动差异在 1%水平下显著。

由此可见，支付方式对全要素生产率变动的影响并不显著，现金支付显著加剧了纯技术效率毁损，不利于技术进步，但可显著促进规模效率的提升。

3. 产权性质与动态效率变动

根据主并方上市公司的实际控制人性质，划分中央企业组、地方国有企业组及非国有企业组三个不同产权性质的分类样本，运用K-W检验对组间差异进行独立样本非参数检验。

如表3-19所示，不同产权性质的三组分样本中，全要素生产率变动指数基本呈现递增趋势，在并购重组前两年至并购重组后一年全要素生产率持续降低，并购重组后一年至第二年扭转效率毁损趋势，全要素生产率大幅增长。中央企业组、地方国有企业组及非国有企业组的全要素生产率变动指数在并购重组前两年至并购重组前一年及整个并购重组考察期内均存在显著差异，主要受规模效率变动指数的影响。

表3-19　不同产权性质的全要素生产率变动、技术进步、纯技术效率变动及规模效率变动

类别	考察期	中央企业	地方国有企业	非国有企业	K-W检验		
					卡方	df	渐近显著性
tfpch 全要素生产率变动指数	[−2，−1]	0.619	0.914	0.617	9.399	2	0.009
	[−1，0]	0.805	0.865	0.912	1.154	2	0.562
	[0，1]	0.928	0.946	0.917	0.387	2	0.824
	[1，2]	1.884	1.224	1.261	0.867	2	0.648
	[−2，2]	0.966	0.978	0.898	6.740	2	0.034
techch 技术进步指数	[−2，−1]	0.687	0.713	0.708	2.404	2	0.301
	[−1，0]	0.851	0.873	0.848	1.201	2	0.549
	[0，1]	0.823	0.847	0.833	0.380	2	0.827
	[1，2]	2.449	2.012	2.103	1.405	2	0.495
	[−2，2]	1.042	1.015	1.013	0.056	2	0.972
pech 纯技术效率变动指数	[−2，−1]	0.852	0.844	0.879	0.336	2	0.845
	[−1，0]	1.008	1.032	1.038	0.450	2	0.799
	[0，1]	0.960	0.973	0.944	0.140	2	0.932
	[1，2]	0.806	0.527	0.667	5.125	2	0.077
	[−2，2]	0.903	0.817	0.871	3.764	2	0.152
sech 规模效率变动指数	[−2，−1]	1.058	1.519	0.990	9.777	2	0.008
	[−1，0]	0.939	0.961	1.036	0.096	2	0.953
	[0，1]	1.175	1.148	1.166	0.305	2	0.858
	[1，2]	0.954	1.155	0.899	3.631	2	0.163
	[−2，2]	1.027	1.179	1.018	12.542	2	0.002

技术进步指数方面，中央企业组、地方国有企业组及非国有企业组在各考察期内均不存在显著的组间差异。在并购重组前两年至并购重组前一年，地方国有企业组效率毁损最小，其中，中央企业组在并购当年较上一年效率毁损程度略小于非国有企业组；并购重组后一年至后两年间，中央企业组的技术进步幅度远大于非国有企业组和地方国有企业组。整体而言，中央企业组技术进步最大，地方国有企业组略优于非国有企业组。

纯技术效率变动指数方面，三组差异同样不显著，但在并购重组后一年至后两年间，中央企业组的纯技术效率毁损程度在 10%水平下显著小于另两组，地方国有企业组纯技术效率毁损最为严重。并购重组前两年至并购重组后一年期间，中央企业组、地方国有企业组和非国有企业组的差异并不显著，均呈现纯技术效率先降低，后微弱上升，再微弱下降的趋势。整体而言，中央企业组纯技术效率毁损最小，非国有企业组次之，地方国有企业组降低最多。

规模效率变动指数方面，地方国有企业组在 1%水平下显著优于另外两组，中央企业组规模效率提升略大于非国有企业组，规模效率变动是全要素生产率变动的主导因素。并购重组前两年至并购重组前一年间，地方国有企业组出现显著的规模效率提升，中央企业组规模效率基本不变，非国有企业组规模效率下降；并购重组前一年至并购重组后一年，国有企业间差异不明显，均为先小幅下降再小幅上升，非国有企业组规模效率持续小幅递增；并购重组后一年至后两年，地方国有企业组实现规模效率增长，另两组则出现效率毁损。

由此可见，不同产权性质下主并方全要素生产率变动指数存在显著差异，其中地方国有企业最佳，中央企业次之，非国有企业全要素生产率毁损最为严重。中央企业技术进步最大，地方国有企业略优于非国有企业；地方国有企业的纯技术效率毁损最为严重，非国有企业次之，中央企业纯技术效率毁损最轻；三组规模效率变动存在显著差异，地方国有企业规模效率提升最大，中央企业规模效率的提升幅度优于非国有企业。

4. 所属行业与动态效率变动

根据主并方上市公司所属行业的不同，划分出钢铁行业、有色金属行业、水泥行业、平板玻璃行业及船舶行业，运用 K-W 检验度量组间差异的显著性。

如表 3-20 所示，五大行业分类样本间全要素生产率变动的差异并不显著，但其在不同考察期内的技术进步指数和规模效率变动指数存在显著差异。各组纯技术效率变动指数差异不大，此处不再展开。

表 3-20 不同行业的全要素生产率变动、技术进步、纯技术效率变动及规模效率变动

类别	考察期	钢铁行业	有色金属行业	水泥行业	平板玻璃行业	船舶行业	K-W 检验	
							卡方	渐近显著性
tfpch 全要素生产率变动指数	[−2，−1]	0.722	0.831	0.474	0.875	0.878	5.845	0.211
	[−1，0]	0.999	0.842	0.737	1.219	0.919	3.068	0.547
	[0，1]	0.834	0.929	1.267	0.510	0.762	6.050	0.195
	[1，2]	1.140	1.295	1.786	1.325	1.848	1.304	0.861
	[−2，2]	0.910	0.958	0.943	0.921	1.032	0.480	0.975
techch 技术进步指数	[−2，−1]	0.723	0.700	0.670	0.879	0.750	6.076	0.194
	[−1，0]	0.864	0.866	0.807	0.906	0.989	7.841	0.098
	[0，1]	0.832	0.810	0.912	0.981	0.812	4.907	0.297
	[1，2]	1.572	2.042	3.921	1.536	2.460	14.377	0.006
	[−2，2]	0.950	1.001	1.179	1.046	1.103	12.248	0.016
pech 纯技术效率变动指数	[−2，−1]	0.829	0.908	0.813	0.958	0.571	4.810	0.307
	[−1，0]	0.970	1.012	1.267	0.957	0.761	1.620	0.805
	[0，1]	0.890	0.986	0.896	1.038	1.768	6.273	0.180
	[1，2]	0.568	0.639	0.589	0.801	1.203	4.902	0.297
	[−2，2]	0.798	0.873	0.858	0.935	0.981	5.621	0.229
sech 规模效率变动指数	[−2，−1]	1.205	1.307	0.872	1.039	2.052	8.669	0.070
	[−1，0]	1.193	0.961	0.721	1.406	1.221	8.399	0.078
	[0，1]	1.126	1.163	1.550	0.500	0.531	15.519	0.004
	[1，2]	1.277	0.992	0.773	1.078	0.624	8.111	0.088
	[−2，2]	1.199	1.097	0.932	0.942	0.955	14.115	0.007

技术进步指数方面，在并购当年及整体考察期内，不同行业样本存在 5%水平下的显著差异。并购重组前两年至前一年及并购重组当年至后一年，不同行业分组间技术进步的毁损程度差异不大。并购重组前一年至并购重组当年，船舶行业组的效率毁损程度最轻，平板玻璃行业组次之，钢铁行业组及有色金属行业组效率降低程度相当，水泥行业组的效率毁损程度最大，组间差异在 10%水平下显著。并购重组后一年至后两年，各组存在 1%水平下显著的差异。水泥行业组技术进步最大，船舶行业组技术进步幅度仅次于水泥行业组，有色金属行业组列于第三位，钢铁行业组及平板玻璃行业组技术进步程度相似。整体而言，仅钢铁行业组出现效率毁损，另外四组中，水泥行业组技术进步最显著，平板玻璃行业组次之，有色金属行业组和船舶行业组的效率无明显变化。

规模效率变动指数方面，五组分类样本在各考察期间内均存在显著差异。钢铁行业组规模效率持续递增，船舶行业组规模效率先递增后递减，水泥行业组规模效率先下降后上升再下降，平板玻璃行业组则是先上升后下降再上升，有色金属行业组则呈现波动变化的趋势。并购重组前两年至并购重组前一年，船舶行业组规模效率大幅增长，其次是有色金属行业组和钢铁行业组，平板玻璃行业组规模效率基本不变，水泥行业组则出现了规模效率降低；并购重组前一年至并购重组当年，平板玻璃行业组、船舶行业组和钢铁行业组持续规模效率增长趋势，有色金属行业组规模效率略微下降，水泥行业组规模效率持续走低；并购重组当年至并购重组后一年，水泥行业组规模效率实现大幅提升，钢铁及有色金属行业组规模效率稳定增加，平板玻璃及船舶行业组则出现大比例规模效率毁损；并购重组后一年至并购重组后两年间，钢铁行业组和平板玻璃行业组规模效率增长，有色金属行业组规模效率基本不变，水泥行业组、船舶行业组均出现小幅度的规模效率毁损。钢铁行业组实现了规模效率提升，有色金属行业组规模效率提升不显著，水泥、平板玻璃及船舶行业组均出现轻微规模效率毁损。

由此可见，主并方所属行业对其全要素生产率变动无显著影响，但对其技术进步和规模效率变动具有显著作用。

3.5　去产能背景下并购重组的产业效应分析

3.5.1　市场结构及度量指标

本章主要依据并购重组活动对市场结构的影响探究并购重组的产业效应，即并购重组的市场结构变动效应。产业组织理论将行业集中度作为市场结构的重要决定因素，其体现了市场的竞争态势与垄断程度，因此选择行业集中度来衡量各个样本行业的市场结构。

行业集中度的度量指标通常包括测算绝对集中度的行业集中度、赫芬达尔-赫希曼指数和测算相对集中度的洛伦兹曲线等。行业集中度是行业排名前 n 家企业的某特定指标之和占该行业该指标合计值的比例，选定的指标通常包括销售额、产量等。行业集中度指标能够衡量市场竞争程度和产业集中程度，被广泛应用于国内外市场结构有关研究。

$$\mathrm{CR}_n = \sum_{i=1}^{n} \frac{X^i}{X} \tag{3-3}$$

基于相关数据的可取得性及度量指标的应用广度，选取了 CR_4 和 CR_8 指标作为行业集中度的度量指标，根据各行业在并购前后若干年内指标的趋势变化，运用贝恩分类法得到的各年度各行业的市场类型如表 3-21 所示，分析并购是否提升了产业集中度，是否促进产业结构调整。

表 3-21 基于行业集中度划分市场结构的贝恩分类法

类别		寡占Ⅰ型	寡占Ⅱ型	寡占Ⅲ型	寡占Ⅳ型	寡占Ⅴ型	竞争型
CR_4	下限	85%	75%	50%	35%	30%	
	上限		85%	75%	50%	35%	30%
CR_8	下限	95%	85%	75%	45%	40%	
	上限		95%	85%	75%	45%	40%
市场集中程度		极高	高	较高	较低	低	极低

船舶行业、平板玻璃行业上市公司数目较少，难以取得指标计算所需相应数据。鉴于此，基于集团口径，利用国泰安数据库上市公司财务信息及中经网统计数据库宏观经济数据，结合 2011~2017 年中国企业 500 强名单，测算钢铁行业、有色金属行业及水泥行业的行业集中度指标，以判定各年度各行业的市场结构类型，探究去产能背景下的并购重组活动对各行业市场结构及其变化的影响作用。

3.5.2 并购重组的市场结构变动总体效应

并购重组活动，特别是横向并购交易，会促进行业集中度的提升，影响行业整体的市场结构。研究基于集团口径，选定销售收入作为行业集中度核算的依据，通过对行业集中度这一指标的变动情况进行分析，在去产能政策背景下，研究产能严重过剩行业并购重组在政策导向下是否实现了行业集中度的优化、使市场垄断程度向理想化方向调整，并探究市场结构是否达到合理水平，进一步探索目前去产能推进进程。

钢铁行业、有色金属行业及水泥行业集中度如图 3-5 所示，在 2010~2016 年，钢铁行业、有色金属行业及水泥行业的行业集中度均处于低水平，其市场结构基本属于竞争型市场结构。其中，钢铁行业的行业集中度最低，各年度的 CR_4 指标及 CR_8 指标均远小于有色金属行业和水泥行业的相应指标。钢铁行业的前四家、前八家钢铁集团销售额合计占行业总销售额的比重均呈现为小幅度的波动趋势，钢铁行业市场结构处于高度分散的状态。与钢铁行业相比，有色金属行业的行业集中度指标相对较高，其各年度的行业集中度均高于钢铁行业；与水泥行业相比，早期有色金属行业行业集中度优于水泥行业，而近年来行业集中度与水泥行业基本持平。有色金属行业的行业集中度呈现为波动状态，而水泥行业的行业集中度则呈现出逐年递增的发展趋势，每年均出现小幅度的行业集中度上升。

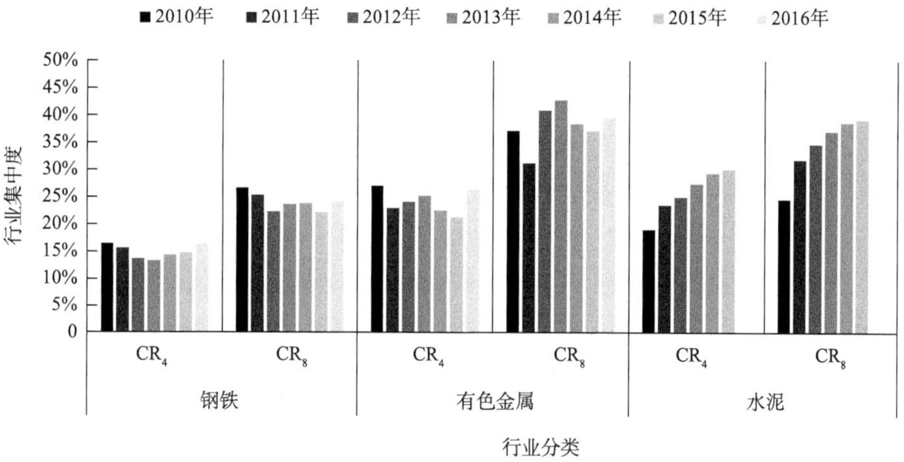

图 3-5　钢铁行业、有色金属行业及水泥行业 2010~2016 年行业集中度

原始数据来自各年度中国 500 强企业名单及中经网统计数据库，由作者计算整理

3.5.3　并购重组的分行业结构特征

钢铁行业：以销售收入为度量指标，通过 CR_4、CR_8 指标分析我国钢铁行业 2010~2016 年行业集中度的变化，分析钢铁行业结构的演进趋势，并依据贝恩提出的市场结构划分标准判断各年度钢铁行业所属的市场结构类型，探究钢铁行业的市场结构特征，结果见图 3-6 和表 3-22。

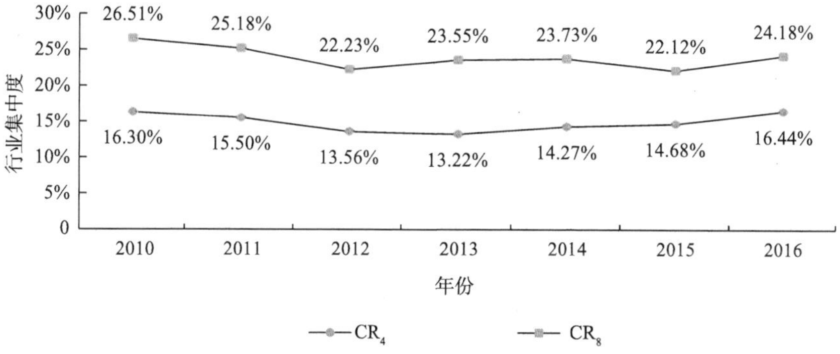

图 3-6　钢铁行业 2010~2016 年行业集中度

表 3-22 基于集团视角的钢铁行业市场结构

年份	2010	2011	2012	2013	2014	2015	2016
CR_4	竞争型	竞争型	竞争型	竞争型	竞争型	竞争型	竞争型
CR_8	竞争型	竞争型	竞争型	竞争型	竞争型	竞争型	竞争型

从图 3-6 中可以看出，在 2010~2016 年，我国钢铁行业的行业集中度始终处于较低水平，其中 CR_4 指标在 15%左右波动，CR_8 指标在 24%左右波动，两指标在波动趋势上略有差异。

2010~2016 年钢铁行业的 CR_4 指标呈 U 形变化，2010 年行业排名前四家钢铁企业以销售收入计的市场份额较高，其后三年间钢铁行业的行业集中度出现下降，在 2013 年达到 CR_4 最低值，2013 年以来前四家钢企占据的市场份额比例逐年稳步上升，并在 2016 年达到行业集中度最高值。CR_8 指标呈 W 形变化，2010 年行业前八位钢铁集团所占市场份额为 7 年内最大值，2011~2012 年内 CR_8 大幅降低，自 2013 年起行业集中度略有上升，但在 2015 年再度下滑至最低点，2016 年在供给侧结构性改革的推动下钢铁行业 CR_8 指标有所回升。

少数龙头企业（宝钢、河钢、沙钢等）的市场占有率稳步增长，特别是 2016 年宝武强强联合后，钢铁行业第一梯队的市场份额大大增长；受渤钢分拆及宝武合并的影响，其后的第二梯队经营规模略有缩减，导致 2015 年、2016 年 CR_8 指标的波动趋势与 CR_4 不同。此外，据中经网统计数据库统计，我国钢铁行业规模以上工业企业单位数自 2010 年起基本呈递增趋势，至 2013 年达到峰值 11 034 家，其后随着国家去产能政策导向及行业兼并重组推进，钢铁企业数量逐渐降低，这一趋势与钢铁行业行业集中度的变化趋势基本吻合。整体而言，并购重组活动使钢铁行业的行业集中度略有提升，但提升作用并不明显。

如图 3-6 所示，根据贝恩分类法，2010~2016 年我国钢铁行业 CR_4 在 13.22%~16.44%、CR_8 在 22.12%~26.51%，均远低于低集中垄断型市场结构 30%、40%的临界值。这说明不管是基于 CR_4 还是 CR_8 指标，我国钢铁行业始终处于竞争型的市场结构（表 3-22）。钢铁行业具有显著的规模经济效益，在低产业集中度下难以实现产业技术创新和资源优化配置。尽管并购重组活动在一定程度上提升了我国钢铁行业的行业集中度，但行业集中度目前仍处于较低水平，并购重组活动并未明显改善钢铁行业的市场结构。

有色金属行业：以销售收入为度量指标，通过 CR_4、CR_8 指标分析我国有色金属行业 2010~2016 年行业集中度的变化，分析有色金属行业结构的演进趋势，并依据贝恩提出的市场结构划分标准判断各年度有色金属行业所属的市场结构类型，探究有色金属行业的市场结构特征，结果见图 3-7 和表 3-23。

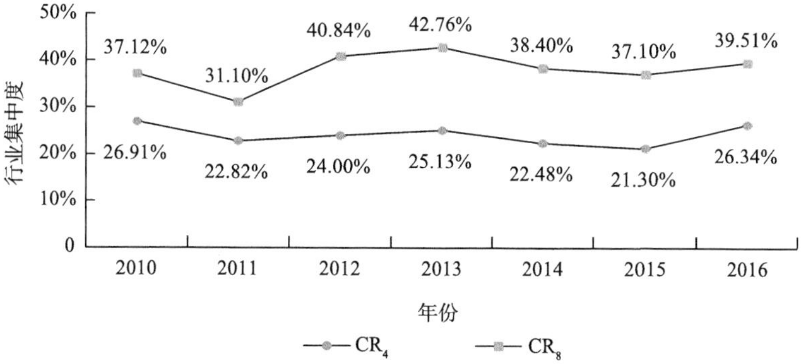

图 3-7　有色金属行业 2010~2016 年行业集中度

表 3-23　基于集团视角的有色金属行业市场结构

年份	2010	2011	2012	2013	2014	2015	2016
CR_4	竞争型	竞争型	竞争型	竞争型	竞争型	竞争型	竞争型
CR_8	竞争型	竞争型	寡占Ⅴ型	寡占Ⅴ型	竞争型	竞争型	竞争型

与钢铁行业相比，我国有色金属行业的行业集中度较高，行业集中度指标波动幅度相应较大，其中 CR_4 指标在 21.30%~26.91%区间内波动，CR_8 指标在 31.10%~42.76%范围内变化。如图 3-7 所示，在 2010~2016 年，我国有色金属行业的 CR_4、CR_8 指标呈现 W 形变动趋势。由于排名前四家、前八家有色金属行业集团的销售收入增长率分别为 7.15%和 5.85%，远低于行业销售总额 26.37%的增长幅度，2011 年我国有色金属行业 CR_4、CR_8 均出现大幅降低；2011 年起，随着行业龙头市场份额的稳步提升，有色金属行业的 CR_4、CR_8 指标逐年递增，其中 CR_8 在 2013 年达到峰值 42.76%；自 2014 年起，我国有色金属行业的销售收入总额仍保持微弱增长趋势，但行业前四名、前八名的销售收入合计额却连续两年出现下降，故我国有色金属行业 CR_4、CR_8 指标连续两年降低；直至 2016 年，这一下滑趋势得到扭转，行业龙头实现销售额的大幅增长，有色金属行业 CR_4、CR_8 指标再度升高。

2013 年以来，我国有色金属行业的行业集中度并未得到显著提升。从行业前四位集团销售额占比 CR_4 来看，尽管 2016 年 CR_4 为 26.34%，高于 2013 年的 CR_4 指标（25.13%），但增长幅度相对较小，仍低于 2010 年的 CR_4 水平。2013~2015 年，我国有色金属行业的行业集中度逐年下滑，CR_4 指标降低了 3.83 个百分点。从 CR_8 指标来看，2013 年为有色金属行业的行业集中度最高的年度，其后行业集中程度逐年降低，而 2016 年 CR_8 指标增幅也相对较小。2013~2016 年，有色金属行业的行业集中度基本处于下降趋势。综合考虑，去产能下有色金属行业的并购活动并未提升该行业的行业集中度。

基于我国有色金属行业的 CR_4、CR_8 指标，依据贝恩提出的市场结构类型界定标准，划分 2010~2016 年行业的市场结构特征，如表 3-23 所示。基于 CR_4、CR_8 指标判定的我国有色金属行业市场结构类型有所差异。具体而言，由于我国有色金属行业 CR_4 指标始终低于 30%的临界值，依据 CR_4 指标有色金属行业在 2010~2016 年均属于竞争型的市场结构类型。基于 CR_8 指标，我国有色金属行业在 2010~2011 年、2014~2016 年均属于竞争型市场结构，与 CR_4 指标得出结论相同；但在 2012~2013 年基于 CR_8 指标有色金属行业属于寡占Ⅴ型市场结构，两种指标结论有一定分歧。整体而言，我国有色金属行业的市场结构并未得到显著改善。

水泥行业：以销售收入为度量指标，通过 CR_4、CR_8 指标分析我国水泥行业 2010~2015 年行业集中度及其变化，并依据贝恩分类法探究各年度我国水泥行业市场结构类型及其演进趋势，如图 3-8 和表 3-24 所示。

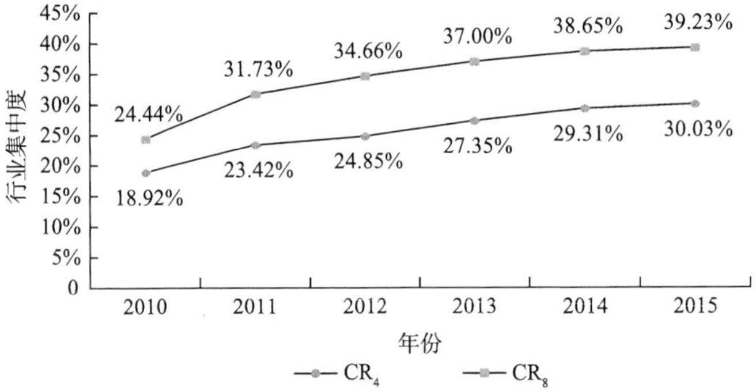

图 3-8　水泥行业 2010~2015 年行业集中度

表 3-24　基于集团视角的水泥行业市场结构

年份	2010	2011	2012	2013	2014	2015
CR_4	竞争型	竞争型	竞争型	竞争型	竞争型	寡占Ⅴ型
CR_8	竞争型	竞争型	竞争型	竞争型	竞争型	竞争型

从图 3-8 中可以看出，在 2010~2015 年，我国水泥行业的 CR_4、CR_8 指标逐年升高。其中，行业前四位水泥企业所占据的市场份额从 2010 年的 18.92%上升至 2015 年的 30.03%，行业前八位的市场份额则由 2010 年的 24.44%上升至 2015 年的 39.23%。我国水泥行业市场结构正在由分散向集中转化，去产能政策导向下的并购重组活动提升了水泥行业的行业集中度，促进了我国水泥行业的市场结构调整。

依据贝恩分类法分析 2010~2015 年我国水泥行业市场结构，我们发现，水泥行业的行业集中度处于逐年递增趋势，市场结构仍然处于较为分散的状态，但市场结构正在逐步改善。基于 CR_4 指标，我国水泥行业在 2010~2014 年均属于竞争型，在 2015 年略微超过 30%临界值，属于寡占Ⅴ型市场结构。基于 CR_8 指标，我国水泥行业始终处于竞争型市场结构类型，在 2015 年 CR_8 指标为 39.23%，接近于寡占Ⅴ型市场结构的临界值 40%。

总体上，研究结果证实并购重组活动提升了钢铁行业和水泥行业的行业集中度，对有色金属行业的行业集中度的提升则并不明显。我国钢铁行业高度分散，始终处于竞争型市场结构，有色金属行业和水泥行业则在竞争型与低集中寡占型市场结构间徘徊。钢铁、有色金属、水泥均属于资本密集、劳动密集、规模经济效益显著的行业，低产业集中度不利于产业技术创新和资源优化配置。通过兼并重组提升行业集中度、优化产业结构任重而道远。

3.6　研究结论与建议

3.6.1　研究结论

本章主要基于市场、企业和产业三个角度，考察在 2013~2014 年进行并购重组交易的钢铁行业、有色金属行业、水泥行业、平板玻璃行业及船舶行业的主并方上市公司的短期市场绩效、中期并购效率及长期产业效应，主要得到以下结论。

1. 事件研究法与短期市场绩效

基于事件研究法对主并方短期市场绩效进行评价，并购重组事件具有显著的正向财富效应。对[−10，10]、[−10，0）、[0，5]、（5，10]内超额收益回归分析后发现，并购类型、产权性质、支付方式及主并方上市公司所属行业均对短期市场绩效具有显著影响。其中，多元化并购的市场绩效优于非多元化并购，国有企业并购重组的市场绩效优于非国有企业，采用非现金支付方式的主并方上市公司的市场绩效优于现金支付，主并方所属行业对并购重组的市场绩效存在显著影响。

对不同并购类型主并方的市场绩效对比研究发现，不同并购类型的主并方市场绩效存在显著差异。在并购重组事件公告日前，三种并购类型的主并方上市公司均不存在显著的异常收益；并购重组事件公告日后，发生横向并购和多元化并购的主并方均产生显著为正的异常收益；在事件后期，横向并购出现显著的负向回归效应，纵向并购存在不显著的负财富效应；整个考察期内，仅多元化并购取得显著的正向累计异常收益。

对不同支付方式下主并方的市场绩效对比研究发现，非现金支付方式的主并方市场绩效更为显著，其中资产支付等其他支付方式的市场绩效较股票支付方式更优，现金支付方式的市场绩效最差。并购重组公告日后，采用股票支付及其他支付方式的主并方上市公司市场绩效显著上升，现金支付主并方未获得显著超额收益；事件后期，现金支付及股票支付的主并方均出现市场绩效显著毁损；整体而言，股票支付及其他支付方式实现显著超额收益，现金支付的市场绩效不显著。

2. DEA 与中期并购效率

运用 Super-SBM 模型衡量并购重组静态效率，结合回归分析考察并购重组及内外部环境因素对主并方效率的影响。此外，还运用 DEA-Malmquist 模型衡量并购重组动态效率，并针对不同的并购类型、支付方式、主并方产权性质及所属行业进行分类分析。

并购重组静态效率方面，并购重组事件无法提升主并方效率，与应益华和汤辉先（2014）的研究结论一致。并购重组事件发生前至并购重组后一年，主并方静态效率呈降低趋势；并购重组事件后两年，样本公司超效率均值出现回升，说明并购重组活动逐步发挥改善效率的效用。建立个体固定效应模型对面板数据进行回归发现，并购重组将导致主并方效率毁损；内部环境因素资产负债率、ROA 对企业效率有负面影响；外部环境因素 GDP 及 GDP 增长率对效率有正向促进作用。

并购重组动态效率方面，各年间全要素生产率变动指数稳步提升；至并购重组后一年为止，样本全要素生产率均处于下滑状态，下滑速度逐年减缓；并购重组后两年较上一年有大幅度提升；整个考察期间内，样本全要素生产率略有下降。对并购类型、支付方式、产权性质及所属行业进行分类研究后发现，并购类型对全要素生产率具有显著影响，横向并购可显著减轻全要素生产率的毁损；并在一定程度上降低纯技术效率毁损，促进技术进步，不利于规模效率的提升，但横向并购对各分解指数的影响在统计上并不显著。支付方式对全要素生产率变动的影响并不显著，现金支付方式显著加剧纯技术效率毁损，不利于技术进步，但显著促进规模效率的提升。不同产权性质下主并方全要素生产率变动指数存在显著差异，其中地方国有企业最佳，中央企业次之，非国有企业全要素生产率毁损最为严重。中央企业技术进步最大，地方国有企业略优于非国有企业；地方国有企业的纯技术效率毁损最为严重，非国有企业次之，中央企业纯技术效率毁损最轻；三组规模效率变动存在显著差异，地方国有企业规模效率提升最大，中央企业规模效率的提升幅度优于非国有企业。主并方所属行业对其全要素生产率变动无显著影响，但不同行业的技术进步指数和规模效率变动具有显著差异。

3. 行业集中度与长期产业效应

根据行业集中度的波动趋势，分析各行业市场结构及其变动趋势，进而探究并购重组活动的产业效应。自 2013 年《国务院关于化解产能严重过剩矛盾的指导意见》发布以来，并购重组交易在一定程度上提升了我国水泥行业和钢铁行业的行业集中度，对我国有色金属行业市场结构的调整作用并不明显。

目前我国钢铁行业、有色金属行业、水泥行业的行业集中度较低，仍处于高度分散的竞争型市场结构。并购重组活动尚未使各行业的市场结构达到理想状态。对于钢铁、水泥、有色金属这类资本密集、劳动密集、经济效益明显的制造业行业而言，分散的市场结构不利于企业形成规模经济，激烈的市场竞争导致企业创新动力不足，并影响行业整体的国际竞争力。《政府核准的投资项目目录（2016 年本）》再次提出严格控制钢铁、水泥、电解铝、平板玻璃、船舶等行业项目。产能过剩行业仍需进一步整合，提升产业集中度。

3.6.2　研究建议

去产能背景下，主并方短期市场绩效较为显著，但中期并购效率出现一定程度毁损，并购重组对行业长期市场结构的调整作用也未能完全达成预期。并购类型、支付方式、产权性质及所属行业不同的主并方并购绩效具有显著差异。为实现市场超额收益、提升主并方效率、优化市场结构，提出以下建议。

1. 重视并购后整合的推进

并购后整合仅是并购重组活动的一环，却是并购重组交易中时间最长、风险最大的环节，直接决定了并购重组活动的成败。一般而言，并购后整合可以划分为财务整合、战略整合和运营整合三个层次。如果并购交易完成后双方实质性整合进程无法推进，仅报表层面整合难以实现预期的协同效应和规模经济，无法达成并购重组交易的目标。并购后整合是漫长的过程，大部分样本企业直至并购重组两年后才实现效率的增长，并购后整合的力度和速度对交易双方都具有重大影响。

2. 慎重选择并购重组标的

尽管市场对多元化并购更为看好，但相比之下横向并购更有利于企业全要素生产率的提升。因此，企业在选择并购重组交易标的时，企业应综合考量并购重组的可行性、预期的协同效应及长期发展战略等因素。例如，钢铁、有色金属、水泥这类传统的产能过剩的制造业，在转型升级时更需要注重技术创新，通过提升技术水平来增加产品附加值、优化产品结构，由供给侧发力化解产能结构性过剩的矛盾。

3. 通过并购重组提升行业集中度

尽管并购重组活动在一定程度上提升了钢铁行业、水泥行业的行业集中度，但我国产能过剩行业基本仍处于竞争型市场结构，与发达国家存在差距。在供给侧结构性改革的深化之年，为促进资源优化配置和产业结构升级，钢铁、水泥、有色金属等产能严重过剩行业应通过并购重组进一步提升产能严重过剩行业的行业集中度，优化各行业的市场结构。

第4章　去产能背景下企业并购绩效与特征分行业研究

第3章从总体层面研究了并购对产能过剩行业的影响。但是由于不同行业的异质性，产能过剩的成因与解决方案可能不尽相同，由此导致并购对不同行业产生的影响及并购的特征也各不相同。本章将以单个行业为研究对象，分别研究有色金属行业及煤炭行业的并购特征与并购绩效，为具体行业的并购去产能活动提供理论支撑。

4.1　基于财务指标法的有色金属行业并购特征与并购绩效分析

本节主要基于财务指标法，研究并购前后有色金属行业财务指标的变化及不同的并购特征对财务指标变化的影响。

4.1.1　有色金属行业分析

中国有色金属矿产资源种类十分丰富，特别是十大有色金属（即铜、铝、铅、锌、锡、镍、锑、汞、镁和钛）的产量一直居于全球首位，充足的自然资源为我国的有色金属行业迅速发展及走向国际化提供了资源保障，如今，我国已成为世界上最大的有色金属生产国和消费国。有色金属产业作为我国制造业的重要基础产业之一，已经成为我国经济发展的重要支撑。

在"十二五"期间，我国的有色金属行业十大有色金属产量与表现消费量仍然占据世界领先地位。到了 2016 年，有色金属行业规模以上企业主营业务收入达到了 5.3 万亿元，同比增长 3.94%，初步展示了供给侧改革在有色金属行业的成效。然而有色金属行业的产能过剩问题与结构性矛盾依旧十分突出。

在我国当前经济下行的背景下，有色金属行业具有一定的规模经济效益，但实际的企业效益却并不乐观。根据工业和信息化部（以下简称工信部）披露，我国有色金属行业主要问题有以下几点：第一，技术创新能力不足、产品的质量稳定性差和成本居高不下，这使得许多有色金属行业的关键产品依旧需要进口。第二，行业内中小企业众多、中低端产能过剩，从而进一步加剧了产品的供需结构性失衡，使得市场竞争局势更为恶化。第三，自然资源环境保护压力加大，有色金属行业的发展壮大伴随着自然环境的牺牲，这不仅与可持续发展的方针政策相矛盾，同时也增加了企业的生产经营成本。第四，有色金属的资源保障措施过于薄弱，特别在输出国家的政策不确定、对我国进行立法针对和本国内部开采相关设施不健全的多方影响下，有色金属的资源供给存在许多亟待解决的问题。

图 4-1 是 2012~2016 年国内有色金属行业的产量与销量总体情况，可以看到在 2014 年与 2015 年，我国有色金属行业波动较大。2015 年，有色金属行业规模以上企业完成主营业务收入增速仅为 0.11%，行业内的亏损企业达到 1 485 家，对比 2014 年涨幅达到 15.3%。另一方面，2012~2016 年的有色金属出厂价格指数（上年=100）分别为 93.1、94.6、95.6、91.7 与 98，说明有色金属价格持续走低。“十二五”期间，国内产业规模扩大、国内外市场需求增速放缓与国际政策反倾销带来了行业产量及消费增长停滞，产能过剩与结构性矛盾严重阻碍了有色金属行业持续稳定发展。同时，有色金属行业地理空间分布的分散、产业布局的不合理，也对有色金属行业这一老牌第二产业的发展进步提出了更高的要求。

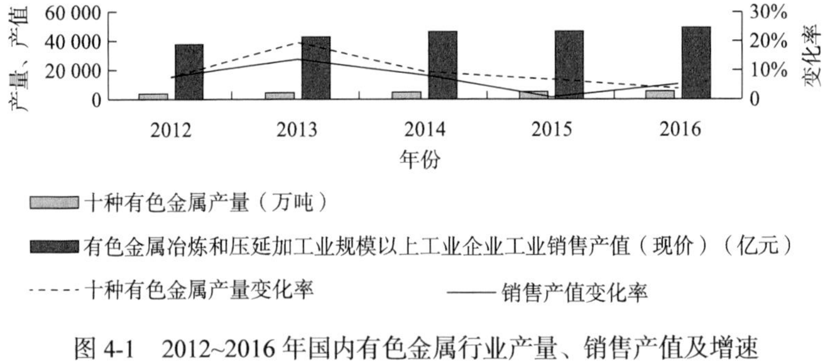

图 4-1　2012~2016 年国内有色金属行业产量、销售产值及增速

资料来源：国家统计局

为了提高行业竞争力、规范行业秩序，国家颁布了《有色金属行业调整和振兴规划》（2009 年）、《国务院关于促进企业兼并重组的意见》（2010 年）、

《关于加快推进重点行业企业兼并重组的指导意见》（2013 年）、《国务院办公厅关于营造良好市场环境促进有色金属工业调结构促转型增效益的指导意见》（2016 年）等文件，各项政策提出要将工作重心放在处理有色金属行业长期发展以来遗留的产能过剩、供求失衡等基本问题上，严控新增产能，加快退出过剩产能，尽早解决部分冶炼及低端加工产能过剩与部分品种及高端深加工产品短缺的矛盾。而对于有色金属行业而言，企业的准入与退出成本比较高昂，为了消化“僵尸企业”，解决产能过剩，规避破产清算所带来的社会稳定风险和资源资产流失风险，并购重组成为政府与企业的重要选择。

截至 2016 年，有色金属行业共有 7 021 家规模以上的企业，较 2015 年减少了 236 家，规模以上亏损企业单位数也从 2015 年的 1 485 家减少至 1 083 家。在企业数量与亏损企业数量的减少背后，是逐渐增多的并购重组事件。2012~2016 年，在国家政策指导下，我国有色金属行业的并购重组完成数量整体呈上升趋势，总体情况如表 4-1 所示。

表 4-1　2012~2016 年有色金属行业并购事件数量概览

类型	2012 年	2013 年	2014 年	2015 年	2016 年
资产收购	40	40	40	41	51
资产剥离	22	22	22	35	34
资产置换	1	1	2	2	0
吸收合并	2	3	0	3	0
债务重组	1	0	0	0	1
要约收购	1	0	0	0	0
股权转让	45	106	160	118	117
总计	112	172	224	199	203

资料来源：国泰安数据库

根据表 4-1，有色金属行业并购重组数量在 2013 年出现明显增加，但对比我国制造业的并购重组总数量，有色金属行业并购重组活动并不十分活跃，历年大约只占制造业并购重组数量的 9%。这与有色金属行业进入退出壁垒高、企业数量较少有关，另外，有色金属行业并购事件具有很强的政策导向，这也使行业内企业对并购活动持有谨慎态度。

自从《国务院关于化解产能严重过剩矛盾的指导意见》（2013 年）将电解铝列为五大产能严重过剩行业之一，至今有色金属行业的产能过剩矛盾依然是政策调控的重点。因此，本节针对有色金属行业，探究其并购重组活动对提高公司经营业绩与优化产能利用率的作用。

4.1.2 理论分析与研究假设

根据以往学者的研究成果与相关理论，提出以下假设。

1. 并购经营绩效

企业并购的绩效会受到多种内外部因素的共同影响，包括并购企业特征因素及并购交易特征因素。效应理论、公司规模假设等理论认为并购重组能够提升企业的效率，优化企业资源配置，提高企业价值；而代理理论则认为企业管理层可能会为了最大化自身利益而追求企业的短期利益，忽视长期利益。国内学者冯根福和吴林江（2001）、李善民和陈玉罡（2002）等对一系列并购事件进行短期与长期绩效的研究分析并发现，并购重组活动可以在短时间内提高主并企业的并购绩效，随着时间的延长，并购绩效的增长不断放缓、下降。因此，综合已有理论与学者的研究成果，笔者认为并购重组无法对企业的绩效起到促进作用，并由此提出假设，具体如下：

假设 4-1：并购重组能给主并企业带来短期的经营绩效提升，但不具有持续性。

2. 并购重组与产能过剩治理水平

根据已有关于并购重组与产能过剩治理的研究，大部分学者认为，并购重组给产能效率带来的积极作用十分有限，并且在并购活动当年到下一年这一研究区间，DEA 法得到的产能利用效率变化比较剧烈，波动较大，结合并购动因理论，提出如下假设：

假设 4-2：并购重组能给产能利用率带来短期的正向作用，但不具有持续性。

3. 营利能力与并购经营绩效

企业的营利能力是评价一家企业价值的一个重要指标。当一个业绩优秀的企业准备扩大规模的时候，常常会选择成为一个收购者，良好的业绩会使主并企业在股票市场上受到投资者的青睐。因为并购重组也是投资活动的一种，选择投入资本回报率作为衡量主并企业的价值创造能力与经营水平，投入资本回报率越高，说明企业的综合实力越强。基于上述分析，提出如下假设：

假设 4-3：主并企业的投入资本回报率越高，收购企业并购经营绩效越高。

4. 现金流量与并购经营绩效

根据代理理论与自由现金流量假设，所有权与经营权分离的公司应该维持适当的现金流量水平，同时，现金流量反映企业的偿债能力，在国内投资者普遍持有谨慎心理的背景下可以为投资者增强信心。现阶段有关现金流量的研究多将现金流量水平作为绩效指标。黄娟和李青原（2007）以每股现金流量等财务指标构建综合评价模型考察分析并购绩效。参考刘纪才（2016）选取的每股现金流量，考察企业剩余现金流量水平对并购经营绩效的影响并提出以下假设：

假设 4-4：主并企业现金流量水平越高，收购企业的并购经营绩效越好。

5. 公司规模、并购规模与并购经营绩效

并购重组是由多种动因所产生的结果，在其中的收购企业所针对的方向就是协同效应，这种效应可能会受到主并企业规模与相对并购规模的影响。并购后，双方企业的资源必须进行整合，重新优化配置，才能实现协同效应，获得并购绩效。通常来说，在整合与优化的过程中，主并企业的规模越大，越具有整合与优化的能力与经验，越具有健全的管理结构与治理经验，也就越容易达成规模经济。而相对并购规模越大，对于主并企业来说，就需要更多的人力物力成本来进行资源配置，在管理、经营、公司文化等方面融合难度就更大，可能难以实现规模经济。根据分析，提出以下假设：

假设 4-5：并购规模越大，收购企业并购经营绩效越差。

假设 4-6：主并企业规模越大，收购企业并购经营绩效越好。

6. 并购类型与并购经营绩效

由于国内并购重组还没有掀起大规模的并购浪潮，参考美日等发达国家并购浪潮的经验，将并购类型分为横向并购与非横向并购。横向并购的作用主要体现在并购协议达成之后，实现规模效益，提升在市场上的竞争地位等；纵向并购的主要作用是降低交易费用；混合并购是为了实现多元化战略。Jensen 和 Mecking（1976）认为，由于实行多元化战略会涉及企业并不熟悉的领域与业务，混合并购比起其他类型的并购更具有风险。考虑国内并购现状与国内外研究成果，提出假设：

假设 4-7：横向并购下的收购企业并购经营绩效更好。

7. 同属管辖与并购经营绩效

我国的并购活动具有很强的政策导向性，尤其有色金属属于资源型行业，国

有化程度很高。例如，中国有色矿业集团有限公司等大型国企在进行并购活动时，一方面享受政策优惠，另一方面承担宏观区域经济布局的任务，在选择并购目标时，并不能实现最优规模效应，所以在并购完成后，同属管辖的企业在短时期内得到财务利益，提高并购绩效，但因为不是市场导向产生的并购，所以并没有实现规模效应。根据分析，提出假设：

假设 4-8：并购双方企业接受同一省级政府管辖时，收购企业的并购经营绩效更好，但不具有持续性。

8. 支付方式与并购绩效

在并购重组活动中，主并企业需要向目标企业支付相应的对价，不同的支付方式对于企业双方来说都有不同的绩效影响。信号理论认为，企业在并购中选择的支付方式决定企业未来潜在的投资机会和资金收益，现金支付一方面表明了主并企业对目标企业前景的乐观态度，另一方面也暗示了主并企业良好的现金流量状况。同时，由价值低估理论分析可得，使用现金进行支付说明目前目标企业的市场价值低于其实际的真实价值，因此提出假设：

假设 4-9：采用现金支付方式的并购，收购企业的并购经营绩效更好。

4.1.3　样本选择

参考去产能政策主要影响的产能过剩行业，从中选择有色金属行业的并购重组活动作为研究对象，以 2010~2015 年 6 年间中国深沪两市 A 股所发生的有色金金属行业上市公司作为主并企业并购其他上市公司的并购事件作为初始样本，将并购活动的首次披露年份作为并购当年，对每一样本的经营业绩从并购当年向前追溯 2 年及向并购事件发生年度后延长 2 年（不足两年的延长 1 年），总时间跨度涵盖 2008~2016 年共 9 年。

相关并购事件样本来自国泰安数据库。研究的原始数据主要来自国泰安数据库的并购重组数据库、财务指标分析数据库和财务报表数据库，并运用 Excel、SPSS 19.0 及 EViews 8.0 等软件进行数据处理和统计分析。依据如下标准对研究样本进行筛选：

（1）剔除并购重组交易失败的案例和已经退市的公司；

（2）上市公司交易地位为主并购方，即只保留买方地位的并购样本；

（3）并购金额占主并企业并购前一年总资产金额的比例大于 10%的并购样本；

（4）剔除 ST、*ST 或 PT（particular transfer，特别转让）状态的上市公司；

（5）剔除并购模式为债务重组、股份回购、资产剥离、吸收合并全资子公司的样本；

（6）剔除金融并购事件与并购内容为土地购买等特殊事项的并购样本；

（7）剔除数据缺失的样本。

根据上述筛选条件，本节最终筛选出 73 个并购重组事件作为有色金属行业并购重组市场绩效的研究样本。

4.1.4　模型设计

1. 并购绩效的度量

本节运用因子分析法对主并企业的财务指标进行分析，构建并购绩效的评价体系。

对于财务指标的选取，为了全面反映并购经营绩效，得出准确的综合绩效得分，本节从营利能力、偿债能力、营运能力、发展能力 4 个维度来评价企业经营绩效，并借鉴了余燕妮（2012）、赵息和刘佳音（2014）、葛洁根（2015）等的指标选取结果，选择了这 4 个维度共计 9 个财务指标构建并购绩效评价体系，9 个财务指标如表 4-2 所示。

表 4-2　并购财务指标的选取

指标类型	指标名称	指标计算公式
营利能力	净资产收益率 X_1	本期净利润/本期净资产
	每股收益 X_2	本期净利润/平均总股数
偿债能力	流动比率 X_3	平均流动资产/平均流动负债
	速动比率 X_4	（平均流动资产 − 平均存货）/平均流动负债
	资产负债率 X_5	平均总负债/平均总资产
营运能力	存货周转率 X_6	本期营业成本/平均存货
	总资产周转率 X_7	本期营业收入/平均总资产
发展能力	总资产增长率 X_8	（本期末总资产−上期末总资产）/上期末总资产
	营业收入增长率 X_9	（本期营业收入−上期营业收入）/上期营业收入

在确定选取的财务指标后，按以下方法计算并购的综合经营绩效：

（1）对 2008~2016 年的财务指标进行筛选与处理，对数据缺失与存在异常值的财务指标数据进行剔除。

（2）相关性分析。因子分析法需要各个财务指标变量之间存在一定的相关性以方便提取公共因子。各年度财务数据各维度相关性描述分析结果如表 4-3 所示。

表 4-3 相关矩阵

变量	X_1	X_2	X_3	X_4	X_5	X_6	X_7	X_8	X_9
X_1	1.000								
X_2	0.916	1.000							
X_3	−0.448	−0.508	1.000						
X_4	−0.024	−0.023	0.027	1.000					
X_5	−0.020	−0.021	0.041	0.487	1.000				
X_6	−0.037	0.011	−0.180	−0.030	−0.007	1.000			
X_7	−0.060	−0.074	−0.152	−0.010	−0.011	0.857	1.000		
X_8	0.027	0.039	−0.054	0.044	0.030	0.020	0.040	1.000	
X_9	0.032	0.062	−0.333	0.079	0.032	0.082	0.121	0.084	1.000

根据表 4-3，用于解释每年经营效益的 9 个财务指标之间有相关性，即可以用这些财务指标变量数据进行因子分析并提取具有代表性的公共因子。

（3）进行 KMO 和 Bartlett 球形检验。将筛选出来的四个维度的数据进行 KMO 检验，各年的结果均大于 0.50，说明原始数据比较适合做因子分析；同时，Bartlett 球形检验全部通过显著性检验，所以考察期筛选后的原始数据可以进行因子分析。

（4）提取公共因子。将公共因子提取出来并进行旋转处理，列出各个财务指标的初始特征值、提取平方和载入与旋转平方和载入，结果如表 4-4 所示。

表 4-4 公共因子解释方差的比例

成分	初始特征值			提取平方和载入			旋转平方和载入		
	合计	方差	累计	合计	方差	累计	合计	方差	累计
1	2.333	25.918%	25.918%	2.333	25.918%	25.918%	2.265	25.167%	25.167%
2	1.930	21.499%	47.367%	1.930	21.499%	47.367%	1.901	21.123%	46.290%
3	1.509	16.762%	64.129%	1.509	16.762%	64.129%	1.489	16.540%	62.830%
4	1.068	11.864%	75.993%	1.068	11.864%	75.993%	1.185	13.163%	75.993%
5	0.951	10.565%	86.558%						
6	0.511	5.683%	92.241%						
7	0.477	5.305%	97.547%						
8	0.153	1.697%	99.244%						
9	0.068	0.756%	100.00%						

我们将符合条件的特征值进行筛选，从表 4-4 的 9 个财务数据变量中能够提取

出 4 个公共因子，4 个公共因子的累计方差载入为 75.993%，因此所选取的公共因子可以成为企业经营绩效的代表变量。

（5）赋予公共因子代表意义。为了更好地对原始数据进行信息提取，以有利于理解研究，对提取的 4 个公共因子进行命名并赋予代表意义。旋转成分矩阵如表 4-5 所示。

表 4-5 旋转成分矩阵

变量	成分			
	1	2	3	4
净资产收益率 X_1	−0.23	−0.44	0.028	−0.574
每股收益 X_2	0.086	0.099	0.038	0.820
流动比率 X_3	0.962	−0.048	−0.002	−0.024
速动比率 X_4	0.947	−0.068	0.001	−0.067
资产负债率 X_5	−0.658	−0.208	0.061	−0.411
存货周转率 X_6	0.031	0.960	−0.011	−0.010
总资产周转率 X_7	−0.031	0.957	−0.004	0.053
总资产增长率 X_8	−0.020	−0.018	0.857	0.079
营业收入增长率 X_9	−0.011	−0.04	0.865	−0.010

第一个因子（F_1）主要是流动比率、速动比率与资产负债率载荷较高，因此可以把第一个因子命名为偿债能力指标；第二个因子（F_2）主要是存货周转率与总资产周转率载荷较高，因此可以把第二个因子命名为营运能力指标；第三个因子（F_3）主要是总资产增长率、营业收入增长率载荷较高，因此可以把第三个因子命名为发展能力指标；第四个因子（F_4）主要是净资产收益率与每股收益载荷较高，因此可以把第四个因子命名为营利能力指标。

（6）计算得分系数。表 4-6 为成分得分系数矩阵。

表 4-6 成分得分系数矩阵

变量	成分			
	1	2	3	4
净资产收益率 X_1	−0.063	−0.076	−0.014	0.511
每股收益 X_2	−0.036	−0.022	−0.015	0.704
流动比率 X_3	0.434	−0.029	0.027	−0.141
速动比率 X_4	0.437	−0.022	0.023	−0.106
资产负债率 X_5	−0.258	−0.073	0.043	−0.286
存货周转率 X_6	0.015	0.514	0.011	−0.087
总资产周转率 X_7	−0.017	0.508	0.011	−0.038
总资产增长率 X_8	0.005	−0.001	0.575	0.027
营业收入增长率 X_9	0.018	0.019	0.585	−0.056

根据表 4-6，4 个公共因子的得分公式如下所示：

$$F_1=-0.063X_1-0.036X_2+0.434X_3+0.437X_4-0.258X_5+0.015X_6-0.017X_7+0.005X_8+0.018X_9$$

$$F_2=-0.076X_1-0.022X_2-0.029X_3-0.022X_4-0.073X_5+0.514X_6+0.508X_7-0.001X_8+0.019X_9$$

$$F_3=-0.014X_1-0.015X_2+0.027X_3+0.023X_4+0.043X_5+0.011X_6+0.011X_7+0.575X_8+0.585X_9$$

$$F_4=0.511X_1+0.704X_2-0.141X_3-0.106X_4-0.286X_5-0.087X_6-0.038X_7+0.027X_8-0.056X_9$$

通过 SPSS 19.0 软件，以每个因子方差贡献率为权重标准、4 个因子为变量进行运算，得出有色金属行业上市公司并购事件各年并购企业综合经营绩效得分函数：

$$F=\frac{25.167}{75.993}F_1+\frac{21.123}{75.993}F_2+\frac{16.540}{75.993}F_3+\frac{13.163}{75.993}F_4$$
$$=0.331F_1+0.278F_2+0.218F_3+0.173F_4$$

根据以上得到的绩效得分公式对原始数据进行计算，可以得出所有样本企业在考察期间的综合绩效得分，根据得出的综合绩效得分进行接下来的变量处理。

2. 变量选择与变量定义

从企业特征与并购交易特征两个角度进行研究，将对应的数据进行整理作为自变量；将前文得出的综合绩效得分作为辅助变量进行再处理，得到作为因变量的短期、中期与长期的并购绩效，具体的变量选择与对应定义说明如表 4-7 所示。

表 4-7　变量选择及其定义

变量类型	变量符号	变量选择与名称	说明
辅助变量	Y_{-1}	并购前两年业绩平均值	因子分析法得到的主并公司并购发生前两年业绩得分的算术平均值 $\left(P_{-2}'+P_{-1}'\right)/2$
	Y_0	并购当年业绩	因子分析法得到的主并公司并购发生当年业绩得分 P_0'
	Y_1	并购后两年业绩平均值（不足一年取并购后一年数值）	因子分析法得到的主并公司并购发生后两年业绩得分的算术平均值 $\left(P_1'+P_2'\right)/2$
因变量	Y_S	短期绩效	Y_0-Y_{-1}
	Y_M	中期绩效	Y_1-Y_0
	Y_L	长期绩效	Y_1-Y_{-1}
自变量	ROIC	投入资本回报率	（净利润+财务费用）/（资产总计−流动负债+应付票据+短期借款+一年内到期的长期负债）

续表

变量类型	变量符号	变量选择与名称	说明
自变量	NCF	净现金流量	现金及现金等价物净增加额本期值/实收资本本期期末值
	Size	并购规模	标的金额占主并购公司并购前一年末总资产的比值
	LNTA	总资产对数	收购企业的期末总资产对数
	Type	并购类型	虚拟变量，横向并购取 1，否则取 0
	Belong	同属管辖	虚拟变量，并购双方属于非同属管辖关系取 1，否则取 0
	Pay	支付方式	虚拟变量，现金支付方式取 1，否则取 0
控制变量	CAR	现金比率	货币资金/流动负债

3. 多元回归模型构建

为检验并购双方企业特征、并购交易特征解释变量对主并企业在并购发生后不同区间长度经营业绩的影响，构建了多元线性回归模型进行检验，研究模型设定见式（4-1）：

$$\begin{aligned} Y_i = \alpha_i + \beta_{1i}\mathrm{ROIC} + \beta_{2i}\mathrm{NCF} + \beta_{3i}\mathrm{Size} + \beta_{4i}\mathrm{LNTA} \\ +\beta_{5i}\mathrm{Type} + \beta_{6i}\mathrm{Belong} + \beta_{7i}\mathrm{Pay} + \beta_{8i}\mathrm{CAR} + \varepsilon_i \end{aligned} \tag{4-1}$$

其中，Y_i 为 Y_S、Y_M 或 Y_L，可以构建短期、中期和长期三个并购绩效方程；ROIC 为目标企业的投入资本回报率，反映主并企业的盈利水平对并购绩效的影响；NCF 为目标企业的每股净现金流量，反映主并企业的现金流量水平对并购绩效的影响；Size 为并购活动的并购规模，反映并购规模对主并企业并购绩效的影响；LNTA 为总资产对数，反映资产规模对主并企业并购绩效的影响；Type 为并购类型，反映并购方式对主并企业并购绩效的影响；Belong 为并购双方是否属于同一省级政府行政管辖关系，反映同属管辖对主并企业并购绩效的影响；Pay 为支付方式，反映支付方式对主并企业并购绩效的影响；CAR 为主并企业的现金比率，是本模型的控制变量；ε_i 为随机干扰项，反映上述解释变量之外的其他次要因素对被解释变量的影响。

4.1.5　描述性统计分析结果

1. 并购企业特征的描述性统计分析

2010~2015 年有色金属行业上市公司的 73 起并购样本的并购企业特征的 4 个指标变量的描述性统计分析见表 4-8。

表 4-8 并购企业特征指数变量的描述性统计分析

并购企业特征	平均值	最大值	最小值	标准差
ROIC	0.050 5	0.470	−0.074	0.062 1
NCF	0.051 4	1.843	−0.836	0.604 2
Size	0.014 0	0.084	0.000	0.018 0
LNTA	23.145 0	26.020	20.770	1.282 0

并购事件样本中主并企业的投入资本回报率的平均值为 0.050 5，比中值 0.198 要低很多，但是标准差数额较小，说明有色金属行业整体盈利水平较高，行业中个别企业的盈利状况存在较大差距，但是差距较大的企业占少数。主并企业的每股净现金流量的平均值为 0.051 4，同样远小于中值 0.502，说明有色金属行业的现金流量问题比较大，标准差为 0.604 2，说明行业内企业间现金流量水平的差距较大；行业并购样本并购规模的平均值为 0.014 0，最大值为 0.084，说明有色金属行业总体上并购规模并不大，结合标准差可以看出，大部分企业选择并购目标的时候比较谨慎。并购方规模平均值为 23.145 0，与中值 23.4 比较相似，考虑标准差，总体来说，样本内有色金属行业并购方规模的离散性较小，各个企业的规模差异较小。

2. 并购交易特征的描述性统计分析

表 4-9 为 2010~2105 年有色金属行业上市公司的 73 起并购事件中并购交易特征的 3 个指标变量的描述性统计分析。

表 4-9 并购交易特征指标变量的描述性统计分析

并购交易特征	平均值	最大值	最小值	标准差
Type	0.671	1.000	0.000	0.473
Belong	0.603	1.000	0.000	0.493
Pay	0.846	1.000	0.000	0.503

分析可得，有 67.1%的并购活动是横向并购，说明行业内的公司在选择并购目标时，有半数以上会选择同行业企业作为目标，说明有色金属行业并购多以扩大行业内竞争优势为主；同属管辖方面，有 60.3%的并购样本属于同属管辖；84.6%的主并企业选择现金支付方式，说明比起一些发达国家，我国有色金属行业并购支付方式可能仍然比较单一，同时也说明有色金属行业企业的现金流量可能比较富余。

3. 并购绩效的描述性统计分析

表 4-10 为 2010~2015 年有色金属行业上市公司的 73 起并购事件的主并企业在不同观察区间长度的经营绩效得分的描述性统计分析。

表 4-10　并购绩效得分的描述性统计分析

各年度并购绩效得分	平均值	最大值	最小值	标准差
Y_S	−0.025	1.170	−0.796	0.359
Y_M	−0.067	1.083	−0.689	0.251
Y_L	−0.092	1.238	−1.485	0.461

由表 4-10 可知，并购当年的企业经营绩效综合得分与并购前两年企业经营绩效综合得分的平均值的差值的平均值为−0.025，并购后两年企业经营绩效综合得分的平均值与并购当年的经营绩效综合得分的差值的平均值为−0.067，并购后两年企业经营绩效综合得分的平均值与并购前两年企业经营绩效综合得分的平均值的差值的平均值为−0.092，说明从财务指标上看，有色金属企业的并购绩效在短期、中期与长期的平均值皆为负数，并没有达成通过并购提高企业综合经营业绩的目标。

总体来看，并购绩效的描述效果拒绝假设 4-1，即主并企业的并购绩效总体上没有提高，并且随着时间的推进，并购绩效的评价越来越差。可能原因如下：

（1）代理问题。可能是由于所有权与经营权的分离使管理者更关注自身利益，会采取牺牲长期绩效来提高短期绩效的管理决策，追求自身的利益最大化，最终导致企业资源配置效率下降。

（2）资源整合问题。近几年随着国家政策调整，地方保护的情况得到了缓解，大部分具有一定规模的企业都开始选择并购重组扩大规模，追求规模经济效益，但是实现资源合理配置、实现企业内部的高效融合不是短时间能够完成的目标，部分企业仍存在管理结构冗杂、职工安置问题难以解决的情况，以至于有些企业在短期内虽然得到了财务利益，但是随着时间的推移，难以有效实现资源优化配置，导致整体业绩下滑。

我国的有色金属行业并购重组政策导向性很强，特别是以中国铝业集团有限公司、中国有色矿业集团有限公司与中国五矿集团有限公司等特大企业的并购重组活动为代表，在一定时期内，部分企业的并购重组活动目标不在于实现股东的利益最大化，而是完成国家政策任务，这样的政策导向下进行的并购重组活动，可能会出现资源整合困难，难以实现规模经济效益。

（3）并购重组战略风险。部分企业希望通过混合并购实施多元化战略，但是多元化经营在具有分散风险、利用企业内部优势等优点的同时，也可能会带来风险。例如，新项目达不到规模经济，亏损造成的财务风险；对无经验的领域进行错误或无效决策的失误风险；等等。

（4）虚假经营业绩。考虑到考察期内有色金属行业上市公司发生的并购事件样本中有三分之一是关联交易，不排除这些并购重组活动的目的是虚增经营业绩、转移资金以在股票市场中获益的可能性。

4.1.6 多元线性回归分析结果

为进一步验证有色金属行业并购绩效及相关特征对绩效的影响，下面进行多元线性回归分析。

1. 相关性分析

多元线性回归分析要求各解释变量间不存在多重共线性问题，因此首先运用 Pearson 相关系数法对各解释变量之间的相关程度进行检验。具体结果如表 4-11 所示。

表 4-11 Pearson 相关系数

变量	ROIC	NCF	Size	LNTA	Type	Belong	Pay	CAR
ROIC	1.000							
NCF	0.136	1.000						
Size	0.296*	0.001	1.000					
LNTA	−0.112	0.167	−0.245*	1.000				
Type	0.171	−0.091	0.102	0.015	1.000			
Belong	0.054	−0.137	−0.015	−0.333**	−0.151	1.000		
Pay	0.038	0.016	0.056	−0.001	0.004	0.018	1.000	
CAR	0.224	0.045	0.214	−0.278*	−0.120	0.347**	−0.177	1.000

*、**分别表示在 10%、5%的水平上显著

一般情况下，Pearson 相关系数的绝对值小于 0.5 则说明数据没有多重共线性问题，可以进行多元回归分析。观察得到的 Pearson 相关性分析结果，可以看出整体上自变量之间的相关系数绝对值小于 0.5，虽然主并企业投入资本回报率与并购规模、主并企业资产规模与并购规模等变量之间存在一定的相关

性，但是可以认为数据通过了检验，接下来会针对并购绩效的影响因素进行多元回归分析。

2. 多元线性回归分析

通过前文构建的多元线性回归模型，对有色金属行业上市公司作为主并企业在 2010~2015 年发生的并购事件进行考察。将企业特征的 4 个因素和双方交易特征的 3 个因素作为自变量，同时将主并企业的现金比率作为控制变量，把有色金属行业上市公司在并购前两年、并购当年及并购后两年的并购绩效综合得分作为因变量进行研究。

对 2010~2015 年我国有色金属行业 73 个并购样本中并购企业特征、并购交易特征对并购短期、中期及长期的经营绩效的影响分别进行实证检验，回归分析结果如表 4-12 所示。

表 4-12 多元线性回归结果

变量	Y_S	Y_M	Y_L
ROIC	2.030*** (0.579)	−1.587*** (0.379)	0.443 (0.679)
NCF	0.129* (0.069)	0.030 (0.045)	0.159* (0.081)
Size	−5.376*** (1.991)	−1.720 (1.303)	−7.096*** (2.338)
LNTA	−0.050 (0.037)	−0.049** (0.024)	−0.099** (0.043)
Type	0.079 (0.073)	0.125** (0.48)	0.204** (0.086)
Belong	−0.190** (0.074)	0.079 (0.048)	−0.111 (0.087)
Pay	0.392*** (0.092)	0.173*** (0.060)	0.565*** (0.108)
CAR	−0.351* (0.178)	−0.453*** (0.117)	−0.803*** (0.210)
R^2	0.458	0.525	0.547
F	6.753***	8.852***	9.650***

*、**和***分别表示在 10%、5%和 1%的水平上显著

注：括号内数字为标准误

根据表 4-12，并购企业特征、并购交易特征对并购 Y_S、Y_M、Y_L 的 3 个多元线性回归模型的拟合系数 R^2 分别为 0.458、0.525 和 0.547，说明模型对样本数据的拟合程度比较理想，同时，3 个模型的 F 值均非常显著，说明自变量整体对于因变量的影响程度较高，3 个模型的解释效果比较理想。

整体上看，并购短期、中期、长期的经营绩效变化 Y_S、Y_M、Y_L 受到每个自变量的影响方向大致相同，但是显著性略有差别，这在一定程度上反映了并购特征对经营绩效在不同考察区间的影响不同，现将从并购企业特征、并购交易特征两方面对并购经营绩效的影响进行分析。

从并购企业特征对并购绩效的影响来看，可以发现：

（1）主并企业的投入资本回报率与短期并购经营绩效显著正相关，与中期并购绩效显著负相关，对长期绩效有正向影响，但是显著性较低，不能接受假设 4-3，即主并企业的盈利水平与并购绩效的关系无法确定。可能原因在于有色金属行业内过度建设问题越发严重，行业内的盈利水平普遍偏低，考虑到我国国有企业的特殊状况，部分有色金属企业会为了业绩过分强调营收，忽略成长机会。这样会导致企业进行并购重组投资后产生短暂的财务利益，但是随着时间的推移，企业内部管理与战略方针等问题继续暴露出来，投入资本回报率就会随之降低。此外，有色金属行业作为高耗能高污染工业行业，需要主动积极承担社会责任，承担环保责任，许多学者的研究表明，企业社会责任对当期财务绩效影响积极作用不明显，这带来了一定的财务滞后效应，可能使并购经营绩效受到影响。

（2）主并企业的每股净现金流量与短期和长期经营绩效显著正相关，对中期并购绩效有正向影响但不具有显著性，可以接受假设 4-4，即主并企业现金流量水平越高，收购企业的并购经营绩效表现越好。其原因可能是主并企业的现金流量水平越高，代表着企业的内部积累越为雄厚。在现阶段的中国资本市场中，现金流水平对于潜在投资者与股东来说是非常直观的衡量公司实力的指标，所以现金流水平在短期内有利于主并企业在并购后尽快整合资源，帮助目标企业还清债务，解决历史遗留问题，同时吸引新的投资者；在长期内良好的现金流量水平也会使主并企业获取被收购企业的财务收益，并且发挥较为良好的协同效应，增强竞争优势。同时企业利用闲置现金流量进行投资，提高企业的成长空间，为股东带来利益，减少代理成本，增强投资者自信，也符合自由现金流量理论。

（3）并购规模与短期和长期并购绩效显著负相关，对中期并购绩效有负向影响，但并不显著，可以接受假设 4-5，即并购规模越大，收购企业并购经营绩效越差。其原因可能是企业在选择并购目标时，目标规模越小，资源整合越容易，并购质量越高；而被并购企业的资产规模越大，在并购整合中需要的成本与实践就越大，难度也就越大，同时相对规模越大，需要支付的对价就越高，再考虑到现阶段并购常常使用现金支付，并购规模越大，给主并企业的现金流压力就越大。大规模的并购也可能是企业为了进行转型，尝试多元化战略，但是开发新的增长点常常伴随着风险，另外，也有可能是迎合国家发展战略的需要进行企业合并，但是并购目标并不完全符合企业发展需要，难以达成规模效应，所以在一段时间内呈现负向影响。

（4）主并企业规模与中期和长期并购绩效显著负相关，对短期绩效有负向影响，但不显著，拒绝假设 4-6，即主并企业规模越大，并购绩效表现越差。虽然系数较小，但是却完全与假设相反，分析原因，可能是主并企业规模越大，并购风险越高，资源整合的难度越大，考虑到有色金属行业具有依赖资源与地理的特殊性，所以体量越大的企业反而越难以进行资源整合。

从并购交易特征对并购绩效的影响来看，可以发现：

（1）横向并购与中期和长期并购绩效显著正相关，对短期绩效有正向影响但不显著，可以接受假设 4-7，即横向并购下的收购企业并购经营绩效更好。原因可能是有色金属行业作为资源型工业行业，对资源的需求较大、依赖较深，横向并购所带来的规模效应在有色金属行业能发挥更有效的作用，带来更进一步的资源整合，同时在区域内减少竞争对手的数量，提高产品的市场竞争力。此外，也说明我国有色金属企业对产业链没有迫切的要求。

（2）并购双方属于非同属管辖关系时，其与短期并购绩效显著负向相关，对中期并购绩效有正向影响，对长期并购绩效有负向影响，但都不显著，可以部分接受假设 4-8，即并购双方企业接受同一省级政府管辖时，收购企业的并购经营绩效更好。其原因可能是同属管辖关系的企业间的并购，企业可能会从政府角度获得行政审批直接通过、税收贷款优惠等鼓励政策，同时并购目标敌意会比较小，容易进行资源整合，获得并购目标的财务利益。但是随着时间的逐渐推进，政策导向的并购重组活动带来的财务利益消失，企业可能因为没有选择最优并购目标而不能实现预先设想的价值创造与规模经济效益，所以同属管辖关系对并购绩效的影响在长期范围内无法确定。

（3）并购支付方式为现金支付时，与短期、中期、长期的并购绩效都有显著的正相关关系，接受假设 4-9，即采用现金支付方式的并购，收购企业的并购经营绩效更好。原因可能是现金支付可以有效地帮助目标企业解决债务、生产等问题，加快目标企业融入主并企业的速度，提高目标企业资源配置的效率，从而提高并购绩效。此外，企业并购交易中选择现金收购说明并购会诱发大量的现金流动，这大大增加了投资者信心。同时，自由现金流量理论认为，选择现金支付可以减少自由现金流量产生的代理成本，从而创造更高的股东价值，提高股票投资回报。

4.2　基于 DEA 法的有色金属行业并购效率分析

为探究有色金属行业并购重组对去产能的任务目标效果，本节将运用DEA法对有色金属行业的产能利用率从动态与静态两个角度进行评价与分析。

4.2.1　并购重组对企业效率的静态分析

1. 模型设计与样本选择

研究选取的有色金属行业属于资本密集型行业，适用DEA法进行多投入、多产出的非参数效率评价。本节综合采用 CCR 模型和 BCC 模型进行实证，先采用 CCR 模型测算综合技术效率，即产能利用率测算，再用 BCC 模型将综合技术效率分为纯技术效率和规模效率，以展开进一步分析。

对于DEA法投入产出指标的选择，基于生产函数，参考贾孟冉（2016）等的研究成果，选取如表 4-13 所示的投入产出指标。

表 4-13　DEA 法投入产出指标

类别	指标名称	数据来源	指标计算
投入	劳动投入	现金流量表	支付给职工及为职工支付的现金
	原材料投入	现金流量表	购买商品、接受劳务支付的现金
	资本投入	现金流量表	固定资产折旧
产出	主营业务收入	利润表	主营业务收入
	净利润	利润表	净利润

考虑有色金属行业产能过剩的现状，选用投入导向模型来测算上市公司效率，即从投入的角度，考察将减少投入作为使无效率单位提高效率的主要途径，关注在产出不变的前提下，为达到技术有效，各项投入应减少到什么程度。

样本选择方面，为了考察有色金属行业并购重组对产能过剩的治理绩效，选择并购重组活动较为活跃的 2010~2016 年有色金属行业上市公司数据作为样本，参考会计研究法的样本筛选标准，根据DEA法对数据区间的要求，进一步剔除了并购前一年至并购后两年内相关数据无法完整取得或无法得到线性规划解的样本。最终选定样本为 52 家。数据来源于国泰安数据库。

2. 有色金属静态行业分析

根据 MaxDEA 软件计算整理有色金属上市公司 2010~2016 年的数据，得到综合技术效率 TTE（total technical efficiency）、纯技术效率 PTE（pure technical efficiency）和规模效率 SE（scale efficiency）。鉴于数据过多，这里列出 2010 年、2013 年与 2016 年的数据，结果如表 4-14 所示。

表 4-14　有色金属上市公司 2010 年、2013 年、2016 年的效率值

代码	2010 年			2013 年			2016 年		
	TTE	PTE	SE	TTE	PTE	SE	TTE	PTE	SE
000060	0.358	0.607	0.590	0.476	0.821	0.580	0.410	0.706	0.581
000612	0.506	0.520	0.972	0.437	0.458	0.954	0.391	0.402	0.973
000630	0.634	0.799	0.793	0.665	0.871	0.763	0.712	0.945	0.753
000657	1	1	1	0.445	0.702	0.634	0.332	0.638	0.520
000751	0.461	0.523	0.880	1	1	1	0.479	0.555	0.863
000807	0.413	0.466	0.886	0.535	0.797	0.670	0.434	0.653	0.665
000831	0.550	0.560	0.983	1	1	1	0.834	1	0.834
000878	0.562	0.816	0.688	0.619	0.929	0.667	0.661	0.916	0.721
000933	0.558	1	0.558	0.496	0.959	0.518	0.383	0.708	0.541
000960	0.382	0.636	0.601	0.494	0.808	0.611	0.485	0.826	0.588
000962	0.470	0.478	0.982	0.427	0.437	0.977	0.401	0.431	0.930
002082	0.814	0.817	0.997	1	1	1	0.968	0.971	0.997
002114	0.361	0.379	0.952	0.348	0.389	0.893	0.332	0.359	0.925
002149	0.565	0.594	0.951	0.362	0.409	0.885	0.344	0.374	0.920
002160	0.806	0.827	0.975	0.580	0.596	0.973	0.541	0.554	0.976
002167	0.364	0.494	0.736	0.329	0.417	0.789	0.491	0.563	0.872
002171	0.806	0.932	0.864	0.574	0.606	0.947	0.699	0.756	0.925
002182	0.579	0.583	0.994	0.522	0.535	0.974	0.451	0.478	0.944
002203	0.686	0.730	0.940	0.789	0.876	0.900	0.876	1	0.876
002237	0.530	0.531	0.997	0.526	0.661	0.795	0.604	0.770	0.785
002295	0.764	0.818	0.934	0.598	0.599	0.999	0.897	0.941	0.953
002333	0.401	0.455	0.881	0.364	0.384	0.947	0.294	0.325	0.904
002378	0.411	0.424	0.967	0.439	0.443	0.991	0.299	0.312	0.957

续表

代码	2010 年			2013 年			2016 年		
	TTE	PTE	SE	TTE	PTE	SE	TTE	PTE	SE
002379	0.567	0.601	0.944	0.576	0.587	0.980	0.661	0.702	0.941
002428	0.732	1	0.732	0.403	0.473	0.851	0.391	0.611	0.640
002460	0.408	0.684	0.597	0.445	0.521	0.855	0.544	0.581	0.937
002466	0.507	0.987	0.514	0.410	0.576	0.711	1	1	1
002501	0.647	0.685	0.945	0.776	0.800	0.970	0.886	0.886	0.999
002540	0.708	0.766	0.925	0.457	0.477	0.959	0.432	0.457	0.945
300034	0.560	0.984	0.569	0.434	0.600	0.723	0.333	0.393	0.847
300057	0.764	0.918	0.832	0.486	0.489	0.993	0.463	0.470	0.986
600110	0.464	0.492	0.943	0.416	0.416	1.000	0.370	0.372	0.993
600111	0.642	0.874	0.735	0.456	0.722	0.632	0.359	0.577	0.622
600206	0.397	0.462	0.859	0.331	0.438	0.757	0.672	0.682	0.985
600219	0.497	0.607	0.818	0.504	0.714	0.706	0.452	0.727	0.621
600255	0.685	0.688	0.995	0.693	0.696	0.996	0.598	0.601	0.996
600331	0.289	0.332	0.870	0.282	0.352	0.800	0.331	0.404	0.819
600362	0.644	0.894	0.720	0.784	1	0.784	0.741	1	0.741
600392	0.435	0.906	0.480	0.749	0.951	0.788	0.482	0.526	0.918
600432	0.300	0.310	0.969	0.379	0.386	0.984	0.299	0.303	0.987
600456	0.399	0.421	0.948	0.420	0.426	0.986	0.401	0.408	0.984
600459	0.555	0.577	0.961	0.818	0.821	0.995	0.798	0.804	0.993
600490	0.718	1	0.718	0.699	0.714	0.980	0.513	0.525	0.977
600531	0.775	0.776	0.999	0.749	0.760	0.986	0.715	0.771	0.928
600549	0.430	0.480	0.896	0.537	0.870	0.618	0.421	0.744	0.566
600595	0.794	0.911	0.872	0.584	0.790	0.740	0.582	0.780	0.747
600614	0.458	0.580	0.790	0.722	0.746	0.968	0.588	0.598	0.983
600768	0.495	0.577	0.858	0.494	0.550	0.898	0.490	0.568	0.862
601137	0.788	0.867	0.909	0.447	0.448	0.997	0.458	0.482	0.950
601600	0.470	0.853	0.551	0.454	0.890	0.510	0.547	1	0.547
900907	0.458	0.580	0.790	0.722	0.746	0.968	0.588	0.598	0.983

依照以上计算所得的 TTE、PTE 与 SE 的 7 年数据，我们将 3 组数据的平均值表现绘制为表 4-15 与图 4-2。

表 4-15　2010~2016 年有色金属上市公司平均效率值

类别	2010 年	2011 年	2012 年	2013 年	2014 年	2015 年	2016 年
TTE	0.560	0.579	0.586	0.572	0.534	0.505	0.542
PTE	0.683	0.697	0.683	0.671	0.630	0.608	0.648
SE	0.839	0.846	0.864	0.864	0.867	0.850	0.850

注：本章内容中的均值代表几何平均数

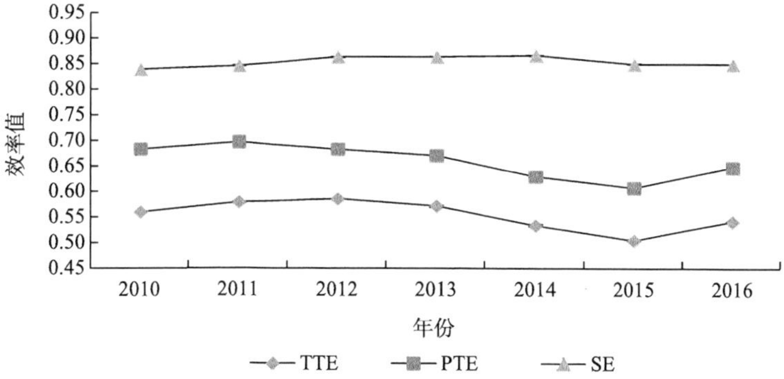

图 4-2　有色金属行业产业效率变动趋势

结合表 4-15 与图 4-2 可以看出有色金属行业 2010~2016 年的产能利用率变动趋势。最下方菱形节点曲线为 TTE，可以理解为产能利用率。有色金属行业的产能利用率处于 50%~60%，说明我国有色金属行业的产能过剩问题十分突出。中间正方形节点曲线是 PTE 曲线，变化趋势与 TTE 曲线相同，因为 TTE 等于 PTE 与 SE 的乘积。三角形节点曲线，即 SE 曲线整体走势平缓，但是没有达到前沿面，TTE 在图中表现为技术非有效。

观察 3 个曲线的整体走势，可以看出有色金属行业在 2015 年达到产能利用率的最低值，其原因可能是，一方面，2015 年全球金融动荡，且欧盟、澳大利亚等多个国家和地区针对有色金属对华进行反倾销调查，造成有色金属价格暴跌，行业整体利润下降 13.2%，给有色金属行业造成了极大冲击。另一方面，我国有色金属行业已经进入了结构调整阶段，政府从政策上对有色金属等产能过剩行业进行了一系列政策调控，这种政策调控多从宏观区域梯度转移的角度进行资源配置，对企业微观的调整效果较弱，对于企业个体而言，在短时间内难以达成资源整合，难以得到区域梯度转移所带来的效果。

3. 有色金属行业并购绩效静态分析

根据前文计算的产能利用率数据，对 2010~2015 年发生的有色金属行业上市公司并购重组事件进行静态绩效分析，这里参考财务指标法选取的 73 次并购事件，并再次剔除缺失数据的样本，最后选定 64 次样本事件作为样本。定义并购重组的当年为 T_0，并购重组前一年为 T_{-1}，后两年分别为 T_1 与 T_2，选择对应的产能利用效率汇总，得到描述性统计分析表，见表 4-16。

表 4-16　并购重组前后产能利用率的描述性统计分析表

并购双方特征	平均值	最大值	最小值	标准差
T_{-1}	0.521	1.000	0.280	0.169
T_0	0.536	1.000	0.285	0.159
T_1	0.517	1.000	0.222	0.164
T_2	0.499	1.000	0.222	0.178

从表 4-16 可以看出，并购事件发生当年产能利用率有所提升，但是这种提升随着时间逐渐消失，并且在并购两年后产能利用率均值比并购前一年的数值还小，这从产能利用率的角度验证了假设 4-2，并购重组能为产能利用率带来短期的正向作用，但不具有持续性。这可能是因为部分有色金属行业的并购重组活动为国家宏观调控的结果，市场“看不见的手”发挥作用较小，从而使部分企业在进行并购重组活动时，选择的目标企业不适应规模经济效益规律，产生了负面效果。

4.2.2　并购重组对产能利用率的动态分析

本节用全要素生产率变动指数、技术进步指数与技术效率变化指数（effch）综合评价产能利用率动态变化，衡量界限为 1，即大于 1 说明产能利用率有所提高，反之则说明产能利用率较前一年度下降，样本选取同 4.2.1 节。

1. 有色金属行业动态分析

将 2010~2016 年 52 家样本公司的平均 Malmquist 指数变动进行汇总，得到表 4-17 与图 4-3。

表 4-17　样本公司平均 Malmquist 指数变化表

年份	tfpch	ttech	effch
2010~2011	1.029	1.089	0.945
2011~2012	0.999	0.978	1.021
2012~2013	1.006	1.087	0.926
2013~2014	0.957	0.900	1.064

续表

年份	tfpch	ttech	effch
2014~2015	0.989	0.857	1.154
2015~2016	1.064	1.345	0.791

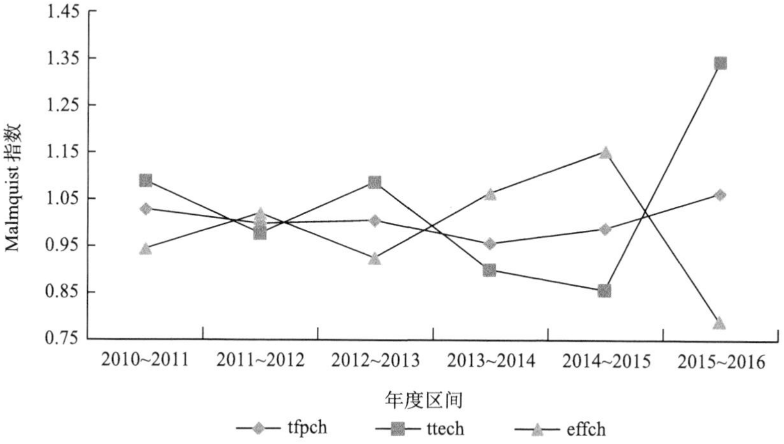

图 4-3　样本公司平均 Malmquist 指数变动图

由表 4-17 与图 4-3 可知，2010~2016 年，有色金属行业全要素生产率变动指数曲线呈先下降再上升趋势，总体涨幅为 3.43%，2011~2015 年有色金属行业的全要素生产率变动指数在 1 上下波动。分析这一变化过程，原因可能是 2011~2015 年有色金属行业处在迅速扩张的时期，由于盲目扩大生产和一部分违规违法的开采，造成了生产规模的无序扩大与产能利用率水平的持续下降。全要素生产率变动指数在 2013~2014 年达到考察期的最低点，可能是因为行业整体供给失衡、国际形势严峻造成的价格下降与停产政策实施，使一些有色金属企业产能效率出现波动。

技术进步指数（正方形节点曲线）与技术效率变化指数（三角形节点曲线）在 2014~2016 年出现了大幅度的波动，在 2015~2016 年，技术进步指数增长 56.94%，而技术效率变化指数下降 31.46%。其原因可能是有色金属行业正处于行业调整阶段，并购重组、技术创新与管理结构改革等因素使企业整体效率出现了波动。

2. 有色金属行业并购绩效动态分析

将有色金属行业上市公司的 64 次并购重组事件 5 年间的全要素生产率变动指数、技术进步指数与技术效率变化指数进行汇总，样本整体在各年度间的并购重组治理产能过剩的效率情况如图 4-4 所示。

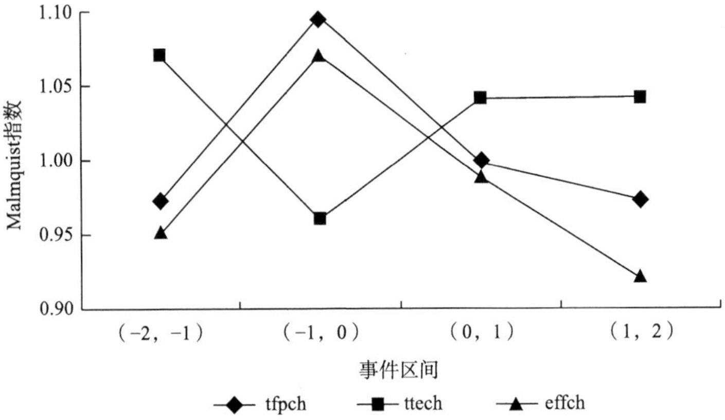

图 4-4　并购重组 Malmquist 指数变动图

由图 4-4 可以看出，在并购重组活动前后五年的考察期中，全要素生产率变动指数与技术效率变化指数走势相似，在并购前一年表现出效率损毁，并购当年效率进步，但在随后的并购后两年中，再次发生了效率的损毁，再一次验证了假设 4-2，即并购重组能在短期内提高产能利用率，但并不具有持续性。这说明我国有色金属行业的并购活动在一定时期内，并没有形成规模效应，还需要企业对资源进行不断的优化配置，提高管理水平。

技术进步指数曲线在并购当年出现了损毁迹象，在其他考察期都处于进步状态。技术进步指数是全要素生产率增长的决定因素之一，并购当年出现的技术进步下滑，可能是因为企业在并购目标企业时，在技术方面没有及时与目标企业进行更新与互相学习，并购重组的后两年，对技术进行有效整合，使技术进步指数变化向好。

4.3　基于事件研究法的煤炭行业并购特征与并购绩效分析

4.3.1　煤炭行业分析

1. 世界煤炭行业发展现状

煤炭是世界三大化石能源之一，煤炭能源从开始被人类使用到如今大概经历了如下几个阶段：1880 年前后煤炭替代了木材的原有地位，成为世界上最主要的能源。其主要原因是在工业化程度不断提高的情况下木材逐渐供不应求，蒸汽机的发明和矿井排水问题的解决使得煤炭的开采量有了保证，再加之煤炭的能源密度高于木材，价格又比木材便宜。在这些因素的共同作用下，煤炭逐步成为世界性能源。直到1960年前后，煤炭的地位被石油替代，石油成为主要能源。随着钻井技术的不断进步和原油密度相比煤炭更高，且运输更加方便，煤炭的使用占比在不断下降。随着技术革命的不断推进，20世纪60年代出现了内燃机，内燃机的出现给煤炭能源的使用占比带来了较大的威胁，直到两次石油危机的发生，石油的占比大幅下降，煤炭能源再一次被人们重视起来。90年代以后，天然气开采技术日渐成熟，同时石油危机逐渐退潮，煤炭消费占比再一次回落。

目前，化石能源的消费结构在全球已处于相对均衡状态，主要是以石油为第一大占比、煤炭为第二大占比、天然气为第三大占比的结构，且随着页岩气开采技术的不断突破，石油和煤炭的占比在逐渐下降，而天然气的占比在持续上升。加之煤炭市场的产能释放和世界经济的发展放缓，目前煤炭行业的景气度在不断下滑。据智研咨询调查结果，2016 年全球煤炭消费减少 5 300 万吨油当量，较 2015 年下降了 1.7%，这是煤炭消费连续第二年下滑。煤炭消费降幅最大的是美国和中国。随着行业景气度的下滑，世界煤炭行业的发展主要出现了以下几大趋势：

（1）主营业务多元化。由于煤炭行业景气度呈现下行趋势，主要煤炭集团都着手拓展其他业务，如铁矿石、石油、铁路运输、火力发电、天然气开采等。主要表现出生产规模化、大型化的特点，形成上下游的产业链关系，煤炭不再只是作为成品出售，部分也作为企业生产过程的中间产品，实现了煤炭业务的增值和主营业务的多元化。

（2）并购规模和数目逐渐上升。目前，由于煤炭行业产能过剩，出现供给大于需求的局面，需要由原来的需求侧向供给侧调整，而调整的较好方式是进行并购重组。企业通过并购，扩大主营的规模和市场，同时降低产品成本。从整个行业角度来说，并购可以提高产业集中度，更加有利于控制煤炭行业的产能，以有效解决产能过剩问题。

（3）煤炭的利用更加多元化。由于火电和钢铁行业景气度也在下滑，作为其上游的煤炭行业必然受到重大影响，故为了拓展煤炭的需求，煤化工（包括煤制气、煤炼油等）的研究是目前煤炭行业的突破口，以此丰富煤炭资源的利用，向多元化的利用方向发展，在一定程度上缓解煤炭需求低迷的严峻局势。

2. 我国煤炭行业发展现状

“缺油、少气、富煤”的能源资源国情决定了煤炭在我国能源中的主导地位，而它真正走上我国经济舞台是在1949年之后。总体来说，改革开放以后，煤炭行业的发展基本可以分为四个阶段：

第一阶段是 20 世纪的后半叶。这一阶段以基础设施的建设和恢复性生产为主。调整和整顿煤炭行业，推进机械化建设，扭转之前亏损的局面。这一阶段基本处于非市场化阶段。

第二阶段是 1993~2000 年。随着 20 世纪 90 年代我国经济的快速发展，煤炭产业也得到了迅速的发展，逐步走向市场化。国家向民营企业开放了煤炭行业，允许城镇煤矿的开采，同时放开了煤炭价格的限制。但是由于受到亚洲金融危机的强烈冲击，煤炭价格下跌，煤炭市场低迷。在这样的大背景下，国务院对煤炭行业体制进行了重大改革，对证件不齐全、扭亏无望的企业进行关闭和清算等。

随着供给调整的实施，煤炭行业再一次开始复苏，行业景气度开始上升。

第三阶段是从 2001 年开始的煤炭行业的十年黄金期。在这一阶段，在国家经济快速发展的带动下，煤炭需求量不断增长而供给相对滞后，煤价开始上升，煤炭企业的利润表现出持续增长的趋势。另外，行业景气度的上升，带来一波已经淘汰的中小型煤矿再次进入市场，安全管理力度的不足致使安全事故频繁发生。

第四阶段是 2012 年至今。从 2012 年开始，随着我国经济的下行需求不足，行业产能过剩，同时伴随着天然气等资源的利用占比上升，煤炭企业的利润总额开始出现下滑趋势。在这样的大背景下，2016 年国务院发布相关文件，提出要加快淘汰过剩产能，积极推进并购重组，推进煤炭行业的转型升级，优化产业结构。在 2016 年 12 月，国家发展和改革委员会（以下简称国家发改委）和国家能源局联合发布的《煤炭工业发展“十三五”规划》中，对煤炭行业发展做出了具体的要求：产能方面，每年要化解淘汰过剩落后产能 8 亿吨左右，通过用新型能源替代的方式控制煤炭的产量并且优化布局，保证每年增加先进产能 5 亿吨左右；预计在2020年时煤炭产量控制在39亿吨，煤矿的数量控制在6 000处左右。2016 年在国家化解过剩产能政策指导下，全国退出产能超额完成目标任务，退出产能达到2.9亿吨。2017年煤炭行业仍维持1.5亿吨的去产能规模，并且上半年已退出煤炭产能 1.11 亿吨，完成年度去产能目标任务的 74%。

4.3.2 样本选择

以 2008~2015 年的煤炭上市公司发生的并购事件为研究样本，利用事件研究法和财务指标法，通过比较并购方在并购交易前后的短期、长期绩效来进行评价，具体筛选标准如下：①沪深两市 A 股上市公司；②交易成功且交易地位为主并方；③如果一家公司在同一年发生多起并购，则选择交易金额最大的并购事件；④剔除交易金额不明确、财务数据不完整的样本；⑤剔除 ST（*ST）标记的样本；⑥混合并购样本量太少，不具有研究意义，因此剔除混合并购样本。

综合上述选择标准，最终确定的研究样本数为 59 起。从样本公司并购是否有关联关系、并购类型、支付方式三个维度对并购样本进行分类，从这三个维度分析它们分别对并购绩效的影响。

4.3.3　市场绩效的描述性统计分析

根据事件研究法的计算公式，得到总样本的 AAR 值和 CAAR 值，如表 4-18 所示。

表 4-18　总样本的 AAR、CAAR 计算结果

时间	AAR	CAAR	时间	AAR	CAAR
T−10	−0.31%	−0.31%	T+12	−0.07%	0.83%
T−9	0.58%	0.27%	T+13	−0.07%	0.76%
T−8	0.07%	0.34%	T+14	0.37%	1.13%
T−7	0.27%	0.61%	T+15	0.41%	1.54%
T-6	−0.08%	0.53%	T+16	−0.13%	1.41%
T−5	0.11%	0.64%	T+17	0.50%	1.91%
T−4	−0.12%	0.52%	T+18	−0.08%	1.83%
T−3	0.43%	0.95%	T+19	0.32%	2.15%
T−2	0.06%	1.01%	T+20	0.19%	2.34%
T−1	0.55%	1.56%	T+21	−0.56%	1.78%
T+1	0.67%	1.73%	T+22	0.06%	1.85%
T+2	−0.20%	1.53%	T+23	0.34%	2.18%
T+3	0.31%	1.84%	T+24	−0.38%	1.81%
T+4	0.03%	1.86%	T+25	−0.01%	1.80%
T+5	−0.04%	1.82%	T+26	0.40%	2.20%
T+6	−0.51%	1.31%	T+27	0.54%	2.73%
T+7	−0.33%	0.97%	T+28	0.13%	2.86%
T+8	−0.37%	0.60%	T+29	0.22%	3.08%
T+9	0.11%	0.71%	T+30	0.02%	3.10%
T+10	−0.01%	0.70%	T+31	0.09%	3.19%
T+11	0.20%	0.90%	—	—	—

对以上 AAR、CAAR 数据结果进行单样本 t 检验，检验结果见表 4-19。

表 4-19　AAR、CAAR 显著性检验

检验值=0						
变量	t	df	显著性（双尾）	平均差	差值的 95%置信区间	
					下限	上限
AAR	1.727	40	0.092	0.078%	−0.013%	0.169%
CAAR	11.219	40	0.000	1.476%	1.210%	1.742%

由表 4-19 可知，AAR 的显著性为 0.092，大于 0.05，总样本的 AAR 与 0 之间没有显著性差异，未通过 t 检验，则需要进一步分析 CAAR 的显著性。表中的 CAAR 的 t 值是 11.219，Sig 值是 0.000，小于 0.05，可知总样本的 CAAR 值与 0 之间有显著性差异，在 1%的水平上显著，总样本数据通过了 t 检验，可以进行下一步的实证分析。CAAR 的均值差异是 1.476%，说明总样本在窗口期内获得了 1.476%的 CAAR。

同时根据事件研究法计算所得数据，可以得到总样本公司的 AAR 和 CAAR 时序图，如图 4-5 所示。

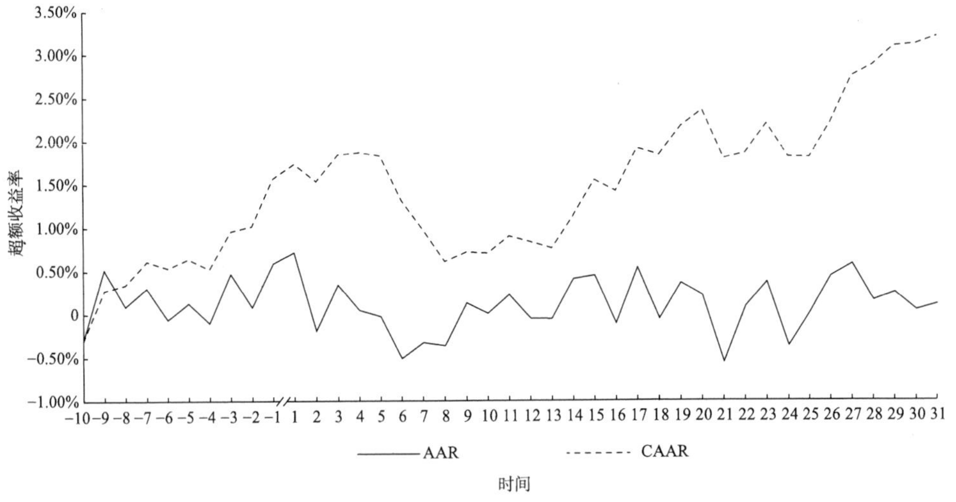

图 4-5　总样本的 AAR、CAAR 时序图

由图 4-5 可以明显看出，在整个窗口期内，AAR 的波动比较明显，最高值是出现在并购后一天，AAR 为 0.006 7，最低值出现在并购后 21 天，AAR 为 −0.005 6，在事件前期，AAR 已经开始出现较大的波动，在并购前 10 天到并购日期间，AAR 值基本上为正值，即使出现负值，也是在−0.001 范围内，在并

购第一天达到最高值后开始急速下降，直到第 6 日达到−0.0051 之后开始逐渐上升并且保持在正值范围内，但是在第 21 天到第 25 天范围内有较大的波动，可能是由于这期间投资者获取了关于并购方的不利消息，之后 AAR 逐渐趋于稳定。AAR 的波动说明，在并购日前 10 天 AAR 有较高的峰值出现，可能存在信息泄露问题，从并购日的 AAR 看，大多数投资者看好并购行为，进而大量买入并购方的股票，使得企业获得超额收益。再看 CAAR 的变化趋势，从并购前 10 天起，CAAR 逐渐上升，在并购后第 1 天达到第一次峰值后开始回落，但是之后又迅速开始呈现上升趋势，说明在考察期内 CAAR 显著为正，获得了 1.48%的 CAR，且在 1%的水平上显著。根据以上分析，我们认为并购活动能给并购方带来显著为正的超额收益，短期并购绩效较好。

4.3.4　并购特征与市场绩效分析

1. 并购类型与并购绩效

根据并购类型的分类，将总样本分为横向并购和纵向并购，通过计算不同并购类型下事件窗口期每日的 CAAR，再在 Excel 中做出考察期间的 CAAR 走势图，如图 4-6 所示。可以看出，横向并购的 CAAR 在整个考察期基本都为正，在并购公告日的前 10 天开始 CAAR 逐渐地在小幅波动的伴随下呈现出上升趋势，直到并购日后第 1 天达到了第一次峰值，CAAR 为 0.024 4，之后基本上呈下滑趋势，在并购后第 8 天出现了最低点，CAAR 值为 0.008 7，在往后的考察期内，CAAR 基本上保持在较高水平，虽然在并购后 25 天出现回落，但之后又表现出上升趋势，基本趋于稳定。纵向并购的累计超额收益在正负之间不断波动，在并购公告日前的第 3 天开始 CAAR 值不断上升，到并购日后的第 1 天出现了正值，直到并购后第 5 天出现第一次峰值，CAAR 为 0.008 1，其后的 CAR 在不断的上下波动后基本趋于稳定。

为了能够清晰地描述 CAAR 变化的显著性，按照并购类型分组进行 t 检验，检验结果如表 4-20 所示。可以明显看出，横向并购的 CAAR 在每一个评价期的 P 值均小于 0.05，且每个评价期的 CAAR 的均值均为正值，说明横向并购从每个评价期来看，是给并购方带来显著为正的绩效。从整个考察期间来看，CAAR 在 5%的水平下显著（0.019），即横向并购能带来显著为正的 CAAR。纵向并购中，（−10，−1）期间和（1，18）期间的 CAAR 的 P 值均小于 0.05，且 CAAR 的均值是小于零的，说明在（−10，18）的窗口期内纵向并购是显著降低了企业绩效，

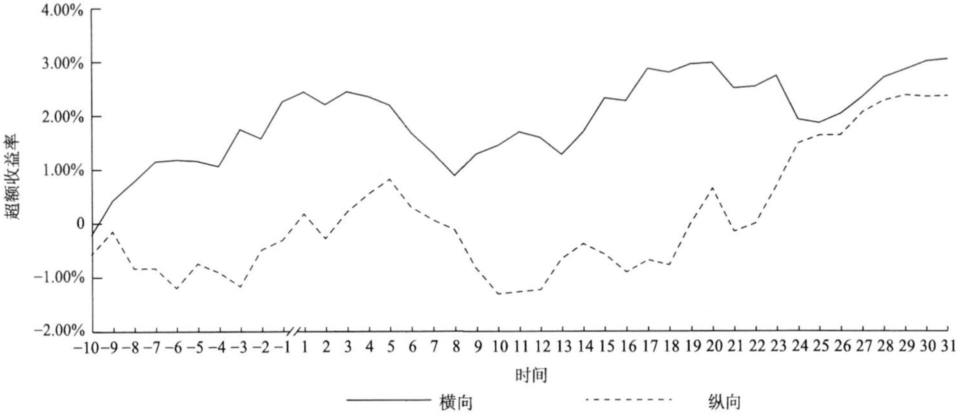

图 4-6 不同并购类型 CAAR 趋势图

但是在（19，31）的考察期内，CAAR 均值显著为正，从整个考察期来看，虽然 CAAR 均值为 0.002，但是 P 值大于 0.05，结果并不显著，没有通过显著性检验，说明纵向并购并未给主并企业带来显著为正的短期绩效。

表 4-20 不同并购类型 CAAR 显著性检验

检验值=0							
并购类型	期间	t	df	显著性（双尾）	均值差异	95%差异数的置信区间	
						下限	上限
横向并购	（−10，−1）	5.08	9	0.001	0.011	0.01	0.02
	（1，18）	14.30	17	0.000	0.019	0.02	0.02
	（19，31）	22.10	13	0.000	0.026	0.02	0.03
	（−10，31）	15.90	40	0.000	0.019	0.02	0.02
纵向并购	（−10，−1）	−6.63	9	0.000	−0.010	−0.01	0.00
	（1，18）	−2.57	17	0.020	0.000	−0.01	0.00
	（19，31）	4.05	13	0.001	0.012	0.01	0.02
	（−10，31）	1.00	40	0.323	0.002	0.00	0.01

2. 支付方式与并购绩效

按照支付方式的不同，将总样本分为现金支付和股票支付，分别做出两种支付方式下的样本的 CAAR 时序图，如图 4-7 所示。

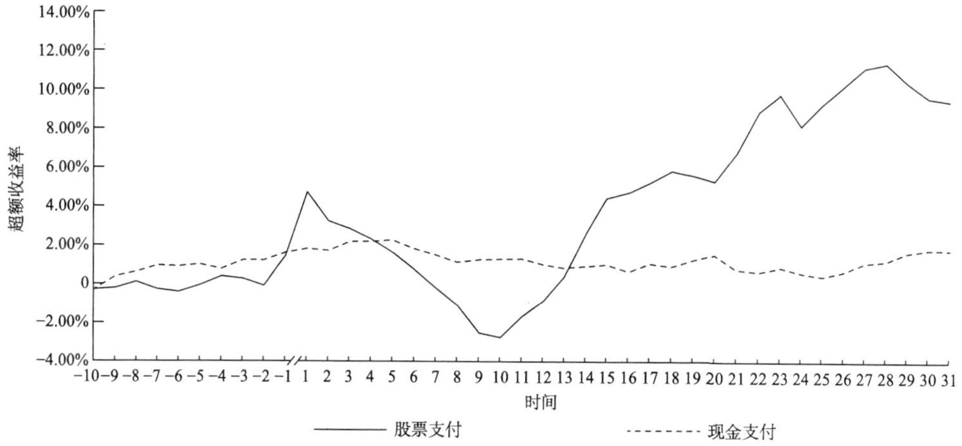

图 4-7　不同支付方式 CAAR 趋势图

由图 4-7 可知，股票支付和现金支付的 CAAR 的变化之间有很明显的差距。现金支付的 CAAR 在整个考察期内，除公告日前 10 天外，其余都是正值，而且波动很缓和，只是从并购公告日开始到之后 5 天内有较小的正向浮动，之后基本趋于稳定状态。而股票支付的 CAAR 值趋势图明显不同，在并购公告日前 10 天到前 2 天基本在零附近上下小幅度波动，但到了并购公告日显著上升，CAAR 值由负数上升为 0.047，随后逐渐下降直至在并购日后第 10 天到了最低点，而之后的事件窗口期内 CAAR 基本上表现为波动上升趋势，直到并购日后第 28 天开始慢慢回落。

为了进一步分析不同支付方式的 CAAR 变化的显著性，对两组的 CAAR 进行检验，检验结果见表 4-21。

表 4-21　不同支付方式 CAAR 显著性检验

检定值=0					
支付方式	t	显著性（双尾）	均值差异	95%差异数的置信区间	
				下限	上限
现金并购	14.067	0.000	0.012	0.010	0.013
股票并购	5.327	0.000	0.036	0.022	0.049

由表 4-21 可知，现金并购和股票并购的 t 值分别为 14.067 和 5.327，远远大于临界值，显著性均为 0.000，小于 0.05，说明两种支付方式的 CAAR 均在 1%的水平上显著，但是，股票并购的均值大于现金并购的均值，分别为 0.036 和 0.012。因此，分析得出的结论是现金并购和股票并购都对并购方的短期绩效有显著的提高作用，且股票并购的正向作用大于现金并购。

3. 关联交易与市场绩效

按照是否属于关联方之间的交易将总样本分为关联交易和非关联交易，分别做出两组样本的CAAR时序图，如图4-8所示。

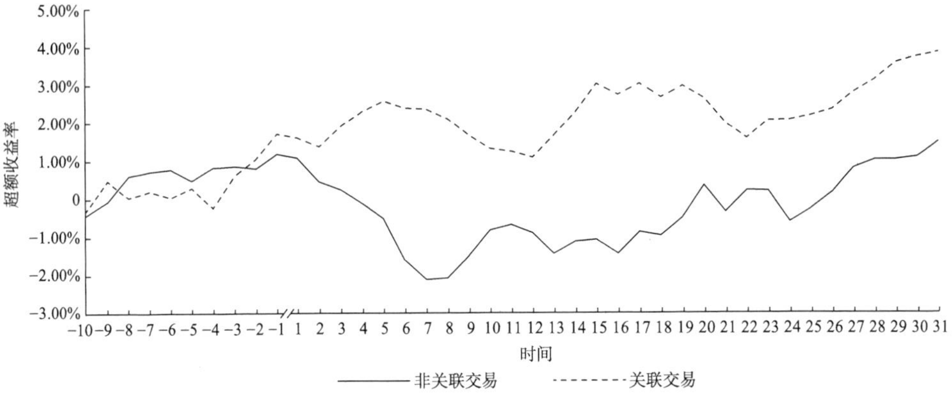

图4-8　关联交易、非关联交易的CAAR趋势图

由图4-8可知，关联交易和非关联交易的累计超额收益率有显著的差别。关联交易的CAAR在整个考察期内，除公告日前10天外，其余均为正值，在并购公告日前10天到前4天只是小范围的波动，从并购日前3天开始蓄势增长，之后的CAAR虽然在公告日之后有较大起伏，但一直保持着正值。非关联交易的CAAR值在整个考察期间是先上升后下降再上升的趋势，在并购日后第7天达到了最低点为−0.021 1，在并购公告后31天达到了最高点为0.014 9。因此，是否属于关联方之间的并购活动，对主并企业的短期绩效有明显不同的作用。

为了更加清晰地分析和描述CAAR变化的显著性，对总样本按照交易类型分类进行t检验，检验结果如表4-22所示。

表4-22　关联交易、非关联交易CAAR显著性

检验值=0					
是否关联	t	显著性（双尾）	均值差异	95%差异数的置信区间	
				下限	上限
关联并购	10.971	0.000	0.019	0.015	0.022
非关联并购	−0.779	0.440	−0.001	−0.004	0.002

由表4-22可知，关联交易的P值小于临界值，而非关联交易的P值远远大于临界值，同时，关联交易的均值为0.019，大于零，而非关联交易的均值为−0.001，小于零。说明在事件窗口期内，关联交易的CAAR值在1%的水平上显著

为正，而非关联交易的 CAAR 值为负，但是在考察期内不显著。因此，得出的结论是关联并购对并购方的短期绩效有显著的提升作用，而非关联交易则会降低并购方的短期绩效，但是这种负面的影响并不显著。

4.4　基于财务指标法的煤炭行业并购特征与并购绩效分析

4.4.1　模型设计与样本选择

本节采用财务指标法研究煤炭行业企业的并购绩效，依据财政部制定的《企业绩效评价标准值 2013》中的有关财务指标，从偿债能力、营利能力、成长能力、营运能力 4 个方面出发，选取了以下 10 个指标来构建我国煤炭行业 2008~2015 年发生并购的主并公司长期绩效评价体系，如表 4-23 所示。

表 4-23　会计评价指标体系

维度	会计指标	计算公式	变量
偿债能力	流动比率	流动资产/流动负债	X_1
	速动比率	（流动资产−存货）/流动负债	X_2
营利能力	净资产收益率	本期净利润/平均净资产	X_3
	总资产净利润率	本期净利润/平均总资产	X_4
	每股收益	本期净利润/平均总股数	X_5
成长能力	总资产增长率	（本期末总资产−上期末总资产）/上期末总资产	X_6
	营业收入增长率	（本期营业收入−上期营业收入）/上期营业收入	X_7
营运能力	总资产周转率	本期营业收入/平均总资产	X_8
	流动资产周转率	本期营业收入/平均流动资产	X_9
	存货周转率	本期营业收入/平均存货	X_{10}

运用主成分分析法建立绩效评定模型，用几个综合绩效指标代替所选取的 10 个财务指标，计算各样本在并购前一年（T−1）、并购当年（T）、并购后一年（T+1）的绩效，之后通过算数平均法求得总样本在各期的平均绩效，分析比较并购前一期、并购当期和并购后一期的绩效得分，以此分析主并公司的并购绩效。

经计算公司各年绩效函数为

$$F（T-1）=0.288F_{-11}+0.265F_{-12}+0.246F_{-13}+0.200F_{-14}$$

$$F（T）=0.311F_{01}+0.280F_{02}+0.243F_{03}+0.165F_{04}$$
$$F（T+1）=0.309F_{11}+0.264F_{12}+0.235F_{13}+0.192F_{14}$$

4.4.2 财务绩效的描述性统计

根据各期综合绩效得分模型分别计算 T−1 期、T 期、T+1 期的综合绩效得分均值，并绘制总样本综合绩效趋势图，结果如表 4-24 和图 4-9 所示。

表 4-24 总样本在并购各期绩效得分均值

总样本	T−1 期综合绩效得分均值	T 期综合绩效得分均值	T+1 期综合绩效得分均值
	2.664 2	2.566 0	2.320 3

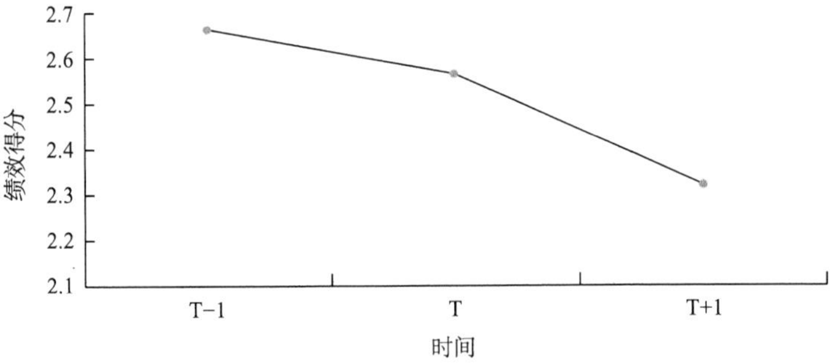

图 4-9 总样本综合绩效趋势图

从表 4-24 和图 4-9 中都可以看出，并购前一期、并购当期和并购后一期的综合得分绩效均值分别约为 2.66、2.57 和 2.32，总样本的综合得分绩效呈现出下滑的趋势。为了更加清晰地看出下滑趋势，对总样本综合得分差的均值及正值比率做了统计，如表 4-25 所示。从表 4-25 中能够直观地看出，并购后一年与并购当年、并购前一年相比，总样本企业的平均业绩是明显下滑的，分别只有 37.29%和 33.90%的企业实现了业绩的增加。且年份之间的绩效均值差是逐渐下降的。从显著性水平来看，ΔF 均在 5%的水平上显著，由此我们认为，虽然有少数企业的并购绩效有所提高，但从整个煤炭行业来看，并购活动并未提高企业的财务绩效。

表 4-25 总样本综合得分差的均值及正值比率

F 差值	F（T）−F（T−1）	F（T+1）−F（T）	F（T+1）−F（T−1）
均值	−0.098	−0.246	−0.344
正值比率	38.98%	33.90%	37.29%
显著性	0.023	0.038	0.019

4.4.3　并购特征与财务绩效分析

1. 并购行业周期与财务绩效

2012 年可以说是煤炭行业的一个分水岭，由于受到国家经济增速放缓及库存量高、价格下滑等因素的影响，煤炭行业结束了十年黄金期。因此，本节将样本按行业黄金期作为分界点，分别研究黄金期（2008~2011 年）及黄金期之后几年（2012~2015 年）的煤炭企业的长期并购绩效，以探究行业周期对并购绩效的影响。不同行业周期内主并公司的综合绩效得分如表 4-26 所示。

表 4-26　不同行业周期内主并公司的综合绩效得分

黄金期			
年份	T−1 期	T 期	T+1 期
2008	2.247	2.693	2.350
2009	2.549	2.263	2.328
2010	2.529	2.541	2.711
2011	2.785	2.748	2.770
2008~2011 年均值	2.528	2.561	2.540
黄金期之后			
年份	T−1 期	T 期	T+1 期
2012	2.578	2.546	1.825
2013	4.130	3.974	2.570
2014	1.849	2.164	1.467
2015	3.190	2.107	2.128
2012~2015 年均值	2.937	2.698	1.998

由表 4-26 可知，在黄金期内，不同年份发生的并购样本公司的综合绩效得分表现是不同的，但是从样本的均值来看，综合得分在并购前后三年的波动较小，表现为先上升后下降的趋势，并购后一年的绩效相较于并购前一年是提高的，因此，认为在煤炭行业黄金期内，并购活动提高了主并企业的财务绩效。而在黄金期之后，每一年发生并购活动的主并公司的绩效都呈现出下滑趋势，从样本的均值来看，主并公司综合绩效下降的趋势和幅度更加明显，并购后一年相较于并购前一年，综合绩效下降了 0.939。因此，认为在煤炭行业黄金期之后几年，并购活动并未提高并购方的财务绩效，反而对企业的长期绩效有负面的影响。不同周期内的综合绩效趋势图如图 4-10 所示。

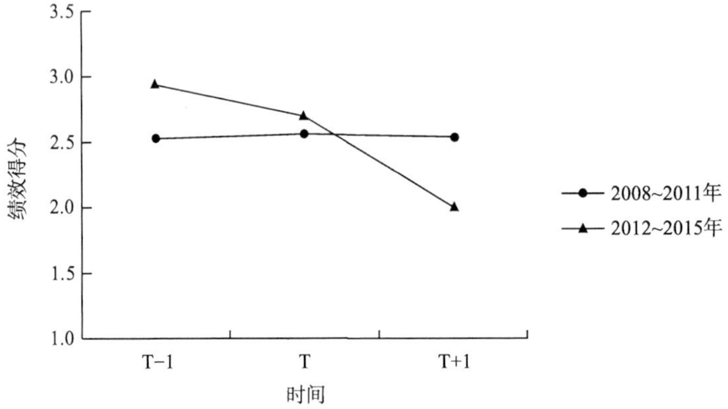

图 4-10　不同周期内的综合绩效趋势图

由图 4-10 可知，在 2008~2011 年发生并购的企业，并购后一年的综合财务绩效与并购前一年相比得到了提高，而 2012~2015 年发生并购的主并公司的财务绩效是明显下降的趋势。为了检验综合绩效变化的显著性，对 ΔF 进行了 t 检验，结果如表 4-27 所示。

表 4-27　不同周期内 ΔF 显著性检验

年份	F 差值	F（T+1）− F（T−1）	F（T）− F（T−1）	F（T+1）− F（T）
2008~2011	均值	0.012	0.034	−0.022
	显著性	0.897	0.838	0.859
2012~2015	均值	−0.939	−0.239	−0.701
	显著性	0.033	0.482	0.095

由显著性分析结果可知，在 2008~2011 年，并购前一年与并购后一年的 ΔF 均值为 0.012，说明并购活动有助于企业长期绩效的提高，但是 t 检验的 P 值为 0.897，未通过显著性检验，因此认为并购后企业财务绩效的提高并不显著。并购后一年相较于并购当年绩效有所下降，因为并购活动需要较长时间的整合期，对并购双方企业的经营战略、企业文化、人力资源等多方面进行整合，整合过程必然会影响企业综合绩效。在 2012~2015 年，并购前一年与并购后一年的 ΔF 均值为−0.939，对应的 P 值为 0.033，在 95%置信水平上显著，因此认为煤炭企业在行业低迷期的并购重组使其长期绩效显著下降。

2. 并购类型与财务绩效

为了考察不同并购类型下的财务绩效差异，将全样本分为横向并购和纵向并购，分别对两种并购类型下的主并企业中长期绩效进行评定，图 4-11 是不同并购模式企业在并购前一年、并购当年和并购后一年的绩效变化趋势图，从图中可以清晰地得知，无论是横向并购还是纵向并购，绩效得分都表现出下降趋势，横向并购趋势图下降幅度较纵向并购缓和些。为了进一步分析两种模式的并购绩效差异，对不同并购模式综合得分差的均值及正值比率做了分析，结果如表 4-28 和表 4-29 所示。从实证分析的结果来看，我们可以得到以下结论：

（1）并购当年，横向并购企业的平均业绩下降了，但是下降幅度较小，且正值比率为 39.53%，即有 17 家公司实现了业绩的增长。而纵向并购企业业绩下降趋势较明显，正值比率也小于横向并购。

（2）并购后一年，两种并购模式的企业综合得分都是下降的，且横向并购企业财务绩效下降的幅度较大，分别有 32.56%和 37.50%企业实现了业绩的提高。

（3）比较并购前一年和并购后一年的企业综合得分可知，并购活动使两种并购模式下的并购方财务绩效都下降了，同时纵向并购的影响程度更明显。

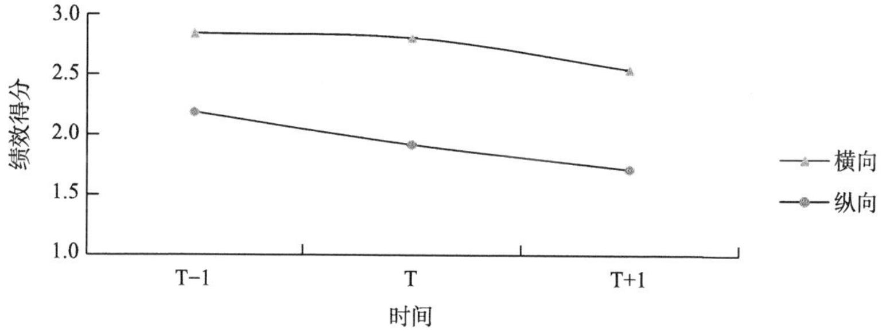

图 4-11　不同并购模式绩效图

表 4-28　不同并购模式绩效对比

并购类型	F（T−1）	F（T）	F（T+1）
横向并购	2.842 3	2.806 4	2.544 4
纵向并购	2.185 7	1.919 7	1.718 0

表 4-29　不同并购模式综合得分差的均值及正值比率

并购类型	F 差值	F（T+1）−F（T−1）	F（T）−F（T−1）	F（T+1）−F（T）
横向并购	均值	−0.297 9	−0.035 9	−0.262 0
	正值比率	37.21%	39.53%	32.56%
纵向并购	均值	−0.467 7	−0.266 0	−0.201 7
	正值比率	37.50%	37.50%	37.50%

3. 支付方式与财务绩效

为了分析不同支付方式下的企业长期绩效，将对全样本分组，对两种支付方式下的并购方的长期绩效进行评定。股票支付和现金支付分组下的企业绩效综合得分及绩效变化如表 4-30 和图 4-12 所示。

表 4-30　不同支付方式绩效对比

支付方式	*F*（T−1）	*F*（T）	*F*（T+1）
股票并购	3.105 4	2.259 1	2.131 9
现金并购	2.604 9	2.607 3	2.345 7

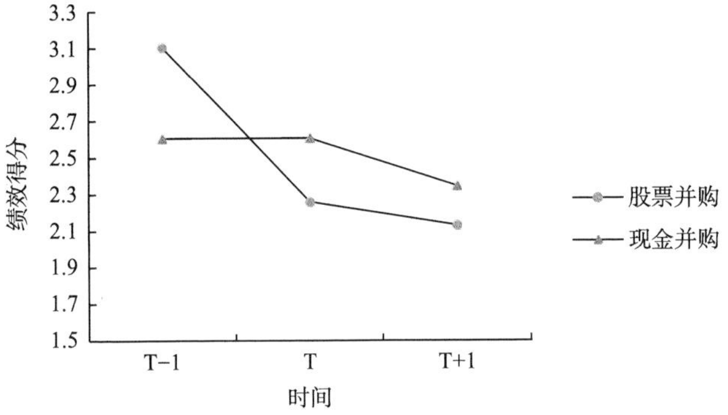

图 4-12　不同支付方式绩效图

从表 4-30 和图 4-12 中可以综合分析得出，股票方式并购的主并方在并购当年的综合绩效相较于并购前一年有明显的下降趋势，到了并购后一年，综合绩效虽然有表现出下降，但是比较缓和；现金方式并购的主并方在并购当年的绩效与上一年相比，基本没有变化，但是到了并购后一年，综合绩效明显下降，从并购前一年的 2.604 9 降至 2.345 7。比较并购前一年与并购后一年的综合绩效得分可知，现金并购的综合得分差值为 0.259 2，股票并购的综合得分差值为 0.973 5，说明两种支付方式对并购绩效影响的趋势是基本一致的，对并购方的财务绩效没有起到正面的影响，但是股票方式的并购的负面影响力大于现金并购。

为了进一步验证不同支付方式中综合绩效变化显著性，分组进行 *t* 检验。检验结果如表 4-31 所示。

表 4-31　不同支付方式 Δ*F* 显著性检验

检定值=0						
支付方式	期间	*t* 检验	显著性（双尾）	均值差异	95%差异数的置信区间	
					下限	上限
现金并购	*F*（T）~*F*（T−1）	0.026	0.979	0.002	−0.183	0.188
	F（T+1）~*F*（T）	−2.011	0.050	−0.262	−0.523	0.000
	F（T+1）~*F*（T−1）	−1.776	0.082	−0.259	−0.552	0.034
股票并购	*F*（T）~*F*（T−1）	2.202	0.070	0.846	−1.787	0.004
	F（T+1）~*F*（T）	−0.840	0.433	−0.127	−0.497	0.243
	F（T+1）~*F*（T−1）	−2.031	0.088	−0.974	−2.146	0.199

从表 4-31 中可以清晰地看出，在现金并购中，在 T 年、T+1 年的 ΔF 的均值分别为 0.002 和−0.262，说明其长期并购绩效是基本下降的，但考察期的 T 年 ΔF 的 P 值大于 0.05，而 T+1 年的 ΔF 的 P 值等于 0.05，说明 T 年 ΔF 上升的变化是不显著的，T+1 年 ΔF 下降的变化是基本显著的。从整个事件看，P 值为 0.082，说明现金并购的 ΔF 在 10%的水平上显著为负。股票并购中，T 年、T+1 年的 ΔF 的均值均为负，说明长期绩效是下降的，但是其对应的 P 值均大于 0.05，说明从 T 年、T+1 年检验分别来看，长期绩效的下降是不显著的，从整个考察期间来分析，虽然均值为负，但未通过 10%水平上的检验，说明股票并购对长期绩效有负面的影响，但是这种影响并不显著。

4. 关联交易与财务绩效

为了分析交易类型对的企业长期绩效，将对全样本分组，对关联交易、非关联交易的并购方的长期绩效进行评定。分别做出分组样本企业绩效综合得分，并绘制关联交易、非关联交易绩效图，结果如表 4-32 和图 4-13 所示。

表 4-32　关联交易、非关联交易的综合绩效得分

关联方关系	F（T−1）	F（T）	F（T+1）
关联交易	2.630 1	2.558 2	2.456 8
非关联交易	2.707 6	2.575 8	2.147 2

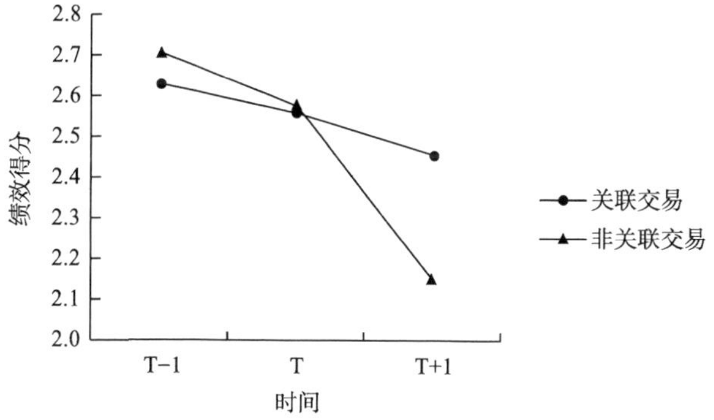

图 4-13　关联交易、非关联交易绩效图

结合表 4-32 和图 4-13 的结果可知，关联并购企业在并购当年、并购后一年的综合绩效相较于并购前一年表现出了下降的趋势，但是下降的幅度相对缓和，绩效得分一直是正值；非关联并购企业在并购当年的综合绩效得分相比较并购前一年是下降的，且下降幅度较缓和，到了并购后一年，企业的综合绩效明显下降，且下降幅度远超于同期的关联并购。比较并购前一年与并购后一年

的综合绩效得分可知，关联并购的绩效得分差值是−0.173 3，非关联并购的绩效得分差值是−0.560 4。结果说明，两种交易方式对并购绩效影响的趋势基本一致，都对并购方企业的长期绩效有一定程度的负面影响，但非关联并购的影响程度大于关联并购。

为了进一步验证关联并购、非关联并购的综合绩效变化显著性，分组进行 t 检验。检验结果如表 4-33 所示。

表 4-33　关联并购、非关联并购 ΔF 显著性检验

检验值=0						
是否关联交易	期间	t 检验	显著性（双尾）	均值差异	95%差异数的置信区间	
					下限	上限
非关联并购	F（T）~F（T−1）	−1.164	0.255	−0.132	−0.365	0.101
	F（T+1）~F（T）	−2.009	0.055	−0.429	−0.868	0.011
	F（T+1）~F（T−1）	−2.942	0.007	−0.560	−0.953	−0.168
关联并购	F（T）~F（T−1）	−0.468	0.643	−0.072	−0.385	0.241
	F（T+1）~F（T）	−0.857	0.398	−0.101	−0.343	0.140
	F（T+1）~F（T−1）	−0.854	0.399	−0.173	−0.587	0.240

由表 4-33 可知，在非关联并购中，T 年、T+1 年的 ΔF 的均值分别为−0.132 和−0.429，说明其长期绩效是下降的，但是在任何一个考察期内的 ΔF 的 P 值均大于 0.05，说明 ΔF 下降的这种变化是不显著的，从整个考察期来看，P 值通过了 5%水平上的 t 检验，且均值小于零，说明非关联交易的 ΔF 在 5%的水平上是显著下降的。关联交易中，T 年、T+1 年的 ΔF 的均值为−0.072 和−0.101，说明其长期绩效是下降的，但是 P 值均小于 0.05，所以长期绩效的变化并不显著。从整个事件来看，均值为负，P 值未通过 10%水平上的显著性检验，说明关联并购对并购方企业的长期绩效有负面影响，但是这种影响并不显著。

4.5　研究结论与建议

4.5.1　研究结论

本章从具体行业视角出发，分别研究了有色金属行业和煤炭行业的并购效应及特征，得到以下结论。

1. 对于有色金属行业

（1）基于财务指标法对主并企业进行并购经营绩效评价，发现并购重组后经营绩效总体上没有提高。通过多元回归分析发现，从并购企业特征来看投入资本回报率对并购绩效没有明显影响，每股现金流量对并购经营绩效具有显著的正面作用，企业规模与并购规模对并购绩效具有显著的负向作用，因此我国有色金属行业的企业应该加强现金流量管理水平，选择恰当的并购目标进行并购重组活动，有利于实现规模经济效益；从并购特征角度来看，横向并购与现金支付对并购绩效具有积极影响，同属管辖在短期内对并购绩效有正向作用。

（2）运用 CCR 模型与 BBC 模型衡量并购重组静态效率，运用 DEA-Malmquist 模型衡量并购重组动态效率。无论从静态效率还是动态效率来看，并购重组给产能利用率带来短期的正向作用，但不具有持续性，并且随着时间的推进，产能利用率表现越发不佳。总体来说，有色金属行业的综合效率没有提高，但技术进步指数变化比较积极，说明有色金属行业在不断通过并购重组试图提高产能利用率，整合技术资源，但可能因为管理水平有限、资源配置较为困难等因素，在考察期范围内没有实现产能利用率的提升。

2. 对于煤炭行业

（1）基于事件研究法的研究发现，从短期来看，并购能为主并企业带来显著为正的超额市场收益，这一结论表明大多数投资者对煤炭上市公司的并购事件是看好的，而且股票市场可能存在信息泄露，使得并购公告日之前的累计超额收益率已经表现出上升趋势。同时，通过研究并购特征对市场绩效的影响发现横向并购、股票支付及关联方并购的主并公司的短期市场表现显著优于纵向并购、现金支付及非关联并购的主并公司。

（2）基于财务指标法的研究发现，从长期来看，虽然有少数企业的并购绩效有所提高，但从整个煤炭行业来看，并购活动并未提高企业的长期绩效。这一结论说明我国煤炭企业并购完成后，需要较长时间段的企业文化、经营、管理等方面的整合，因此并购活动没有起到协同效应。同时通过研究并购特征对财务绩效的影响发现，从行业周期性来看，煤炭企业在 2008~2011 年的黄金期内发生的并购活动，有助于主并企业长期绩效的提高，但是这种作用并不显著；在 2012~2015 年的低迷期间发生的并购活动，使主并企业的长期绩效显著下降。从并购类型来看，横向并购和纵向并购均对并购方的财务绩效有负面影响，且纵向并购的这种影响力更大。从支付方式来看，现金并购和股票并购对企业绩效都有负面的影响，且股票并购的负面影响力大于现金并购。从是否关联并购来看，两种交易方式对并购绩效影响的趋势基本一致，都对并购方企业的长期绩效有一定程度的负面影响，但非关联并购的影响程度大于关联并购。

4.5.2 研究建议

经过研究发现，对于不同的行业，其并购有着相同之处的同时也有着各自不同的特征，因此需要在整体把握的同时针对不同的行业提供不同的建议，以使并购能真正起到提升企业效率，优化产业结构，帮助去产能的目的。

有色金属行业企业并购需要关注以下三点：

（1）谨慎选择并购目标。一方面，有色金属行业上市企业在选择并购目标企业的时候应该对目标企业进行充分的调查，综合评价目标企业的规模与价值，在谨慎规避财务陷阱的同时，应该充分考虑自身的融资能力、资源整合能力与管理水平等因素选择适合自身企业发展需要的并购目标，防止盲目扩张。另一方面，企业在制定并购战略时，应该充分考虑行业发展现状与企业自身情况，谨慎选择横向并购扩张市场占有率或者多元化发展。我国有色金属行业处于宏观结构调整阶段，行业集中度亟待提高，综合考虑实证结果，有色金属行业上市公司选择横向并购比较有利于提高企业规模效应。

（2）慎重选择支付方式。企业在并购活动中所选择的支付方式对于企业未来的现金流量与投资行为影响较大，考虑到现阶段我国资本市场还不完善，投资者不完全理智，选择现金支付方式所代表的企业充足现金流信息会向利益相关者传递企业发展状态良性信号，有色金属行业上市公司在进行并购重组活动时应该慎重选择适合自身企业实际情况的支付方式。

（3）政府做好政策指导与监督工作。在供给侧改革去产能背景下的有色金属行业上市公司并购重组活动有比较浓重的政策导向性，再加上因为国有股股东监督效率低下使得国有企业并购中代理问题比较严重。政府同时作为并购重组事件中的管理者与运作方在并购过程中会偏离市场规律，在短期内政府主导的并购重组也许会因为政策优惠等便利为主并企业降低并购成本，提高并购效率，但是如果发生了“拉郎配”的问题，那么短期产生的并购效益会很快消失，并为主并企业带来更重的资源重组负担。所以政府应该做好政策指导工作，加强监督效率，减少代理问题。

煤炭行业并购需要关注以下三点：

（1）完善资本市场，推进煤炭行业并购重组。当前我国煤炭行业仍然处于产能过剩阶段，并且煤炭产业的集中度过低，造成企业间过度竞争，压低产品价格，进而损害煤炭产业的经济效应。政府应当鼓励大型煤炭企业的并购活动，通过企业自身、政府及市场共同发挥并购的积极作用，以推进大型煤炭集团的建设，提高煤炭产业集中度，促进企业转型升级。同时，要进一步完善我国资本市场，加强资本市场的公平公正性，加强信息披露制度的管理和监督。完善的资本市场不仅有利于企业资本的有效利用、减少内幕交易和操纵价格等，同时还能帮助投资者更好地分析市场和进行投资。

（2）选择恰当支付方式，优化企业资本结构。在我国资本市场，主要是以现金并购和股票并购为主，目前煤炭上市公司的并购大都是现金支付，支付方式单一，在研究的 2008~2015 年的 59 起并购事件中，有 52 起是现金支付，只有 7 起是股票并购。因此，煤炭企业在并购交易中可以灵活运用其他支付方式，以避免并购方在支付大额现金之后造成企业内部资金不足，影响企业营运发展；同时可以实现企业资金的高效利用和资本结构的优化。

（3）选择行业创新型企业作为并购目标，提升企业技术创新能力。从经济发展的长远角度和当前越来越严格的环保要求来看，提高煤炭产能的质量是必然要求。因此，煤炭企业的并购活动应该以技术创新为导向，选择创新型煤炭企业作为并购目标，通过并购活动获得核心技术，实现自身产品结构的升级，提升对关键资源的利用效率，以增强并购后主并方的核心竞争力，提高并购效益，实现可持续发展。

第5章 去杠杆背景下企业资本结构对并购绩效与交易特征影响研究

本章主要研究去杠杆背景下企业资本结构与并购的相关问题。首先实证检验在去杠杆政策推动下企业并购前后绩效与杠杆率的变化及资本结构对并购绩效的影响；接着从并购交易特征角度分别研究企业资本结构对并购支付方式与融资方式的影响，验证并购对企业杠杆率的调节作用；最后在考虑资本结构调节作用的前提下，研究不同并购支付方式对并购绩效的影响。

5.1 研究背景

2008年美国爆发次贷危机，引起全球经济低迷，我国政府采取应急措施，制定了新增4万亿元投资的刺激方案，扩大部分行业产能及部分基础设施建设，导致部分行业尤其传统行业产能过剩现象逐渐显现，杠杆水平迅速攀升，从2008年的57.4%升至2016年的66.08%，其中2015年达到峰值66.33%。而同期私营企业杠杆率从57%震荡下行至2016年的51.9%。根据中国社会科学院财政税收研究中心所提供的《中国政府资产负债表2016》，2016年末全社会杠杆率达到254%，其中中国非金融企业部门杠杆率高达155.1%，该水平远超过全球警戒水平（90%），债务风险突出。由此可见，我国去杠杆的关键就在于非金融企业部门。有序推进非金融企业去杠杆，既是我国深入推进供给侧结构性改革的必然要求，也是防范企业债务风险、维护经济金融平稳运行的根本举措。

目前，随着我国经济发展进入稳定增长的新常态，以及供给侧结构性改革的不断推进，并购作为去杠杆的重要手段之一，不论是规模还是数量，都在迅速增长，这同时也对产业升级、优化资源配置和刺激经济增长都具有重要的促进作用。2016 年，国务院针对“去杠杆”的目标印发了《国务院关于积极稳妥降低企业杠杆率的意见》，强调“以市场化、法治化方式，通过推进兼并重组、完善现代企业制度强化自我约束、盘活存量资产、优化债务结构、有序开展市场化银行债权转股权、依法破产、发展股权融资，积极稳妥降低企业杠杆率，助推供给侧结构性改革”。由此可见，并购绩效的好坏与并购交易特征的选择关系着供给侧改革能否顺利推行，尤其是“去杠杆”目标能否实现。因此，结合去杠杆的背景，研究企业的资本结构对并购绩效与交易特征的影响具有实践意义。

5.2　去杠杆背景下资本结构与企业并购绩效研究

5.2.1　样本选择

在供给侧结构性改革的大环境中，本节主要研究以去杠杆为背景的上市公司并购重组事件及其并购绩效。由于去杠杆是在 2015 年 12 月中央经济工作会议上的供给侧改革战略中正式提出，因此选定 2016 年中国沪、深交易所发生并购事件且作为主并方的上市公司作为初始样本，对其并购重组的市场绩效进行研究，依据如下标准对研究样本进行筛选：①并购重组交易成功，剔除并购重组交易未达成的案例。②并购类型为资产收购、吸收合并及股权转让三者之一。③上市公司的交易地位为买方，即选取并购重组交易的主并方上市公司作为样本研究并购绩效。④由于并购重组事件对企业的财务绩效的影响一般发生在并购完成以后，因此对于并购年份的确定，以并购完成日期为准；上市公司一年内发生多次并购重组事件的，选取其中交易金额最大的并购重组事件为研究样本。⑤剔除并购期间内处于 ST（*ST）状态的上市公司。⑥剔除财务指标缺失的上市公司。⑦剔除金融行业上市公司。

依据上述选择标准，共选取了 169 起并购重组事件作为研究样本，其中，国有企业 36 家，非国有企业 133 家。

5.2.2　模型构建

1. 公司绩效的衡量

本节选取财务指标法对并购绩效进行评价，在衡量公司的绩效时，一般从偿债能力、营运能力、发展能力和营利能力四个方面对公司进行评价。所以借鉴《企业绩效评价操作细则》选取了 9 个财务指标来构建企业并购绩效评价体系，见表 5-1。

表 5-1　财务指标的选取与指标说明

维度	财务指标	指标说明	变量
偿债能力	流动比率	流动资产/流动负债	X_1
	速动比率	（流动资产–存货）/流动负债	X_2
	资产负债率	负债合计/资产总计	X_3
营运能力	总资产周转率	营业收入/平均资产总额	X_4
	流动资产周转率	营业收入/流动资产平均占用额	X_5
发展能力	总资产增长率	（资产总计本期期末值–资产总计本期期初值）/（资产总计本期期初值）	X_6
	营业收入增长率	（营业收入本年本期金额–营业收入上年同期金额）/（营业收入上年同期金额）	X_7
营利能力	总资产净利润率	净利润/总资产平均余额	X_8
	每股收益	净利润本期值/最新股本	X_9

之后采用因子分析法建立并购绩效的评价体系，寻找能够代替上述 9 个指标的综合评价因子，计算各个样本在 2014~2017 年各年的经营绩效，并对得出的并购绩效结果加以整理和分析，最终得出每一个并购样本的经营业绩加权得分表达式：

$$F = 0.309F_1 + 0.244F_2 + 0.233F_3 + 0.214F_4$$

将所搜集的各年的财务指标代入上述表达式可以得到 2014~2017 年各年并购样本公司的综合绩效得分。

2. 回归模型的构建

为验证资本结构对并购绩效的影响，选取如下变量建立多元线性回归模型，如表 5-2 所示。

表 5-2　回归变量选择及定义

变量类型	变量名称		变量定义
因变量	并购绩效	MAPER	2017 年末的经营绩效减去 2015 年末的经营绩效
解释变量	资产负债率	Leverage	并购前一年企业的负债总额/资产总额
	资产负债率的平方项	$Leverage^2$	
	支付方式	Method	并购支付方式，现金支付取 0，股票支付取 1
控制变量	成长能力	Growth	并购前一年企业的总资产增长率
	产权性质	Property	国有企业取 1，非国有企业取 0
	资产规模	Size	公司总资产的自然对数

续表

变量类型	变量名称		变量定义
控制变量	现金流量	Cash	经营活动现金流/总资产
	交易规模	Trade_size	并购支付的总额/总资产
	股权集中度	Ownership	前十大股东占总股本百分比

在建立的回归模型中，被解释变量为并购绩效样本公司并购前后的综合得分均值差；解释变量选取资产负债率及支付方式，现金支付取值为 0，股票支付取值为 1。另外，由于国有企业的高杠杆率的特殊性，引入产权性质作为控制变量之一，国有企业取 1，非国有企业取 0。另外，选取成长能力、资产规模、现金流量、交易规模及股权集中度等作为控制变量。

为了探究并购绩效与资本结构之间的 U 形关系是否成立，在此建立两个模型，第一个模型中以资本结构、支付方式、产权性质等 8 个变量作为解释变量，在第二个模型中增加资本结构的平方项，通过模型拟合优度和显著性的变化探究并购绩效与资本结构之间的相关关系的具体形式，见式（5-1）和式（5-2）：

$$\begin{aligned}\text{MAPER}_i = c + b_1\text{Leverage}_i + b_2\text{Method}_i + b_3\text{Property}_i + b_4\text{Growth}_i \\ + b_5\text{Size}_i + b_6\text{Cash}_i + b_7\text{Trade\_size}_i + b_8\text{Ownership}_i + \varepsilon_i\end{aligned} \tag{5-1}$$

$$\begin{aligned}\text{MAPER}_i = c + b_1\text{Leverage}_i + b_2\text{Leverage}^2 + b_3\text{Method}_i \\ + b_4\text{Property}_i + b_5\text{Growth}_i + b_6\text{Size}_i + b_7\text{Cash}_i \\ + b_8\text{Trade\_size}_i + b_9\text{Ownership}_i + \varepsilon_i\end{aligned} \tag{5-2}$$

5.2.3　并购绩效与资本结构的描述性分析

1. 并购绩效

根据以上因子分析法得出的经营绩效的评价模型，将各行业公司各年的财务指标代入模型，得出研究期内全部样本的经营绩效，结果见表 5-3。接着对整体样本在 2014~2017 年的综合绩效平均值 Y_i 差值进行显著性检验，结果如表 5-4 所示。

表 5-3　全部样本 2014~2017 年各年综合绩效

年份	最小值	最大值	平均值	标准差
2014	0.078	9.918	1.860	1.400
2015	0.142	9.299	1.707	1.203
2016	−0.048	7.380	1.716	1.097
2017	0.473	8.933	1.548	0.896

表 5-4　全部样本 2014~2017 年综合绩效均值检验结果

对比检验	$Y_{2015}-Y_{2014}$	$Y_{2016}-Y_{2015}$	$Y_{2017}-Y_{2016}$
均值	-0.153^{**} （-2.133）	0.009 （0.073）	-0.168^{*} （-1.797）

**和*分别表示在 5%和 10%的水平上显著

注：括号内为 t 检验值

由表 5-3 和表 5-4 可知，所选的 2016 年发生并购重组的全部公司的财务绩效在 2014~2016 年整体基本呈现不断下降的状态。2015 年其经营绩效下降 0.153 且在 5%的水平上显著，2017 年即并购后一年总体经营绩效下降了 0.168 且在 10%的水平上显著。由此可见，整体来看，2016 年进行并购重组的企业在实行并购重组后一年内没有实现绩效提升，反而出现了绩效的大幅度下降。这说明我国上市公司整体的并购绩效为负，企业在进行并购重组后不能在短时间内进行资源的有效整合和优化配置，未能提高企业的经营绩效。

为分析国有企业与非国有企业并购绩效的差异，将全体样本按照产权性质分类并进行描述性统计分析，结果见表 5-5，并对两类样本各自进行绩效均值差值检验，见表 5-6。

表 5-5　国有企业及非国有企业样本 2014~2017 年的经营绩效

产权类型	年份	最小值	最大值	平均值	标准差
国有企业	2014	0.078	2.979	1.366	0.670
	2015	0.431	2.737	1.334	0.606
	2016	-0.048	2.615	1.296	0.610
	2017	0.503	2.070	1.230	0.417
非国有企业	2014	0.141	9.918	1.989	1.510
	2015	0.142	9.299	1.805	1.299
	2016	0.514	7.380	1.825	1.170
	2017	0.473	8.933	1.631	0.968

表 5-6　国有企业及非国有企业 2014~2017 年综合绩效均值检验结果

产权类型	对比检验	$Y_{2015}-Y_{2014}$	$Y_{2016}-Y_{2015}$	$Y_{2017}-Y_{2016}$
国有企业	均值	-0.032 （0.381）	0.038 （-0.382）	0.066 （-0.921）
非国有企业	均值	-0.184^{**} （-2.105）	0.020 （0.143）	-0.194^{*} （-1.617）

**和*分别表示在 5%和 10%的水平上显著

注：括号内为 t 检验值

由表 5-5 可知，国有企业整体的经营绩效远远低于非国有企业。2014~2017 年国有企业的综合绩效得分基本稳定在 1.3 左右，且从 2014 年始至 2017 年一直处于缓慢下降状态，但均值变化均不显著。而非国有企业的综合绩效得分在 2014~2015 年显著下降后，在 2015~2016 年实现小幅度的提升，但不显著。2016 年发生并购重组后经营绩效出现 0.194 的下滑，且在 10%的水平上显著。由此可以认为，在 2016 年进行并购重组的全部上市公司样本中，国有企业整体实现了小幅度的绩效提升但不显著，其并购绩效基本为正，而非国有企业的并购绩效显著为负且绝对值较大。

2. 资本结构

首先列出全部样本各年资本结构的描述性统计表，见表 5-7。之后，对整体样本在 2014~2017 年的资产负债率平均值 L_i 差值进行显著性检验，结果见表 5-8。由统计结果可知，企业在 2015 年的资产负债率有很小幅度的下降但是不显著，随后从 2015 年开始逐年升高，2016 年整体负债率提高 2%，2017 年提高 1%，且均在 10%的水平上显著。可见企业在进行并购活动当年及并购后一年资产负债率都存在一定水平的显著上升，说明并购可能会给企业的资金流量带来一定的压力，使得企业的负债比例相对提高。

表 5-7　全部样本 2014~2017 年各年资本结构

年份	最小值	最大值	平均值	标准差
2014	0.016	0.929	0.371	0.206
2015	0.028	0.978	0.370	0.194
2016	0.052	0.925	0.390	0.189
2017	0.032	0.921	0.400	0.189

表 5-8　全部样本 2014~2017 年综合绩效均值检验结果

对比检验	$L_{2015}-L_{2014}$	$L_{2016}-L_{2015}$	$L_{2017}-L_{2016}$
均值	−0.001 （−0.082）	0.020* （1.911）	0.010* （1.852）

*表示在 10%的水平上显著

注：括号内为 t 检验值

为了考察国有企业和非国有企业 2014~2017 年资本结构的差距，将全部样本按照产权性质分类，对二者的资本结构进行描述性统计分析及配对样本 t 检验。结果见表 5-9 和表 5-10。

表 5-9　国有企业及非国有企业样本 2014~2017 年的资本结构

产权类型	年份	最小值	最大值	平均值	标准差
国有企业	2014	0.016	0.922	0.477	0.218
	2015	0.031	0.978	0.465	0.227
	2016	0.052	0.925	0.477	0.218
	2017	0.035	0.921	0.473	0.209
非国有企业	2014	0.035	0.929	0.342	0.194
	2015	0.028	0.830	0.345	0.177
	2016	0.057	0.836	0.366	0.174
	2017	0.032	0.861	0.381	0.180

表 5-10　国有企业及非国有企业 2014~2017 年资本结构均值检验结果

产权类型	对比检验	$L_{2015}-L_{2014}$	$L_{2016}-L_{2015}$	$L_{2017}-L_{2016}$
国有企业	均值	−0.012 (−0.541)	0.012 (0.678)	−0.004 (−0.682)
非国有企业	均值	0.003 (0.213)	0.021* (1.784)	0.015** (2.087)

**和*分别表示在 5%和 10%的水平上显著

注：括号内为 t 检验值

2014~2017 年研究样本中，国有企业的资产负债率基本处于平稳状态，在 2015 年及 2017 年分别有小幅度的下降但不显著。可见在 2015 年末提出的“去杠杆”目标的确对国有企业的负债率改善产生了一定程度的影响，使得降低杠杆率成为并购重组决策中考虑的目标之一，使得国有企业整体实现了“稳杠杆”。另外，其他非国有企业的资产负债率自 2014 年便开始不断上升，在 2016 年和 2017 年上升幅度较大且分别在 10%和 5%的水平上显著。可见“去杠杆”的政策目标没有能够在非国有企业的并购行为中发挥有效作用并改善非国有企业的负债率，且研究样本中的非国有企业整体负债率都在并购带来的资金压力下有所上升。

5.2.4　并购绩效与资本结构的回归分析

1. 相关性分析表

为了便于进行回归分析，首先需要对各个变量进行相关性检验，因为如果变量间存在较强的相关性，会出现多重共线性问题，影响回归结果的准确性和真实性，相关系数检验结果如表 5-11 所示。

表 5-11　Pearson 相关系数

Leverage	$Leverage^2$	Method	Property	Growth	Size	Cash	Trade_size	Ownership
1.000								
0.962**	1.000							
0.009	−0.001	1.000						
0.268**	0.297**	0.005	1.000					
0.037	0.006	−0.049	−0.034	1.000				
0.520**	0.515**	−0.057	0.459**	0.134	1.000			
−0.008	−0.064	−0.170*	−0.003	−0.144	0.058	1.000		
−0.010	0.068	0.342**	−0.015	−0.146	−0.206**	−0.092	1.000	
0.156*	0.171*	0.092	0.181*	0.007	0.088	0.001	0.318**	1.000

**和*分别表示在 5%和 10%的水平上显著

从表 5-11 可以看出，各个变量的 Pearson 相关系数的绝对值基本都小于 0.50，总体而言，所选取的变量之间相关系数较低，可以排除多重共线性的影响进行回归分析。

2. 多元回归结果分析

表 5-12 展示了多元线性回归的结果，其中模型（1）的回归结果显示支付方式与并购绩效之间呈现显著的正相关关系，说明股票支付下企业的并购绩效相对更高，这可能是由于相较于现金支付，股票支付方式下企业不需要为支付巨额现金而提高其债务比例，从而缓解了并购给企业带来的资金压力，因此短期内股票支付能够对企业的并购绩效产生正向影响。产权性质的系数为负且在 10%的水平上显著，说明非国有企业 2016 年的并购绩效相对较高，可见“去杠杆”政策对国有企业的重点关注成效还未显现，国有企业在这一政策的激励下其并购后资源整合效率相对非国有企业来说更低。模型（2）在模型（1）的基础上加入了资本结构及其平方项作为解释变量后，模型的显著性及调整后的 R^2 出现了较大水平的提升，结合回归结果可知，资本结构与并购绩效呈现显著的倒 U 形关系，说明当企业在其并购前资产负债率处于较低水平时进行并购活动，可以通过适当的负债来缓解资金压力，再加上负债所具有的税盾作用，此时，适当提高资产负债率，相应企业的并购绩效也会有所提升。当企业在进行并购重组活动前其资产负债率已经处于很高的水平时，并购重组无疑会给企业带来巨大的资金压力，且外界对于该企业的悲观预期也会使得企业的资本成本提高，加上高负债带来的破产成本，

此时再提高资产负债率只会导致企业的并购绩效下降。

表 5-12　多元线性回归结果

变量	MAPER 模型（1）		MAPER 模型（2）	
	系数	*t*	系数	*t*
（常量）	−2.688	−0.680	−5.501	1.401
Leverage	3.489***	4.015	12.458***	4.409
$Leverage^2$			−11.016***	−3.325
Method	0.728**	2.295	0.531*	1.694
Property	−0.722*	−1.794	−0.586	−1.493
Growth	−0.061	−0.254	−0.150	−0.639
Size	0.017	0.092	0.090	0.494
Cash	2.418	1.068	0.614	0.271
Trade_size	−0.047	−0.351	0.099	0.714
Ownership	0.007	0.518	0.005	0.477
F 值	3.644***		4.671***	
调整后的 R^2	0.112		0.164	

***、**和*分别表示在 1%、5%和 10%的水平上显著

5.3　去杠杆背景下资本结构对并购融资方式选择的影响研究

5.3.1　样本选择

本节以我国国有上市公司在 2009~2016 年发起的并购交易为研究样本。并购数据来自 CSMAR 中国上市公司并购重组数据库，财务数据来自 CSMAR 财务报表数据库、财务指标分析数据库。为消除异常值的影响，对相关变量进行了 1%缩尾处理。此外，还根据以下标准对并购样本进行了筛选：①剔除交易失败的并购事件。②剔除股份回购、资产剥离、债务重组及资产置换事件。③剔除交易总金额、融资方式等相关重要并购交易信息缺失的样本。④剔除重要公司财务指标缺失、异常的样本。⑤剔除交易金额在 5 000 万元以下的并购样本。⑥剔除金融类的并购公司。⑦剔除经过特殊处理（ST）的并购公司。⑧若一家国有企业在一年内公布多笔并购交易，选取该企业当年公布的交易额最大的并购交易；若一家国有企业在同一天公布多笔同一并购标的的并购交易，将它们合并成一起并购事件。

根据上述标准，最终得到 237 笔并购交易数据，其中股权融资 193 笔，债务融资 44 笔。

5.3.2　模型构建与研究假设

1. 目标资本结构估计模型

根据资本结构的权衡理论，在理想的资本市场中，企业存在最优资本结构，并将一直维持这一目标水平。然而，在实践经验中，由于各种调整成本的存在，我们显然难以直接观测目标资本结构这一理想杠杆水平，因此将对目标资本结构进行估计，估计模型的搭建和变量的选择则参考以往研究经验，选取了影响目标资本结构的六个关键因素，并将模型的拟合值作为目标资本结构。

$$\begin{aligned}\text{Lev}_{it}^{*} = \beta_0 + \beta_1\text{Size}_{i,t-1} + \beta_2\text{ROA}_{i,t-1} + \beta_3\text{Tan}_{i,t-1} \\ +\beta_4\text{Gro}_{i,t-1} + \beta_5\text{Uni}_{i,t-1} + \beta_6\text{OCF}_{i,t-1} + \varepsilon\end{aligned} \tag{5-3}$$

其中，Lev^{*}代表企业目标资本结构，通过对国内外大量针对资本结构影响因素文献的分析，我们选取企业规模、营利能力、资产有形性、独特性、成长性、产生内部资源能力这 6 个影响因素对应的财务指标作为解释变量来估计企业的目标资本结构。

2. 资本结构动态调整模型

基于权衡理论，企业的资本结构在完美的资本市场中始终保持目标水平。然而，结合我国特殊的制度环境，企业受调整成本影响，不能及时地将资本结构调至目标水平，只能对其资本结构进行局部调整。运用局部调整模型，对主并方资本结构动态调整的平均速度 λ 进行估计，考察其动态调整行为。

$$\text{Lev}_{it} - \text{Lev}_{i,t-1} = \lambda\left(\text{Lev}_{it}^{*} - \text{Lev}_{i,t-1}\right) + \varepsilon_{it} \tag{5-4}$$

在式（5-4）中，若 $\lambda=1$，则企业的杠杆率一直保持目标水平；若 $\lambda=0$，则企业杠杆率不发生调整；若 $0<|\lambda|<1$，则企业进行了部分调整；若$|\lambda|>1$，则企业调整过度；若 $\lambda>0$，则企业向着目标资本结构方向调整；若 $\lambda<0$，则企业向着目标资本结构反向调整。只有当 $0<\lambda<1$ 且 λ 显著时，该模型才成立。

3. 并购融资方式选择模型

借鉴 Hovakimian 等（2001）、李井林（2017）的“负债–权益选择模型”，设计了“并购融资方式选择模型”，进行 Logit 回归分析，以检验主并方在并购融资方式选择时是否受目标资本结构的影响，是否会通过融资方式的选择来使实际资本结构向其目标值趋近。

$$\mathrm{Ln}\frac{p(\mathrm{Finance}=1)}{1-p(\mathrm{Finance}=1)}=\beta_0+\beta_1\left(\mathrm{Lev}_{it}^{*}-\mathrm{Lev}_{i,t-1}\right)+\beta_i\mathrm{Control}_{i,t-1}+\varepsilon_{it} \quad (5\text{-}5)$$

其中，用 $\mathrm{Lev}_{it}^{*}-\mathrm{Lev}_{i,t-1}$，代表的杠杆偏离度来检验并购融资方式选择的资本结构动态调整效应；Control 表示控制变量，包括影响并购融资决策的企业特征因素企业规模、营利能力、成长性、独特性、产生内部资源能力，以及企业内部治理因素资产有形性、所得税率、股权集中度。

4. 研究假设

根据动态权衡理论，由于外部环境不断变化，且金融市场的不完备性，企业调整资本结构存在调整成本，因此最优杠杆水平在企业是存在的，但某些力量的作用或目标的变化可能使企业实际资本结构偏离最优水平。Fischer、Leary、Lee 等学者基于此进行了实证研究，他们发现，资本结构受调整成本制约，在一定范围内变动，偏离其目标值较大时会进行局部调整，调整的幅度和速度取决于调整成本大小。同时，根据已有文献对目标资本结构与融资方式的分析，企业会利用融资方式来调整自身资本结构，因此提出如下两个假设：

假设 5-1：国有上市公司存在资本结构动态调整的现象，会以一定的速度由实际资本结构向目标资本结构调整。

假设 5-2：国有上市公司融资行为选择受目标资本结构的影响，企业的融资选择存在着使实际资本结构向目标资本结构靠近的趋势。

5.3.3 变量定义

表 5-13 为本节所使用的变量名称、变量描述及其度量方法。

表 5-13 变量选择及度量方法表

变量名称	变量描述	度量方法
Finance	并购融资方式	股权融资方式为 1，债务融资方式为 0
Lev	实际资本结构	总负债/总资产
Lev*	目标资本结构	由资本结构影响因素回归估计得到
Size	企业规模	总资产的对数
ROA	营利能力	净利润/总资产

续表

变量名称	变量描述	度量方法
Tan	资产有形性	（固定资产+存货）/总资产
Gro	成长性	（营业收入本年金额−营业收入上年金额）/营业收入上年金额
Uni	独特性	销售费用/营业收入
OCF	产生内部资源能力	经营活动产生的现金流量/总资产
Tax	所得税率	所得税率/利润总额
TOP10	股权集中度	前十大股东持股数/总股本

5.3.4　实证结果与分析

1. 目标资本结构估计模型回归结果分析

（1）描述性统计。

表 5-14 显示了目标资本结构估计模型中变量的描述性统计结果，样本企业的平均杠杆水平为 54.09%，中位数为 57.12%。近年来，我国国有企业总体杠杆率为 50%~70%。由此说明，样本数据具有代表性。样本企业资本结构的最小值 5.58%与最大值 95.58%差距较大，部分企业杠杆率过高，说明“去杠杆”十分必要。

表5-14　描述性统计

变量	样本数	最小值	最大值	平均值	中位数	标准差
Lev	237	0.055 8	0.955 8	0.540 9	0.571 2	0.195 9
Size	237	19.837 7	27.001 0	22.772 5	22.594 0	1.301 3
ROA	237	−0.066 3	0.202 0	0.043 0	0.033 8	0.040 6
Tan	237	0.005 2	0.907 5	0.415 2	0.399 4	0.197 6
Gro	237	−0.758 9	10.053 9	0.225 2	0.098 7	0.811 0
Uni	237	0.000 0	0.545 4	0.054 4	0.028 9	0.076 1
OCF	237	−0.196 2	0.430 0	0.052 7	0.044 5	0.084 1

（2）全样本回归分析。

全样本的公司目标资本结构估计的回归结果如表 5-15 所示。

表5-15　全样本回归结果

变量	系数	VIF
（常量）	-0.658^{***}（−3.63）	
Size	0.053^{***}（6.54）	1.097
ROA	-1.762^{***}（−6.46）	1.216

续表

变量	系数	VIF
Tan	0.166***（2.96）	1.214
Gro	0.023**（1.86）	1.006
Uni	0.030（−0.22）	1.061
OCF	−0.990（−0.78）	1.131
D-W 统计量	2.246	
F 值	25.156***	
调整后的 R^2	0.380	

***、**表示在 1%、5%的水平上显著

注：括号内为 t 值

由表 5-15 可知，模型通过了 F 检验，适用于分析各解释变量对资本结构的影响；模型调整后 R^2 为 0.380，模型的拟合度在可接受的范围内。各变量的 VIF 值最大为 1.216，远小于 10，变量间没有多重共线性问题；D-W 统计量为 2.246，接近 2，解释变量没有自相关问题。企业规模（Size）的系数为正，且在 1%的水平上显著，说明大型企业信息透明度高，抗风险能力强，更容易获得债务融资，资本结构的目标水平高；资产有形性（Tan）的系数为正，且在 1%的水平上显著，说明有形资产变现能力强，比重越大，偿债能力越强，目标资本结构越高；成长性（Gro）的系数为正，且在 5%的水平上显著，说明高成长性的企业向市场传递积极信号，更容易获得债务融资，因此公司成长性与目标资本结构正相关；营利能力（ROA）的系数为负，且在 1%的水平上显著，说明营利能力高的公司内部资金充足，对外部融资的依赖程度较小，目标资本结构水平较低；企业独特性（Uni）与产生内部资源能力（OCF）对资本结构的影响不显著。根据上述回归结果，我们可以得到样本公司目标资本结构的估计模型：

$$\text{Lev}_{it}^{*} = -0.658 + 0.053\text{Size}_{i,t-1} - 1.762\text{ROA}_{i,t-1} + 0.166\text{Tan}_{i,t-1} + 0.023\text{Gro}_{i,t-1}$$

（3）分行业样本比较分析。

由于主并方的公司规模、营利能力、成长性等因素均存在行业差异性特征。不同行业企业采取不同的生产技术，提供不同的产品和服务，这些都会影响到企业的杠杆率，使得各个行业目标杠杆水平存在差异，表 5-16 展示了重点行业资本结构的情况。

表5-16　重点行业资本结构情况

行业代码	行业	样本数目	目标资本结构均值	实际资本结构均值	杠杆偏离度
B	采矿业	10	49.11%	46.95%	2.16%
C	制造业	104	54.85%	53.44%	1.41%

续表

行业代码	行业	样本数目	目标资本结构均值	实际资本结构均值	杠杆偏离度
D	电力、热力、燃气及水生产和供应业	17	62.20%	65.09%	−2.89%
E	建筑业	7	53.07%	61.97%	−8.90%
F	批发和零售业	18	52.30%	57.16%	−4.86%
K	房地产业	30	63.79%	69.23%	−5.44%

从表 5-16 可以看出，杠杆偏离最大的行业是建筑业，偏离 8.90%，然后依次是房地产业，批发和零售业，电力、热力、燃气及水生产和供应业，采矿业，制造业，各个主并企业的资本结构具有典型的行业特征。若能正确分析国有企业目标资本结构的行业特征，将有助于企业管理者对自身目标资本结构与行业内其他企业进行比较分析，从而进一步构建更加适当的资本结构，提升并购后的企业价值。

2. 局部调整模型回归结果分析

表 5-17 列示了局部调整模型的回归结果：模型通过了 F 检验，适用于分析资本结构的局部调整现象；模型调整后 R^2 为 0.307，模型的拟合度在可接受的范围内。$\text{Lev}_{it}^* - \text{Lev}_{i,t-1}$ 的回归系数为 0.500，显著性水平为 1%，表明企业的资本结构会以约为 0.500 的速度向目标杠杆水平调整，支持了假设 5-1。

表 5-17　局部调整模型回归结果

变量	（常量）	$\text{Lev}_{it}^* - \text{Lev}_{i,t-1}$	F 值	$\text{Adj}R^2$
系数	0.010* （1.158）	0.500*** （10.272）	105.513***	0.307

***、*分别表示在 1%、10%的水平上显著

注：括号内为 t 值

3. 并购融资方式选择模型回归结果分析

全样本的 Logit 回归结果如表 5-18 所示。回归结果表明，国有企业在进行并购融资决策的时候具有资本结构的目标调整行为。具体如下：在控制了其他影响并购融资方式选择的因素后，国有企业的杠杆偏离度 $\text{Lev}_{it}^* - \text{Lev}_{i,t-1}$ 系数为负，且在 5%水平上显著。说明目标资本结构会显著影响国有企业并购融资方式的选择，杠杆偏离度 $\text{Lev}_{it}^* - \text{Lev}_{i,t-1}$ 越大，采取股权融资进行并购的概率就越小，也就是说，比起杠杆不足的国有企业，过度杠杆的国有企业更愿意选择股权融资方式，支持了假设 5-2。

表5-18　全样本Logit回归结果

变量	系数
$Lev_{it}^{*} - Lev_{i,t-1}$	−1.949**
Size	−0.015*
ROA	−2.564
Tan	1.625**
Gro	−0.038
Uni	2.460
OCF	2.849
Tax	−0.016
TOP10	0.002
常量	1.005**

**、*分别表示在5%、10%的水平上显著

从表5-18中选取的控制变量来看，企业规模的系数为负，且在10%的水平上显著，说明在并购交易中，主并方规模对选择股权融资方式的概率有负向影响；资产有形性的系数为正，且在5%水平上显著，说明资产有形性对选择股权融资方式的概率有正向影响；公司特征因素营利能力、成长性、独特性、产生内部资源能力，以及公司内部治理因素所得税率、股权集中度，与并购融资方式选择没有显著性关系。

5.4　去杠杆背景下资本结构对并购支付方式选择的影响研究

5.4.1　样本选择

为估计目标资本结构，本节选取2005~2016年中国沪深两市A股上市公司的财务数据为初始样本，并按照以下标准进行筛选：①剔除资产报酬率为负值的样本；②剔除数据缺失的样本；③剔除有ST或PT标记的样本。根据上述要求，共计筛选得到23 045个观测值。

为验证资本结构对并购支付方式的影响，以并购事件首次披露于相关监管机构所处年份作为并购当年，根据研究需要，通过筛选得到并购样本。

为了科学研究，根据以下标准对原始样本进行筛选：①2005年1月1日至2016年12月31日沪深两市A股市场的上市公司。②要求交易地位为买方，并购交易金

额大于等于 5 000 万元。③金融类公司具有行业特异性，其财务特征可能显著区别于其他行业，故剔除。④剔除有 ST 或 ST*标记的公司。⑤剔除其他变量有缺失值的样本。⑥只保留在并购行为发生年度前 2 年已经上市的企业。⑦保留并购支付方式为现金支付、股票支付和二者混合支付的样本，剔除其余支付方式样本。⑧剔除资产利润率为负的样本。

经过以上筛选，最终获得 2005~2016 年共计 4 429 个观测值。

5.4.2　研究假设与模型设计

1. 研究假设

根据博弈理论、优序融资理论、市场择时理论及产权属性理论，提出以下 4 个假设。

假设 5-3：在控制其他因素的前提下，并购企业在现金支付和现金-股票混合支付的选择上受到并购前杠杆赤字的影响，且杠杆赤字与现金支付的使用负相关。

假设 5-4：将资本市场区分低迷期和高涨期，杠杆赤字对并购支付方式的调节作用在不同时期表现不同，在高涨期时调节作用更加显著，且与全部或部分股票支付正相关。

假设 5-5：产权属性对企业并购支付方式的选择具有调节作用，在企业资本结构正向偏离目标资本结构的情况下，相对于非国有企业，国有企业更倾向于选择现金支付方式。

假设 5-6：相对于市场低迷期，股市高涨期对国有企业并购支付方式的选择具有调节作用。

2. 目标资本结构估计

与 5.3 节目标资本结构估计方法类似，本节选取了 7 个指标构建目标资本结构估计模型，具体所选衡量指标如表 5-19 所示。

表 5-19　目标资本结构估计指标选取与说明

变量符号	变量名称	变量说明
Profitar	资产报酬率	利润总额/资产总额
Lnsale	销售规模	营业总收入的自然对数
Fixedar	固定资产比例	固定资产/资产总额
Marketb	成长和投资能力	TQ

续表

变量符号	变量名称	变量说明
Salefeesr	企业独特性	销售费用/营业总收入
Intgb	无形资产比例	无形资产/资产总额
Industry	行业虚拟变量	—

之后，建立多元线性回归模型，对目标资本结构进行拟合估计，模型的设计如式（5-6）所示：

$$\begin{aligned}\text{Aar}_{it} &= \beta_0 + \beta_1\text{Profitar}_{i,t+1} + \beta_2\text{Lnsale}_{i,t-1} + \beta_3\text{Fixedar}_{i,t-1} + \beta_4\text{Marketb}_{i,t-1} \\ &\quad + \beta_5\text{Salefeesr}_{i,t-1} + \beta_6\text{Intgb}_{i,t-1} + \beta\sum\text{Industry}_{i,t-1} + \varepsilon_{it}\end{aligned} \tag{5-6}$$

其中，在计算企业实际资本结构时选用资产负债率这一指标，计算方法为企业负债总额除以负债和权益之和，以 Aar1 表示。同时，在对实证结果进行稳健性检验时，以企业的负债权益比率表示实际资本结构，负债权益比率等于企业的负债总额除以权益市场价值，以 Aar2 表示。

企业实际资本结构偏离目标资本结构的程度定义为杠杆赤字，用 Leveraged 表示，另外 Pleveraged 表示资本结构的正向偏离。其中目标资本结构即式（5-6）的拟合值，用公式表示杠杆赤字如下：

杠杆赤字（Leveraged）=实际资本结构（Lev）−目标资本结构（Aar）

借鉴 Harford 等（2009）的分年度回归法，对每一年的目标资本结构进行估计，并控制行业效应，其估计结果如表 5-20 所示。鉴于年份较长，只报告了各个变量的系数估计值，为了综合检验变量的系数是否显著异于零，对每年的系数估计值取绝对值，并组成时间序列做了原假设为零的 t 检验，发现每一个变量系数的平均值强烈的拒绝原假设，这表明选取的变量均对目标资本结构有显著影响。

表 5-20　目标资本结构估计结果

年份	Profitar	Lnsale	Fixedar	Marketb	Salefeesr	Intgb	调整后的 R^2	F 值	P 值
2006	−0.084 41	0.001 171	−0.035 740	−0.067 63	−0.078 93	0.082 655	0.093 5	6.12	0.000 0
2007	−0.178 22	0.016 500	−0.070 140	−0.047 39	0.111 35	0.169 348	0.128 5	8.67	0.000 0
2008	−0.488 62	0.019 109	0.021 741	−0.017 06	−0.127 04	0.225 315	0.167 3	12.86	0.000 0
2009	−0.527 35	0.022 135	0.065 838	−0.023 08	−0.163 61	0.219 604	0.161 1	13.22	0.000 0
2010	−0.899 99	0.028 000	0.079 573	−0.019 95	−0.131 83	0.252 294	0.270 5	25.94	0.000 0
2011	−0.308 71	0.042 366	0.230 058	−0.019 66	−0.234 53	0.428 972	0.340 4	43.55	0.000 0
2012	−0.572 11	0.055 966	0.219 707	−0.010 64	−0.193 00	0.250 770	0.368 9	55.68	0.000 0
2013	−0.775 24	0.060 341	0.129 671	−0.016 46	−0.249 07	0.211 778	0.421 2	71.57	0.000 0
2014	−0.456 82	0.053 068	0.045 210	−0.020 83	−0.273 66	0.177 491	0.389 2	59.50	0.000 0

续表

年份	Profitar	Lnsale	Fixedar	Marketb	Salefeesr	Intgb	调整后的 R^2	F 值	P 值
2015	−0.477 28	0.048 577	0.056 785	−0.018 71	−0.269 13	0.185 531	0.390 8	62.12	0.000 0
平均（绝对值）	0.476 875	0.034 723	0.095 446	0.026 141	0.183 215	0.220 376			
t	6.091***	5.491***	4.069***	4.718***	8.207***	7.892***			
P 值	0.000 2	0.000 4	0.002 8	0.001 1	0.000 0	0.000 0			

其中，Fixedar 的系数在 2006~2007 年为负，其余年度为正，说明固定资产可能从流动性和抵押价值两方面对资本结构产生相反的影响，分别印证了 Titman 和 Wessels（1988）与 Harford 等（2009）的观点。

3. 并购支付方式选择模型

企业在选择并购支付方式时受到多种因素的影响，如资本结构、股价水平、营利能力、资产规模、产权性质等。参考赵息和孙世攀（2015）、赵子坤（2017）对并购支付方式选择影响指标的选取，为验证提出的四项假设，分别设计多项 Logit 回归模型。

多项 Logit 模型用于分类反应变量的类别为三分类及以上，并且它对分类反应变量的类别并无次序关系的要求，不需要自变量服从多元正态分布的假设。由于反应变量支付方式存在三个类别，因此应存在两个 Logit 函数，即存在两个对数发生比。

根据样本筛选规则，每一个企业在选择支付方式时都面临三种选择：现金支付、股票支付、现金-股票混合支付。我们将三种支付方式定义为 0、1、2 三种方案，分别对应现金支付、股票支付、现金-股票混合支付，并选择 0 方案作为参照方案。多项 Logit 模型的似然函数建立方法与二值选择模型一致。多项 Logit 模型具体表达式为

$$P_{it}=\frac{\exp\left(\lambda y_{it}\right)}{\sum_{0}^{2}\exp\left(\lambda y_{jt}\right)}$$

其中，P_{it} 为企业 t 选择第 i 种支付方式的概率。通行的做法赋予 $\lambda=1$，y_{it} 是并购支付方式的线性函数，具体表达式见式（5-7）~式（5-9），变量定义如表 5-21 所示。

$$\begin{aligned}\text{Pay}_{it} =& \alpha_0 + \alpha_1\text{Leveraged}_{i,t-1} + \alpha_2\text{Yeard}_{it} + \alpha_3\text{Leveraged}_{i,t-1}\times\text{Yeard}_{it}\\ &+\alpha_4\text{Marketb}_{i,t-1} + \alpha_5\text{Cashar}_{i,t-1} + \alpha_6\text{Aar}_{i,t-1} + \alpha_7\text{Profitar}_{i,t-1}\\ &+\alpha_8\text{Lnsale}_{i,t-1} + \alpha_9\text{Fixedar}_{i,t-1} + \alpha_{10}\text{Salefeesr}_{i,t-1} + \alpha_{11}\text{Intgb}_{i,t-1}\\ &+\alpha_{12}\text{Lnasset}_{i,t-1} + a\sum\text{Industry}_{it} + \varepsilon_{it}\end{aligned} \tag{5-7}$$

$$\begin{aligned}\text{Pay}_{it} =& \alpha_0 + \alpha_1\text{PLeveraged}_{i,t-1} + \alpha_2\text{Control}_{it} + \alpha_3\text{PLeveraged}_{i,t-1}\\ &\times\text{Control}_{it} + \alpha_4\text{Marketb}_{i,t-1} + \alpha_5\text{Cashar}_{i,t-1} + \alpha_6\text{Aar}_{i,t-1}\\ &+\alpha_7\text{Profitar}_{i,t-1} + \alpha_8\text{Lnsale}_{i,t-1} + \alpha_9\text{Fixedar}_{i,t-1} + \alpha_{10}\text{Salefeesr}_{i,t-1}\\ &+\alpha_{11}\text{Intgb}_{i,t-1} + \alpha_{12}\text{Lnasset}_{i,t-1} + a\sum\text{Industry}_{it} + \varepsilon_{it}\end{aligned} \tag{5-8}$$

$$\begin{aligned}\text{Pay}_{it} =& \alpha_0 + \alpha_1\text{Yeared}_{i,t} + \alpha_2\text{Control}_{it} + \alpha_3\text{Yeared}_{i,t}\times\text{Control}_{it}\\ &+\alpha_4\text{Marketb}_{i,t-1} + \alpha_5\text{Cashar}_{i,t-1} + \alpha_6\text{Aar}_{i,t-1} + \alpha_7\text{Profitar}_{i,t-1}\\ &+\alpha_8\text{Lnsale}_{i,t-1} + \alpha_9\text{Fixedar}_{i,t-1} + \alpha_{10}\text{Salefeesr}_{i,t-1} + \alpha_{11}\text{Intgb}_{i,t-1}\\ &+\alpha_{12}\text{Lnasset}_{i,t-1} + a\sum\text{Industry}_{it} + \varepsilon_{it}\end{aligned} \tag{5-9}$$

表 5-21　并购支付方式选择模型变量说明

变量符号	变量名称	变量说明
Pay	并购方式	0=现金支付，1=股票支付，2=混合支付
Aar1	实际资本结构 1	负债/资产
Aar2	实际资本结构 2	负债/权益市场价值
Leveraged1	杠杆赤字 1	实际资本结构 1 与目标资本结构的差值
Leveraged2	杠杆赤字 2	实际资本结构 2 与目标资本结构的差值
PLeveraged1	正向偏离度 1	实际资本结构高于目标资本结构的差值
PLeveraged2	正向偏离度 2	
Lnasset	资产规模	企业总资产的自然对数
Cashar	货币资金比重	货币资金/总资产
Yeard	股票高涨期	1=2006/2007/2014/2015，0=其他年份
Control	产权属性	1=国有企业，0=非国有企业

其中，Yeard 为年度虚拟变量，设置该变量的目的在于区分股票市场的高涨期和低迷期。根据对国泰安数据库上证 A 股指数的监测，图 5-1 中直观地反映出我国股票市场 2002~2017 年的行情波动。2005 年由于股权分置改革的实施，股票市场受到激励，从 6 月底的最低位 1 047.65 逐渐回暖，但 2005 年改革伊始，资本市场更倾向于保守观望的态度，从 2006 年开始至 2007 年，一路高涨到 2007 年 10 月的 6 429.68 点历史高位，日均成交量持续放大，因此我们将 2006~2007 年定位为股票市场的第一个高涨期。随后，受到美国次贷危机和汶川大地震的冲击，2008 年股价一路下跌，资本市场再次进入低迷期，2009 年在政府“4 万

亿”和宽松货币政策的刺激下，股市虽有回升，但市场疲软，该年度更多被视作重创后的修复期。股票市场的第二个高涨期处于 2014~2015 年，日均成交量急剧增加，上证 A 股指数迅速上涨到 5 178 点的高位，但未能突破历史最高点。此后，我国资本市场受到全球经济形势恶化的影响，再次进入低迷期。根据以上分析，将 2006~2007 年、2014~2015 年四个年度设置为股票市场的高涨期，设置 $Yeard_{it}$ 和 $Leveraged_{i,t-1} \times Yeard_{it}$ 检验杠杆赤字在不同时期对支付方式选择的影响，另设置 $Control_{it} \times Yeard_{it}$ 检验产权性质在资本市场高涨期对并购方式的调节作用。其中，Control 为产权性质虚拟变量，当上市公司的实际控制人为中央或地方政府时，Control 值为 1，否则为 0。

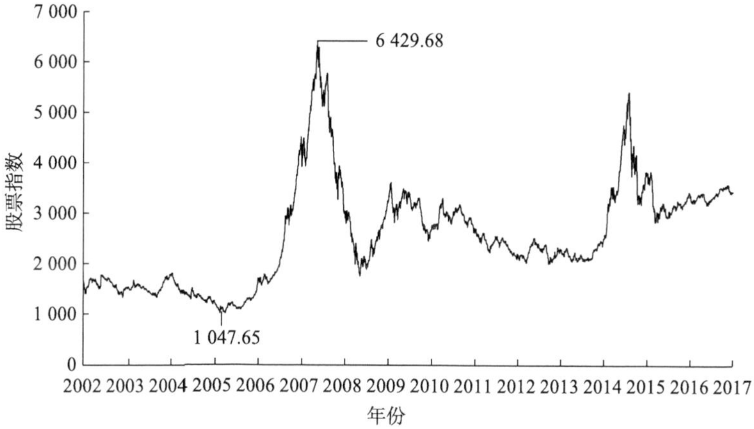

图 5-1　上证 A 股指数走势图（2002~2017 年）

5.4.3　描述性统计分析

表 5-22 为 2005~2016 年根据设定筛选条件筛选得出的并购企业 4 429 个全样本变量的描述性统计分析表。

表 5-22　全样本描述性统计分析表

变量	平均值	中位数	标准差	最小值	最大值
Leveraged1	0.012	0.012	0.153	−0.477	0.933
Leveraged2	0.026	−0.224	1.359	3.648	11.710
Yeard	0.365	0.000	0.481	0.000	1.000
Lnsale	21.588	21.474	1.420	17.39	25.250
Lnasset	22.318	22.167	1.261	19.17	25.715
Profitar	0.064	0.054	0.043	0.000 2	0.232

续表

变量	平均值	中位数	标准差	最小值	最大值
Aar1	0.491	0.499	0.201	0.046 7	1.082
Aar2	1.579	1.068	1.652	−1.327	10.780
Cashar	0.164	0.137	0.112	0.008	0.720
Market	2.139	1.545	2.010	0.216	12.391
Fixedar	0.229	0.194	0.180	0.002	0.747
Salefeesr	0.060	0.037	0.070	0.000	0.407
Intgb	0.050	0.033	0.060	0.000	0.326
Pleveraged1	0.122	0.010	0.102	0.000	0.933
Pleveraged2	1.153	0.656	1.525	0.000	11.707
Control	0.446	0.000	0.497	0.000	1.000

根据表 5-22，Leveraged1 的平均值为 0.012，与中位数吻合，同时标准差为 0.153，相对较大，最小值为−0.477，最大值为 0.933，差异较大，表明全样本中并购企业间杠杆赤字差异较大，但整体处于较低水平。同时，Leveraged2 的平均值为 0.026，与 Leveraged1 的平均值差异不大，但是 Leveraged2 中位数为−0.224，远低于平均值水平，说明大部分并购样本企业存在杠杆不足，同时标准差 1.359 也说明杠杆不足企业与杠杆赤字企业之间的杠杆偏离度差异较为明显。

表 5-23 为选择现金支付的并购样本变量描述性统计分析表。根据表 5-23 的结果，Leveraged1 的平均值为 0.020，中位数为 0.013，从平均意义来看，理论上选择现金支付的企业杠杆不足的现象并没有出现。但 Leveraged2 中位数为负值，且标准差 1.334 较大，也从一定程度上说明理论上的杠杆不足仍然存在，但由于企业间杠杆水平差异较大，杠杆不足在平均意义上显现不出。现金支付样本的描述性分析结果与全样本相似，也在一定程度上体现了现金支付在全样本中的影响程度较大。

表 5-23　现金支付样本描述性统计分析表

变量	平均值	中位数	标准差	最小值	最大值
Leveraged1	0.020	0.013	0.149	−0.477	0.933
Leveraged2	0.007	−0.240	1.334	−3.648	11.014
Yeard	0.332	0.000	0.471	0.000	1.000
Lnsale	21.712	21.600	1.377	17.393	25.250
Lnasset	22.431	22.270	1.247	19.167	25.715
Profitar	0.064	0.055	0.042	0.000 2	0.232
Aar1	0.504	0.517	0.195	0.047	1.082

续表

变量	平均值	中位数	标准差	最小值	最大值
Aar2	1.648	1.166	1.641	−1.327	10.780
Cashar	0.162	0.135	0.110	0.008	0.720
Marketb	1.922	1.401	1.797	0.216	12.391
Fixedar	0.233	0.196	0.183	0.002	0.747
Salefeesr	0.060	0.036	0.071	0.000	0.407
Intgb	0.050	0.033	0.059	0.000	0.326
Pleveraged1	0.118	0.099	0.094	0.000 3	0.933
Pleveraged2	1.141	0.660	1.464	0.002	11.014
Control	0.465	0.000	0.499	0.000	1.000

表 5-24 为选择股票支付的并购样本变量描述性统计分析表。根据表 5-24 的结果，股票支付样本的 Leveraged1 平均值为 0.040，中位数为 0.032，均明显高于全样本和现金支付样本 Leveraged1 的相应值，说明股票支付企业的杠杆赤字水平较高。但是 Leveraged2 的中位数出现负值，说明仍有一半以上的企业存在某种程度上的杠杆不足，选择股票支付可能受到其他因素的影响。

表 5-24　股票支付样本描述性统计分析表

变量	平均值	中位数	标准差	最小值	最大值
Leveraged1	0.040	0.032	0.183	−0.431	0.915
Leveraged2	0.274	−0.098	1.74	−3.477	11.707
Yeard	0.381	0.000	0.486	0.000	1.000
Lnsale	21.306	21.264	1.693	17.393	25.25
Lnasset	22.004	21.896	1.392	19.167	25.715
Profitar	0.067	0.053	0.052	0.001	0.232
Aar1	0.500	0.51	0.217	0.047	1.082
Aar2	1.680	1.126	1.939	−1.327	10.78
Cashar	0.167	0.14	0.121	0.008	0.72
Marketb	2.653	1.738	2.618	0.216	12.391
Fixedar	0.243	0.212	0.186	0.002	0.747
Salefeesr	0.052	0.035	0.06	0.000	0.407
Intgb	0.054	0.033	0.069	0.000	0.326
Pleveraged1	0.154	0.117	0.146	0.000	0.915
Pleveraged2	1.461	0.837	1.976	0.000	11.707
Control	0.512	1.000	0.500	0.000	1.000

表 5-25 为选择现金-股票混合支付的并购样本变量描述性统计分析表。根据表 5-25 的结果，现金-股票混合支付 Leveraged1 和 Leveraged2 的平均值、中位数均为负值，表明现金-股票混合支付企业存在着显著的杠杆不足。

表 5-25　现金-股票混合支付样本描述性统计分析表

变量	平均值	中位数	标准差	最小值	最大值
Leveraged1	−0.013	−0.014	0.143	−0.442	0.417
Leveraged2	−0.147	−0.202	0.819	−2.592	5.293
Yeard	0.613	1.000	0.488	0.000	1.000
Lnsale	20.919	20.745	1.128	18.078	25.051
Lnasset	21.781	21.661	0.959	19.167	25.679
Profitar	0.055	0.049	0.038	0.001	0.232
Aar1	0.369	0.356	0.183	0.054	0.943
Aar2	0.879	0.569	1.091	0.057	10.780
Cashar	0.181	0.151	0.121	0.010	0.720
Marketb	3.282	2.758	2.27	0.219	12.391
Fixedar	0.180	0.148	0.145	0.002	0.747
Salefeesr	0.070	0.050	0.071	0.000	0.407
Intgb	0.048	0.035	0.052	0.000	0.326
Pleveraged1	0.111	0.085	0.086	0.004	0.417
Pleveraged2	0.640	0.345	0.903	0.001	5.293
Control	0.202	0.000	0.402	0.000	1.000

考察企业的营利能力发现，全样本的 Profitar 平均值为 0.064，现金支付样本的平均值为 0.064，股票支付的平均值为 0.067，现金-股票混合支付样本的平均值为 0.055，表明股票支付企业在营利能力方面优于现金支付和现金-股票混合支付企业。

考察企业的负债水平 Aar 发现，现金-股票混合支付企业的负债水平低于现金支付和股票支付企业的负债水平。

表 5-26 为各解释变量间的相关系数表。根据相关性统计分析的结果，Leveraged1 和 Leveraged2 相关系数为 0.671，在 1%的显著水平上高度正相关，说明 Leveraged2 是较好的稳健性检验替代变量。

通常认为，相关系数的绝对值小于 0.5 时，变量间则不存在多重共线性问题，在此情况下进行多元回归分析是允许的。根据表中分析结果，除 Leveraged1、Leveraged2、PLeveraged1、PLeveraged2、Aar1、Aar2 外，选取的各变量之间的相关系数绝对值总体低于 0.5，符合要求，能够进行接下来的回归分析。

表 5-26　相关性分析表

变量	Leveraged1	Leveraged2	Yeard	Lnsale	Lnasset	Profitar	Aar1	Aar2	Cashar	Marketb	Fixedar	Salefeesr	Intgb	Pleveraged1	Pleveraged2	Control
Leveraged1	1															
Leveraged2	0.671***	1														
Yeard	−0.044***	−0.023	1													
Lnsale	0.043**	0.054***	−0.068***	1												
Lnasset	0.049***	0.092***	−0.047***	0.861***	1											
Profitar	−0.068***	−0.077***	−0.032**	0.040***	−0.068***	1										
Aar1	0.753***	0.526***	−0.089***	0.405***	0.421***	−0.220***	1									
Aar2	0.552***	0.842***	−0.065***	0.335***	0.396***	−0.226***	0.772***	1								
Cashar	−0.209***	−0.102***	−0.042***	−0.086***	−0.154***	0.129***	−0.317***	−0.199***	1							
Marketb	−0.096***	−0.061***	0.223***	−0.443***	−0.490***	0.351***	−0.469***	−0.352***	0.239***	1						
Fixedar	−0.023	−0.005	−0.020	0.101***	0.036**	0.036**	0.043***	−0.021	−0.310***	−0.121***	1					
Salefeesr	−0.032*	−0.033*	0.028*	−0.179***	−0.197***	0.113***	−0.276***	−0.207***	0.180***	0.244***	−0.111***	1				
Intgb	−0.076***	−0.061***	−0.021	−0.075***	−0.085***	0.065***	−0.096***	−0.113***	−0.103***	0.053***	0.097***	0.028*	1			
Pleveraged1	1	0.519***	−0.038	−0.182***	−0.149***	0.038	0.505***	0.313***	−0.098***	0.089***	0.021	−0.002	0.022	1		
Pleveraged2	0.554***	1	−0.034	0.115***	0.175***	−0.177***	0.531***	0.874***	−0.115***	−0.164***	−0.001	−0.130***	−0.079***	0.569***	1	
Control	−0.014	0.004	−0.101***	0.302***	0.299***	−0.050***	0.228***	0.186***	−0.090***	−0.266***	0.233***	−0.208***	0.033**	−0.023	0.082***	1

***、**和*分别表示在 1%、5%和 10%的水平上显著

5.4.4 多元 Logit 回归分析

通过多项 Logit 回归分析对前文提出的假设进行更深入的检验。其中，被解释变量 Pay 为支付方式的分类变量，将现金支付方式定义为 0，股票支付方式定义为 1，现金-股票混合支付方式定义为 2，并选择现金支付作为参照。表 5-27 为式（5-7）的回归结果。观察表 5-27 中回归方程（1）~（6）的整体拟合效果，似然比指数和麦克法登可决系数均较高，LR 统计值都在 1%水平上显著，表明模型拟合效果较好，通过检验。

表 5-27　式（5-7）的估计和检验结果

变量	（1）	（2）	（3）	（4）	（5）	（6）
	1	2	1	2	1	2
L.Leveraged1	0.693 （2.219）	11.588*** （2.161）			−0.072 （2.305）	10.613*** （2.400）
Yeard			0.093 （0.259）	1.142*** （0.246）	0.147 （0.277）	1.036*** （0.274）
Leveraged1×Yeard					1.309 （1.732）	1.776* （1.613）
L.Profitar	−6.401* （3.678）	−17.351*** （3.805）	−4.519 （3.362）	−10.001*** （3.260）	−6.091* （3.702）	−17.267*** （3.951）
L.Aar1	0.704 （2.154）	−11.572*** （2.181）	1.646** （0.785）	−0.767 （0.745）	1.097 （2.193）	−9.339*** （2.238）
L.lnsale	0.092 （0.204）	0.750*** （0.236）	0.078 （0.190）	0.291 （0.198）	0.081 （0.204）	0.700*** （0.236）
L.Marketb	−0.043 （0.086）	−0.056 （0.067）	−0.017 （0.085）	0.089 （0.064）	−0.026 （0.087）	0.029 （0.072）
L.lnasset	−0.537** （0.221）	−1.017*** （0.245）	−0.513** （0.218）	−0.894*** （0.232）	−0.534** （0.221）	−1.016*** （0.245）
L.Cashar	1.292 （1.229）	−1.883* （1.144）	1.413 （1.218）	−1.438 （1.075）	1.394 （1.230）	−1.689 （1.164）
L.Fixedar	−0.864 （0.888）	0.117 （0.923）	−0.954 （0.859）	−0.797 （0.868）	−0.918 （0.894）	0.120 （0.923）
L.Salefeesr	−2.137 （2.594）	−3.456* （1.892）	−1.813 （2.430）	−0.020 （1.649）	−2.058 （2.601）	−3.062 （1.929）
L.Intgb	−1.021 （2.182）	0.439 （2.431）	0.045 （2.015）	0.478 （2.199）	−1.040 （2.172）	0.318 （2.527）
Ind	控制	控制	控制	控制	控制	控制
常量	9.255*** （2.994）	−4.767 （3 034.412）	8.244*** （2.906）	−3.829 （2 535.534）	9.143*** （3.006）	−5.690 （2 882.504）
麦克法登可决系数	0.162		0.149		0.175	
LR 统计值	201.004***		197.065***		216.915***	
样本数	1 153	1 153	1 232	1 232	1 153	1 153

***、**和*分别表示在 1%、5%和 10%的水平上显著

注：①括号内为标准误；②选择以现金支付为对照（基期）

从式（5-6）的回归结果来看，回归方程（1）中的 Leveraged1 系数为正，但不显著，表明杠杆赤字对选择现金支付方式还是股票支付方式没有显著影响，这一点与前述描述性统计分析中的结果一致。回归方程（2）中 Leveraged1 的系数为正，且在 1%水平上显著，这表明在控制其他变量不变的情况下，并购前杠杆赤字高的企业在现金支付和混合支付两种方式中倾向于选择混合支付的方式。同时结合企业资产规模指数和货币资金比重指数来看，选择现金-股票混合支付的企业做出使用部分股票进行支付的决策可能是由于并购金额相对于企业资产规模来说比重较大，企业没有足够的现金来支付并购的全部对价，并且在高杠杆赤字的情况下融资较难且融资成本较高，因此企业考虑使用股票和现金混合支付的方式来完成交易。同时注意到方程（2）中 Aar 的系数为负值，且在 1%水平显著，说明这一现象的出现是因为企业在筹划并购交易时，如考虑完全使用现金支付则很可能通过债务融资来获取足够的资金，而债务融资将导致企业的负债水平上升。而对于选择现金-股票混合支付的企业来说，资金压力较大，在准备阶段筹措现金的动机则相对较弱。根据实证结果和上述分析，在我国企业并购行为中，杠杆赤字对支付方式的选择具有影响，且该影响显著出现在现金支付和现金-股票混合支付的选择中，即杠杆赤字越高，企业越有可能选择现金-股票混合支付方式，验证了假设 5-3。

从回归方程（3）的结果来看，Yeard 系数为正，但不显著，表明股票市场处于高涨期在现金支付或股票支付方式的选择上没有显著的影响。但从回归方程（4）的结果来看，Yeard 系数为正，且在 1%水平上显著，说明在股票市场高涨期，在现金支付和现金-股票混合支付中企业倾向于选择现金-股票混合支付方式。

回归方程（6）Leveraged1×Yeard 这一交互项的设计目的在于将杠杆赤字对支付方式选择倾向的影响在股市高涨时期和低迷时期进行分离，分别考察不同时期对支付方式的影响。从回归结果可以看出，在股票市场的高涨时期，杠杆赤字和时期的交叉项估计系数为正，且在 10%水平上显著，说明相对于股票市场的低迷期，在高涨期并购企业通过支付方式调节杠杆赤字的动机更强。此时 Yeard 和 Leveraged1 的系数均为正，且在 1%水平上显著，表明在股票高涨期，相对于现金支付，并购企业更倾向于选择现金-股票混合支付方式。这一结果与对 2005~2016 年中国上市公司并购交易支付方式选择占比的统计结果一致，见表 5-28。

表 5-28　2005~2016 年中国上市公司并购交易支付方式占比

年份	现金支付	股票支付	现金-股票混合支付	其他支付方式
2005	92.62%	0.41%	0.82%	6.15%
2006	81.16%	2.91%	0.86%	15.07%

续表

年份	现金支付	股票支付	现金–股票混合支付	其他支付方式
2007	83.81%	9.72%	1.21%	5.26%
2008	82.83%	12.61%	1.07%	3.49%
2009	85.69%	10.50%	1.10%	2.71%
2010	86.95%	10.73%	0.39%	1.93%
2011	90.80%	6.90%	0.89%	1.41%
2012	89.18%	7.53%	1.48%	1.80%
2013	79.33%	11.20%	7.91%	1.56%
2014	75.62%	9.25%	12.92%	2.22%
2015	74.49%	10.10%	13.43%	1.97%
2016	79.69%	6.40%	10.78%	3.12%

表 5-28 显示我国并购交易中现金–股票混合支付方式的使用数量在 2007 年和 2014 年这两个股票高涨期均出现相对明显的增长。但是 2007 年股票支付方式的增幅更大，这可能是由于2005 年股权分置改革的实施，股票流通性增强，股票市场逐渐开始活跃，早期受到股票限售而无法使用股票支付的影响从 2005 年开始逐渐减弱，企业开始了对并购中股权交易的探索，因此股票支付方式占比增长。但同时我们也注意到股票支付方式的增长在 2009 年未能延续下去，甚至有所下降，随着国内并购交易的不断扩大，机制不断成熟，各种支付方式在国内市场涌现，西方发达国家常用的现金–股票混合支付方式在我国开始增长，甚至在近年超过股票支付方式的使用占比。现金–股票混合支付从某种程度上讲是对现金支付和股票支付两种单一支付方式的优化。在股票高涨期，并购企业使用现金–股票混合支付方式，通过权衡现金和股票配比，一方面降低了企业的财务风险，另一方面股市高涨期并购企业股票价值高估使得运用股票支付能够有效避免稀释并购方控股股东的控股权（Korajczyk et al.，1991）。同时，从目标企业角度来看，现金–股票混合支付也向目标企业传递了双利好信号，一方面现金的使用向相关利益者传递企业经营良好、现金流充足的信号，另一方面并购方股票高涨也表现出企业拥有良好的成长性，对于将就任于并购方的股东来说，部分股权支付是一种良好的股权激励策略。综合实证结果和以上分析，假设 5-4 得到支持。

表 5-29 为式（5-8）和式（5-9）的回归结果。观察表 5-29 中回归方程（1）～（10）的整体拟合效果，似然比指数和麦克法登可决系数均较高，LR 统计值都在 1%水平上显著，表明模型拟合效果较好，通过检验。下面将进行回归结果分析。

表 5-29　式（5-8）和式（5-9）的估计和检验结果

变量	（1）	（2）	（3）	（4）	（5）	（6）	（7）	（8）	（9）	（10）
	1	2	1	2	1	2	1	2	1	2
L.Pleveraged1	2.245 （2.966）	9.503*** （3.008）			0.064 （3.702）	8.104*** （3.114）				
Control			0.459* （0.264）	−0.597** （0.304）	−0.247 （0.532）	−1.232* （0.722）			0.403 （0.315）	−0.311* （0.405）
Pleveraged1×Control					3.774 （3.182）	−4.822* （1.809）				
Yeard							0.093 （0.259）	1.142*** （0.246）	0.049 （0.351）	1.178*** （0.281）
Control × Yeard									0.193 （0.498）	0.326* （0.350）
L.Profitar	−8.455 （5.227）	−22.751*** （5.931）	−4.580 （3.358）	−9.640*** （3.143）	−8.334 （5.363）	−22.608*** （5.973）	−4.519 （3.362）	−10.001*** （3.260）	−4.526 （3.355）	−9.885*** （3.300）
L.Aar1	−0.774 （2.702）	−10.701*** （2.976）	1.514* （0.783）	−1.003 （0.739）	−0.686 （2.782）	−10.015*** （2.969）	1.646** （0.785）	−0.767 （0.745）	1.539* （0.786）	−0.676 （0.751）
L.Lnsale	0.014 （0.269）	0.898*** （0.316）	0.039 （0.191）	0.321 （0.196）	−0.032 （0.272）	0.983*** （0.326）	0.078 （0.190）	0.291 （0.198）	0.038 （0.190）	0.332* （0.201）
L.Marketb	0.047 （0.111）	−0.118 （0.105）	−0.021 （0.082）	0.009 （0.061）	0.055 （0.111）	−0.099 （0.108）	−0.017 （0.085）	0.089 （0.064）	−0.013 （0.084）	0.088 （0.064）
L.Lnasset	−0.265 （0.285）	−1.305*** （0.329）	−0.516** （0.218）	−0.919*** （0.229）	−0.236 （0.285）	−1.354*** （0.335）	−0.513** （0.218）	−0.894*** （0.232）	−0.510** （0.218）	−0.884*** （0.234）
L.Cashar	0.751 （2.004）	−3.337* （2.026）	1.152 （1.232）	−1.261 （1.057）	0.364 （2.035）	−3.201 （2.049）	1.413 （1.218）	−1.438 （1.075）	1.211 （1.235）	−1.256 （1.086）

续表

变量	(1)	(2)	(3)	(4)	(5)	(6)	(7)	(8)	(9)	(10)
	1	2	1	2	1	2	1	2	1	2
L.Fixedar	−1.129 (1.117)	−0.213 (1.193)	−1.145 (0.859)	−0.780 (0.878)	−1.424 (1.149)	−0.227 (1.218)	−0.954 (0.859)	−0.797 (0.868)	−1.109 (0.860)	−0.661 (0.890)
L.Salefeesr	−2.635 (3.573)	−1.386 (2.496)	−1.379 (2.420)	−0.005 (1.627)	−2.660 (3.529)	−1.535 (2.502)	−1.813 (2.430)	−0.020 (1.649)	−1.354 (2.415)	−0.292 (1.670)
L.Intgb	0.220 (3.556)	1.820 (3.579)	−0.216 (1.998)	0.156 (2.177)	0.156 (3.580)	1.504 (3.707)	0.045 (2.015)	0.478 (2.199)	−0.136 (1.997)	0.439 (2.246)
Ind	控制	控制	控制	控制	控制	控制	控制	控制	控制	控制
Constant	−10.618 (3 338.987)	−0.011 (2 977.588)	9.108*** (2.916)	−1.820 (1 798.481)	−9.945 (3 278.504)	−0.728 (2 904.626)	8.244*** (2.906)	−3.829 (2 535.534)	8.860*** (2.940)	−3.579 (1 394.126)
麦克法登可决系数	0.176	0.138	0.183	0.149	0.154					
LR 统计值	128.779***	182.527***	133.775***	197.065***	203.789***					
Observations	667	667	1 232	1 232	667	667	667	667	1 232	1 232

***、**和*分别表示在 1%、5%和 10%的水平上显著

注：①括号内为标准误；②选择以现金支付为对照（基期）

根据回归方程（2）的结果，并购企业 Pleveraged1 的系数为正，且在 1%的显著水平上显著，表明杠杆正向偏离程度高的企业，在并购支付方式的选择中，更倾向于选择现金-股票混合支付方式，这也与前面模型（2）的回归结果一致。

回归方程（4）中 Control 的系数为负，且在 5%水平上显著，这表明在控制其他变量不变的情况下，相对于非国有企业，我国国有企业在并购支付方式的选择上更倾向于选择现金支付方式。

回归方程（6）中 Pleveraged1 的系数为正，且在 1%显著水平上显著，同时 Control 系数显著为负，而对于两个解释变量的交叉影响我们考察交叉项 Pleveraged1×Control 的系数，可知该交叉项系数为负且显著，这表明并购企业的杠杆正向偏离水平和产权属性对企业选择支付方式均有调节作用，且产权属性对杠杆正向偏离的影响具有反向抑制作用，由此假设 5-5 得到验证，即并购企业的杠杆正向偏离越高，越倾向于选择现金-股票混合支付，但如果从产权属性角度将并购企业进行分离，相对于非国有企业，国有企业的产权属性抵抗了杠杆赤字的影响，国有企业仍倾向于选择现金支付。这一结果与预期相符，长期以来国有企业的经营决策受到制度环境和其政治职能的影响。相较于非国有企业，国有企业的经营决策常常与政府政策相关，同时国有企业在我国民生、基础建设等行业的地位和影响力，决定了企业经营管理行为更易获得政府支持。在政府的支持下，银行很可能选择性忽视部分国有企业潜在的风险因素如资本结构不合理等和市场风险等客观因素，使得国有企业的融资约束较小，贷款利率低、限制条款少，因此这种情况下，国有企业在支付并购对价时更有可能使用现金方式。另外，在国有企业混合所有制改革和供给侧结构性改革的背景下，政策虽然鼓励国有企业通过兼并重组的方式吸收非国有经济以提高国有企业的生产能力和创新能力，但同时要求保持国有控制地位不改变。而股权支付存在控制权被稀释的隐患，现金-股票混合支付方式需要经历复杂的比重计算和审批流程，因此国有企业在选择并购支付方式时偏向于使用现金支付。

根据式（5-8）的回归结果，回归方程（8）中 Yeard 系数在 1%水平上显著为正，说明在控制其他变量的情况下，相对于股票低迷期，并购企业在股票市场的高涨期更倾向于选择现金-股票混合支付方式，这一结果与模型（2）的回归结果一致。

回归方程（10）中，Control 的系数显著为负，即产权属性为国有企业与选择现金支付正相关。Yeard 系数显著为正，即股票高涨与现金支付的使用负相关。同时交叉项 Control×Yeard 系数显著为正，表明在企业选择并购支付方式时，产权属性和股票高涨均具有调节作用，但是股票高涨对产权属性的影响具有抑制作用，验证了假设 5-6。

5.4.5 稳健性检验

为了检验模型和实证结果的可靠性和稳健性，以负债权益比率替代前文实证结果中使用的实际资本结构指标 Aar，其替代性在 5.2 节相关性分析中已通过检验。由于 Aar 有两种计算方法，估计出来的杠杆赤字 Leveraged 也有两种计算方法，分别记为 Leveraged1 和 Leveraged2，杠杆正向偏离 Pleveraged 同理。在前述实证分析中采用了第一种计算方法，在稳健性分析中将采用第二种计算方法，重复前述步骤，结合各个变量的情况可见，估计结果没有实质性变化，测试结果稳健地支持了研究假设。

5.5 去杠杆背景下并购支付方式与并购绩效研究

5.5.1 样本选择

本节以 2011~2013 年沪深两市 A 股市场中传统周期性行业为重点考察行业，主要包括制造业（钢铁行业、有色金属加工业等）、建筑装饰业和公共事业行业（电力热力、燃气、水生产及供应业、交通运输、通信等），以及与其相关度较高的上游企业，包括煤炭行业、石油和天然气开采业，以上述发生并购且并购地位为并购方的上市公司为原始样本。我们根据以下标准对原始样本进行筛选：①剔除交易失败的样本；②交易地位为收购方；③并购中控制权未发生变更的公司予以剔除，如果在考察期控制权再次发生变更则予以剔除；④剔除有 ST（*ST）标记的企业；⑤剔除考察区间财务指标不可获得的样本；⑥剔除交易金额小于 5 000 万元的样本；⑦剔除金融类上市公司。

经以上筛选，我们得到 421 起并购事件作为研究样本，其中，现金支付 367 起，股票支付 54 起。

5.5.2 研究假设

根据风险分担理论，在实施并购的过程中，选择支付方式时的最大风险就是支付过多。无论被并方的真实价值是否被低估，并购方选择现金支付就要承担全部风险。同时，由于使用现金支付时融资手段和并购规模受限，导致并购后经营和整合压力增大，并购方难以实现战略性大规模的产业并购。此外，根据税收理论，选择现金支付时，由于并购当年资本利得税的增加，容易造成当年绩效的下降，但从并购后的长期绩效来看，由于现金支付资产账面价值导致折旧额增加的抵税效应，以及小规模并购后期资源易整合，现金支付在后期的并购绩效容易恢复。

基于此，提出假设 5-7：选择现金支付时，长期并购绩效在并购当年下降，但后期会渐渐上升。

同样，根据风险分担理论，如果并购方选择股票支付，被并方就会成为并购方的控股子公司，支付过多的风险就由双方共同承担，同时，使用股票支付则可以降低现金流和财务负担，因此对于并购方而言，选择股票支付进行并购时所承担的财务风险相对较小。此外，根据税收理论，股票支付可以延迟缴纳，因此并购当年绩效不会受到该方面影响。而股票支付的控制权分散风险可能造成后期绩效的下降。

基于此，提出假设 5-8：选择股票支付时，长期并购绩效在并购当年上升，但并购后期的绩效会下降。

上述理论分析了支付方式对并购绩效的直接影响。然而，其他因素与支付方式的交互影响也不容忽视。因此，将对支付方式与并购规模、资本结构、并购方支付成本的交互项与并购绩效之间的关系做出分析。

根据资本结构理论，在并购活动中，并购方的资本结构往往会对支付方式与并购绩效之间的关系造成影响。当并购方资产负债率过高时，选择现金支付会加重企业的负债总额，导致负债风险上升从而影响公司价值。因为债务融资本身拥有强制偿还性质，债务比例过高意味着破产风险加大，而破产率的增加会导致公司质量下降，因此，当企业负债水平过高时，投资者会认为公司的质量较低。而当并购方资产负债率过高时，选择股票支付虽然不会影响负债总额，但股权融资会减少负债的比重，从而降低破产率，同时根据风险分担理论，资产负债率过高导致的负债风险可以由并购双方共同承担。

基于此，提出假设 5-9：支付方式与资本结构存在交互影响，且选择股票支付的长期并购绩效较差，资产负债率较高的并购方选择股票支付的长期并购绩效较好。

5.5.3 模型设计

1. 财务指标法

参照本章 5.2 节做法选取财务指标进行因子分析构造并购前后各年的综合评价函数：

$$G_i^{-1} = 0.320\,3Z_{i1} + 0.157\,26Z_{i2} + 0.134\,42Z_{i3} + 0.112\,61Z_{i4} + 0.087\,34Z_{i5}$$
$$G_i^{0} = 0.298\,98Z_{i1} + 0.148\,98Z_{i2} + 0.143\,28Z_{i3} + 0.109\,79Z_{i4} + 0.089\,78Z_{i5}$$
$$G_i^{1} = 0.320\,9Z_{i1} + 0.221\,3Z_{i2} + 0.133\,71Z_{i3} + 0.106\,92Z_{i4} + 0.092\,31Z_{i5}$$
$$G_i^{2} = 0.324\,31Z_{i1} + 0.223\,12Z_{i2} + 0.173\,91Z_{i3} + 0.119\,Z_{i4} + 0.102\,16Z_{i5}$$
$$G_i^{3} = 0.297\,92Z_{i1} + 0.192\,46Z_{i2} + 0.161\,77Z_{i3} + 0.111\,58Z_{i4} + 0.098\,47Z_{i5}$$

根据上述综合评价函数，计算出各年综合得分 G_i。据此对传统周期性企业的并购样本进行并购绩效检验和不同支付方式下其差异对比分析。

2. 多元线性回归法

通过多远线性回归，继续考察支付方式与资本结构对并购绩效的交互作用，建立回归模型如下，各变量含义详见表 5-30。其中被解释变量为并购绩效（MAPER），即样本公司并购前后的综合得分均值差，选择 G_3~G_{-1} 来衡量。由于并购当年和并购后第一年，企业的各项财务指标会因为刚刚发生的并购变动较大，难以反映其真实情况，因此考虑并购绩效的时间性，选择并购后第三年并购绩效综合得分均值与并购前一年并购绩效综合得分均值的差作为被解释变量，即 G_3~G_{-1}。解释变量包括两项，其中一项为并购支付方式，为方便研究将指标定量，现金支付赋值为 0，股票支付赋值为 1；另一项为并购支付方式与资本结构的交乘项，目的是考察交乘项对长期并购绩效的交互作用。鉴于并购绩效内部影响的多样性，为保证合理性，选择资本结构为调节变量，选择并购规模、并购方管理能力、并购前并购方的经营绩效为控制变量进行研究。具体模型构建如式（5-10）~式（5-12）所示：

$$\text{MAPER}_i = \alpha_1 + \alpha_2\text{Size}_i + \alpha_3\text{PB}_i + \alpha_4\text{Mgt}_i + \varepsilon_i \tag{5-10}$$

$$\begin{aligned}\text{MAPER}_i = \alpha_1 &+ \alpha_2\text{Method}_i + \alpha_3\text{Debt}_i + \alpha_4\text{Size}_i \\ &+\alpha_5\text{PB}_i + \alpha_6\text{Mgt}_i + \varepsilon_i\end{aligned} \tag{5-11}$$

$$\begin{aligned}\text{MAPER}_i = \alpha_1 &+ \alpha_2\text{Method}_i + \alpha_3\text{Debt}_i + \alpha_4\text{Size}_i \\ &+\alpha_5\text{PB}_i + \alpha_6\text{Mgt} + \alpha_7\text{Mehtod}_i \cdot \text{Debt}_i + \varepsilon_i\end{aligned} \tag{5-12}$$

表 5-30　多元线性回归模型变量及意义

变量类型	变量符号	变量名称定义
被解释变量	MAPER	并购绩效，即样本公司并购前后的综合得分均值差，用 $G_3 \sim G_{-1}$ 来衡量
解释变量	Method	并购支付方式（现金支付取 0，股票支付取 1）
	Method×Debt	为了考察并购支付方式资本结构的交互作用，在模型中加入二者的交互项
调节变量	Debt	并购方资产结构，用并购方并购前一年的资产负债率来表示
控制变量	Size	并购规模，用并购方支付的交易金额与前一年末总资产的比率来表示
	PB	并购方并购前绩效，用并购方并购前一年末总资产收益率表示
	Mgt	并购方并购后管理能力，用并购方并购后第三年的总资产周转率表示

5.5.4　描述性统计分析

1. 并购绩效

为了对比分析两种支付方式的选择所带来的绩效差异，我们将全部样本进行分组分析。通过对两种支付方式下 9 个所选财务指标进行因子分析，分别在并购区间内进行 KMO 检验和 Bartlett 检验，评价其能否符合因子分析标准。经检验，两种支付方式并购各年的KMO值均大于0.5，且根据Bartlett检验结果可以发现，所选指标符合因子分析标准。

根据旋转后的累计方差贡献率提取公共因子。根据结果，对选择现金支付样本的并购各年提取了 5 个公共因子，5 个公共因子的累计方差贡献率分别为82.557%、83.887%、82.948%、88.048%、82.609%，说明他们能够反映所选财务指标的大部分信息。对于选择股票支付的样本，同样在并购区间 5 年均提取同样数量的公共因子，5 个公共因子的累计方差贡献率分别为 87.530%、90.013%、97.654%、95.123%、93.801%，说明他们能够反映所选财务指标的大部分信息。根据旋转后的成分矩阵可以发现，现金和股票支付下的样本公共因子提取与总样本的公共因子提取相同。

根据因子得分函数，计算出公共因子在各财务指标上的得分，并依据该得分和相应的方差贡献率构造的综合评价函数得出并购前后各年的综合得分。

根据现金支付和股票支付下的各年综合得分，对其并购绩效进行分组检验。表 5-31 为分组得分变动均值检验结果，图 5-2 为并购前一年至并购后第三年采取现金支付和股票支付的并购绩效均值变化对比。

表 5-31　分组得分变动均值检验结果

支付方式	对比检验	$G_0 \sim G_{-1}$	$G_1 \sim G_0$	$G_2 \sim G_1$	$G_3 \sim G_2$
现金支付	均值	−0.139 1** (−2.952)	−0.131 1*** (−12.280)	−0.164 3*** (−10.647)	0.150 4*** (8.002)
股票支付	均值	0.527 9*** (4.212)	−0.162 9 (−1.396)	−0.020 0 (−0.423)	−0.045 3 (−0.819)

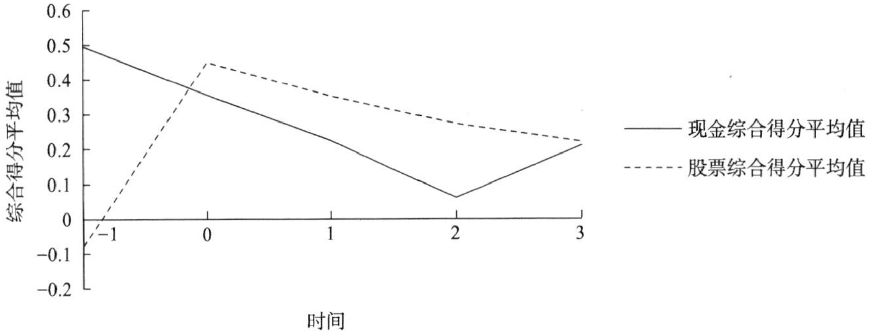

图 5-2　不同支付方式下并购绩效变化趋势图

可以看出，当传统周期性企业选择现金支付时，并购当年、并购后第一年和并购后第二年相比于前一年均出现了下降趋势，且现金支付综合得分变动均值 t 检验均在 5%和 1%的水平上显著。并购后第三年样本绩效则有所提升，且得分差值在 1%的水平上显著。在所选时间段趋势与全部样本一致。这也印证了假设 5-7，因为使用现金支付时，“支付过多”的风险完全由并购方承担，风险过大导致并购绩效不理想。同时从税收角度来看，当并购方选择现金支付时，很容易造成溢价收购，从而导致并购绩效的下降。

而当并购方选择股票支付时，从图中可以发现并购宣告当年的绩效出现了显著改善，综合得分差值在 1%的水平显著，之后几年并购绩效缓慢下降且不显著。相比而言，采用股票支付可以在并购后两年内提高财务绩效，而现金支付并不能。此外，股票支付的平均绩效优于选择现金支付的传统周期性企业，且股票支付并购当年的业绩提升更为显著。因此，假设 5-8 通过验证。

2. 回归模型变量描述性统计及相关性分析

根据回归模型所选择变量，做出描述性统计分析结果，如表 5-32 所示。

表 5-32　变量描述性统计分析

变量	中位数	极大值	极小值	均值	标准差	均值的标准误
MAPER	0.437 128	6.345 189	−2.729 518	0.240 382	0.634 210	0.030 909
Method	0.000 000	1.000 000	0.000 000	0.130 000	0.335 000	0.016 000

续表

变量	中位数	极大值	极小值	均值	标准差	均值的标准误
Method×Debt	0.000 000	2.003 019	0.000 000	0.080 755	0.242 393	0.011 813
Debt	0.574 671	13.711 420	0.050 828	0.593 161	0.678 109	0.033 049
Size	0.048 725	27.135 645	0.001 196	0.405 641	1.840 589	0.089 704
PB	0.041 429	2.677 203	−0.474 106	0.056 003	0.159 782	0.007 787
Mgt	0.666 859	5.897 794	0.058 498	0.779 014	0.566 955	0.027 631

从表 5-32 中我们可以看出，并购支付方式的均值为 0.130 000，也直观反映了在现有并购活动中，选择现金支付的企业仍占大多数；对于资本结构，其均值为 0.593 161，而最大值为 13.711 420，说明有企业资本结构过高，负债总额较高，可能存在风险。对于并购规模，通过并购方支付的交易金额与前一年末总资产的比率来表示，其中位数为 0.048 725，而均值为 0.405 641，二者差距较大，表明并购活动中并购方的规模有倾向性，分布不均；对于并购前绩效，中位数与均值相差无几，说明并购前绩效分布均匀；对于并购方管理能力，从表中可以发现企业资产周转率的分布比较平均，均值为 0.779 014，但其描述性统计分析的极小值为 0.058 498，这说明仍然有并购方的资产周转率较低，代表企业可能存在资产整合困难；而对于交乘项，需要通过回归结果具体分析。

在进行回归分析前，需要进行各变量之间的相关性分析，以检测其相关性，如果有较强的相关性，变量之间会产生多重共线性，影响回归结果。因此，通过 SPSS 得到变量之间相关性分析表，如表 5-33 所示。

表 5-33 相关系数矩阵

变量	MAPER	Method	Method×Debt	Debt	Size	PB
Method	0.109**					
Method×Debt	0.207***	0.470***				
Debt	0.478***	0.021	0.105**			
Size	−0.024	0.426***	0.454***	0.076*		
PB	−0.354***	−0.051	−0.010	0.127***	0.252***	
Mgt	0.026	0.086**	0.118***	0.159***	0.124***	0.098**

***、**和*分别表示在 1%、5%和 10%的水平上显著

从表 5-33 可以看到，各变量之间相关系数均小于共线性临界值，且 VIF 均小于 5，说明变量之间没有严重的多重共线性问题，适合进行多元线性回归。

同时可以发现，并购绩效与支付方式、支付方式与资本结构交乘项之间的相关性系数为 0.109、0.207，且均在 5%和 1%的水平上显著，说明解释变量与被解

释变量之间存在显著相关关系，且调节变量资本结构和控制变量并购前绩效与并购绩效也显著相关，说明变量的选择具有合理性。

5.5.5 并购财务绩效与支付方式的多元线性回归分析

根据模型设计中回归模型，将所选变量代入并使用 SPSS 统计分析得到结果，如表 5-34 所示。

表 5-34 支付方式与资本结构对长期绩效交互影响结果分析

变量	G_3~G_{-1}	G_3~G_{-1}	G_3~G_{-1}
	（1）	（2）	（3）
Size	0.022 （1.353）	0.003 （0.247）	−0.007 （−0.517）
PB	−1.492*** （−7.962）	−1.708*** （−12.042）	−1.704*** （−12.296）
Mgt	0.061 （1.189）	−0.046 （−1.660）	0.054 （1.428）
Method		−0.140* （−1.942）	0.355*** （2.759）
Debt		0.596*** （18.509）	0.573*** （17.994）
Method×Debt			0.828*** （4.587）
常数项	0.025 （0.495）	−0.244*** （−6.140）	−0.223*** （−5.715）
F 值	21.357	92.671	84.461
调整后的 R^2	0.127	0.522	0.544

***和*分别表示在 1%和 10%的水平上显著

注：括号内为 t 检验值

根据表 5-34 的输出结果，加入自变量和调节变量的模型调整后的 R^2 大于 0.5，加入自变量、调节变量、控制表量、交乘项的模型调整后的 R^2 也大于 0.5，远大于式（5-9）回归结果的 R^2，说明所选取的自变量和调节变量对并购绩效具有较强的解释能力，在引入交乘项后，自变量仍然高度显著，说明自变量具有较强的稳健性，且调整后的 R^2 大于引入之前（0.544>0.522）。而仅考虑控制变量的模型拟合优度较低，说明控制变量对于并购规模和并购方管理能力的选择缺少一定的合理性。并购前并购方绩效在两个模型中均与并购绩效呈现负显著相关，说明对于在并购前拥有良好绩效的公司，管理层在并购过程中容易存在过度自信的情况，导致并购后整合不利绩效下降。

对于式（5-10）而言，支付方式与并购绩效的负显著相关关系，说明相比于现金支付，选择股票支付的长期并购绩效较差。对于式（5-10）和式（5-11）的比较，当模型中仅有自变量、调节变量和控制变量时，支付方式与并购绩效呈显著负相关关系，而当引入交乘项时，交乘项与因变量呈显著正相关关系，这意味着资本方式对支付方式具有负向调节作用，即尽管股票支付的长期并购绩效呈下降态势，但相比于现金支付而言趋势缓和，主要原因是资本结构在一定程度上对股票支付方式的调节动机较为明显。因此假设 5-9 通过检验。

5.6　研究结论与建议

5.6.1　研究结论

本章主要研究了去杠杆背景下资本结构对并购绩效和并购交易特征的影响及不同支付方式下企业并购绩效的差异，得到以下结论：

（1）总体来看，并购并未显著提升收购方的绩效，说明并购后双方未能实现良好的整合。区分产权性质研究发现在 2016 年进行并购重组的全部上市公司样本中，国有企业整体实现了小幅度的绩效提升但不显著，资产负债率与企业的并购绩效呈倒 U 形相关关系。而非国有企业的并购绩效基本为负且在 10%的水平上显著。国有企业整体实现了小幅度的“去杠杆”但成效不显著，说明在 2015 年末提出的“去杠杆”目标的确对国有企业的负债率改善产生了一定程度的影响，使得降低杠杆率成为国有企业并购重组决策中考虑的目标之一，国有企业整体实现了“稳杠杆”，“去杠杆”目标初见成效，但由于目前提出时间较短，作用还未完全显现。

（2）在对国有企业融资方式选择的研究中发现，国有企业杠杆偏离度呈现一定的行业特征，建筑业、房地产业、批发和零售业偏离度较大，其中建筑业，房地产业，批发和零售业，电力、热力、燃气及水生产和供应业的国有企业实际资本结构大于目标资本结构，而采矿业和制造业的国有企业小于目标资本结构。与此同时，国有企业存在资本结构的目标调整行为，当杠杆存在偏离时，主并方以约 0.5 的平均速度由实际资本结构向目标资本结构靠近，实际资本结构变化与杠杆偏离度显著正相关。在进一步研究企业调节实际资本结构方式时发现，国有企业并购融资方式选择受目标资本结构影响显著，会通过并购融资方式的选择来将实际资本结构向目标水平调整，与杠杆不足的国有企业相比，过度杠杆的国有企业更愿意采用股权融资方式。

（3）杠杆赤字对并购支付方式存在调节作用，且该调节作用显著存在于现金支付和现金-股票混合支付的选择中。即高杠杆赤字的企业更有动机利用并购的实施改善企业的资本结构，在这种情况下，企业通过权衡现金支付和股票支付的利弊，更有可能选择现金-股票混合支付。进一步将资本市场分离为高涨期和低迷期，研究不同时期背景下杠杆赤字对并购支付方式的影响，并发现企业在股票高涨期通过并购支付调节杠杆水平的动机更明显。同时，考察国有企业与非国有企业利用并购支付方式调节杠杆的差异，结果发现国有企业即使在高杠杆赤字的情形下，仍然偏向于使用现金支付。

（4）通过对并购活动长期财务绩效的分析，发现传统周期性行业总样本的并购活动并不能提高收购方的长期绩效，选择现金和股票支付的并购方长期并购绩效差异显著。采用现金支付时，在并购当年、并购后第一年和并购后第二年均出现了显著下降趋势，直到并购后第三年才开始出现改善迹象；而采用股票支付时，在并购当年有显著上升，随后也出现了持续下降趋势。同时，回归结果也从侧面佐证了以下结论：全部样本长期绩效下降的主要原因有三点，从所选择的支付方式来看，并购支付手段选择过于单一；购后短期内无法实现资源的配置整合，并购后由于资产整合不善导致运用效率下降；并购的回收期较长，上市公司很难在短时间内收回并购所付出的巨额成本。选择股票支付的并购方平均绩效要优于现金支付，一方面，可能是此类并购能更好地完成因收购方的特定战略计划而发起的交易活动，投资者在并购当期更加欣赏股票支付；另一方面，资本结构对股票支付的调节动机更为明显。

5.6.2 研究建议

1. 关注并购的中长期绩效，慎重开展并购重组

企业在进行并购重组前，应该选准时机，做好可行性分析，明确并购重组的目标，对并购后的经营活动、资源整合等各方面事项做好规划，避免企业经营绩效因为并购行为而下降。

2. 正确选择并购支付方式

企业在进行并购重组活动时，应该对自身的财务状况和未来的资金流压力进行评估，选择一个合理的支付方案。另外还可以设计多元化的支付方案，根据自身的财务特征选择支付方案，如换股并购、承担债务及不同支付手段的合并使用等，从而达到优化企业资本结构、提高并购绩效的目标，最终实现去杠

杆的效果。

3. 恰当选择并购融资方式

前文的实证研究表明，较高的资产负债率在一定范围内能够提高企业的并购绩效，但是一味提高资产负债率对于企业的并购重组绩效弊大于利。因此，企业在确定并购重组的融资方式前后都应当对自身的资本结构进行充分的评估，确定一个最优的目标资本结构，认清杠杆率差距，深入剖析杠杆偏离的原因，结合融资目标和资本结构现状，寻找适当的融资渠道，通过并购选择恰当的融资方式，优化杠杆率提升企业价值。

4. 政府适时推出货币政策，以引导企业完成去杠杆目标

政府应鼓励传统周期性行业的正当并购活动，通过并购加快解决高杠杆问题。同时，出台有关政策，如税收优惠政策、加强并购监管、简化审批流程等，以提高并购质量。政府也可以积极主动主导一些传统周期性国有企业并购，升值国有资产，淘汰“僵尸企业”，发挥政府的监管调控职能。

第6章 去库存背景下房地产行业并购绩效研究

本章结合去库存背景，研究房地产行业企业并购前后绩效的变化情况及财务利益、市场价值、股权集中度、高管持股、关联方关系、并购类型、支付方式和同属管辖等因素对企业并购绩效的影响，并为房地产行业提升并购绩效、降低库存提供建议。

6.1 研究背景

改革开放四十余年来，我国房地产业伴随着城镇住房制度的深化改革及城市化率的不断提高得到了非常快速的发展，截至目前可以分为四个阶段。第一阶段为1978~1991年的起步阶段，这一时期行业呈现无序发展的状态，并且政府分配在行业发展过程中发挥了主导作用；第二阶段为1992~1995年，显著特点是城镇住房制度改革的启动及住房公积金制度的推行；第三阶段是1995~2002年，从这一时期行业开始逐步推进市场化，同时推出了保障房政策；第四阶段是2003年至今，行业进入高速发展时期，各种土地、资金调控政策愈发频繁。

国家统计局统计数据显示，我国房地产投资完成额2016年达到102 581亿元，约为2007年的25 289亿元的4倍（图6-1）。其中，东部地区56 235亿元，占比54.82%；中部地区23 286亿元，占比22.70%；西部地区23 060亿元，占比22.48%。此外，2016年我国商品房销售面积达到157 349万平方米，超过2007年77 355万平方米的一倍，2016年我国商品房销售额达到117 627亿元，而这一指标在2007年为29 889亿元。由此可见，我国房地产行业在2007~2016年十年间得到了飞速发展，成为重要的第三产业和具有基础性与先导性的国民经济支柱行业。

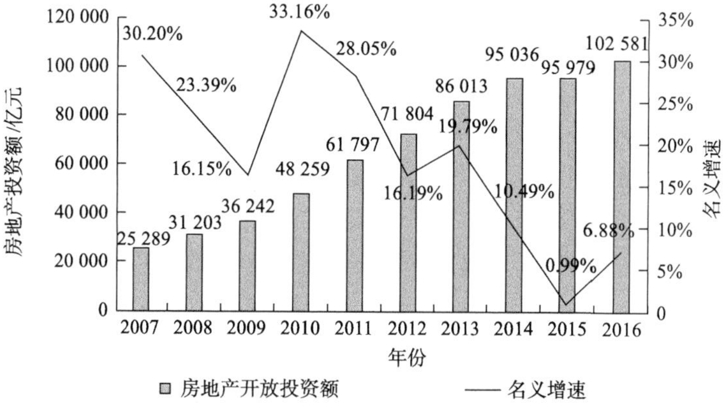

图 6-1　中国历年房地产开发投资及增速

但我国房地产业在积极发展的同时亦出现了一系列严重问题，其中比较明显的一点是房地产行业市场总体供过于求，导致住宅库存量巨大的现象。根据图 6-2，2011 年至 2015 年，我国每年商品房待售面积新增约 1 亿平方米，这一数据并未包括全国大批在建项目及已售待建土地，同时部分城市前期土地开发量过大，截至 2015 年 12 月末，我国商品房待售面积达到 71 853 万平方米，按照我国人均住房面积 30 平方米计算，空置住房可供近 2.4 亿人居住，而中国彼时城镇人口 7.49 亿，农村人口 6.2 亿。因此在 2015 年出现房地产库存绝对值过高问题，尤其突出表现在三四线城市。

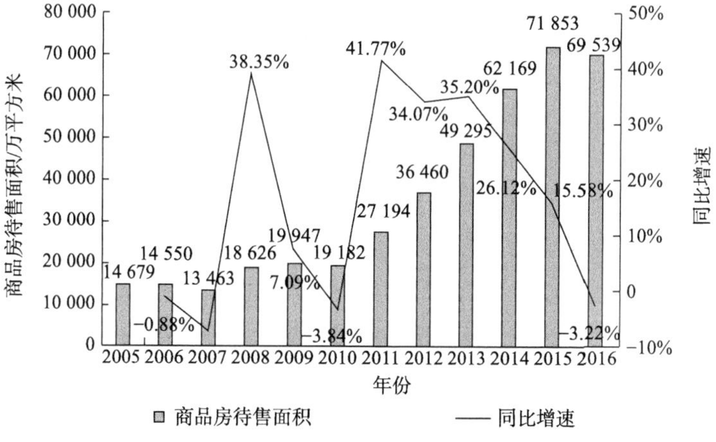

图 6-2　中国历年商品房待售面积及变化

面对此局面，中央政府提出了消化房地产库存的路径，主要包括进一步深化改革户籍制度及不断推进城市化进程、实施新农民工落户城市政策来消化房地产库存，继续推动落实住房制度改革，完善棚改安置房、公租房、租赁市场的发展并打通商品房市场与它们的界限，这需要发挥政府的购买力量来消化房地产库存。此外，前期各大中城市纷纷制定了限购政策，政府可以根据市场变化对政策进行动态调整以消化房地产库存等。其中，房地产企业间的并购行为，能整合行业资源、明确房地产开发战略并实现精准营销，成为政府推动房地产业“去库存”目标实现的有效手段。

另外，截至 2011 年末，我国的房地产开发企业共计 88 419 家，房地产业一直处于行业集中度较低的状态，各房地产企业呈现出分散竞争的格局。但是，随着我国近年来宏观调控的干预及行业自身的日渐成熟，房地产业集中度开始提高。2016 年房地产业 TOP100 企业的销售总额、销售面积分别达 48 027.1 亿元、40 251.7 万平方米，同比增长 52.5%、39.4%，进一步表明了实力较强企业在行业中的优势。2016 年房地产业 TOP100 企业销售额市场份额达到 40.8%，与 2015 年相比上升了 4.7%，其中，2016 年房地产业 TOP10 企业销售的市场份额共计达到 18.6%，与 2015 年相比上升了 2.3%，占 TOP100 企业销售总额的 45.5%，这些数据均表明房地产行业的集中度在不断提升，呈现出强者恒强的态势。根据分析可知，大型企业由于具有规模效应，可以更好地分散成本实现更高的营利能力，而小型企业将会进一步丧失行业资源。因此，集中度上升在房地产行业自然发展状况下是不可逆转的趋势，而并购重组手段亦在此行业趋势中发挥了重要的作用。

过去二十多年来我国房地产业快速发展，而目前开始进入平稳发展的过渡新时期，房地产投资预期将表现出持续高速增长的动力不足、房价稳定且供应量增加的趋势。因此，在去库存的宏观调控政策持续加快落实与行业自身集中度不断提高的背景下，房地产业的并购重组行为预期也会呈现愈演愈烈的升温态势。

此外，在行业外部方面伴随着宏观经济的周期性，我国房地产业呈现较为明显的周期性现象，并由于部分城市房价上涨幅度较大，政府制定了金融、土地、税收等政策予以规范，如 2009 年的“国四条”、2011 年“新国八条”及 2014 年“9 · 30 政策”等。加之在行业内部方面房地产业自身需要投入大量资金、周期长回款慢、容易出现资金链断裂等特点的存在，使得并购重组成为房地产业诸多公司节约成本增强自身实力、提高房地产开发效率、调整战略防范风险及培植新的利润增长点的一种重要发展方式。

通过相关数据和研究可以发现，我国房地产业发生的并购数量及并购金额在所有行业企业并购总量中占有的比例一直较高，由表 6-1 数据可以发现行业并购数量自 2013 年开始出现明显增加。

表 6-1　2008~2016 年房地产业并购事件概览　　单位：起

类型	2008 年	2009 年	2010 年	2011 年	2012 年	2013 年	2014 年	2015 年	2016 年
资产收购	255	312	382	309	302	416	325	380	385
资产剥离	157	174	85	91	106	200	115	152	126
资产置换	8	4	5	0	2	2	2	3	3
吸收合并	3	3	3	3	1	2	1	3	3
债务重组	20	18	19	4	2	4	4	1	7
要约收购	0	0	0	0	0	0	0	2	2
股权转让	151	193	111	114	165	285	227	312	299
总计	594	704	605	521	578	909	674	853	825

资料来源：国泰安数据库（由作者进行整理）

国泰安数据库统计结果显示， 2013~2016 年我国房地产业公司并购事件总数分别为 909 起、674 起、853 起和 825 起，在并购市场上保持着较高热度。由此可见，尽管房地产业在我国的起步较迟，其并购活动的出现相较更晚，但并购重组数量却处于高位，并在近几年时间里呈现愈发活跃的姿态。然而值得关注的是，尽管成功的并购行为可以帮助公司实现快速发展与扩张，但失败的并购行为却可能使公司蒙受巨大财务损失，甚者更有可能造成公司破产。在理论与实务界，通常将企业并购绩效作为衡量其并购行为发生后企业价值是否提升、并购目标是否实现的标准，因此，通过何种方式度量房地产业上市公司的并购绩效是一个值得探讨的问题。

企业并购的绩效表现受到诸多因素的共同影响，结合我国房地产行业的实际情况，选取主并企业、目标企业双方的某些特征及并购过程中的交易特征两方面因素作为并购特征，研究其对并购绩效的影响。首先，不同的企业由于自身实力的强弱与不同的经营、财务战略的实施效果，并购对其财务状况及经营成果的影响必然不尽相同；其次，股东是企业所有者，对企业是否实施并购活动具有决定权，而管理层负责具体执行股东确定的相关企业决策，其在企业并购活动的执行与落实过程中也扮演着重要角色；最后，不同的上市公司由于信息披露程度存在区别、市场投资者对其认知不同，其真实价值被资本市场评估和挖掘的程度亦不同。因此，主并企业与目标企业的这些财务、经营及治理方面的特征势必对并购决策及其绩效表现具有影响。此外，还加入了并购交易特征方面的影响因素，分析并购行为过程中除了企业自身情况之外的其他因素对并购绩效的作用。分析这些因素如何影响并购绩效，将有助于房地产企业更好地识别并购目标，采用合适的并购交易方式，这对于发挥并购行为的积极作用、保证房地产行业的持续健康发展具有十分重要的现实指导意义。

6.2 样本选择与变量定义

6.2.1 样本选择

本章以 2008~2011 年中国沪、深交易所发生的房地产业上市公司作为主并企业并购其他上市公司的并购作为初始样本，将并购事件在有关监管机构首次进行披露所处年份作为并购当年，对每一并购事件样本中主并企业的经营业绩从并购发生当年往前追溯至并购发生年度前 2 年及并购发生年度往后 5 年共计 8 年，总时间跨度涵盖 2006~2016 年共 11 年。

在样本的选取上，以国泰安数据库中属于资产收购、吸收合并、股权转让三者之一的并购事件为初始样本，按以下标准做出筛选：①并购事件中主并企业是上海、深圳证券交易所房地产业上市公司；②剔除有 ST、*ST 标志的公司的并购事件，以消除其对研究造成的影响；③剔除收购企业在 8 年考察区间相关数据不完整的样本；④剔除本章研究在并购特征 8 个指标和并购绩效度量结果中产生异值的样本公司，以消除异常情况对研究的影响。根据上述条件，最终选定了房地产业上市公司作为主并企业并购其他上市公司，共计 92 个观测样本。

6.2.2 并购绩效度量

本节通过对主并企业的财务指标运用因子分析法构建评价体系作为对并购绩效的衡量。一般而言，企业的经营业绩可以从企业赚取利润水平、偿还债务能力、资产运营效率、未来发展潜力等方面进行体现。研究并购行为发生前后主并企业的经营绩效亦可以从上述方面展开。

徐国祥等（2000）、李善民等（2004）、余燕妮（2012）在以往研究中从上市公司的盈利、偿债等能力方面选取财务指标来衡量绩效，基于此本节选择了营利能力、偿债能力等 5 个能力方面共计 14 个财务指标构建并购绩效评估体系。

衡量主并企业经营业绩的 14 个财务指标如表 6-2 所示。

表 6-2　财务指标选取与说明

维度	财务指标	指标说明
营利能力	净资产收益率	本期净利润/本期净资产
	总资产净利率	本期净利润/本期总资产
	每股收益	本期净利润/平均总股数
偿债能力	资产负债率	平均总负债/平均总资产
	流动比率	平均流动资产/平均流动负债
	速动比率	（平均流动资产–平均存货）/平均流动负债
营运能力	总资产周转率	本期营业收入/平均总资产
	应收账款周转率	本期营业收入/平均应收账款
	存货周转率	本期营业成本/平均存货
发展能力	总资产增长率	（本期末总资产–上期末总资产）/上期末总资产
	营业收入增长率	（本期营业收入–上期营业收入）/上期营业收入
	净利润增长率	（本期净利润–上期净利润）/上期净利润
股东获利能力	每股净资产	平均净资产/平均总股数
	TQ	股票市值/（总资产–无形资产净额–商誉净额）

通过因子分析法，可以计算 6 个公共因子各自的得分，将 6 个公共因子各自的累计方差贡献率作为加权权重，最终得出每一个并购样本在 8 年间各个年度的经营业绩加权得分，表达式如下：

$$
\begin{aligned}
F &= \frac{15.143}{71.426}F_1 + \frac{14.288}{71.426}F_2 + \frac{13.602}{71.426}F_3 + \frac{10.023}{71.426}F_4 + \frac{9.193}{71.426}F_5 + \frac{9.177}{71.426}F_6 \\
&= 0.212F_1 + 0.200F_2 + 0.190F_3 + 0.140F_4 + 0.129F_5 + 0.128F_6
\end{aligned}
$$

通过将各年的财务数据代入公共因子表达式与并购经营绩效加权得分表达式，可以得到 92 家样本公司从并购前 2 年一直持续到并购后 5 年共 8 年间每一年的并购绩效得分。

6.2.3　变量选择与定义

本章研究的关键变量是并购双方企业特征变量、并购交易特征变量及并购绩效得分指标。前文已经得出被解释变量（即并购绩效得分）的评估方式，因此选择如下指标作为解释变量与被解释变量的衡量，具体定义如表 6-3 所示。

表 6-3 变量选择及其定义

变量类型	变量选择	符号	变量定义
因变量	并购前 2 年业绩平均值	Y_{-1}	因子分析法得到的收购公司并购发生前两年业绩得分的算术平均值
	并购当年与并购后一年业绩平均值	Y_0	因子分析法得到的收购公司并购当年与并购后一年业绩得分的算术平均值
	并购后第 2 年与第 3 年业绩平均值	Y_1	因子分析法得到的收购公司并购后第 2 年与第 3 年业绩得分的算术平均值
	并购后第 4 年与第 5 年业绩平均值	Y_2	因子分析法得到的收购公司并购后第 4 年与第 5 年业绩得分的算术平均值
	短期绩效	Y_S	Y_0-Y_{-1}
	中期绩效	Y_M	Y_1-Y_{-1}
	长期绩效	Y_L	Y_2-Y_{-1}
自变量	财务利益	ROE	本期净利润/平均净资产
	市场价值	TQ	股票市值/（总资产−无形资产净额−商誉净额）
	股权集中度	Top	收购企业第一大股东持股比例
	高管持股	Manage	虚拟变量，若收购企业高管持有股份取 1，否则取 0
	关联方关系	Relative	虚拟变量，若并购双方属于关联方取 1，否则取 0
	并购方式	Matype	虚拟变量，若并购属于横向并购类型取 1，否则取 0
	支付方式	Paytype	虚拟变量，若采用现金支付对价方式取 1，否则取 0
	同属管辖	Belong	虚拟变量，若并购双方是非同属管辖关系取 1，否则取 0
控制变量	资产规模	Size	收购企业的期末总资产取对数

6.3 房地产企业并购特征与并购绩效的统计分析

6.3.1 并购双方特征的描述性统计分析

表 6-4 为房地产业发生的 92 起并购事件中并购双方特征的 4 个指标变量的描述性统计分析表。

表 6-4　并购双方特征的描述性统计分析表

并购双方特征	平均值	最大值	最小值	标准差
ROE	0.095	0.339	−0.231	0.079
TQ	1.768	1.934	1.083	0.450
Top	0.370	0.630	0.079	17.386
Manage	0.253	1.000	0.000	0.435

从表 6-4 可以看出，并购事件样本中目标企业净资产收益率的平均值约为 9.5%，高于上下限的组中值（5.4%），说明被收购企业的盈利状况总体较好，同时其最大值和最小值的差距也较大，说明被收购企业盈利状况也存在较大差距；并购样本中被收购企业 TQ 值的平均值约为 1.768，高于组中值（1.509），结合标准差分析可知，被收购企业 TQ 值的波动不大；并购样本中主并企业第一大股东持股比例的平均值为 37.0%，接近于上下限的组中值（35.45%），说明主并企业中第一大股东持股比例的分布较为均匀，但最大值和最小值的差距很大，标准差也较大，说明样本中主并企业第一大股东持股比例存在较大差异；并购样本中高管持股平均水平为 25.3%，说明样本中高管持有公司股份情况约占样本总数的 1/4。

6.3.2　并购交易特征的描述性统计分析

表 6-5 为房地产业发生的 92 起并购事件中并购交易特征的 4 个指标变量的描述性统计分析表。

表 6-5　并购交易特征的描述性统计分析表

并购交易特征	平均值	最大值	最小值	标准差
Relative	0.452	1.000	0.000	0.464
Matype	0.587	1.000	0.000	0.510
Paytype	0.860	1.000	0.000	0.332
Belong	0.420	1.000	0.000	0.479

从表 6-5 可以看出，并购事件样本中，约 45.2%的并购是发生在关联方之间，这一比例接近于 1/2，说明关联方交易并购的比重较大；并购类型方面，58.7%的并购样本属于横向并购类型，说明同行业并购在房地产业并购事件中超过半数，这些主并企业以期通过收购与自身所处行业较为相关的业务获得更强的竞争优势；对价支付方式方面，86%的并购样本将现金作为支付方式，占据支付方式总体的比重很大，说明房地产业并购事件中支付方式可能仍然较为单一，同时现金

支付方式可以向投资者传递出主并企业现金流健康且被收购企业前景良好的积极信号；同属管辖方面，42%的并购样本属于同属管辖管辖，结合标准差来看，这一比例处于接近组中值地位。

6.3.3　并购绩效的描述性统计分析

表 6-6 为房地产业发生的 92 起并购事件发生后，主并企业在不同考察区间长度经营绩效的描述性统计分析表。

表 6-6　并购绩效的描述性统计分析表

各年度并购绩效得分	平均值	最大值	最小值	标准差
Y_S（Y_0-Y_{-1}）	0.844	2.308	−2.542	12.086
Y_M（Y_1-Y_{-1}）	−1.505	6.602	−4.473	12.252
Y_L（Y_2-Y_{-1}）	−1.437	4.994	−5.268	14.338

从表6-6可以发现，在并购发生当年与并购发生后1年内的经营绩效综合得分与并购发生前 2 年得分的差值的平均值为 0.844，在并购发生后第 2 年和第 3 年的绩效综合得分与并购发生前2年得分的差值的平均值为−1.505，在并购发生后第4年和第5年的绩效综合得分与并购发生前2年得分的差值的平均值为−1.437，说明在我国房地产业上市公司发生的并购活动中，大多数企业在并购完成后短期时间内从并购中取得收益并改善了经营业绩，但是长期来看，并购事件并未给企业经营业绩带来改观，甚至带来负向作用。因此分析可知，大多数房地产业公司没有通过并购行为达到实现长期价值提升的预期目标。同时，从最值和标准差分析可得，并购绩效无论是在短期、中期还是长期都具有很大的波动性，不同并购样本的差异较大，说明并购给不同房地产业公司带来经营绩效的改观也具有较大的差距。

6.4　房地产企业并购特征对并购绩效的影响分析

6.4.1　理论分析与研究假设

1. 财务利益与并购绩效

由协同效应理论分析可知，并购发生的一大动因是并购发生后所能产生的协同效应，其中最为直观的表现是并购行为发生后所能取得的财务利益。

张秋生和周琳（2003）发现，并购行为完成后两个企业的总体效应大于并购之前各个企业各自的效益之和，而这种效应一般由财务业绩进行衡量，因此为了有效达成这一战略目标，企业应当去识别具有较好财务业绩的目标企业实施并购。根据这一研究结论可以推断，当一家企业具有较好的财务业绩和发展潜力时，谋求并购的企业可能为了获取并购交易的协同效应，或出于战略整合的考量而对该企业实施并购。因此，根据协同效应理论及战略发展与调整理论，提出以下假设：

假设 6-1：目标企业具有更高的营利能力时，主并企业的并购绩效更好。

2. 市场价值与并购绩效

根据价值低估理论，在目标企业的市场价值低于其本身真实价值时，并购更可能发生，并且由于我国资本市场的不完善与信息不对称情况，主并企业更可能通过并购方式从资本市场中攫取超额收益。丁志红等（2007）分析了在我国管理层收购中，主并企业对目标企业实施并购过程中如何进行价值评估以实现并购的战略动机，而徐晓（2016）以我国上市公司中 2011~2013 年 531 起并购事件为对象，分析了市场价值指标与并购发生可能性的关系，研究发现并购目标的选择与公司的 TQ 值、市盈率等市场价值指标有关。因此提出以下假设：

假设 6-2：目标企业真实价值高于市场价值程度越高时，主并企业的并购绩效越好。

3. 股权集中度与并购绩效

股权集中度是企业股权结构的表现，是反映企业的股权分散状况的变量。如果企业前几大股东单独或合计持有企业的股权比例较高，则表明企业的股权结构较为集中。当主并企业股权结构较为分散时，主并企业中可能缺乏一个或几个具有较强主导地位的大股东，同时股东之间由于股权均不足以占据较大话语权，相互间权利较为均等，部分股东可能会产生“搭便车”的现象，不能形成对管理层的有效监督，而当主并企业的股权集中度较高时，其股东力量更为集中，持有企业较高股权的股东可能单独或联合起来监督和约束管理者的行为，这种情况之下代理问题应当表现得更不严重。这在以往的研究中也得到了验证，徐莉萍等（2006）通过实证研究发现，股权集中度对企业的经营绩效存在着显著的正相关关系，因此根据代理成本理论，提出以下假设：

假设 6-3：主并企业的股权集中度越高时，其并购绩效越好。

4. 高管持股与并购绩效

在现代企业制度下，高管人员是董事会决策的执行者，掌握着公司的实际经营权，他们可能为了自己的目标，不尽最大努力去实现股东和公司的目标，因此为了防止管理层背离股东目标，除了对管理层进行监督外，公司还可以赋予高管人员一定的股份进行激励，与其分享公司增加的价值。同样地，并购活动也是公司的重要决策之一，当高管持有公司股份时，其目标与公司股东目标趋于一致，在并购过程中具有更强烈的意愿并更加尽心尽力地关注并购进程，有利于并购战略的顺利实施。我国学者王培林等（2007）、李维安和陈钢（2015）分别选取了我国市场上发生的并购事件作为研究对象，验证了高管持股与并购绩效间存在着一定的关系。因此根据代理成本理论，提出以下假设：

假设 6-4：主并企业高管持有股份时，其并购绩效更好。

5. 关联方关系与并购绩效

关联方是指在股权上存在直接或间接控制、共同控制及重大影响关系的企业各方。企业在经营发展过程中，不可避免地要与其他单位和个人产生利益交换，因此企业出于某些便利或者为达到某种目的，与其他企业形成关联方关系。并购活动也是企业的一项重要决策，其也可能发生在企业与其关联方之间。具有关联方关系的企业之间发生的并购，有利于企业将关联方的良好资产注入自身或者将自身经营状况较差的业务单位予以剥离，以此得到更好的财务表现，此外与市场中的公平交易相比，其交易成本往往也更低，便于企业从中获取更多的利益。在具有关联性质的并购行为中，由于主并企业与目标企业事先具有的关联关系，它们对彼此的业务范围、组织架构、文化氛围等更为熟悉，因此有利于并购发生后双方的协调整合与计划安排，其预期并购效益也更好。席鑫和谌昕（2010）运用财务指标法分析 2004~2008 年我国资本市场上企业发生的并购是否为企业带来绩效提升，最终发现具有关联关系的并购对并购绩效具有显著的正相关关系，因此提出假设：

假设 6-5：目标企业与主并企业具有关联方关系时，主并企业的并购绩效更好。

6. 并购类型与并购绩效

根据并购双方企业所处的行业相关性，并购通常可以分为向同行业发起的横向并购、向同产业上下游供应商或客户企业发起的纵向并购及向其他不相关业务经营领域发起的多元化并购，其中，由于横向并购发生在企业与其他具有类似核心经营的相同行业之间，其目的主要是通过并购扩大其市场份额、降低面临的竞争压力、增强其在某行业领域内的主导地位，同时由于生产规模的扩大，也可以从中获得规模经济效应。此外，根据协同效应理论，处于同一行业的企业往往所处的市场机会、上下游企业及所面临的风险都具有相似性，而不同的企业对这些方面的认识可能存在差异，并购将使得这些企业成为一体，其经营管理人员可以更好地识别外部环境，对供应商和客户形成更强大的话语权，因此协同效应的发挥与企业并购活动中参与方所处的行业相关性存在着正向关系，横向并购理论上应当具有更强的协同效应。郑竹青和谢赤（2016）对我国沪深两市的并购样本进行研究，验证了同行业并购相比于其他类型并购在绩效表现方面的优势。因此提出以下假设：

假设 6-6：目标企业与主并企业属于同一行业时，主并企业的并购绩效更好。

7. 支付方式与并购绩效

企业的并购活动中，收购企业需要向目标企业支付相应的对价，选择不同的对价支付方式对并购双方具有不同的财务和战略影响，因此选择何种支付方式对收购企业而言值得考量，这也成为学者们研究的一个热点问题。葛结根（2015）将并购的对价支付方式划分为采用现金方式支付、使用股票等工具支付、承担负债方式支付及混合支付方式等进行研究。根据信号理论，市场中的参与方可以根据公司的某些行为（即所谓的信号）判断公司的真实动机和状况，而现金支付一方面表明了主并企业对目标企业前景的乐观态度，另一方面也暗示了主并企业良好的资金流状况。同时，由价值低估理论分析可得，使用现金进行支付说明目前目标企业的市场价值低于其实际价值，因此预期主并企业的未来业绩与使用现金支付方式之间具有正向关系。该结论得到了余鹏翼和王满四（2014）的验证，两位学者通过我国沪深两市 2005~2010 年进行跨国并购的 103 家公司为样本，证明现金支付方式对我国企业跨国并购的绩效具有显著的正向影响。因此提出以下假设：

假设 6-7：采用现金作为支付对价方式的并购，主并企业的并购绩效更好。

8. 同属管辖与并购绩效

我国的社会经济形态、资本市场发展程度与西方成熟的资本主义社会具有较大的区别，其中一个表现是我国的政府在经济发展过程中具有很强的指导性影响和支配性作用，虽然市场化改革的进程在不断地推进，但政府仍然发挥着不可小觑的作用，因此在上市公司的并购活动中，应当将政府的行政力量作为一个需要考虑的变量。通常来说，政府对企业并购行为的影响可以有多种手段，既可以从行政审批方面直接给予通过或禁止的决定，又可以从政策风向方面如税收、贷款等进行鼓励或限制。但值得关注的是，政府的引导往往更多考虑宏观层面的经济影响，可能并不是朝着并购双方企业绩效最优的方向进行。张翼等（2015）通过研究发现，存在同属管辖关系的企业之间发生的并购，其绩效表现更差。因此提出以下假设：

假设 6-8：目标企业与主并企业接受同一省级政府管辖时，主并企业的并购绩效更好。

6.4.2 模型设计

为检验上述并购双方企业特征、并购交易特征解释变量对主并企业在并购发生后不同区间长度内经营业绩的影响，构建多元线性回归模型进行检验，研究模型设定为式（6-1）：

$$\begin{aligned} Y_i = \alpha_i &+ \beta_{1i}\mathrm{ROE} + \beta_{2i}\mathrm{TQ} + \beta_{3i}\mathrm{Top} + \beta_{4i}\mathrm{Manage} + \beta_{5i}\mathrm{Relative} \\ &+ \beta_{6i}\mathrm{Matype} + \beta_{7i}\mathrm{Paytype} + \beta_{8i}\mathrm{Belong} + \beta_{9i}\mathrm{Size} + \varepsilon_i \end{aligned} \tag{6-1}$$

其中，Y_i具体可替换为Y_{S}、Y_{M}和Y_{L}，因此构建了短期、中期和长期三个并购绩效方程；ROE 为目标企业的净资产收益率，代表目标企业的财务表现对主并企业并购绩效的影响；TQ 为目标企业的 TQ 值，代表目标企业的市场价值对主并企业并购绩效的影响；Top 为主并企业第一大股东持股比例，代表主并企业的股权集中度对主并企业并购绩效的影响；Manage 为主并企业高管是否持股，代表主并企业的高管持股情况对主并企业并购绩效的影响；Relative 代表并购事件的企业双方是否具有关联方关系，代表关联方交易关系对主并企业并购绩效的影响；Matype 代表并购类型是否属于横向类型，代表并购方式对主并企业并购绩效的影响；Paytype 代表对价支付方式是否属于现金支付，代表支付方式对主并企业并购绩效的影响；Belong 代表并购双方是否属于同一省级政府行政管辖关系，代表同属管辖对主并企业并购绩效的影响；Size 代表主并企业的资产规模，为本模型的控制变量；ε 为随机干扰项，代表上述解释变量之外的其他次要因素对被解释变量的影响。

6.4.3 实证结果分析

1. 相关性分析

多元线性回归分析要求各解释变量间不存在多重共线性问题，因此首先运用 Pearson 相关系数法对各解释变量之间的相关程度进行检验。具体结果如表 6-7 所示。

表 6-7　Pearson 相关系数

变量	ROE	TQ	Top	Manage	Relative	Matype	Paytype	Belong	Size
ROE	1.000								
TQ	0.309*	1.000							
Top	−0.236	−0.144	1.000						
Manage	0.112	0.137	0.201	1.000					
Relative	0.191	0.240*	0.319*	0.108	1.000				
Matype	0.055	−0.167	0.154	−0.007	−0.235	1.000			
Paytype	−0.063	0.008	−0.004	0.135	0.129	0.115	1.000		
Belong	0.014	0.106	0.016	0.174	0.107	−0.210	−0.073	1.000	
Size	0.122	0.363*	−0.011	0.110	0.104	−0.006	0.281*	0.139	1.000

*表示在 10%的水平上显著

通常，如果 Pearson 相关系数的绝对值小于 0.5，则说明变量间没有多重共线性问题，适合进行多元回归分析。根据表 6-7 所示的 Pearson 相关性分析，我们可以发现，被并购企业的 TQ 值与其净资产收益率、被并购企业的 TQ 值与主并企业的资产规模等变量之间存在一定的相关性，但总体而言，选取的解释变量之间的相关系数的绝对值最大值为 0.363，均低于 0.5，因此解释变量符合要求，可以进行下一步的回归分析。

2. 多元线性回归分析

通过前述构建的多元线性回归模型，考察了房地产业上市公司作为主并企业发生的并购事件中，以并购双方企业特征 4 方面因素及并购交易特征 4 方面因素作为解释变量，在引入主并企业的资产规模作为控制变量的基础上，对主并企业在并购前 2 年、并购当年及并购后 5 年的经营绩效 5 个维度方面所选取的 14 个指标所得到的并购绩效综合得分作为的被解释变量的影响，现对回归结果进行如下分析。

通过构建模型，分别对我国房地产业 92 起并购样本中并购双方特征、并购交易特征对并购短期、中期及长期经营绩效的影响进行实证检验，回归分析结果如表 6-8 所示。

表 6-8　多元线性回归结果

变量	Y_S（Y_0-Y_{-1}）	Y_M（Y_1-Y_{-1}）	Y_L（Y_2-Y_{-1}）
c	5.433 （0.207）	5.017 （0.213）	6.208 （0.186）
ROE	2.056*** （4.096）	2.197** （3.035）	3.011** （3.229）
TQ	2.022** （3.185）	1.481* （2.024）	1.574 （1.610）
Top	0.927 （1.211）	−1.465* （−2.558）	−1.005 （−1.760）
Manage	1.334 （1.212）	−1.030 （−1.001）	1.211 （1.524）
Relative	1.121** （2.905）	2.058* （1.778）	1.442 （1.002）
Matype	−2.770 （−1.438）	−4.395* （−2.210）	−5.935** （−3.962）
Paytype	2.680* （2.015）	2.127 （1.709）	2.004 （1.011）
Belong	4.221 （1.467）	3.076** （2.800）	5.336* （1.317）
Size	4.674 （1.410）	6.366* （1.985）	10.139* （2.673）
R^2	0.291	0.350	0.398
F 值	10.328*	14.010**	20.190***

***、**、*分别表示在 1%、5%、10%的水平上显著

注：括号内数字为 t 值

根据表 6-8，并购企业双方特征、并购交易特征对并购短期、中期、长期经营绩效变化 Y_S、Y_M、Y_L 的 3 个多元线性回归模型的可决系数 R^2 分别为 0.291、0.350 和 0.398，除了短期经营绩效 Y_S 的模型略低以外，中期经营绩效变化 Y_M 和长期经营绩效变化 Y_L 的模型的 R^2 均超过 0.300，说明模型对样本数据的拟合程度比较理想，同时，3 个模型的 F 值均显著，表明模型中的解释变量联合起来对被解释变量的影响显著，每个模型中的解释变量对被解释变量的解释效果较好。

总体而言，各解释变量对并购短期、中期、长期经营绩效变化 Y_S、Y_M、Y_L 的影响方向较为一致，但显著性存在不同，这在一定程度上反映了并购特征对并购发生后经营绩效在不同考察区间的影响存在不同，现将对并购双方特征、并购交易特征对并购经营绩效的影响进行分析。

从并购双方特征角度分析回归结果，可以发现：

（1）目标企业的净资产收益率 ROE 对短期、中期与长期并购经营绩效均显著正相关，接受假设 6-1，即目标企业具有更高的营利能力时，主并企业将取得更好的并购绩效。可能的原因是当被收购企业具有较好的盈利业绩表现时，往往

也表明了其经营状况和财务状况良好，具有较好的成长性，主并企业并购后，如果彼此能够在财务、经营等方面进行良好的内部整合，主并企业将通过并购获取被收购企业的财务利益，通过协同效应，可进一步实现整体财务业绩的提升，增强竞争优势。

（2）目标企业的 TQ 值对短期、中期并购经营绩效均显著正相关，对长期并购经营绩效具有正向影响但不具有显著性，可以接受假设 6-2，即目标企业真实价值高于市场价值的程度越高，主并企业的短期和中期并购绩效越好。其原因可能是当被收购企业的市场价值被低估，主并企业发现这一市场机会并通过并购进行内部化，可以获取被收购企业真实价值与因为市场效率与信息不对称造成的被低估的市场价值之间的差额收益，然而从长期并购绩效来看，目标企业的市场价值却并不具有显著性影响，可能的原因是并购发生后较长考察区间的经营业绩仍然主要受主并企业在业务整合、日常经营等方面的影响。

（3）主并企业第一大股东持股比例 Top 对中期并购经营绩效显著负相关，对短期并购经营绩效具有正向影响，对长期并购经营绩效具有负向影响，但都不具有显著性，拒绝了假设 6-3，即主并企业的股权集中度越高，其并购绩效反而越差。可能的原因是当主并企业的股东力量更为集中时，虽然股东对管理者的监督和约束能力越强，但股东在企业中的地位和话语权都相对更强，股东可能通过并购行为为自己牟取私利，侵害了公司整体的利益，导致并购行为发生后企业的经营业绩呈现负面效果。

（4）主并企业高管持股情况 Manage 对短期、长期并购经营绩效具有正向影响，对中期并购经营绩效具有负向影响，但均不具有显著性，不能接受假设 6-4，即高管持有公司股份与并购绩效之间不具有显著性关系。可能的原因：一方面，当管理层持有公司股份时，由于存在激励作用，其目标可能与公司趋于一致，与增加在职消费等私人利益相比，通过并购实现股东价值会得到更大收益；另一方面，如果高管持有股份也会造成其权力过大，又可能通过并购活动来牟取私利。因此高管持股对并购行为发生后企业经营业绩的影响方向需要根据公司自身的具体情况进行分析。

从并购交易特征角度分析回归结果，可以发现：

（1）关联方关系 Relative 对短期、中期并购经营绩效均显著正相关，对长期并购经营绩效具有正向影响但不具有显著性，可以接受假设 6-5，即并购行为交易双方属于关联方关系时，主并企业的并购绩效更好。可能的原因是，当并购双方属于关联方关系时，他们对主并企业与被收购企业的情况更为了解，对并购之后企业的经营业务调整、组织架构重组、企业文化整合等都更为熟悉，更有利于发挥并购的协同效应，并将这种优势表现在并购发生后主并企业的经营业绩和财务表现方面。

（2）并购类型是横向并购 Matype 与中期、长期并购经营绩效均显著负相关，对短期并购经营绩效具有负向影响但不具有显著性，拒绝了假设 6-6，即当并购类型属于同产业并购时，主并企业的并购绩效更差，这与假设的预期方向相反。其原因可能是，与纵向并购、混合并购相比，虽然同行业横向并购因为主并企业与被收购企业间的经营业务可能更具相似性，预期能更好地发挥协同效应，但是其他两种并购类型可能从其他角度同样由于协同效应获得优势，如纵向并购可以加大对主并企业所处产业链条的其他环节的控制程度，更有利于控制供应商提供的原材料、配件等投入与客户销售市场；混合并购可以通过进入新的行业和经营范围，通过经营业务多元化分散风险，寻找到新的利润增长点。

（3）对价支付方式是现金支付 Paytype 与短期并购经营绩效显著正相关，对中期、长期并购经营绩效具有正向影响但都不具有显著性，可以接受假设 6-7，即使用现金作为支付对价方式的并购，主并企业的并购绩效更好。可能的原因在于，现金支付同时也是主并企业具有良好经营状况且看好被收购企业前景的表现之一，因此并购行为发生后的经营业绩可能会更好。但是由描述性统计分析，房地产业并购研究样本中，主并企业选择采用现金方式进行支付的样本占总样本的比例超过 85%，这与西方资本市场多元化的支付方式相比显得更为单一，企业在选择对价支付方式时可能也并未考虑到现金支付与其他支付方式的区别及为经营业绩带来的作用，因此支付方式对主并企业中期和长期经营业绩的正向作用也并不明显。

（4）并购双方属于非同属管辖关系 Belong 与中期、长期并购经营绩效均显著正相关，对短期并购经营绩效具有正向影响但不具有显著性，可以接受假设 6-8，即并购双方在行政隶属关系方面接受非同一政府的管辖时，主并企业的并购绩效更好。其原因是当并购双方不属于同一省级政府管辖之下时，双方的交易行为可能会更少地受到来自行政方面干预力量的影响，其并购行为的发生更多是源于市场力量作用的结果，是由并购双方在考虑到各自经营战略等情况后所作出的对自身企业有利的行为，其结果也更大概率朝着对主并企业经营业绩最优的方向进行。

3. 稳健性检验

为了检验模型和实证结果是否具有稳健性，将并购特征中的部分解释变量进行替换，如将财务利益、股权集中度等解释变量的度量指标替换为目标企业的资产净利率、收购企业前十大股东持股比例等再次进行回归分析。

稳健性检验的回归结果如表 6-9 所示。

表 6-9　稳健性检验回归结果

变量	Y_S（Y_0-Y_{-1}）	Y_M（Y_1-Y_{-1}）	Y_L（Y_2-Y_{-1}）
c	5.280 （0.199）	4.923 （0.220）	5.900 （0.214）
ROE	3.352** （2.400）	3.349* （2.179）	3.678** （2.911）
TQ	2.427** （3.021）	1.690* （2.220）	1.588 （1.509）
Top	2.169 （0.770）	2.370 （1.244）	−2.010* （−1.905）
Manage	1.055 （1.483）	0.003 （1.001）	0.790 （1.609）
Relative	1.073** （2.497）	2.212* （1.877）	1.706 （1.300）
Matype	−3.016 （−1.500）	−4.237* （−2.440）	−5.111** （−3.603）
Paytype	2.460* （1.911）	2.202 （1.728）	2.250 （1.263）
Belong	4.075 （1.583）	3.169** （2.701）	5.421* （1.300）
Size	4.550 （1.444）	6.173* （2.108）	9.810* （2.543）
R^2	0.288	0.341	0.380
F 值	10.100*	13.990**	19.322***

***、**和*分别表示在 1%、5%和 10%的水平上显著

注：括号内数字为 t 值

稳健性检验的结果显示，将主并企业、目标企业的并购特征方面的解释变量替换后对被解释变量再次进行多元回归分析，与之前实证结果基本一致，因此说明实证结果具有稳健性。

6.5　研究结论与政策建议

6.5.1　研究结论

并购是企业实现规模扩张、快速成长、提升竞争力的重要战略选择。我国房地产业作为具有基础性和先导性的国民经济支柱行业，该板块的并购规模自 2013

年开始出现井喷，至今仍保持着较高热度。我国政府在2015年提出“供给侧结构性改革”的宏观政策取向，房地产企业的并购活动是化解房地产库存的有效途径之一。国家统计局房地产去库存情况显示，2016年我国商品房待售面积近5年来首次出现下降，2016年12月末商品房待售面积为69 539万平方米，比2015年下降2 314万平方米，截至2017年8月末，全国商品房待售面积为62 352万平方米，比7月末减少1 144万平方米，因此可以发现，房地产业库存量在“供给侧结构性改革”政策提出以来，一直呈现出下降的趋势，这有利于行业市场的平稳健康发展。

另外，国内目前房地产业的行业集中度较低，前期积累了大量资本的企业为了继续扩大自身规模，很可能会进一步吞并其他公司并以此提高行业集中度，增强自身在行业中的主导地位与话语权，因此房地产业的并购活动预期将会呈现出更加活跃的趋势。在并购活动中，并购企业最为关注的是并购所带来的收益，与资本市场中股票价格所反映的并购活动带来的短期交易绩效相比，经营绩效更能反映并购活动为并购企业生产经营产生的长期影响。同时，并购的经营绩效不仅受到并购双方企业自身在股权结构、经营财务等方面存在的不同特征的影响，也会受到并购活动过程中对价支付方式、行政隶属关系等交易特征的影响。因此，研究房地产行业并购活动中并购经营绩效的衡量方式，并探究并购企业双方特征与并购交易特征两个维度因素对并购绩效的影响具有实际意义和指导作用。

本章以中国沪、深交易所房地产业上市公司发生的并购活动作为分析对象进行实证研究，采用财务指标法分析发生并购事件后不同区间长度的并购经营绩效变化情况，并从并购双方企业特征、并购交易特征两方面入手，研究影响不同区间长度并购经营绩效的影响因素，丰富了并购相关理论并为并购的经济实践活动提供参考，最终结论如下：

首先，在我国房地产业发生的并购事件中，主并企业从并购中获得了短期价值提升，但是主并企业没有能够通过并购实现中长期经营业绩的有效改善。同时，并购行为给不同房地产业公司带来经营绩效的变化也具有较大的差距。

其次，从并购双方企业自身特征角度来说，被收购企业的财务表现对短期、中期与长期并购经营绩效均有显著的正面作用，同时被收购企业的市场价值对短期、中期并购经营绩效也具有积极作用。因此，主并企业应当主动寻求在市场中具有较好财务表现和较高市场价值的目标企业作为收购对象；从主并企业角度出发，主并企业股权集中度在中长期并购经营绩效均有负面作用，也说明了集中的股权安排可能为大股东利用并购损害公司整体利益提供一定的机会与便利。同时，由于高管持股的两面性，需要根据不同企业自身情况进行分析，因此其对并购绩效的影响也不甚明确。

最后，从并购交易活动过程中的特征角度来看，并购行为交易双方属于关联方关系时，主并企业的短期、中期与长期经营绩效均表现更好；并购类型属于同产业并购时，并购绩效不一定更好，甚至对中期、长期并购经营绩效均有负面作用；使用现金作为支付对价方式的并购，主并企业的短期、中期与长期经营绩效均表现更好；并购行为双方在行政隶属关系方面接受同一政府的管辖时，主并企业的并购绩效表现更好。

6.5.2 政策建议

基于我国房地产行业并购特征对并购经营绩效实证研究的结果，提出以下政策建议，以促进并购行为对资源优化配置作用的发挥。

1. 从并购绩效角度而言，应注重中长期并购绩效

从实证研究结果可以发现，在我国房地产行业发生的并购样本事件中，主并企业通过并购实现了短期的价值增加，但是并没有改善中长期的经营业绩，说明我国房地产行业企业在并购过程中，一方面可能出于短视考虑，未明确并购后的长期战略目标，导致并购发生后的长期经营没有从并购中获益；另一方面可能是因为并购发生后双方在业务经营等方面没有能够进行较好的整合，双方的经营、财务与管理等方面的协同效应没有得到良好的挖掘和发挥，因此长期而言并购的作用并不明显。所以企业在考虑是否进行并购时，应当明确提出并购后需要达成的短期目标与长期战略，具体在实施并购时，需要做好尽职调查工作，准确评估目标企业的价值，合理确定并购双方企业各自的权责，精密设计并购后的企业调整融合方案，分步骤有计划地实施并购。

2. 从规避并购风险角度而言，应做好并购前的尽职调查

从被收购企业方面可以看出，被收购企业的财务表现、市场价值均对并购绩效产生正向影响，因此主并企业希望通过并购行为提升业绩表现时，应当在资本市场中主动去寻求具有较好财务表现的目标企业或者市场价值被显著低估的目标企业，全面实施尽职调查，准确全方位地评估这些企业的财务业绩与市场价值，避开目标企业财务陷阱，这将有助于主并企业在并购中实现预期的绩效目标。

3. 从并购主体角度而言，应完善公司治理结构

通过前文的实证可以发现，主并企业较高的股权集中度对并购绩效产生负向影响，而高管持股对并购绩效具有两面性，因此应当完善房地产行业上市公司内部治理结构，特别是要完善公司的股权结构。一方面，要通过股权激励等方式有效促进管理层勤勉尽责，忠实履行公司目标执行并购决策，实现公司与股东的战略目标；另一方面，要加强监事会、职工大会等机制对经理层、股东等的权力监督与制衡，杜绝大股东侵害中小股东与公司利益，防范管理层道德风险的发生，以真正发挥并购行为对公司经营业绩的提升作用。

4. 就并购交易类型角度而言，应引导企业开展多元化并购

虽然已有文献表明关联方交易可能更便于企业间互相输送利益，导致其成为资本市场丑闻案件频发的重要原因之一，但由实证结果可以看出，其对并购绩效具有正向影响，因此不应当完全否认关联方并购交易行为。相关审批机构可以通过加强对关联交易行为的审批核查或者鼓励并购双方采取更高质量、更为全面的信息披露等方式，引导并购行为的实施；鼓励不同类型的并购行为，充分发挥横向并购利用行业资源促进业务整合以实现规模经济的优势，降低企业成本、提高市场份额，增强企业竞争力，发挥纵向并购增强对上下游产业控制程度的好处，加大企业在全产业链中的话语权与主导地位，发挥混合并购促进经营业务多元化产生的积极影响，分散非市场风险、寻找到新的利润增长点等；鼓励支付方式多元化的同时，突出现金支付的正面作用，利用现金支付发出主并企业看好目标企业发展前景的信号，增强市场信心，进一步增加主并企业的收益；转变政府职能，减少对企业间并购重组行为过度的行政干预，增强市场力量对并购活动的选择权与话语权，积极发挥政府对并购行为的正面引导与促进作用。

第 7 章　企业跨国并购绩效研究

本章以供给侧结构性改革背景下企业跨国并购为研究对象，研究企业跨国并购的短期与长期价值创造效应。

7.1　研 究 背 景

近年来，在世界并购浪潮的风起云涌中，以中国为代表的发展中国家正逐步崛起，成为世界并购舞台中举足轻重的力量。改革开放以来，中国经济取得了举世瞩目的成就，作为世界第二大经济体，中国经济对世界经济增长的贡献率常年稳居全球第一位，世界银行提供的数据显示，2012~2017 年主要国家和地区对世界经济增长的贡献率，美国为 10%，欧盟为 8%，日本为 2%，中国为 34%，中国超过美国、欧盟、日本三者总和，成为全球经济当之无愧的稳定器和发动机，而跨国并购是新常态下中国经济深度参与国际经济合作、向产业价值链中高端跃升、实现供给侧结构性改革的重要战略手段。

1997 年，中央提出“走出去”战略，明确提出“积极扩大我国企业的对外投资和跨国经营”，获取战略资源、开拓海外市场，学习先进设备技艺及管理经验，提升企业核心竞争力。借助政策红利，中国企业开始在跨国并购中崭露头角。2001 年，中国企业抓住中国加入世界贸易组织的契机，在跨国并购中频频出手，以更加开放的姿态积极参与国际分工与合作。2008 年，金融危机席卷全球，全球范围内资源定价普遍下降，跨国公司纷纷减少海外投资，中国企业在资本寒冬中逆势抄底，跨国并购活动获得了井喷式发展。经济新常态背景下，“一带一路”倡议、亚洲基础设施投资银行和“丝路基金”的成立为中国企业“走出去”提供了重大发展机遇，跨国并购成为新常态下中国经济深度参与全球产业协作、化解国内过剩产能、实现供给侧结构性改革的重要战略手段。从 TCL 并购汤姆逊和施耐德、联想收购 IBM 的个人电脑事业部，到吉利收购沃尔沃、三一重工收购德国普茨迈斯特，再到中化集团斥资 430 亿美元入主瑞士先正达创下中企跨国并购新纪录，近年来，中国企业为获取核心战略资源、提升企业创新能力频繁活跃在世界各大并购要案中。

中国企业跨国并购初期，国有企业凭借雄厚的财力和显著的政策优势成为并购大军中当仁不让的主力，中国国有企业的身影频繁活跃在世界各大并购要案之中。伴随中国改革开放的全面深化，中国民营经济获得了飞速发展，政策层面也给予了民营企业跨国并购更加宽松的氛围和更加公平的竞争环境，2016 年，中国民营企业跨国并购金额首次超过国有企业，标志着跨国并购主体中民营企业与国有企业双足鼎立局面的正式形成。2016 年，中国民营企业跨国并购共 612 起，国有企业跨国并购 116 起，在交易数量上，民营企业占据绝对优势地位。

并购的最终目的是为主并企业创造价值，中国企业的跨国并购行为是否真正为企业创造了价值？Margaret 提出了著名的“并购悖论”：基于部分学者的研究成果发现，多数企业的跨国并购活动并未给股东创造价值，但现实经济活动中企业的并购积极性却有增无减。那么中国企业的跨国并购活动是否也陷入了“并购悖论”的怪圈？中国企业跨国并购是否获得了预期的并购协同效应，实现了既定的战略目标？国有企业与民营企业作为中国跨国并购的两大主体，并购绩效究竟孰优孰劣，市场认可度有无差异？本章将通过实证分析为跨国并购的价值创造效应提供证据。

7.2　样 本 选 择

本章研究样本涵盖沪深两市股权分置改革后 2007 年 1 月 1 日至 2016 年 12 月 31 日发布公告并成功进行跨国并购的中国上市公司，并购数据取自国泰安数据库、Wind 数据库、SINNOFIN 中国证券市场数据库，同时详细参阅了中国证券监督管理委员会（以下简称中国证监会）指定的信息披露网站——中国证券网、巨潮资讯网、证券时报网，在手动搜集跨国并购案例与补全缺失数据的过程中，借助了凤凰财经、网易财经等门户网站，并比照上海证券交易所、深证证券交易所官方网站披露的上市公司跨国并购公告文件，对样本数据进行了校对与修正，最大限度保证数据的真实性、准确性与完整性。为取得具有代表性的中国企业跨国并购样本，遵循以下原则对样本进行筛选：①并购发起方为中国 A 股上市公司（含同时在美国等其他国家或地区上市的中国公司），被并购方为国外公司，并购类型为资产并购或者股权并购；②为消除干扰因素的影响，剔除并购公告日前后一个月内发生资产重组、未决诉讼、限售股解禁等重大事项的样本；③若并购方一年内进行多次跨国并购，则取第一次公告日数据作为样本数据；④若跨国并购属于关联交易，则剔除该样本；⑤若任意一项样本指标数据缺失，则剔除该样本；⑥若不同来源的样本数据有差异且无法通过交叉稽核核实数据的准确性，则剔除该样本；⑦剔除有 ST 和*ST 标记的样本。

按照上述原则，最终得到 685 家中国企业跨国并购样本，其中，国有企业跨国并购样本 369 家，占比 53.87%；民营企业跨国并购样本 316 家，占比 46.13%。为了控制极端异常值对研究结果的影响，对所有连续变量按照 1%的水平进行了双向缩尾处理。

国有企业与民营企业以实际控制者的性质作为界定标准。国有企业是指国家或者国有单位投资额占被投资企业股权 50%以上（含 50%）或虽然未拥有多数股权但对被投资企业拥有实际控制权的企业；民营企业是指非国有企业，通过 Wind 数据库可获取企业实际控制人的相关信息。样本产权性质分布情况见表 7-1，从中可以看出国有企业与民营企业样本数量大致相同，进一步说明我国跨国并购呈现双足鼎立的态势。

表 7-1　样本产权性质分布情况

产权性质	全样本	国有企业样本	民营企业样本
样本数	685	369	316
占比	100%	53.87%	46.13%

样本行业分布情况见表 7-2，从中可以看出，制造业聚集了最多的中国企业跨国并购样本，样本数为 165，占比 24.09%；租赁和商务服务业次之，跨国并购样本数为 120，占比 17.25%；信息传输、软件和信息技术服务业与电力、热力、燃气及水的生产和供应业样本数分别为 77、71，占比分别为 11.24%、10.36%。

表 7-2　样本行业分布情况

行业名称	样本数	比例
制造业	165	24.09%
租赁和商务服务业	120	17.52%
信息传输、软件和信息技术服务业	77	11.24%
电力、热力、燃气及水的生产和供应业	71	10.36%
交通运输、仓储和邮政业	63	9.20%
房地产业	47	6.86%
金融业	46	6.72%
文化、体育和娱乐业	25	3.65%
住宿和餐饮业	17	2.48%
采矿业	16	2.34%
批发和零售业	12	1.75%

续表

行业名称	样本数	比例
科学研究和技术服务业	8	1.17%
农林牧渔业	8	1.17%
教育	4	0.58%
水利、环境和公共设施管理业	3	0.44%
建筑业	3	0.44%
总计	685	100%

注：小计数据之和不等于总计数据，是因为进行过舍入修约

7.3　跨国并购短期价值创造效应评价

本节主要运用事件研究法来进行并购短期价值创造效应的评价，并根据并购方产权性质的差异，将总样本进一步细分为国有企业跨国并购样本和民营企业跨国并购样本，并对研究结果进行分组报告。

7.3.1　短期价值创造的统计分析

表 7-3 报告了中国企业跨国并购短期价值创造效应。总样本中，跨国并购公告日超额收益率 AR 为 0.88%，在 1%的水平上显著为正，且跨国公告日后 10 天 CAR 达到4.89%，在5%的水平上显著为正，表明总体而言市场对中国企业跨国并购行为做出了积极评价，中国企业跨国并购为企业创造了价值。在跨国并购公告前 7 个交易日，全样本 AR 为 0.06%，并开始具备统计学意义上的显著性，而其 CAR 也在并购公告前 6 个交易日开始出现较为显著的正向反应，这意味着并购信息在上市公司正式披露之前可能已经提前泄露。由于跨国并购涉及并购方、标的企业、投资银行、律师事务所、会计师事务所、资产评估机构等诸多主体，因此跨国并购相关信息保密难度和保密成本都较高，不管是国有企业还是民营企业，在跨国并购正式公告前其股票均出现了一定程度的异动，表明并购信息已经提前释放并反映在了并购方股票价格中，这与薛健和窦超（2015）的研究结论一致。

资本市场在跨国并购公告日前 8 个交易日已经开始对国有企业跨国并购事件产生较为显著的正向反应，借鉴邓淑芳等（2007）的研究思路，将国有企业进一步细分为中央企业和地方国企后发现：地方国企跨国并购信息最容易被市场提前察觉，并购公告前 8 个交易日股票价格已经开始出现异动；中央企业跨国并购信息保密工

作做得相对较好，股票价格在央企跨国并购前 6 个交易日才开始出现显著的反应。

表 7-3　中国企业跨国并购短期价值创造效应

事件日	全样本				国有企业跨国并购样本				民营企业跨国并购样本			
	AR	J_1统计量	CAR	J_2统计量	AR	J_1统计量	CAR	J_2统计量	AR	J_1统计量	CAR	J_2统计量
−10	−0.03%	−0.06	−0.03%	−0.14	0.04%	0.08	0.04%	0.15	−0.13%	−0.85	−0.13%	−0.74
−9	0.02%	0.32	0.01%	0.25	−0.13%	−0.28	−0.09%	−0.21	0.23%	0.76	0.10%	0.63
−8	0.19%	0.19	0.18%	0.21	0.08%*	0.19	−0.01%	−0.08	0.34%	0.74	0.44%	0.79
−7	0.06%*	1.21	0.12%	0.32	0.04%*	0.95	0.03%	0.13	−0.19%	−0.91	0.25%	0.98
−6	0.05%*	1.05	0.15%*	1.18	−0.16%*	−1.11	−0.13%*	−0.92	0.29%**	2.25	0.54%**	2.04
−5	0.11%*	1.31	0.26%*	1.14	0.03%*	1.37	−0.10%	−0.82	0.29%**	2.62	0.83%**	2.16
−4	0.20%**	2.53	0.46%**	1.99	0.12%*	0.98	0.02%**	1.29	0.31%**	2.77	1.14%**	2.68
−3	0.31%**	2.19	0.77%**	2.12	0.22%*	1.22	0.24%*	1.12	0.45%***	3.81	1.59%***	3.92
−2	0.42%**	2.18	1.19%*	1.39	0.31%**	1.92	0.55%**	1.81	0.58%***	3.92	2.17%**	1.91
−1	0.49%**	2.17	1.68%**	2.18	0.29%***	2.99	0.84%***	3.25	0.73%***	3.61	2.90%***	3.65
0	0.88%***	3.51	2.56%***	3.25	0.42%***	4.12	1.26%***	4.98	1.41%***	4.06	4.31%***	3.37
1	0.81%***	3.27	3.37%***	3.96	0.56%***	3.67	1.82%***	4.46	1.17%***	3.98	5.48%***	3.68
2	0.55%**	2.62	3.92%**	2.26	0.59%***	3.18	2.41%***	4.93	0.61%***	3.44	6.09%***	3.52
3	0.42%**	2.49	4.34%***	3.36	0.31%**	1.98	2.72%***	3.25	0.55%***	3.52	6.64%***	3.71
4	0.18%*	1.71	4.52%***	3.65	0.51%**	1.87	3.23%***	3.56	−0.12%*	−1.04	6.52%***	3.19
5	0.20%**	2.40	4.72%***	3.97	0.22%*	1.09	3.45%**	2.23	0.37%**	2.19	6.89%**	2.13
6	0.19%*	1.69	4.91%**	2.14	0.16%**	2.12	3.61%**	1.35	0.25%***	3.64	7.14%***	3.09
7	−0.16%	−0.21	4.78%**	2.42	−0.35%*	−1.49	3.26%***	3.29	0.20%***	3.55	7.25%***	3.41
8	0.06%	0.19	4.84%**	2.29	−0.11%	−0.56	3.15%***	3.95	0.18%***	3.46	7.43%***	3.14
9	0.04%*	1.68	4.88%**	2.17	−0.08%*	−1.07	3.07%**	2.12	0.14%***	3.18	7.57%***	3.25
10	0.01%	0.11	4.89%**	1.92	0.13%*	1.34	3.20%**	2.25	−0.09%*	−1.07	7.48%**	2.07

*、**和***分别表示在 10%、5%和 1%的水平上显著

注：括号中为 t 值

中国企业跨国并购短期价值创造效应结果如表 7-3 所示，受跨国并购事件影响，国有企业 AR 在并购公告后第 2 日达到峰值 0.59%，民营企业超额收益率在并购公告当日达到峰值 1.41%。全样本结果显示，并购公告前 6 个交易日，并购方 AR 达到 0.05%，此后并购方 AR 均呈现上升趋势，并在并购公告当日达到最大值后呈现波动下降趋势，至跨国并购公告后 10 日 AR 逐渐趋近于 0，表明市场经过 10 个交易日完全吸收了跨国并购带来的影响。

7.3.2　短期价值创造的趋势分析

为了更好地研究 AR 的变化趋势，将总样本进行细分，分为全样本、民营企

业与国有企业，做出并购 AR 及并购 CAR 变化图，见图 7-1 和图 7-2。

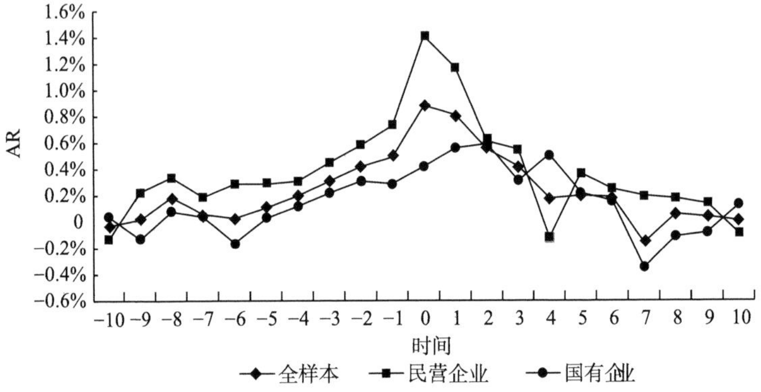

图 7-1　中国企业跨国并购 AR 变化图

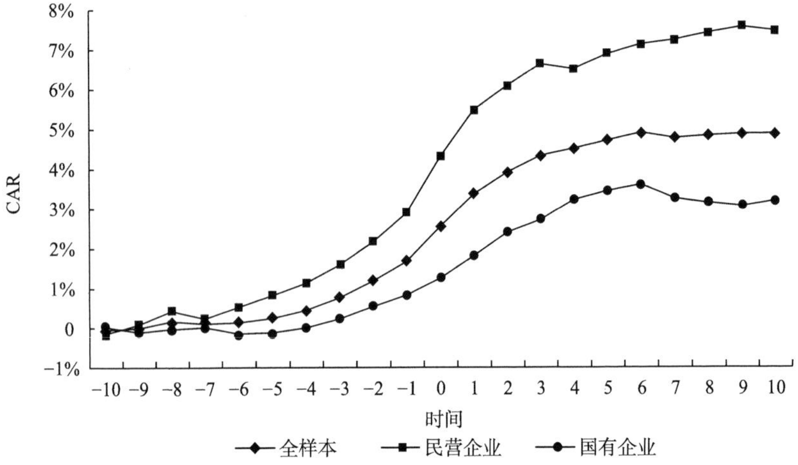

图 7-2　中国企业跨国并购 CAR 变化图

对比国有企业与民营企业跨国并购样本后可以发现：市场对中国国有企业和民营企业跨国并购均做出了正面评价，且市场对民营企业跨国并购的积极评价显著高于国有企业。对比考察期 CAR，民营企业公告后 10 日 CAR 达到 7.48%，国有企业公告后 10 日 CAR 为 3.20%；民营企业并购公告日 AR 为 1.41%，国有企业并购公告日 AR 为 0.42%，两者均在 1%的水平上具有统计显著性。民营企业跨国并购公告日之后的 10 个交易日中，有 7 个交易日 AR 为正值且在 1%的水平上显著为正；相比之下，国有企业跨国并购公告日之后的 10 个交易日中，有 7 个交易日 AR 为正值，但仅有 2 个交易日 AR 在 1%的水平上显著。

在跨国并购中，中国国有企业的政府背景更容易引起其他国家的警觉与担忧，因此国有企业在跨国并购过程中面临的风险和不确定性往往更高，相比之下民营企业公司治理机制和运营机制更加灵活，从并购方案的设计、并购实施到并购后的整合，均是以市场效率为前提，因此资本市场对中国民营企业跨国并购给予了更加积极的反应。

7.3.3　稳健性检验

为了检验上述研究结果的稳健性，在测度企业跨国并购短期价值创造效应时，借助事件研究法中另外一种常见的模型——均值调整模型估计股票的正常收益率。

均值调整模型基本公式如下：

$$\mathrm{AR}_{it} = R_{it} - \overline{R}_t \tag{7-1}$$

$$\overline{R}_t = \frac{1}{N}\sum_{t \in T} R_{it} \tag{7-2}$$

其中，t 为事件研究法的估计期；N 为估计期内的交易日天数；$\overline{R}_t$ 为股票 t 的平均收益率。

以均值调整模型作为正常收益率估计的基本模型，分别计算中国企业跨国并购 AR 和 CAR，并按照全样本、国有企业样本和民营企业样本对检验结果进行了分类列示，结果如表 7-4~表 7-6 所示。

表 7-4　全样本跨国并购价值创造效应稳健性检验

事件日	AR			CAR		
	均值	中位数	正值占比	均值	中位数	正值占比
−3	0.291%** (2.378)	0.245%** (2.263)	56.796%** (1.906)	0.763%** (2.338)	0.749%** (1.820)	58.231%** (2.313)
−2	0.396%** (2.554)	0.378%** (2.155)	61.857%** (2.153)	1.218%** (2.324)	1.191%** (1.773)	64.877%** (1.745)
−1	0.472%** (2.165)	0.441%** (1.765)	63.539%** (1.805)	1.575%** (2.312)	1.538%*** (3.548)	67.521%*** (4.123)
0	0.851%*** (5.017)	0.792%*** (2.369)	71.194%*** (3.286)	2.482%*** (3.257)	2.334%*** (4.112)	74.861%*** (4.328)
1	0.828%*** (4.672)	0.712%*** (3.432)	66.223%*** (4.165)	3.295%*** (5.017)	3.258%*** (4.603)	73.315%*** (4.234)
2	0.518%** (2.489)	0.488%** (1.791)	64.716%** (2.265)	3.948%** (2.508)	3.887%*** (4.544)	72.848%*** (4.178)
3	0.475%** (2.549)	0.426%** (1.931)	61.779%** (1.924)	4.315%*** (4.817)	4.266%** (1.966)	69.679%** (2.075)

和*分别表示在 5%和 1%的水平上显著

注：均值一栏括号中为 t 检验统计值，中位数一栏括号中为 Wilcoxon 符号秩检验统计值，正值占比一栏括号中为二项式符号 Z 检验统计值

表 7-5 国有企业样本跨国并购价值创造效应稳健性检验

事件日	AR			CAR		
	均值	中位数	正值占比	均值	中位数	正值占比
−3	0.212%** (2.113)	0.221%** (1.919)	55.675%** (2.257)	1.227%** (2.008)	0.238%** (2.051)	56.972%** (2.210)
−2	0.327%** (2.595)	0.316%** (2.081)	59.022%*** (4.027)	0.518%** (2.543)	0.493%** (2.246)	63.595%** (2.047)
−1	0.289%*** (3.419)	0.293%*** (2.924)	61.335%*** (3.430)	0.832%*** (3.747)	0.827%** (2.077)	66.429%** (2.058)
0	0.576%*** (3.758)	0.451%*** (3.447)	68.178%*** (3.798)	1.195%*** (2.763)	1.177%*** (4.529)	72.472%*** (3.934)
1	0.421%*** (4.193)	0.485%*** (3.098)	64.152%*** (3.245)	1.743%*** (3.840)	1.687%*** (4.359)	71.164%*** (3.562)
2	0.416%*** (4.257)	0.561%*** (3.808)	62.878%*** (4.408)	2.279%*** (3.705)	2.195%*** (4.290)	72.527%*** (3.820)
3	0.291%** (2.365)	0.312%** (2.205)	64.295%** (2.124)	2.697%*** (3.463)	2.631%*** (3.817)	69.327%** (2.024)

和*分别表示在 5%和 1%的水平上显著

注：均值一栏括号中为 *t* 检验统计值，中位数一栏括号中为 Wilcoxon 符号秩检验统计值，正值占比一栏括号中为二项式符号 *Z* 检验统计值

表 7-6 民营企业样本跨国并购价值创造效应稳健性检验

事件日	AR			CAR		
	均值	中位数	正值占比	均值	中位数	正值占比
−3	0.431%* (1.798)	0.412%* (1.882)	58.771%** (2.205)	1.579%** (2.056)	1.527%** (1.927)	59.459%** (2.116)
−2	0.564%** (2.485)	0.551%** (2.152)	63.118%** (1.766)	2.029%** (2.482)	1.984%** (1.949)	66.151%** (2.329)
−1	0.716%*** (2.938)	0.697%*** (3.292)	67.458%*** (4.366)	2.831%*** (2.840)	2.765%*** (3.889)	68.624%*** (3.581)
0	1.386%*** (3.542)	1.367%*** (3.770)	73.088%*** (4.235)	4.259%*** (2.796)	4.176%*** (3.405)	77.251%*** (4.670)
1	1.224%*** (2.662)	1.197%*** (3.238)	69.078%*** (3.675)	5.219%*** (3.126)	5.226%*** (3.234)	75.464%*** (4.690)
2	0.587%*** (3.243)	0.601%*** (3.804)	67.045%** (2.283)	5.895%*** (4.132)	5.791%*** (2.906)	73.169%*** (3.490)
3	0.591%*** (3.920)	0.562%** (1.828)	64.081%** (2.260)	6.528%*** (4.007)	6.446%** (2.154)	70.027%** (2.198)

*、**和***分别表示在 10%、5%和 1%的水平上显著

注：均值一栏括号中为 *t* 检验统计值，中位数一栏括号中为 Wilcoxon 符号秩检验统计值，正值占比一栏括号中为二项式符号 *Z* 检验统计值

对于 AR 的中位数和 CAR 的中位数，采用 Wilcoxon 符号秩检验统计量检验

其显著性水平。Wilcoxon 非参数检验方法比单纯采用正负号的检验更加有效，该方法的基础是成对观测数据的符号检验，它能够将 t 检验的组间数据做成对比较，但并不要求被检验数据的组间差服从正态分布，只要求对称分布即可。假设 X_1，X_2，…，X_n 和 Y_1，Y_2，…，Y_n 是处理前的两组样本数据，做出如下假设检验：

假设 7-1a：差值的总体中位数等于零，即 di=0；

假设 7-1b：差值的总体中位数不等于零，即 di≠0。

Wilcoxon 符号秩检验具体步骤如下：

（1）求出成对观测数据的差 di，并将 di 的绝对值按大小顺序编上等级（Mann-Whitney U 秩检验）。

（2）等级编号完成以后恢复正负号，分别求出正等级之和 $T+$和负等级之和 $T-$，选择 $T+$和 $T-$中较小值作为 Wilcoxon 符号秩检验统计量 T。

（3）根据显著性水平 α 查表得到临界值，若 $T<T_{\alpha}$，则拒绝原假设 7-1a。

对 AR 和 CAR 的均值、中位数和正值占比分别进行了 t 检验、Wilcoxon 符号秩检验、二项式符号 Z 检验，结果见表 7-4。研究结果表明，全样本跨国并购公告日 AR 均值为 0.851%，在 1%的水平上显著为正，中位数为 0.792%，正值占比为 71.194%；全样本跨国并购公告日 CAR 均值为 2.482%，同样在 1%的水平上显著为正，中位数为 2.334%，正值占比为 74.861%，表明中国企业跨国并购总体取得了正向的财富效应，并购行为获得了市场的认可。在跨国正式公告前 2 个交易日，全样本 AR 已经开始显著为正，达到 0.396%，且正值占比达到 61.857%；CAR 达到 1.218%，在 5%的水平上显著为正，正值占比达到 64.877%，表明企业跨国并购信息在上市公司正式披露之前已经泄露，市场已提前对此做出反应，这也与前文研究结论一致，证明研究结论较为稳健。

区分产权性质的稳健性检验结果见表 7-5 和表 7-6。可以看出，国有企业在跨国并购公告日 AR 均值为 0.576%，CAR 均值为 1.195%，均在 1%的水平上显著为正；国有企业 AR 的中位数为 0.451%，正值占比为 68.178%，CAR 的中位数为 1.177%，正值占比为 72.472%，表明国有企业跨国并购为企业创造了价值，与前述研究结论一致。民营企业样本组稳健性检验结果显示，跨国并购公告日 AR 均值为 1.386%，CAR 均值为 4.259%，均在 1%的水平上显著为正，民营企业 AR 均值和 CAR 均值均显著大于国有企业；在跨国并购公告日，民营企业 AR 和 CAR 的中位数分别为 1.367%和 4.176%，正值占比分别为 73.088%和 77.251%，检验结果表明，中国民营企业跨国并购取得了正向的财富创造效应，且与国有企业相比，市场对中国民营企业发起的跨国并购给予了更加积极的评价，与前述研究结论一致，证明研究结果较为稳健。

7.4　跨国并购长期价值创造效应评价

7.4.1　研究设计

日历时间研究法能够克服因行业等因素造成的股票收益率横截面相关等问题，成为评价企业并购长期价值创造效应的常用方法。借助 Fama-French 三因子模型，运用日历时间研究法对中国国有企业与民营企业跨国并购长期价值创造效应进行研究。Fama 和 French 在资本资产定价模型（capital asset pricing model，CAPM）中加入了公司规模和账面市值比两个因素，构建出 Fama-French 三因子模型，将样本公司股票收益率按照 Fama-French 三因子模型进行回归，得到的截距即该投资组合的超额收益率，据此判断企业跨国并购长期价值创造效应。Fama 和 French 在构建三因子模型的过程中，基于西方资本市场的发展现实将股票的账面市值比作为收益率的解释变量。本章的跨国并购样本全部取自中国沪深两市上市公司，鉴于中国 A 股市场中存在相当高比重的非流通股，因此，在运用 Fama-French 三因子模型研究中国国有企业和民营企业跨国并购长期价值创造效应时，运用流通市值比变量代替账面市值比变量，以更好地契合现阶段中国资本市场发展的现实状况。Fama-French 三因子模型基本公式如下：

$$\mathrm{LCAR}_{it} = R_{it} - R_{rt} = \alpha_i + \beta_i\left(R_{mt} - R_{rt}\right) + s_i\mathrm{SMB}_t + h_i\mathrm{HML}_t \tag{7-3}$$

其中，R_{it} 表示 i 公司 t 月的实际收益率；R_{rt} 表示 t 月的无风险报酬率；R_{mt} 表示 t 月的市场回报率；SMB_t 为公司规模因素，等于 t 月小规模公司组合收益减去大规模公司组合收益；HML_t 为流通市值比因素，等于低流通市值比公司组合收益减去高流通市值比公司组合收益。

将全样本、国有企业样本和民营企业样本按照公司规模和流通市值比排序，分别按照 30%的最小值、40%的中间值和 30%的最大值将其分为 3 类，则全样本、国有企业样本和民营企业样本均可得到 9 种不同的样本组合。无风险报酬率采用中国内地 1 年期央行基准利率，月度无风险报酬率以 1 年期央行基准利率除以 12 得到。选取跨国并购公告日后 36 个月的股票月度收益率数据对中国企业跨国并购长期价值创造效应进行研究。鉴于前述 685 个跨国并购样本中部分样本并购事件发生后未满 36 个月，因此无法取得相应的股票月度收益率，将此部分数据缺失的样本剔除，共得到 596 个有效样本数据，其中，国有企业样本 315 个，占比 52.85%；民营企业样本 281 个，占比 47.15%。

7.4.2 长期价值创造效应分析

表 7-7 的中国企业跨国并购长期价值创造效应结果显示，总体而言，中国企业跨国并购 3 年期长期价值创造效应为正值，在公司规模与流通市值比的 9 个样本组合中，有 7 个样本组合回归结果的截距 α 为正值，表明全样本 7 个跨国并购样本组合的 AR 显著为正值；有 2 个样本组合的 AR 为负值。这表明长期而言，中国企业的跨国并购行为得到了市场的认可，取得了正向的财富效应，为企业创造了价值。

表 7-7 中国企业跨国并购长期价值创造效应

公司规模	流通市值比			流通市值比		
	低	中等	高	低	中等	高
	α_i			β_i		
小	1.654% （1.250）	3.145%** （2.383）	1.987% （1.541）	1.219% （1.216）	1.086%** （2.110）	0.963% （1.358）
中等	−0.113%** （−2.423）	0.023% （1.592）	−0.112% （−1.345）	1.256% （1.012）	1.048% （1.495）	1.187%* （1.945）
大	2.213%* （1.815）	0.148%*** （3.767）	1.667%** （2.190）	0.881% （1.371）	0.946% （1.351）	1.415% （1.579）
	s_i			h_i		
小	0.341% （1.170）	0.842% （0.991）	−0.075%*** （−4.276）	−0.621% （−1.218）	−0.435%*** （−3.912）	0.181% （1.395）
中等	0.414% （0.987）	−0.255% （−1.530）	0.747% （1.505）	0.068% （1.314）	−0.045%* （−1.787）	−0.739% （−1.023）
大	0.631% （1.468）	0.542%** （2.552）	0.686% （1.626）	−0.157% （−1.059）	−0.021% （−1.401）	−0.116% （−1.269）

*、**和***分别表示在 10%、5%和 1%的水平上显著

注：括号中为 t 值

表7-8国有企业跨国并购长期价值创造效应的结果显示，在国有企业的9个跨国并购样本组合中，6 个样本组合的回归模型截距为正值，且均具有统计学意义上的显著性。其中，公司规模小、流通市值比中等的样本组合的 AR 最高，达到了 3.742%，在 1%的水平上显著为正；公司规模中等、流通市值比高的样本组合的AR次之，达到3.461%，在1%的水平上显著为正。在国有企业跨国并购样本组合中，3 个负值截距分别出现在中等规模中等流通市值比、大规模中等流通市值

比、大规模高流通市值比的样本组合中，其中大规模中等流通市值比的样本组合的长期价值创造效应最不理想，截距值为−3.145%，大规模高流通市值比的样本组合的截距为−1.597%，两者均在 10%的水平上显著为负，因此对于国有企业跨国并购而言，中等规模和小规模的国有企业获得市场认可的程度比大规模国有企业更高。总体而言，中国国有企业跨国并购取得了长期的正向超额收益，其并购行为获得了市场的认可。

表 7-8　中国国有企业跨国并购长期价值创造效应

公司规模	流通市值比			流通市值比		
	低	中等	高	低	中等	高
	α_i			β_i		
小	2.189%*** (3.006)	3.742%*** (3.380)	1.352%** (2.388)	0.967% (1.373)	1.148%** (2.388)	1.321% (1.630)
中等	1.877%*** (3.859)	−1.049% (−1.231)	3.461%*** (2.791)	0.792% (1.498)	−1.113% (−1.607)	0.966%* (1.820)
大	2.571%*** (3.369)	−3.145%* (−1.831)	−1.597%* (−1.955)	0.922%** (2.388)	1.075% (1.640)	1.292% (1.160)
	s_i			h_i		
小	0.941%* (1.973)	−0.723% (−1.461)	−0.094% (−1.340)	0.584% (1.350)	−0.291% (−1.037)	0.076%** (2.388)
中等	0.351% (1.519)	−0.114% (−1.086)	0.079%** (2.388)	−0.261% (−1.253)	−0.445%* (−1.723)	−0.357% (−1.239)
大	0.314% (1.045)	0.147%** (2.388)	0.068% (1.645)	−0.059%*** (−1.122)	−0.184% (−1.010)	−0.316% (−1.035)

*、**和***分别表示在 10%、5%和 1%的水平上显著

注：括号中为 t 值

中国民营企业跨国并购长期价值创造效应结果见表 7-9。可以发现，在民营企业跨国并购的 9 个样本组合中，有 8 个样本组合回归结果的截距 α 为正值，其中 5 个样本组合回归模型的截距在 1%的水平上具有统计学意义上的显著性，3 个样本组合在 5%的水平上具有统计学意义上的显著性，因此总体而言，中国民营企业跨国并购长期 AR 显著为正。其中，中等规模和中等流通市值比的样本组合 AR 最高，达到 5.279%，大规模中等流通市值比的样本组合 AR 次之，为 4.576%，两者均在 1%的水平上显著为正。民营企业跨国并购样本中唯一的负值截距出现在中等规模低流通市值比的样本组合中，其 AR 为−2.172%，但并不具备统计学意义上的显著性，因此可以得出结论，长期来看，中国民营企业跨国并购取得了正向的价值创造效应，并购行为得到了市场的积极认可，为企业创造了价值。

表 7-9　中国民营企业跨国并购长期价值创造效应

公司规模	流通市值比			流通市值比		
	低	中等	高	低	中等	高
	α_i			β_i		
小	1.258%** (2.207)	3.332%*** (3.809)	3.176%*** (2.926)	1.421% (1.215)	1.048%** (2.474)	0.875% (1.558)
中等	−2.172% (−1.410)	5.279%*** (2.688)	2.687%*** (2.813)	0.931%* (1.674)	−1.135% (−1.298)	1.286% (1.168)
大	1.965%** (2.537)	4.576%*** (3.139)	2.019%** (2.417)	1.196%** (2.138)	1.305% (1.307)	1.112% (1.368)
	s_i			h_i		
小	0.417% (1.489)	0.754% (1.583)	−0.142% (−1.427)	−0.278% (−1.161)	0.191%*** (3.009)	0.687% (1.545)
中等	−0.313%** (−2.193)	−0.176% (−1.203)	0.521% (1.320)	−0.025%* (1.875)	0.247%* (1.776)	0.073%** (2.251)
大	−0.416% (−1.109)	0.291%** (2.516)	0.386%*** (3.162)	0.416%** (2.255)	−0.324% (−1.064)	0.179% (1.220)

*、**和***分别表示在 10%、5%和 1%的水平上显著

注：括号中为 t 值

7.4.3　稳健性检验

为了检验上述研究结果的稳健性，运用经日历时间调整的超额收益率法检验前述中国企业长期价值创造效应的研究结果，其基本思路是构造基准参考组合，然后将并购企业的收益率与基准参考组合进行比较，从而判断跨国并购长期价值创造效应。经日历时间调整的超额收益率法基本步骤如下：

第一步：构造基准参考组合并计算年平均收益率。

基准参考组合由未发生并购行为的企业组成。将样本企业所在股票市场所有上市公司按照股票市值和流通市值比两个指标分别平均分为 5 组，两两交叉组合后形成 25 组样本组合。将每一样本组中的股票按照年末股票市值计算加权平均收益率。

第二步：计算样本平均超额收益。

将样本公司按照股票市值与流通市价比与 25 个基准参考组合形成对应关系，并按照样本公司股票市值计算加权平均收益率。并购公司股票加权平均收益率与其对应的基准参考组合的平均收益率的差额即样本公司平均超额收益率。

第三步：对样本平均超额收益率进行 t 检验，以验证其是否具备统计学意义上的显著性。

跨国并购长期价值创造效应稳健性检验结果见表 7-10，从中可以看出，中国

企业跨国并购长期价值创造效应为正值，表明中国企业跨国并购发挥了预期的价值创造效应，获得了市场的认可。就全样本而言，中国企业跨国并购的 AR 在并购活动完成后的 24 个月内呈现上升趋势，跨国并购的 CAR 在第 2 年达到峰值 5.121%，表明跨国并购价值创造效应在第 2 年得到充分释放。

表 7-10　中国企业跨国并购长期价值创造效应稳健性检验

项目	6 个月	12 个月	18 个月	24 个月	30 个月	36 个月
总样本	2.311%** (2.471)	2.617%** (2.410)	3.575%*** (4.873)	5.121%*** (4.173)	3.251%* (1.952)	3.861%* (1.823)
民营企业样本	4.426%* (1.731)	5.936%*** (3.652)	6.287%*** (3.821)	7.464%*** (4.490)	6.571%** (2.280)	6.422%* (1.911)
国有企业样本	1.939%*** (4.490)	2.541% (0.987)	2.491%** (2.335)	3.171%*** (4.849)	2.329%** (2.075)	2.214%* (1.709)

*、**和***分别表示在 10%、5%和 1%的水平上具有统计显著性

注：括号中为 t 值

区分产权性质后可以发现，中国民营企业各个时期的长期平均超额收益率均高于国有企业，表明市场对中国民营企业的跨国并购行为认可程度更高。中国民营企业 1~3 年跨国并购价值创造效应均显著为正，并购完成后的 1~2 年内，AR 呈现上升趋势，在并购后第二年达到峰值 7.464%，并呈现下降趋势。国有企业跨国并购虽然也获得了正向的超额收益，但 AR 均值低于民营企业，国有企业跨国并购的 AR 同样在第二年达到峰值 3.171%，之后呈现下降趋势。长期来看，中国企业跨国并购行为取得了正向的价值创造效应，获得了市场的认可。

7.5　研究结论与建议

7.5.1　研究结论

本章对中国企业跨国并购价值创造效应进行了评价，并且按照全样本、国有企业样本、民营企业样本进行了分组报告。在逐一查找梳理了 2007 年我国股权分置改革后沪深两市 A 股上市公司的跨国并购案例后，最终得到 685 家跨国并购典型案例，其中国有企业样本 369 个，民营企业样本 316 个。鉴于我国资本市场发育尚未成熟，企业财务指标数据可能存在被人为干预和操纵的风险，本章运用事件研究法和日历时间研究法，借助资本市场的价值发现功能对中国企业跨国并购短期和长期价值创造效应进行评价，得到以下结论：

（1）运用事件研究法研究中国企业跨国并购短期价值创造效应，以市场模

型作为基准模型，测算出跨国并购事件发生前后并购方的 AR 和 CAR。结果表明，中国企业跨国并购公告日 AR 显著为正，CAR 在公告日后第 6 个交易日达到峰值 4.91%；区分产权性质后的研究结果表明：跨国并购事件发生后，民营企业 AR 和 CAR 均显著高于国有企业，表明市场对中国民营企业跨国并购给予了更加积极的评价。

（2）运用日历时间研究法，借助 Fama-French 三因子模型，将样本公司按照公司规模和流通市值比划分为9个组合，以Fama-French三因子模型的截距项测度企业跨国并购的中长期价值创造效应。研究结果表明，全样本 9 个组合中 AR 显著为正的组合有 7 个，区分产权性质后发现，民营企业正向 AR 组合比例显著高于国有企业。总体而言，中国企业“走出去”并没有以牺牲企业利益为代价，中国企业跨国并购行为提升了企业价值并获得了市场的认可。

7.5.2 研究建议

1. 建议政府要出台相关政策，以进一步推动我国企业开展跨国并购

本章研究结果表明中国企业跨国并购取得了正向的财富效应，并购行为获得了市场的认可。十九大将“推动构建人类命运共同体，遵循共商共建共享原则，推进‘一带一路’建设”写入党章，赋予了“一带一路”新的历史使命：“一带一路”不仅仅是简单地推动中国企业“走出去”，而且是作为中长期国家顶层战略规划，助力中国企业积极参与世界范围内的经济协作，促进中国企业向全球产业价值链中高端攀升。2014 年 9 月，商务部最新修订的《境外投资管理办法》规定，中国企业境外投资实行“备案为主、核准为辅”的管理模式，跨国并购投资审批流程和行政手续的简化赋予了中国企业跨国并购更大的决策自主权。2017 年 8 月，为推动境外投资的合理有序健康发展，国家发改委、商务部、人民银行等四部委颁布了《关于进一步引导和规范境外投资方向的指导意见》，加强对境外投资的宏观指导，明确将境外投资分为鼓励、限制和禁止这三类，进一步加大了对医疗健康、装备制造、电子信息、运输物流、互联网科技等符合“中国制造2025”和“供给侧结构性改革”战略目标的并购活动的支持力度。

2. 企业应顺应国际形势，把握企业并购的战略时机

借助改革开放的政策红利，中国经济取得了举世瞩目的成就，对外贸易中常

年的贸易顺差让中国积累了大量的外汇储备，截至 2018 年 4 月，我国外汇储备规模为 3.12 万亿美元，长期稳居世界第一大外汇储备国地位，为中国企业实施跨国并购提供了充足的资金保障。“一带一路”倡议、人民币升值、国企改革、多层次资本市场构建等制度红利为中国企业跨国并购提供了难得的战略机遇。2008 年金融危机后，西方国家经济增长乏力，纷纷放缓全球资产配置的脚步，优质标的价格长期在市场低位运行，为中国企业跨国并购营造了良好的外部条件。经济新常态背景下，中国劳动力市场“刘易斯拐点”已经初现雏形，人口红利优势正逐渐褪去，煤炭、水泥、钢铁、玻璃等行业产能过剩问题严重，与此同时中高端有效供给不足成为中国经济转型升级的制约性因素，跨国并购成为中国经济消解过剩产能、实施供给侧结构性改革的重要战略选择。中国企业应积极响应国家政策、把握难得的战略机遇期，在审慎评估自身资源禀赋和跨国并购风险的基础上，结合企业的战略目标和发展规划，积极推进理性的跨国并购，引进、吸收目标企业的核心技术、管理经验和创新资源，充分利用其现有的原料供应体系、分销渠道、品牌知名度和客户关系，依托中国庞大的国内市场和日益提升的消费需求，以逐步实现技术创新能力的迭代升级和业务领域的全球化扩张，提升企业的全球竞争力。

第 8 章　管理层特征、会计稳健性与跨国并购绩效研究

第 7 章研究了企业跨国并购的价值创造效应，结果显示跨国并购从整体来看能为企业创造价值，但仍有不少企业跨国并购失败，损害了股东的权益。本章基于管理层特征与会计稳健性两个视角，研究这两个因素对企业跨国并购绩效的影响，以期为企业优化治理结构、合理选用会计政策、提升跨国并购绩效提出建议。

8.1　研 究 背 景

跨国并购作为新常态下中国经济深度参与国际经济合作、向产业价值链中高端跃升、实现供给侧结构性改革的重要战略手段，被众多企业所关注，成为他们扩大规模、提升效益的手段。但跨国并购作为企业风险系数较高的重大战略决策，管理层需要审慎做出决断，防止并购失败损害企业利益，而高质量的会计信息对并购目标的实现具有重要意义。会计稳健性作为识别、防范、应对跨国并购风险的前置手段，有助于管理层做出更加理智的并购决策，抑制管理层的过度投资行为，降低外部投资者与管理层间的委托代理成本和并购方的融资成本。在所有权和经营权分离的现代企业管理体系中，管理层作为企业跨国并购的决策主体和并购战略的实际执行者，对于跨国并购价值创造效应的实现具有至关重要的作用。现代企业中，以契约精神为基础的“委托-代理”关系是企业所有权与经营权分离的制度基础，会计信息作为通用的“商业语言”，是企业各利益主体订立契约的重要依据。在会计政策选择过程中，管理者可能

出于自利动机或过度自信心理，选择对自己有利而损害企业或其他利益相关者的会计政策，从而影响企业会计稳健性。高层梯队理论认为，企业行为是管理者价值观和认知基础的反映，管理层平均年龄、任职期限、学历水平、职业经历等特征均会对企业战略选择和经营绩效产生重要影响，这种影响也体现在企业会计行为方面。例如，女性管理者和较为年长的管理者，更加倾向于保守稳健的企业战略；管理层年龄、教育经历、职业背景等特征均与企业业绩显著相关，具有国际化任职经历的管理者在实施跨国战略方面更加积极主动。当中国企业正大踏步迈向国际舞台中央、跨国并购金额屡创新高之时，一系列值得深入研究的新问题也随之出现。

第一，企业跨国并购和生产经营的成败，归根结底是由“人”这一根本因素决定，管理层作为企业跨国并购的决策中枢和并购战略的具体执行者，管理层的平均年龄、任职期限、学历水平、职业经历等特征对并购发起方的风险偏好和会计政策选择会产生怎样的影响?

第二，会计稳健性作为会计信息质量和会计透明度的重要表征，是企业构筑风险防火墙的基石，作为企业在公司治理层面识别跨国并购风险的重要屏障，会计稳健性会对企业跨国并购活动产生怎样的影响？其作用路径和影响机理是什么?

第三，企业的会计稳健性水平很大程度上取决于管理层的风险偏好，企业管理层的风险偏好又与其平均年龄、任职期限、学历水平与职业经历密切相关，那么管理层特征对会计稳健性的影响将通过何种传导机制最终影响企业跨国并购价值创造活动?

相较于学者对西方国家跨国并购活动的研究成果，理论界鲜有学者基于管理层特征及会计稳健性视角对中国企业跨国并购价值创造问题展开研究，因此本章旨在丰富相关的跨国并购价值创造理论，为中国企业成功实施“走出去”战略、推动供给侧改革的进程、提高跨国并购价值创造能力提供新的思路。

8.2 会计稳健性与跨国并购价值创造效应研究

8.2.1 样本选择

为保证本书研究结果的连贯性与客观性，本章研究样本的选取参考本书第 7 章标准，在研究会计稳健性与跨国并购短期价值创造效应时，最终得到 685 家中国企业跨国并购样本，其中，国有企业跨国并购样本 369 个，占比为 53.87%，民营企业跨国并购样本 316 个，占比为 46.13%。鉴于前述 685 个跨国并购样本中部分样本并购事件发生后未满 36 个月，在研究会计稳健性与跨国并购长期价值创造效应时，共得到 596 个有效样本数据，其中，国有企业跨国并购样本 315 个，占比达 52.85%；民营企业跨国并购样本 281 个，占比为 47.15%。

8.2.2　理论分析与研究假设

1. 会计稳健性能够降低委托代理成本，抑制管理层的道德风险和逆向选择等机会主义行为

委托代理理论认为，在现代企业所有权和经营权分离的制度背景下，管理者可能出于自利行为动机追求能够给自身带来丰厚利益的投资项目，做出损害企业价值的投资决策。跨国并购作为管理者组建“商业帝国”的重要方式，能够迅速扩大企业规模，为管理层掌控更多资源提供了契机。企业组织规模的扩张和业务范围的拓展为管理层薪酬待遇的提高和在职消费的增加提供了正当理由，跨国并购带来的企业组织架构调整和人事变迁也成为滋生管理层权力寻租的土壤，因此，跨国并购往往会加剧股东与管理层之间的代理冲突。跨国并购行为实施后即使无法增加企业价值，管理者也不会因此受到惩罚，因此，跨国并购行为可能成为管理层攫取公司资源、谋求私人利益的工具，减损企业价值。会计稳健性作为一项有效的公司治理机制和管理者约束机制，能够向企业各利益相关者及时传递价值信息，降低股东和管理层之间的代理冲突，抑制管理层在跨国并购决策及实施过程中的道德风险和逆向选择等机会主义行为。会计稳健性较高的企业对风险与损失的确认更加及时，对收益的确认更加谨慎，跨国并购作为一项高风险的价值创造活动，负面信息和潜在损失的及时、充分披露能够为股东履行监管职能、及时发现、尽早终止减损企业价值的跨国并购活动能提供必要信息，抑制管理层出于自利动机攫取公司资源、向上操纵盈余、实施减损企业价值的跨国并购行为。

2. 会计稳健性能够抑制管理层过度自信，甄别净现值为负的跨国并购项目，弱化管理层的过度投资倾向

古典经济学理论将企业管理者视为完全理性的经济人，认为管理者的决策与行为遵循效用最大化原则和贝叶斯学习法则，近年来随着管理实践与理论研究的

发展，经济学与管理学领域的众多研究成果对理性经济人假设提出了诸多挑战，个体在实践活动中往往表现出“有限理性”特征，倾向于高估自己成功的概率，低估自己失败的概率，且企业管理者的过度自信倾向比普通大众更加明显。Roll（1986）于1986年提出“过度自信假说”，认为过度自信的管理层会高估并购协同效应、低估并购整合风险，导致并购方支付过高的收购溢价，减损企业价值。Malmendier和Tate（2008）、Brown和Sarma（2007）等实证研究均表明，管理层过度自信是企业实施并购的重要动因，且与并购绩效呈现显著负相关关系，有力地支持了 Roll（1986）的观点。过度自信会导致管理层在跨国并购过程中支付更高的收购溢价，对跨国并购整合过程中可能面临的内外部风险与挑战过于乐观，盲目追求企业扩张的速度与规模，致使企业陷入困境。会计稳健性要求管理层谨慎确认收益，充分披露跨国并购活动可能给企业带来的各种风险与损失，及时终止市场反应为负的跨国并购决策，抑制管理层在过度自信心理驱使下的非理性跨国并购行为。会计稳健性通过甄别净现值为负的跨国并购项目，为股东和其他外部利益相关者履行对管理层的监管职能创造了条件，让管理层面临更高的违约风险、被解雇风险和名誉受损风险，促使管理者充分考虑跨国并购及整合过程中可能面临的政治风险、法律风险、文化风险、经营风险和财务风险等内外部风险，制订详细的风险应急预案，强化企业的风险管理能力与并购整合能力，提升企业跨国并购绩效。

3. 会计稳健性有助于企业在跨国并购整合过程中获取更多关键资源的支持，缓解企业的融资约束

契约理论认为，企业的本质是契约的集合体。债权人与管理者因债务融资行为形成的债务契约作为公司外部治理机制的中心环节，能够发挥财务约束、破产威胁和相机治理的作用，降低管理层无效决策的概率。资金作为企业生存和发展的关键性资源，被视为生产经营活动的血液，企业在实施跨国并购时，需要巨量资金给付对价，后续并购整合过程也需要充裕的资金保障。债务资本作为企业跨国并购资金的主要来源，对并购发起方的融资能力、资本成本、资本结构和并购支付方式具有重大影响。Khan和Watts（2009）认为，在债务融资层面，会计稳健性是管理层与债权人利益冲突与协调的产物，要求管理层及时全面披露负面信息，审慎确认收益，其结果是使企业净资产规模趋于保守，有效抑制管理层通过资产替代方式将债权人利益转移给股东，降低契约双方的代理成本。债权人出于保障债务本金与利息安全性的考虑，通过融资约束与限制条款，在跨国并购决策前、并购过程中与并购完成后及时履行监督义务，促使

管理层放弃有损企业价值的跨国并购活动。通常，会计稳健性较高的企业经营情况与财务状况也更加透明，会计信息的可信度更高，更能博得债权人和其他利益相关者的信任，提高融资效率，以更低的资本成本获得企业并购与扩张过程中所需的资金等关键性资源。因此，会计稳健性对于企业顺利实施跨国并购活动、减少内外部整合阻力具有积极意义，有助于企业在并购后的战略整合、文化整合、业务整合、财务整合和人力资源整合过程中获得关键性资源支持，发挥并购的经营协同、管理协同和财务协同效应，提升企业的跨国并购价值创造能力。基于上述分析，提出以下假设：

假设 8-1：会计稳健性正向影响跨国并购短期价值创造效应，即相较于会计稳健性低的企业，会计稳健性较高的企业跨国并购短期绩效更好。

假设 8-2：会计稳健性正向影响跨国并购长期价值创造效应，即相较于会计稳健性低的企业，会计稳健性较高的企业跨国并购长期绩效更好。

8.2.3　模型构建

1. 被解释变量

（1）跨国并购短期价值创造效应。

本节借助第 7 章的研究结论，运用事件研究法，借助股票市场的价值发现功能测度跨国并购短期价值创造效应 CAR，以市场指数模型作为正常收益率的测度模型，以跨国并购正式公告日作为事件 0 日，事件窗口期包含事件 0 日前后 10 个交易日，估计期为事件窗口期前 120 个交易日。

$$\mathrm{AR}_{it} = R_{it} - R_{mt} \tag{8-1}$$

$$\mathrm{CAR}\left(t_1, t_2\right) = \sum_{t=t_1}^{t_2} \mathrm{AR}_{it} \tag{8-2}$$

其中，AR_{it} 表示公司 i 在第 t 个交易日的超额收益率；R_{it} 表示公司 i 在第 t 个交易日的实际收益率；R_{mt} 表示第 t 个交易日的市场指数收益率；CAR（t_1，t_2）表示样本公司在窗口期（t_1，t_2）内的累计超额收益率。

（2）跨国并购长期价值创造效应。

本节沿用第 7 章的 Fama-French 三因子模型，运用日历时间研究法，测度样本公司跨国并购长期价值创造效应 LCAR_{it}：

$$\mathrm{LCAR}_{it} = R_{it} - R_{rt} = \alpha_i + \beta_i\left(R_{mt} - R_{rt}\right) + s_i\mathrm{SMB}_t + h_i\mathrm{HML}_t \tag{8-3}$$

其中，R_{it} 表示 i 公司 t 月的实际收益率；R_{rt} 表示 t 月的无风险报酬率；R_{mt} 为 t 月的市场回报率；SMB_t 为公司规模因素，等于 t 月小规模公司组合收益减去大规模公司组合收益；HML_t 为流通市值比因素，等于低流通市值比公司组合收益减去高流通市值比公司组合收益。

2. 解释变量

借鉴 Khan 和 Watts（2009）的 C_Score 模型测度企业会计稳健性。C_Score 模型是在 Basu 提出的盈余-股票报酬模型基础上演化而来，它克服了盈余-股票报酬模型无法分年度测度企业会计稳健性的弊端，盈余-股票报酬模型如下：

$$\frac{\mathrm{EPS}_{it}}{P_{i,t-1}} = \beta_0 + \beta_1 \mathrm{DR}_{it} + \beta_2 \mathrm{RET}_{it} + \beta_3 \mathrm{DR}_{it} \times \mathrm{RET}_{it} + \varepsilon_{it} \tag{8-4}$$

其中，EPS_{it} 表示公司 i 在 t 年的每股税后净利润；$P_{i,t-1}$ 表示公司 i 在 t−1 年末的股票收盘价；RET_{it} 表示公司 i 在 t 年 1~12 月考虑红利再投资收益的股票年收益率；若 RET_{it} 取值为正，代表“利好信息”，RET_{it} 取值为负，代表“负面信息”；DR_{it} 为虚拟变量，当 $\mathrm{RET}_{it} < 1$ 时，取值为 1，否则取值为 0；ε_{it} 为随机误差项。β_2 为会计盈余对“利好信息”的反应系数，$\beta_2+\beta_3$ 为会计盈余对“负面信息”的反应系数，因此，当 $\beta_3 > 0$ 时，表明会计盈余对“负面信息”比对“利好信息”的反应更迅速，则其会计政策是稳健的。

Khan 和 Watts 为消除个体因素对会计稳健性的影响，加入了企业规模、资产负债率、市场价值和账面价值比 3 个工具变量，测算出会计盈余对“负面信息”敏感程度的增量 C_Score，即公司年度会计稳健性指标；G_Score 反映会计盈余对“利好信息”的敏感程度。G_Score 和 C_Score 计算公式如下：

$$\mathrm{G\_Score} = \beta_2 = \lambda_0 + \lambda_1 \mathrm{Size}_{it} + \lambda_2 \mathrm{Lev}_{it} + \lambda_3 \frac{M}{B_{it}} \tag{8-5}$$

$$\mathrm{C\_Score} = \beta_3 = \eta_0 + \eta_1 \mathrm{Size}_{it} + \eta_2 \mathrm{Lev}_{it} + \eta_3 \frac{M}{B_{it}} \tag{8-6}$$

将 G_Score 计算公式［式（8-5）］和 C_Score 计算公式［式（8-6）］代入式（8-4），得到

$$\begin{aligned}\frac{\mathrm{EPS}_{it}}{P_{i,t-1}} = {} & \beta_0 + \beta_1 \mathrm{DR}_{it} + \left(\lambda_0 + \lambda_1 \mathrm{Size}_{it} + \lambda_2 \mathrm{Lev}_{it} + \lambda_3 \frac{M}{B_{it}}\right) \times \mathrm{RET}_{it} \\ & + \left(\eta_0 + \eta_1 \mathrm{Size}_{it} + \eta_2 \mathrm{Lev}_{it} + \eta_3 \frac{M}{B_{it}}\right) \times \mathrm{DR}_{it} \times \mathrm{RET}_{it} + \varepsilon_{it}\end{aligned} \tag{8-7}$$

运用式（8-7），采用横截面数据进行回归，估计出系数 η_0、η_1、η_2、η_3，代入

C_Score 计算公式［式（8-6）］中，可以得到分年度会计稳健性指标 C_Score。

3. 控制变量

参照经典研究文献，从公司特征层面和公司治理机制层面选取了一系列控制变量，如表 8-1 所示。公司特征层面，选取了公司规模（Size）、成长能力（Gro）、资产负债率（Lev）、总资产收益率（ROA）作为控制变量；公司治理机制层面，选取了股权集中度（Own）、独立董事比例（Ratio）作为控制变量。

表 8-1 变量定义与说明（一）

变量名称	变量符号	变量定义与计算方法
跨国并购短期价值创造效应	CAR	跨国并购公告日前后各 10 个交易日的 CAR，根据 CAR 计算公式得到
跨国并购长期价值创造效应	LMCR	跨国并购 3 年期的 CAR，根据 Fama -French 三因子模型计算得到
会计稳健性	C_Score	会计盈余对“负面消息”敏感程度的增量，根据 C_Score 模型得到
公司规模	Size	公司总资产的自然数对数
成长能力	Gro	所有者权益账面价值/市值
资产负债率	Lev	负债/总资产
总资产收益率	ROA	净利润/总资产
股权集中度	Own	第一大股东持股比例
独立董事比例	Ratio	独立董事人数/董事会总人数
年份虚拟变量	Year	当被解释变量为 CAR 时，样本时间跨度为 2007~2016 年，共 10 个年份，运行 9 个虚拟变量；当被解释变量为 LMCR 时，样本时间跨度为 2007~2015 年，共 9 个年份，运行 8 个虚拟变量
行业虚拟变量	Industry	根据《上市公司行业分类指引（2012 版）》，样本共涉及 16 个行业，运行 15 个虚拟变量

4. 多元线性回归模型构建

本章研究模型以 CAR 和 LMCR 作为解释变量，借助 C_Score 模型测度企业分年度会计稳健性，以探究会计稳健性对在企业跨国并购行为经济后果的影响。为了控制解释变量之外的其他因素对企业跨国并购价值创造效应的影响，从公司特征层面和公司治理机制层面选取了一系列控制变量加入计量模型中。研究样本取自 2007 年中国股权分置改革之后的年份，在保证样本期间能够产生完整的研究数据的基础上，最大限度地保证了数据的全面性与时效性（事实上，我们全面收集了截至 2018 年 2 月中国企业跨国并购案例，但鉴于部分 2017

年及 2018 年跨国并购事件尚未产生足够的有效数据，因此数据涵盖期间为 2007 年 1 月 1 日至 2016 年 12 月 31 日）。鉴于本章研究样本时间跨度为 10 年，因此在会计稳健性与跨国并购价值创造效应计量模型中加入年份虚拟变量以控制宏观经济环境对实证结果的影响。根据中国证监会 2012 年颁布的《上市公司行业分类指引（2012 版）》，跨国并购发起方企业共涉及制造业，租赁和商务服务业，信息传输、软件和信息技术服务业等 16 个行业，因此，本章在模型中加入行业虚拟变量以控制产业环境因素对实证研究结果的影响。基于上述分析，以 CAR 作为被解释变量，构建会计稳健性与跨国并购短期价值创造效应计量经济学模型（8-8）；以 LMCR 作为被解释变量，构建会计稳健性与跨国并购长期价值创造效应计量经济学模型（8-9）。

$$\begin{aligned}\mathrm{CAR} = {} & \alpha_0 + \alpha_1 \mathrm{C\_Score} + \alpha_2 \mathrm{Size} + \alpha_3 \mathrm{Gro} + \alpha_4 \mathrm{Lev} + \alpha_5 \mathrm{ROA} + \alpha_6 \mathrm{Own} \\ & + \alpha_7 \mathrm{Ratio} + \alpha_8 \sum_{i=1}^{9} \mathrm{Year} + \alpha_9 \sum_{i=1}^{15} \mathrm{Industry} + \varepsilon \end{aligned} \tag{8-8}$$

$$\begin{aligned}\mathrm{LMCR} = {} & \alpha_0 + \alpha_1 \mathrm{C\_Score} + \alpha_2 \mathrm{Size} + \alpha_3 \mathrm{Gro} + \alpha_4 \mathrm{Lev} + \alpha_5 \mathrm{ROA} \\ & + \alpha_6 \mathrm{Own} + \alpha_7 \mathrm{Ratio} + \alpha_8 \sum_{i=1}^{8} \mathrm{Year} + \alpha_9 \sum_{i=1}^{15} \mathrm{Industry} + \varepsilon \end{aligned} \tag{8-9}$$

8.2.4　描述性统计分析

本章运用 Stata 13.0 软件对样本进行描述性统计和实证结果分析。表 8-2 给出了各主要变量的描述性统计结果，并按照全样本、国有企业样本和民营企业样本进行了分组报告。为避免极端异常值对实证结果的影响，对于少量存在较大异常值的数据指标，在总体样本上做了双向 1% 的 Winsorized 缩尾处理。

表 8-2　变量描述性统计（一）

变量		CAR	LMCR	C_Score	Size	Gro	Lev	ROA	Own	Ratio
全样本	均值	0.049	0.039	0.019	23.357	0.564	0.576	0.039	0.337	0.386
	中位数	0.048	0.037	0.018	22.678	0.587	0.579	0.041	0.327	0.376
	最大值	0.341	0.411	0.573	26.389	1.309	0.925	0.227	0.705	0.500
	最小值	−0.321	−0.445	−0.698	17.325	0.089	0.038	−0.391	0.071	0.379
	标准差	0.139	0.128	0.297	1.221	0.224	0.198	0.052	0.191	0.048
	样本量	685	596	685	685	685	685	685	685	685

续表

变量		CAR	LMCR	C_Score	Size	Gro	Lev	ROA	Own	Ratio
国有企业跨国并购样本	均值	0.032	0.034	0.013	22.673	0.421	0.526	0.039	0.298	0.393
	中位数	0.033	0.033	0.012	22.572	0.419	0.531	0.041	0.199	0.395
	最大值	0.298	0.377	0.507	26.389	1.309	0.925	0.217	0.705	0.500
	最小值	−0.217	−0.445	−0.698	17.325	0.089	0.188	−0.186	0.312	0.382
	标准差	0.142	0.145	0.277	1.067	0.319	0.206	0.068	0.157	0.042
	样本量	369	315	369	369	369	369	369	369	369
民营企业跨国并购样本	均值	0.075	0.052	0.025	22.552	0.413	0.442	0.056	0.258	0.384
	中位数	0.074	0.051	0.028	22.479	0.408	0.417	0.061	0.269	0.375
	最大值	0.341	0.411	0.573	24.663	1.477	0.769	0.227	0.694	0.500
	最小值	−0.312	−0.289	−0.521	19.218	0.091	0.038	−0.391	0.071	0.379
	标准差	0.122	0.137	0.244	1.227	0.318	0.184	0.042	0.161	0.047
	样本量	316	281	316	316	316	316	316	316	316

全样本统计结果显示，中国企业跨国并购的 CAR 均值为 0.049，LMCR 均值为 0.039，表明中国企业跨国并购行为总体获得了市场的认可，为企业创造了价值，中国企业“走出去”战略收获了正向的财富效应。CAR 最大值为 0.341，最小值为−0.321，表明样本之间跨国并购表现差异较为明显，由于中国股市有单日涨跌幅 10%的限制，因此，在企业跨国并购公告日前后 10 个交易日，样本股价涨幅最高达到 34.1%，表明市场对其跨国并购行为给予了较高的市场评价；LMCR 最大值为 0.411，最小值为−0.445，极差达到 0.856，表明经过 2 年的并购整合，不同企业之间的跨国并购行为所带来的经济后果差异较大。完成对目标企业的收购仅仅只是企业跨国并购战略成功的第一步，跨国并购后的整合是并购方能否实现战略协同效应的关键性影响因素。

区分产权性质后的描述性统计结果显示，国有企业和民营企业跨国并购的 CAR 均值分别为 0.032 和 0.075，LMCR 均值分别为 0.034 和 0.052，表明无论从短期来看还是长期来看，民营企业跨国并购行为的市场认可度均高于国有企业，这可能源于国有企业特殊的市场定位，某些情况下，国有企业承担了部分社会服务功能，其跨国并购行为并非完全以市场效率和财富创造为唯一导向，有时还需要承担部分政府意志和国家战略意图。

会计稳健性描述性统计结果显示，国有企业和民营企业会计稳健性指标均为正值，C_Score 均值分别为 0.013、0.025，表明实施跨国并购的上市公司会计政策总体是稳健的，相比之下国有上市公司 C_Score 均值较低，这可能是由于债务软约束、政府干预和内部人控制等因素对国有企业会计稳健性造成了一定的负面影响；同时全样本统计结果显示，C_Score 最大值为 0.573，最小值为 −0.698，标准差为 0.297，表明实施跨国并购的样本公司之间会计稳健性水平差异较大。具体而言，国有企业会计稳健性水平极差为 1.205，标准差为 0.277，民营企业会计稳健性水平极差为 1.094，标准差为 0.244。因此，国有企业会计稳健性水平的组间差异要大于民营企业。

8.2.5 多元线性回归分析

1. 变量相关性分析

表 8-3 为主要变量 Pearson 相关系数矩阵。从表 8-3 中可以发现，C_Score 与 CAR 的 Pearson 相关系数为 0.296，在 5%的水平上显著为正，C_Score 与 LMCR 的 Pearson 相关系数为 0.372，同样在 5%的水平上显著为正，初步可以判断会计稳健性与企业跨国并购价值创造效应正相关。另外，通过表 8-3 可以看出，除了 CAR 与 LMCR 的 Pearson 相关系数外，自变量间的 Pearson 相关系数均小于 0.5，可初步判断自变量间不存在高度的相关关系。为了进一步诊断变量间可能存在的多重共线性问题，采用方差膨胀因子（variance inflation factor，VIF）进行多重共线性诊断，诊断结果如表 8-4 所示。通常而言，若方差膨胀因子大于 10 时，则表明变量之间存在较为明显的多重共线性问题，可能会对模型的适用性产生影响，VIF 数值越大，则多重共线性问题越严重。

表 8-3 主要变量 Pearson 相关系数矩阵（一）

变量	CAR	LMCR	C_Score	Size	Gro	Lev	ROA	Own
CAR	1							
LMCR	0.501**	1						
C_Score	0.296**	0.372***	1					
Size	−0.174	0.162	0.207	1				
Gro	0.221*	0.331*	0.196	−0.116	1			

续表

变量	CAR	LMCR	C_Score	Size	Gro	Lev	ROA	Own
Lev	−0.013	−0.176	−0.016*	0.096*	−0.112	1		
ROA	0.226	0.186	−0.195*	−0.114	0.221	0.206*	1	
Own	−0.065	0.054	−0.021*	0.112	−0.112	0.181*	−0.117	1

*、**和***分别表示在 10%、5%和 1%的水平上显著

表 8-4　会计稳健性与跨国并购价值创造效应多重共线性检验

变量	全样本				国有企业样本				民营企业样本			
	模型 1	模型 2	模型 3	模型 4	模型 1	模型 2	模型 3	模型 4	模型 1	模型 2	模型 3	模型 4
C_Score	1.624	1.416	1.682	1.751	1.691	1.464	1.654	1.762	1.624	1.498	1.662	1.748
Size	1.112		1.375	1.182	1.212		1.383	1.172	1.118		1.392	1.262
Gro	1.189		1.211	1.207	1.115		1.206	1.227	1.131		1.252	1.218
Lev	1.211		1.117	1.132	1.207		1.212	1.141	1.323		1.207	1.127
ROA	1.312		1.209	1.218	1.224		1.211	1.223	1.321		1.242	1.276
Own	1.076	1.331		1.337	1.091	1.329		1.256	1.115	1.358		1.339
Ratio	1.112	1.461		1.207	1.133	1.489		1.227	1.212	1.521		1.118

会计稳健性与跨国并购价值创造效应多重共线性检验结果见表 8-4，各变量的方差膨胀因子均在 5 以下，模型通过了多重共线性检验，结合各变量 Pearson 相关系数的检验结果，可以得出结论，各变量之间不存在多重共线性问题，可将其全部纳入会计稳健性与跨国并购价值创造效应计量经济学模型中。

2. 多元线性回归分析

表 8-5 和表 8-6 分别给出了并购方会计稳健性与跨国并购短期价值创造效应和长期价值创造效应的回归结果，并按照全样本、国有企业样本和民营企业样本进行了分组报告。模型 1 是包含会计稳健性指标 C_Score 和全部控制变量的基本模型，基于对研究结论可靠性和稳健性的考虑，同时对模型 2、模型 3 和模型 4 进行了全样本检验与分组检验，其中模型 2 是未控制公司特征层面控制变量的计量模型，模型 3 是未控制公司治理机制层面控制变量的计量模型，模型 4 未控制年份固定效应与行业固定效应影响的计量模型。

表 8-5 会计稳健性与跨国并购短期价值创造效应的回归结果

变量	全样本 N=685				国有企业样本 N=369				民营企业样本 N=316			
	模型 1	模型 2	模型 3	模型 4	模型 1	模型 2	模型 3	模型 4	模型 1	模型 2	模型 3	模型 4
C_Score	0.947^{**} (2.652)	0.787^{**} (2.434)	1.325^{**} (2.116)	0.989^{*} (1.489)	0.968^{**} (2.443)	0.782^{*} (1.779)	1.098^{*} (1.742)	0.897^{*} (1.472)	1.211^{***} (3.751)	0.702^{**} (3.526)	1.354^{**} (2.231)	0.731^{**} (2.533)
Size	-0.038^{*} (−1.691)		−0.026 (−1.162)	-0.065^{*} (−1.791)	-0.044^{*} (−1.702)		−0.021 (−1.121)	-0.061^{*} (−1.844)	−0.008 (−1.107)		0.004 (0.916)	−0.005 (−0.895)
Gro	0.197^{*} (1.672)		0.212^{*} (1.765)	0.232^{*} (1.785)	0.114 (0.924)		0.098 (1.224)	0.117^{*} (1.821)	0.233^{*} (1.811)		0.182^{*} (1.841)	0.276^{*} (1.775)
Lev	-0.212^{*} (−1.769)		-0.262^{*} (−1.879)	-0.356^{*} (−1.844)	−0.107 (−1.125)		−0.162 (−1.341)	−0.151 (−1.387)	-0.367^{*} (−1.824)		-0.381^{**} (−2.157)	-0.301^{*} (−1.742)
ROA	−0.121 (−1.045)		−0.112 (−1.017)	0.114 (1.042)	−0.171 (−1.191)		0.217 (1.178)	0.121 (0.851)	-0.099^{*} (−1.762)		−0.205 (−1.212)	−0.115 (−1.116)
Own	0.032^{*} (1.889)	0.016 (0.927)		0.014 (1.433)	0.017 (1.1256	0.018 (1.154)		0.013 (1.413)	0.021^{*} (1.914)	0.017 (1.133)		0.008 (1.220)
Ratio	−0.134 (−0.897)	−0.244 (−1.186)		−0.123 (−1.219)	−0.096 (−1.371)	−0.335 (−1.401)		−0.121 (−0.952)	−0.137 (−1.141)	−0.096 (−1.256)		−0.127 (−1.267)
Year	控制	控制	控制	未控制	控制	控制	控制	未控制	控制	控制	控制	未控制
Industry	控制	控制	控制	未控制	控制	控制	控制	未控制	控制	控制	控制	未控制
C	0.056^{*} (1.779)	0.032 (1.164)	−0.062 (−0.947)	0.161 (1.143)	0.051 (1.207)	0.018 (0.886)	0.082 (1.207)	0.095 (1.226)	0.071^{*} (1.826)	0.056 (1.452)	0.008 (0.793)	0.084 (1.575)
调整后的 R^2	0.258	0.321	0.255	0.049	0.269	0.305	0.255	0.072	0.258	0.182	0.321	0.119
F 值	14.211	15.796	14.378	11.223	13.582	15.229	13.182	11.447	13.658	14.116	11.733	9.418

*、**和***分别表示在 10%、5%和 1%的水平上显著

注：括号中为 t 值

表 8-6　会计稳健性与跨国并购长期价值创造效应的回归结果

变量	全样本 N=596				国有企业样本 N=315				民营企业样本 N=281			
	模型 1	模型 2	模型 3	模型 4	模型 1	模型 2	模型 3	模型 4	模型 1	模型 2	模型 3	模型 4
C_Score	0.983*** (3.781)	0.812** (2.083)	1.207*** (3.388)	0.909** (2.513)	0.946*** (3.114)	0.808** (2.235)	1.079** (1.993)	0.887* (1.838)	1.004** (2.281)	0.791** (2.575)	1.276** (2.599)	0.986** (2.140)
Size	−0.042* (−1.939)		−0.027 (−0.105)	−0.054* (−1.833)	−0.038* (−1.947)		−0.022 (−1.015)	−0.053* (−1.688)	−0.021 (−1.142)		0.004 (1.174)	−0.005 (1.579)
Gro	0.172* (1.710)		0.211* (1.870)	0.231* (1.762)	0.112* (1.845)		0.096 (1.352)	0.115* (1.855)	0.207* (1.818)		0.194* (1.843)	0.271* (1.856)
Lev	−0.202* (−1.676)		−0.271* (−1.784)	−0.317* (−1.915)	−0.211 (−1.497)		−0.153 (−1.237)	−0.147 (−1.042)	−0.216* (−1.710)		−0.371** (−2.599)	−0.401* (−1.779)
ROA	−0.152 (−1.146)		−0.111 (−1.252)	0.104 (1.031)	−0.141 (−1.137)		0.211 (1.326)	0.109 (1.249)	−0.071* (−1.788)		−0.191 (1.046)	−0.110 (−1.245)
Own	0.019 (1.184)	0.017* (1.676)		0.010 (1.031)	0.022 (1.011)	0.014 (1.091)		0.011 (1.334)	0.045 (1.049)	0.019 (1.102)		0.009 (1.046)
Ratio	−0.141 (−1.456)	−0.217 (−1.204)		−0.121 (−1.179)	−0.107* (−1.882)	−0.199 (−1.285)		−0.118 (−1.261)	−0.132 (−1.219)	−0.101 (−1.219)		−0.107 (−1.323)
Year	控制	控制	控制	未控制	控制	控制	控制	未控制	控制	控制	控制	未控制
Industry	控制	控制	控制	未控制	控制	控制	控制	未控制	控制	控制	控制	未控制
C	0.062* (1.688)	0.045 (1.106)	−0.018 (−1.242)	0.157 (1.229)	0.051 (1.042)	0.025 (1.058)	0.081 (1.263)	0.094 (1.372)	0.059* (1.882)	0.036 (1.159)	0.009 (1.076)	0.087 (1.090)
调整后的 R^2	0.219	0.201	0.247	0.078	0.246	0.167	0.247	0.069	0.217	0.211	0.221	0.081
F 值	14.245	16.218	15.382	10.221	13.887	14.119	12.431	9.742	14.241	15.272	12.553	8.405

*、**和***分别表示在 10%、5%和 1%的水平上显著

注：括号中为 t 值

会计稳健性与跨国并购短期价值创造效应的全样本回归结果如表 8-5 所示，模型1、模型2、模型3和模型4的C_Score回归系数分别为0.947、0.787、1.325、0.989，其中，模型 1~模型 3 的回归系数均在 5%的水平上显著为正，当模型 4 未控制年份虚拟变量和行业虚拟变量时，模型回归系数在 10%的水平上显著为正，可以初步得出结论，会计稳健性水平能够显著提升企业跨国并购价值创造能力。

在国有企业样本中，在未控制公司特征层面变量的模型2中，C_Score回归系数为 0.782，在未控制公司治理机制层面变量的模型 3 中，C_Score 回归系数为 1.098，两者均在 10%的水平上显著为正。在基本模型 1 中，会计稳健性指标 C_Score 在 5%的水平上与企业跨国并购短期价值创造效应显著正相关，当未控制年份虚拟变量和行业虚拟变量时，两者正相关关系的显著性水平变为 10%。

在民营企业样本中，模型1中会计稳健性与跨国并购短期价值创造效应在1%的水平上表现出显著的正相关关系，模型2、模型3和模型4中，C_Score回归系数分别为0.702、1.354、0.731，均在5%的水平上显著为正。

综合上述分析可以得出结论：会计稳健性正向影响企业跨国并购短期价值创造效应，支持了假设 8-1。

表 8-6 报告了企业会计稳健性与跨国并购长期价值创造效应的回归结果。全样本中，在基本模型1中，C_Score回归系数为0.983，在1%的水平上显著为正；当未控制股权集中度和独立董事比例时，这一系数变为 1.207，但显著性水平并未发生明显变化。在未控制企业特征层面变量的模型 2 中，C_Score 回归系数为 0.812；当未控制时间因素和行业因素的固定效应的影响时，C_Score 回归系数为 0.909，两者均在 5%的水平上显著为正。

在基本模型 1 中，国有企业和民营企业会计稳健性 C_Score 和跨国并购长期价值创造效应均显著为正。当未控制公司规模、成长能力、资产负债率、总资产报酬率等公司特征层面的变量时，国有企业和民营企业 C_Score 回归系数分别为 0.808、0.791。

在未控制股权集中度和独立董事比例的模型 3 中，国有企业和民营企业 C_Score 回归系数均在 5%的水平上显著为正；当未控制年份固定效应和行业固定效应时，国有企业会计稳健性水平与跨国并购长期价值创造效应回归系数为 0.887，在 10%的水平上显著为正，民营企业样本回归系数为 0.986，在 5%的水平上显著为正。

上述分析表明，并购方会计稳健性水平能够显著提升企业跨国并购长期价值创造能力，验证了假设 8-2。

8.3　管理层特征与会计稳健性研究

8.3.1　理论分析与研究假设

1. 管理层年龄与会计稳健性

管理层决策风格与管理者年龄密切相关。年轻的管理者思维通常更加开放，对新思想、新观点的接受度通常较高。已有的研究成果表明，与年长的管理者相比，年轻的管理者在风险性决策方面更加激进，公司经营绩效的波动性与管理层的年龄密切相关。Carlsson 和 Karlsson（1970）研究结果表明，随着年龄的增长，职业稳定性因素在管理者决策行为中的作用日益凸显，当面临着不确定性较高的决策时，他们倾向于优先考虑可能存在的风险而不是潜在的收益，这种行为模式则会被外界解读为缺乏自信。Stevens 等（1978）的研究成果支持了上述结论，他们的研究结果显示，随着年龄的增长，管理者的“风险厌恶型”管理风格日益凸显。

随着年龄的增长和管理经验的增加，管理者思维的灵活性和包容度可能出现不同程度的变化，当外界环境发生变化时，年轻的管理者通常能够根据外界形势的变化迅速做出反应，在信息搜集方面，精力充沛的管理者通常也更具优势。年轻的管理层正处于事业的上升期，其更加希望通过扩张性的企业战略证明自己的价值与能力，通常也较为青睐相对激进的会计政策。随着年龄的增长，虽然管理者的精力和进取精神有所下降，但他们在多年企业经营与管理实践中积累的经验让其更加重视各种潜在的风险性因素，更加注重企业的长期发展而非短期绩效。因此，年长的管理者通常会选择较为稳健的会计政策。基于上述分析，提出以下假设：

假设 8-3：管理层平均年龄与会计稳健性正相关，管理层平均年龄越大，企业会计稳健性程度越高。

2. 管理层任职期限与会计稳健性

管理者的任职期限与其对公司经营战略、竞争环境与资源禀赋的理解密切相关。Fraser 和 Greene（2006）的研究发现，管理者职业任期与其对公司战略、文化和价值观等各个方面的熟悉程度密切相关。管理者任期越长，其管理经验也越丰富，则其做出错误决策的概率越小。Tihanyi 等（2000）的研究结果表明，在企业推进国际化战略过程中，管理层团队的任职期限越长，企业过高评价自身能力的可能性越低，则企业在国际化经营过程中面临的风险越低。

Elenkov 等（2005）的研究结果表明，随着管理层团队任期的增长，其更加倾向于选择稳定的和可预见性的经营战略。Diamond（1989）认为，管理层团队任职期限越长，对行业的理解越深刻，则资本市场和企业所有者对其经营和管理能力的认可程度也会随之提高，此时管理层将更加注重其已经建立起来的声望，道德风险和逆向选择等机会主义行为的概率将随之降低。基于上述分析，提出以下假设：

假设 8-4：管理层任职期限与企业会计稳健性正相关，管理层任职期限越长，企业会计稳健性程度越高。

3. 管理层学历水平与会计稳健性

学历水平与管理者的知识积累和学习能力密切相关。通常而言，学历水平较高的管理者往往接受了良好的教育，知识储备与专业素养往往较为出众。教育作为知识传承的媒介，不仅能够传播学科知识，也会使受教育者的信息处理能力、逻辑思维能力、分析判断能力得到系统的锻炼。在复杂的商业社会中，强大的信息搜集能力、敏捷的分析判断能力和缜密的逻辑思维能力能够帮助管理者做出更加理性的决策。

高学历的管理者所受的教育通产赋予了其更加开阔的眼界，他们更加注重个人和企业的长远利益，在企业经营管理过程中实施机会主义行为的可能性更低，通常愿意采取更加稳健的会计政策。学历水平较低的管理者由于缺少系统完备的学习过程，决策过程中更可能出现认知偏差，甚至出于短期利益实施非理性投资行为，选择较为激进的会计政策。基于上述分析，提出以下研究假设：

假设 8-5：管理层学历水平与企业会计稳健性正相关，管理层学历水平越高，企业会计稳健性程度越高。

4. 管理层职业经历与会计稳健性

职业经历与管理层认知方式和管理风格密切相关。管理层过往的职业经历特征能够为企业带来多元化的思维模式和认知观点，帮助企业更加充分地识别企业经营管理过程中的潜在风险。

Jiang 等（2013）的研究结果表明，企业首席执行官的财务任职经历将显著提升企业盈余的真实性。Jensen 和 Zajac（2004）、Hayes 和 Abernathy（2007）的研究结果支持了上述观点，他们的研究结论显示，与职业经历较为单一的 CEO 相比，拥有财务任职经历的 CEO 在企业投资决策过程中的表现更加保守，对于净现值大于 0 但风险相对较高的投资项目，他们也会选择规避。因此，拥有多种职业经历的管理者，往往更加注重企业经营过程中风险的控制，选择相对稳健的会计政策。基于上述分析，提出以下研究假设：

假设 8-6：管理层职业经历与企业会计稳健性正相关，管理层职业经历越丰富，企业会计稳健性程度越高。

8.3.2 模型构建

1. 被解释变量

本节研究沿用前文中的方法，运用 C_Score 模型测度企业会计稳健性。C_Score 模型的具体构建过程和计算方法详见本章 8.2 节。

2. 解释变量

在测度跨国并购发起方管理层特征时，选取年龄特征、任期特征、学历特征和职业特征四个维度的指标。

年龄特征以管理层平均年龄衡量，用管理层成员的年龄总和除以管理者人数得到。

任期特征以管理层任职期限表示，以管理层年龄之和除以管理者总人数得到，其中，任期不足 1 年按照 1 年处理。

学历特征以管理层平均学历水平测度，用管理层成员学历分类赋值总和除以管理者总人数得到，其中高中、中专及以下学历取 1，高职、大专学历取 2，本科学历取 3，硕士研究生学历取 4，博士研究生学历取 5。

职业特征以管理层过往职业经历测度，用管理层成员过往职业经历总数除以管理者总人数得到，考虑到 1 年以下的工作经历对管理者认知水平和职业经验的影响有限，因此过往职业经历中只统计管理者 1 年以上的工作经历。

3. 控制变量

参照以往经典研究文献，在公司特征层面，选取企业资产规模、资产负债率作为控制变量，在公司治理机制层面，选取管理层持股比例、总资产报酬率作为控制变量，并用年份虚拟变量和行业虚拟变量控制经济环境和产业环境等固定效应因素对实证研究结果的影响，具体定义及说明见表 8-7。

表 8-7　变量定义与说明（二）

变量名称	变量符号	变量定义与计算方法
会计稳健性	C_Score	会计盈余对“负面消息”敏感程度的增量，根据 C_Score 模型得到
管理层平均年龄	Age	管理层年龄之和/管理者总人数
管理层任职期限	Time	管理层成员任职时间之和/管理者总人数，任期不足 1 年按照 1 年计

续表

变量名称	变量符号	变量定义与计算方法
管理层学历水平	Edu	管理层成员学历分类赋值总和/管理者总人数，其中高中、中专及以下学历取 1，高职、大专学历取 2，本科学历取 3，硕士研究生学历取 4，博士研究生学历取 5
管理层职业经历	Caree	管理层成员过往职业经历总数/管理者总人数得到，过往职业经历中只统计 1 年以上的工作经历
企业资产规模	Size	企业年末资产总额的自然数对数
资产负债率	Lev	负债/总资产
管理层持股比例	Mshare	管理层持有的上市公司股权/上市公司股本总数
总资产报酬率	ROA	净利润/年末总资产
年份虚拟变量	Year	样本时间跨度为 2007~2016 年，共 10 个年份，运行 9 个虚拟变量
行业虚拟变量	Industry	根据《上市公司行业分类指引（2012 版）》，样本共涉及 16 个行业，运行 15 个虚拟变量

4. 多元线性回归模型构建

本节研究模型以 C_Score 模型测度的企业分年度会计稳健性作为被解释变量，以管理层平均年龄、任职期限、学历水平和职业经历作为解释变量，以探究跨国并购发起方管理层特征对企业会计稳健性水平的影响。为了控制解释变量之外的其他因素可能带来的潜在影响，借鉴已有的研究成果，从公司特征层面和公司治理机制层面选取了一系列控制变量加入本章的计量模型中。为保证研究过程的连贯性和研究结论的客观性，本章继续沿用第 7 章的研究样本，样本期间为 2007 年 1 月 1 日至 2016 年 12 月 31 日，有效样本数共计 685 家，其中国有企业样本 369 个，民营企业样本 316 个，样本公司共涉及 16 个行业，通过引入年份虚拟变量和行业虚拟变量以控制固定效应因素对研究结果的影响。管理层特征与会计稳健性计量经济学基本模型如下：

$$\begin{aligned}\mathrm{C\_Score} &= \alpha_1\mathrm{Age} + \alpha_2\mathrm{Time} + \alpha_3\mathrm{Edu} + \alpha_4\mathrm{Caree} + \alpha_5\mathrm{Size} + \alpha_6\mathrm{Lev} \\ &\quad + \alpha_7\mathrm{Mshare} + \alpha_8\mathrm{ROA} + \alpha_9\sum_{i=1}^{8}\mathrm{Year} + \alpha_{10}\sum_{i=1}^{15}\mathrm{Industry} + \varepsilon\end{aligned} \tag{8-10}$$

8.3.3　描述性统计分析

根据回归模型，使用 Stata 13.0 软件对样本进行描述性统计和实证结果分析。表 8-8 给出了各主要变量的描述性统计结果，并按照全样本、国有企业样本和民营企业样本进行了分组报告。为避免极端异常值对研究结果的影响，对研究样本进行了双向 1%的 Winsorized 缩尾处理。

表 8-8　变量描述性统计（二）

变量	全样本 N=685				国有企业样本 N=369				民营企业样本 N=316			
	均值	最大值	最小值	标准差	均值	最大值	最小值	标准差	均值	最大值	最小值	标准差
C_Score	0.019	0.573	−0.698	0.297	0.013	0.507	−0.698	0.277	0.025	0.573	−0.521	0.244
Age	47.682	63.000	28.000	2.745	48.962	63.000	33.000	2.787	46.858	66.000	28.000	2.885
Time	4.576	23.000	1.000	2.072	4.981	23.000	1.000	1.983	4.798	22.000	1.000	2.128
Edu	3.852	5.000	1.000	0.334	3.483	5.000	1.000	0.348	3.618	5.000	1.000	0.368
Caree	4.076	8.000	1.000	0.414	3.693	7.000	1.000	0.407	4.112	8.000	1.000	0.422
Size	23.357	24.663	17.325	1.221	22.673	26.389	17.325	1.067	22.552	24.663	19.218	1.227
Lev	0.576	0.925	0.038	0.198	0.526	0.925	0.188	0.206	0.442	0.769	0.038	0.184
Mshare	0.107	0.668	0.000	2.872	0.661	0.117	0.000	1.441	0.208	0.668	0.000	4.226
ROA	0.039	0.227	−0.391	0.052	0.039	0.217	−0.186	0.068	0.056	0.227	−0.391	0.042

会计稳健性 C_Score 描述性统计结果显示，跨国并购发起方 C_Score 均值为正，表明实施跨国并购的上市公司会计政策总体是稳健的，国有企业 C_Score 均值较民营企业 C_Score 均值低，表明民营企业会计稳健性程度普遍高于国有企业。管理层特征的统计结果显示，国有企业管理者的平均年龄和任职期限均高于民营企业，这可能与国有企业管理者行政任命与组织委派的任用方式有关。全样本管理层学历水平均值为 3.852，总体介于本科学历与硕士研究生学历之间，国有企业与民营企业管理层学历水平均值分别为 3.483 和 3.618，表明实施跨国并购的民营上市公司管理层学历水平略高于国有企业，这可能与民营企业更加市场化的薪酬结构与激励机制有关。国有企业和民营企业管理层职业经历均值分别为 3.693 和 4.112，表明民营企业管理层职业经历普遍较国有企业更加丰富，这可能是由民营企业市场化的人才聘任和任用机制决定的。

8.3.4　多元线性回归分析

1. Pearson 相关系数分析

对于自变量之间可能存在的多重共线性问题，采用方差膨胀因子进行多重共线性诊断，检验结果如表 8-9 所示。

表 8-9　主要变量 Pearson 相关系数矩阵（二）

变量	C_Score	Age	Time	Edu	Caree	Size	Lev	Mshare	ROA
C_Score	1								
Age	0.441***	1							
Time	0.357**	0.468	1						
Edu	0.267**	−0.372	−0.116	1					
Caree	0.387**	0.251	0.024	0.219	1				

续表

变量	C_Score	Age	Time	Edu	Caree	Size	Lev	Mshare	ROA
Size	0.207	0.142*	0.151	0.071*	0.021	1			
Lev	−0.016*	0.021	0.121*	0.148	0.042	0.096*	1		
Mshare	0.118	0.311	0.024	0.296	0.115	0.141	0.208	1	
ROA	−0.195*	0.117	0.059	0.147*	0.031	−0.114	0.206*	0.221	1

*、**和***分别表示在 10%、5%和 1%的水平上显著

表 8-9 列式了本节主要变量的 Pearson 相关系数。从表 8-9 中可以发现，管理层平均年龄 Age 与会计稳健性 C_Score 的 Pearson 相关系数为 0.441，在 1%的水平上显著为正；管理层任职期限 Time、管理层学历水平 Edu 与管理层职业经历 Caree 与会计稳健性 C_Score 的 Pearson 相关系数分别为 0.357、0.267、0.387，在 5%的水平上显著为正。另外，通过表 8-9 可以看出，自变量间的 Pearson 相关系数均小于 0.5，可初步判断自变量间不存在高度的相关关系。为了进一步诊断变量间可能存在的多重共线性问题，采用方差膨胀因子进行多重共线性诊断，诊断结果如表 8-10 所示。

表 8-10　多重共线性诊断结果

变量	全样本 N=685				国有企业样本 N=369				民营企业样本 N=316			
	模型 1	模型 2	模型 3	模型 4	模型 1	模型 2	模型 3	模型 4	模型 1	模型 2	模型 3	模型 4
C_Score	3.857	3.663	3.084	3.991	3.767	3.671	3.217	3.876	3.881	3.699	3.665	3.885
Age	1.307	1.252	1.132	1.221	1.331	1.212	1.221	1.245	1.323	1.202	1.211	1.207
Time	1.067	1.112	1.221	1.189	1.116	1.105	1.331	1.186	1.168	1.078	1.271	1.179
Edu	1.221	1.182	1.123	1.214	1.118	1.052	1.167	1.226	1.176	1.212	1.109	1.238
Caree	1.198	1.771	1.221	1.145	1.188	1.251	1.217	1.211	1.219	1.198	1.231	1.307
Size	2.076		2.212	2.167	2.115		2.003	2.223	2.214		2.421	2.742
Lev	1.543		1.442	1.362	1.421		1.479	1.441	1.382		1.421	1.369
Mshare	1.879	1.743		1.686	1.867	1.723		1.752	1.852	1.711		1.701
ROA	1.182	1.071		1.221	1.176	1.087		1.207	1.171	1.092		1.086

由表 8-10 中结果可以看出，各自变量的方差膨胀有因子均在 5 以下，表明模型通过了多重共线性检验，各自变量之间不存在多重共线性问题。

2. 多元线性回归结果

表 8-11 给出了并购发起方管理层特征与其会计稳健性的回归结果，并按照全样本、国有企业样本和民营企业样本进行了分类报告。模型 1 是包含会计稳健性指标 C_Score 和全部控制变量的基本模型，基于研究结果解释力和可靠性的考虑，同时对模型 2、模型 3 和模型 4 进行了全样本检验与分组检验，其中模型 2 未控制公司特征层面的控制变量，模型 3 未控制公司治理机制层面的控制变量，模型 4 未控制年份固定效应与行业固定效应的影响。

表 8-11　管理层特征与会计稳健性回归结果

变量	全样本 N=685				国有企业样本 N=369				民营企业样本 N=316			
	模型 1	模型 2	模型 3	模型 4	模型 1	模型 2	模型 3	模型 4	模型 1	模型 2	模型 3	模型 4
Age	0.072** (1.996)	0.098** (2.310)	0.071** (2.346)	0.061** (2.028)	0.069** (2.510)	0.082** (2.536)	0.049** (2.138)	0.075** (2.331)	0.075** (2.188)	0.079** (2.534)	0.051* (1.712)	0.074* (1.794)
Time	0.039* (1.756)	0.052* (1.746)	0.037* (1.770)	0.041* (1.869)	0.037** (2.336)	0.034 (2.247)	0.044* (1.710)	0.062* (1.745)	0.032* (1.923)	0.041* (1.757)	0.041* (1.714)	0.081* (1.873)
Edu	0.090* (1.868)	0.087* (1.661)	0.062 (1.417)	0.052* (1.796)	0.077** (2.144)	0.083* (1.795)	0.052* (1.867)	0.079** (1.754)	0.094* (1.866)	0.081* (1.895)	0.074* (1.766)	0.041* (1.852)
Caree	0.043** (2.498)	0.035* (1.677)	0.037* (1.679)	0.007* (1.679)	0.038* (1.679)	0.038* (1.679)	0.041* (1.717)	0.006* (1.748)	0.041* (1.894)	0.042* (1.748)	0.035* (1.959)	0.002 (1.333)
Size	−0.037* (−1.933)		−0.025 (−1.476)	−0.042 (−1.358)	−0.035* (−1.933)		−0.036 (−1.017)	−0.039 (−1.361)		−0.041 (−1.155)	−0.078 (−1.508)	−0.051 (−1.281)
Lev	−0.014 (−1.503)	−0.010* (−1.750)	−0.008 (−1.582)	−0.011 (−1.441)	−0.012 (−1.316)		−0.007 (−1.113)	−0.018 (−1.136)	−0.011 (−1.101)	−0.004 (−1.095)	−0.010 (−1.625)	−0.025 (−1.604)
Mshare	−0.033 (−0.997)	−0.021 (−1.391)		−0.046* (−1.677)	−0.031 (−1.249)	−0.018 (−1.513)		−0.032 (−1.369)	−0.041 (−1.090)	−0.035 (−1.011)		−0.045 (1.330)
ROA	0.041 (1.330)	0.052* (1.941)		0.072 (1.393)	0.062 1.393	0.047 (1.098)		0.061 (1.219)	0.038* (1.747)	0.058 (1.470)		0.077 (1.496)
Year	控制	控制	控制	未控制	控制	控制	控制	未控制	控制	控制	控制	未控制
Industry	控制	控制	控制	未控制	控制	控制	控制	未控制	控制	控制	控制	未控制
C	0.057 (1.441)	0.049 (1.310)	0.036 (1.049)	0.052 (1.188)	0.052 (1.116)	0.052 (1.360)	0.048 (1.238)	0.061* (1.970)	0.039 (1.373)	0.047 (1.643)	0.067 (1.554)	0.077 (1.278)
调整后的 R^2	0.382	0.411	0.408	0.511	0.411	0.389	0.377	0.507	0.432	0.551	0.389	0.561
F 值	14.182	14.996	15.711	13.667	13.887	14.552	14.889	16.001	14.278	15.131	14.966	13.211

*和**分别表示在 10%和 5%的水平下显著

注：括号内为 t 值

管理层平均年龄 Age 的全样本回归结果显示，模型 1~模型 4 中的 Age 回归系数均为正数，且均在 5%的水平上显著。区分产权性质后，国有企业样本模型 1~模型 4 中 Age 回归系数均在 5%的水平上显著为正，民营企业样本中模型 1 和模型 2 中 Age 回归系数在 5%的水平上显著为正，表明管理层平均年龄与跨国并购发起方会计稳健性水平呈正相关关系，支持了假设 8-3。

管理层任职期限 Time 的全样本回归结果显示，模型 1~模型 4 中 Time 的回归系数在 10%的水平上显著为正，其中国有上市公司样本中，模型 1 中 Time 的回归系数在 5%的水平上显著为正，模型 3 和模型 4 中 Time 的回归系数在 10%的水平上显著为正，只有在模型 2 未控制公司特征变量时，Time 的回归系数未体现出统计学意义上的显著性；在民营企业跨国并购样本中，Time 的回归系数均在 10%的水平上显著为正，表明管理层任职期限与并购方会计稳健性水平显著正相关，支持了假设 8-4。

管理层学历水平 Edu 的全样本回归结果显示，模型 1、模型 2、模型 4 中，Edu 的回归系数均在 10%的水平上显著为正，在模型 3 未控制公司治理机制变量时，Edu 的回归系数也为正数，但未显示出统计学意义上的显著性。区分产权性质后，国有企业跨国并购样本中，模型 1、模型 4 中 Edu 回归系数在 5%的水平上显著为正，模型 2、模型 3 中 Edu 的回归系数在 10%的水平上显著为正；民营企业跨国并购样本中，模型 1~模型 4 中 Edu 的回归系数均在 10%的水平显著为正，表明管理层平均学历水平与并购方会计稳健性水平显著正相关，支持了假设 8-5。

管理层职业经历 Caree 的全样本回归结果显示，模型 1 中 Caree 的回归系数在 5%的水平上显著为正，模型 2、模型 3、模型 4 中 Caree 的回归系数在 10%的水平上显著为正。区分产权性质后，在国有企业跨国并购样本中，模型 1~模型 4 中 Caree 的回归系数均在 10%的水平上显著为正；在民营企业跨国并购样本中，模型 1、模型 2、模型 3 中 Caree 的回归系数均在 10%的水平上显著为正，在模型 4 中，当未控制年份固定效应与行业固定效应时，Caree 回归系数未显示出统计学意义上的显著性，表明管理层职业经历的多样性与企业会计稳健性水平正相关，支持了假设 8-6。

8.4　管理层特征对会计稳健性与跨国并购关系的调节作用研究

8.4.1　理论分析与研究假设

1. 不同产权性质下管理层年龄对会计稳健性与企业跨国并购价值创造效应关系的影响

年龄在反映管理者过往职业经历的同时，也折射出其风险偏好与有限理性程度。心理学学习理论指出，随着年龄的增长，个体对新事物的认知能力和尝试意愿逐渐降低，因此，在面对跨国并购等高风险决策时，年长的管理者的风险承担意愿更低，更倾向于选择稳健的会计政策，在进行战略决策时也更加深思熟虑，对于跨国并购及后续整合过程中的风险控制与风险管理也更为重视。与富于创新与冒险精神，希望通过跨国并购组建“商业帝国”证明自身能力、提升业界声誉的年轻管理者不同，年长的管理者其经营思路和经营战略渐趋稳重，更加愿意奉行稳健的会计政策。在现行的制度安排下，国有企业管理层薪酬一般受到国有企业薪酬管理制度的约束，与企业规模关系不密切，随着年龄的增长，国有企业管理者往往更加注重企业的稳步发展和国有资产的保值升值而非企业规模的扩张。因此，与民营企业相比，国有企业管理层平均年龄越大，其经营管理战略越趋向稳健，会计稳健性对企业跨国并购价值创造效应的影响也更加显著。基于上述分析，提出以下假设：

假设 8-7：管理层平均年龄正向调节会计稳健性与跨国并购价值创造效应的关系，其在国有企业中的作用强度大于民营企业。

2. 不同产权性质下管理层任期对会计稳健性与企业跨国并购价值创造效应关系的影响

职业任期作为管理者成熟度的重要标志，与管理者对企业的了解程度和掌控能力密切相关。随着管理层任期的增加，管理者对企业的能力禀赋和掌控的各种资源的认知更加全面深刻，对外界环境的识别能力也会进一步增强。任职期限较长的管理层，当面对跨国并购等高风险的复杂决策时，凭借其长期积累的行业经验及对本企业情况的全面认识，能够更早地判断潜在的风险和损失，更加倾向于采用稳健的会计政策。张兆国等（2011）的研究表明，在企业国际化战略中，管理层平均任职期限越长，对于企业自身状况的判断越趋于理性，决策纠错机制也更加成熟，采用稳健会计政策的可能性更大。管理者的任期越长，越接近于其职业生涯的后期，管理者往往更加关注职业的稳定性和前期已收获的各种利益，在进行跨国并购等重大战略决策时会更加谨慎。在现行的制度安排下，国有企业管理层实行行政任免与行政问责制，对于因经营决策失误而造成国有资产流失实施严格的追责制度。因此，出于未来仕途或平稳退休的考虑，国有企业管理者更加注重业已建立起的声誉与地位，更加愿意奉行稳健的会计政策。因此，国有企业管理层平均年龄越大，经营管理战略越趋向稳健，使会计稳健性对国有企业跨国并购价值创造效应的影响强于民营企业。基于上述分析，提出以下假设：

假设 8-8：管理层任职期限正向调节会计稳健性与跨国并购价值创造效应的关系，其在国有企业中的作用强度大于民营企业。

3. 不同产权性质下管理层学历水平对会计稳健性与企业跨国并购价值创造效应关系的影响

学历水平能够在一定程度上反映出个人的认知能力、专业素养、眼界范围和知识技能层次。一般而言，个体的受教育程度与其信息处理能力、风险防范意识和复杂决策理性密切相关。不同学历水平的管理者对于企业战略抉择与业绩衡量标准通常持有不同的态度，Wiersema 和 Bantel（1992）的研究发现，企业管理者的学历越高，社会关系网络能为其带来的关键性资源和外部支持越丰富，企业会计稳健性越强。在实施跨国并购战略时，凭借丰富的专业知识和社会关系网络带来的关键性资源的支持，高学历管理者进行多元化经营成功的可能性更高。作为一项专业性较强的会计确认和计量原则，学历水平较高的管理者能更好地理解稳健性原则对于企业应对经营风险、健全公司治理机制的重要意义，有助于提高跨国并购投资决策质量，抑制企业的过度投资行为。在现行的制度安排下，国有企业管理层基本由上级组织人事部门任命，人力资源管理观念相对滞后，职业晋升通道较为单一，导致很多高学历管理人才的流失；相比之下，民营企业通常运用市场化手段引聚人才，通过更加丰富灵活的人才激励机制，吸引了大量高素质的职业经理人，并为其提供了较为广阔的职业晋升通道。基于上述分析，提出以下假设：

假设 8-9：管理层平均学历水平正向调节会计稳健性与跨国并购价值创造效应的关系，其在民营企业中的作用强度大于国有企业。

4. 不同产权性质下管理层职业经历对会计稳健性与企业跨国并购价值创造效应关系的影响

企业管理层的职业经历与专业背景往往会对企业的风险偏好和财务行为产生重要影响。Carpenter 等（2004）的研究结果表明，具备海外职业经历的管理层在企业国际化进程中表现出来的积极性更高，会更加主动地推动企业的跨国并购行为。具有多种职业经历的管理层，对企业生产、销售、财务、运营等各个方面可能面临的潜在风险和潜在损失更加敏感，能够有效避免管理层由于缺乏相关领域的工作经验而导致的无法及时识别特定领域的风险。因此，具有丰富职业经历的管理层更加倾向于选择稳健的会计政策，提高企业的风险防范能力。在国有企业的终身雇佣制下，国企管理层职业稳定性倾向更加明显，很多国有企业的管理者是按照既定的年功序列制从企业内部提拔而来，职业经历和职能背景相对单一；民营企业大多采取市场化的人才选聘和雇佣机制，根据企业的发展战略和生产经营情况动态调整人才配置，企业与外部环境间的人才互动更加频繁，因此，民营企业管理者的过往职业经历更加丰富，其管理层职业经历的多样化水平更高。基于上述分析，提出以下假设：

假设 8-10：管理层职业经历多样性水平正向调节会计稳健性与跨国并购价值创造效应的关系，其在民营企业中的作用强度大于国有企业。

8.4.2　模型构建

本节在参考本章前节构建的计量经济学模型的基础上，通过引入管理层特征变量与会计稳健性变量的交互项，进一步考察管理层特征对会计稳健性与跨国并购价值创造效应的调节作用，构建以下 8 个回归模型：

以 CAR 和 LMCR 作为被解释变量，引入 Age 与 C_Score 的交互项 Age×Score，构建模型 1 和模型 2，考察管理层平均年龄对会计稳健性与跨国并购价值创造效应关系的调节作用：

$$\begin{aligned}\text{CAR} = {} & \alpha_0 + \alpha_1\text{C\_Score} + \alpha_2\text{Age} + \alpha_3\text{Age}\times\text{C\_Score} + \alpha_4\text{Size} \\ & +\alpha_5\text{Gro} + \alpha_6\text{Lev} + \alpha_7\text{ROA} + \alpha_8\text{Own} + \alpha_9\text{Ratio} \\ & +\alpha_{10}\sum_{i=1}^{9}\text{Year} + \alpha_{11}\sum_{i=1}^{15}\text{Industry} + \varepsilon\end{aligned} \tag{8-11}$$

$$\begin{aligned}\text{LMCR} &= \alpha_0 + \alpha_1\text{C\_Score} + \alpha_2\text{Age} + \alpha_3\text{Age}\times\text{C\_Score} \\ &+\alpha_4\text{Size} + \alpha_5\text{Gro} + \alpha_6\text{Lev} + \alpha_7\text{ROA} + \alpha_8\text{Own} \\ &+\alpha_9\text{Ratio} + \alpha_{10}\sum_{i=1}^{8}\text{Year} + \alpha_{11}\sum_{i=1}^{15}\text{Industry} + \varepsilon\end{aligned} \tag{8-12}$$

以 CAR 和 LMCR 作为被解释变量，引入 Time 与 C_Score 的交互项 Time×C_Score，构建模型 3 和模型 4，考察管理层平均任职期限对会计稳健性与跨国并购价值创造效应关系的调节作用：

$$\begin{aligned}\text{CAR} &= \alpha_0 + \alpha_1\text{C\_Score} + \alpha_2\text{Time} + \alpha_3\text{Time}\times\text{C\_Score} + \alpha_4\text{Size} \\ &+\alpha_5\text{Gro} + \alpha_6\text{Lev} + \alpha_7\text{ROA} + \alpha_8\text{Own} + \alpha_9\text{Ratio} \\ &+\alpha_{10}\sum_{i=1}^{9}\text{Year} + \alpha_{11}\sum_{i=1}^{15}\text{Industry} + \varepsilon\end{aligned} \tag{8-13}$$

$$\begin{aligned}\text{LMCR} &= \alpha_0 + \alpha_1\text{C\_Score} + \alpha_2\text{Time} + \alpha_3\text{Time}\times\text{C\_Score} + \alpha_4\text{Size} \\ &+\alpha_5\text{Gro} + \alpha_6\text{Lev} + \alpha_7\text{ROA} + \alpha_8\text{Own} + \alpha_9\text{Ratio} \\ &+\alpha_{10}\sum_{i=1}^{8}\text{Year} + \alpha_{11}\sum_{i=1}^{15}\text{Industry} + \varepsilon\end{aligned} \tag{8-14}$$

以 CAR 和 LMCR 作为被解释变量，引入 Edu 与 C_Score 的交互项 Edu×C_Score，构建模型 5 和模型 6，考察管理层平均学历水平 Edu 对会计稳健性与跨国并购价值创造效应关系的调节作用：

$$\begin{aligned}\text{CAR} &= \alpha_0 + \alpha_1\text{C\_Score} + \alpha_2\text{Edu} + \alpha_3\text{Edu}\times\text{C\_Score} + \alpha_4\text{Size} \\ &+\alpha_5\text{Gro} + \alpha_6\text{Lev} + \alpha_7\text{ROA} + \alpha_8\text{Own} + \alpha_9\text{Ratio} \\ &+\alpha_{10}\sum_{i=1}^{9}\text{Year} + \alpha_{11}\sum_{i=1}^{15}\text{Industry} + \varepsilon\end{aligned} \tag{8-15}$$

$$\begin{aligned}\text{LMCR} &= \alpha_0 + \alpha_1\text{C\_Score} + \alpha_2\text{Edu} + \alpha_3\text{Edu}\times\text{C\_Score} + \alpha_4\text{Size} \\ &+\alpha_5\text{Gro} + \alpha_6\text{Lev} + \alpha_7\text{ROA} + \alpha_8\text{Own} + \alpha_9\text{Ratio} \\ &+\alpha_{10}\sum_{i=1}^{8}\text{Year} + \alpha_{11}\sum_{i=1}^{15}\text{Industry} + \varepsilon\end{aligned} \tag{8-16}$$

以 CAR 和 LMCR 作为被解释变量，引入 Caree 与 C_Score 的交互项 Caree×Score，构建模型 7 和模型 8，考察管理层职业经历对会计稳健性与跨国并购价值创造效应关系的调节作用：

$$\begin{aligned}\text{CAR} &= \alpha_0 + \alpha_1\text{C\_Score} + \alpha_2\text{Caree} + \alpha_3\text{Caree}\times\text{C\_Score} + \alpha_4\text{Size} \\ &+\alpha_5\text{Gro} + \alpha_6\text{Lev} + \alpha_7\text{ROA} + \alpha_8\text{Own} + \alpha_9\text{Ratio} \\ &+\alpha_{10}\sum_{i=1}^{9}\text{Year} + \alpha_{11}\sum_{i=1}^{15}\text{Industry} + \varepsilon\end{aligned} \tag{8-17}$$

$$
\begin{aligned}
\text{LMCR} = & \alpha_0 + \alpha_1 \text{C\_Score} + \alpha_2 \text{Caree} + \alpha_3 \text{Caree} \times \text{C\_Score} + \alpha_4 \text{Size} \\
& + \alpha_5 \text{Gro} + \alpha_6 \text{Lev} + \alpha_7 \text{ROA} + \alpha_8 \text{Own} + \alpha_9 \text{Ratio} \\
& + \alpha_{10} \sum_{i=1}^{8} \text{Year} + \alpha_{11} \sum_{i=1}^{15} \text{Industry} + \varepsilon
\end{aligned} \tag{8-18}
$$

8.4.3 多元线性回归分析

1. 多重共线性检验

引入调节变量后，为使回归方程的系数更具解释意义，对变量进行了中心化处理。变量间的多重共线性检验结果如表 8-12 所示。由表 8-12 中结果可以看出，各自变量的方差膨胀因子均在 10 以下，表明模型通过了多重共线性检验，各自变量之间不存在严重的多重共线性问题。

表 8-12　会计稳健性与跨国并购价值创造效应多重共线性检验

变量	全样本 N=685				国有企业样本 N=369				民营企业样本 N=316			
	模型 1 模型 2	模型 3 模型 4	模型 5 模型 6	模型 7 模型 8	模型 1 模型 2	模型 3 模型 4	模型 5 模型 6	模型 7 模型 8	模型 1 模型 2	模型 3 模型 4	模型 5 模型 6	模型 7 模型 8
C_Score	1.561	1.852	1.772	1.846	1.667	1.863	1.702	1.877	1.575	1.798	1.771	1.791
Age	1.098				1.076				1.087			
Time		1.154				1.162				1.171		
Edu			1.124				1.117				1.145	
Caree				1.076				1.089				1.092
Age×C_Score	7.883				7.825				7.912			
Time×C_Score		8.261				8.187				8.294		
Edu×C_Score			8.221				8.359				8.412	
Caree×C_Score				6.775				6.524				7.307
Size	1.202	1.229	1.286	1.262	1.317	1.234	1.261	1.277	1.255	1.221	1.189	1.264
Gro	1.072	1.242	1.313	1.207	1.013	1.289	1.347	1.217	1.008	1.353	1.299	1.262
Lev	1.168	1.186	1.244	1.162	1.114	1.098	1.212	1.29	1.202	1.182	1.298	1.252
ROA	1.207	1.114	1.477	1.337	1.283	1.121	1.452	1.209	1.292	1.189	1.411	1.217
Own	1.082	1.325	1.165	1.037	1.099	1.268	1.178	1.256	1.215	1.351	1.182	1.119
Ratio	1.145	1.386	1.307	1.507	1.182	1.372	1.353	1.527	1.197	1.359	1.339	1.511

2. 多元线性回归结果分析

表 8-13~表 8-16 给出了并购方管理层特征对会计稳健性与跨国并购价值创造效应关系影响的回归结果，并按照全样本、国有企业样本和民营企业样本进行了分组报告。其中，表 8-13 报告了管理层平均年龄对会计稳健性与跨国并购价值创造效应的影响，表 8-14 报告了管理层任职期限对会计稳健性与跨国并购价值创造效应的影响，表 8-15 报告了管理层学历水平对会计稳健性与跨国并购价值创造效应的影响，表 8-16 报告了管理层职业经历对会计稳健性与跨国并购价值创造效应的影响。

表 8-13　管理层平均年龄对会计稳健性与跨国并购价值创造效应的影响

变量	CAR			LMCR		
	全样本	国有企业样本	民营企业样本	全样本	国有企业样本	民营企业样本
C_Score	0.925**	0.914**	0.917**	0.917**	0.899**	0.907***
	(2.213)	(2.110)	(2.363)	(2.474)	(2.474)	(4.078)
Age	0.073*	0.071*	0.081*	0.089*	0.117*	0.083
	(1.710)	(1.834)	(1.780)	(1.729)	(1.755)	(1.307)
Age×C_Score	0.151**	0.196**	0.122**	0.142***	0.178***	0.137***
	(2.250)	(2.208)	(2.323)	(3.653)	(4.193)	(4.075)
Size	−0.042*	−0.049*	−0.039*	−0.071	−0.066	−0.073
	(−1.720)	(−1.721)	(−1.801)	(−1.015)	(−0.971)	(−0.857)
Gro	0.205	0.213	0.216*	0.177	0.121	0.182
	(1.134)	(0.943)	(1.753)	(0.825)	(1.187)	(1.018)
Lev	−0.119*	−0.123*	−0.127*	−0.381	−0.209*	−0.409
	(−1.903)	(−1.891)	(−1.819)	(−1.261)	(−1.660)	(−1.342)
ROA	−0.204	−0.198	−0.199	−0.271	−0.331*	−0.237
	(−0.687)	(−1.228)	(−1.162)	(−1.239)	(−1.714)	(−0.848)
Own	0.035	0.031	0.037	0.028*	0.029	0.031
	(1.269)	(1.058)	(1.076)	(1.668)	(1.178)	(0.879)
Ratio	−0.122	−0.141	−0.202	−0.251	−0.182	−0.244
	(−1.019)	(−1.356)	(−1.054)	(−0.998)	(−0.713)	(−1.160)
Year	控制	控制	控制	控制	控制	控制
Industry	控制	控制	控制	控制	控制	控制
C	0.057*	0.061*	0.059*	0.033	0.041	0.038*
	(1.794)	(1.781)	(1.660)	(0.966)	(1.030)	(1.755)
调整后的 R^2	0.276	0.245	0.315	0.259	0.241	0.267
F 值	14.451	13.358	13.244	13.754	12.652	13.143
样本数	685	369	316	685	369	316

*、**和***分别表示在 10%、5%和 1%的水平上显著

注：括号内为 *t* 值

表 8-14　管理层任职期限对会计稳健性与跨国并购价值创造效应的影响

变量	CAR			LMCR		
	全样本	国有企业样本	民营企业样本	全样本	国有企业样本	民营企业样本
C_Score	0.841**	0.847**	0.835**	0.903**	0.827**	0.887**
	(2.493)	(2.394)	(2.039)	(2.582)	(2.468)	(2.212)
Time	0.035*	0.031*	0.041	0.026*	0.021*	0.028*
	(1.875)	(1.761)	(1.007)	(1.769)	(1.690)	(1.689)
Time×C_Score	0.158*	0.201**	0.141*	0.129*	0.227***	0.138**
	(1.875)	(2.132)	(1.846)	(1.783)	(2.987)	(2.121)
Size	−0.031	−0.029	−0.033	−0.039	−0.041	−0.042
	(−0.839)	(−1.135)	(−0.807)	(−1.117)	(−0.837)	(−1.182)
Gro	0.228	0.115	0.239	0.312	0.289	0.308
	(0.950)	(0.966)	(0.947)	(1.303)	(0.708)	(0.791)
Lev	−0.215	−0.204	−0.311	−0.326*	−0.314	−0.299
	(−1.175)	(−0.630)	(−1.121)	(−1.763)	(−1.210)	(−1.144)
ROA	−0.218	−0.221	−0.225	−0.119	−0.207	−0.182*
	(−0.995)	(1.175)	(−0.826)	(−0.757)	(−0.814)	(−1.689)
Own	0.041	0.035	0.038	0.071	0.083	0.108
	(1.065)	(1.062)	(0.906)	(0.998)	(0.632)	(0.889)
Ratio	−0.142	−0.139	−0.151	−0.097*	−0.114	−0.099
	(−0.811)	(−0.884)	(−1.139)	(1.806)	(−0.953)	(−1.044)
Year	控制	控制	控制	控制	控制	控制
Industry	控制	控制	控制	控制	控制	控制
C	0.033	0.037	0.032	0.029	0.032	0.031
	(1.369)	(1.086)	(0.620)	(0.760)	(0.806)	(1.304)
调整后的 R^2	0.313	0.299	0.307	0.198	0.201	0.216
F 值	16.412	14.466	15.778	13.675	14.114	13.762
样本数	685	369	316	685	369	316

*、**和***分别表示在 10%、5%和 1%的水平上显著

注：括号中为 *t* 值

表 8-15　管理层学历水平对会计稳健性与跨国并购价值创造效应的影响

变量	CAR			LMCR		
	全样本	国有企业样本	民营企业样本	全样本	国有企业样本	民营企业样本
C_Score	1.221***	1.079*	1.313*	1.131**	1.008**	1.244**
	(4.393)	(1.662)	(1.889)	(2.315)	(2.315)	(2.123)
Edu	0.078*	0.068*	0.071*	0.069*	0.074	0.118*
	(1.662)	(1.839)	(1.799)	(1.678)	(0.746)	(1.844)
Edu×C_Score	0.246*	0.149*	0.251**	0.227*	0.289*	0.317**
	(−1.969)	(1.738)	(2.130)	(−1.967)	(1.857)	(2.315)
Size	−0.026	−0.032	−0.031	−0.044	−0.051	−0.048
	(−1.035)	(−0.943)	(−1.060)	(1.215)	(−1.241)	(0.981)

续表

变量	CAR			LMCR		
	全样本	国有企业样本	民营企业样本	全样本	国有企业样本	民营企业样本
Gro	0.276* (1.734)	0.164 (1.073)	0.286 (0.843)	0.332 (1.158)	0.273 (0.719)	0.252 (0.618)
Lev	−0.109 (−1.317)	−0.206 (−0.933)	−0.116 (−0.793)	−0.271 (0.580)	−0.182 (−0.879)	−0.219 (−1.093)
ROA	−0.257 (−1.203)	−0.311 (−1.041)	−0.196 (−1.154)	−0.407 (−0.874)	−0.309 (−0.732)	−0.339 (−0.851)
Own	0.025 (1.080)	0.028 (1.317)	0.033 (1.314)	0.033 (0.640)	0.045* (1.718)	0.027 (1.294)
Ratio	−0.162 (−0.796)	−0.171 (−0.856)	−0.178 (−0.964)	−0.108 (−0.936)	−0.121 (−1.040)	−0.119 (−0.909)
Year	控制	控制	控制	控制	控制	控制
Industry	控制	控制	控制	控制	控制	控制
C	0.021 (0.788)	0.032 (0.641)	0.027 (0.769)	0.016 (0.569)	0.031 (0.815)	0.025 (0.587)
调整后的 R^2	0.278	0.248	0.285	0.187	0.192	0.192
F 值	15.337	14.232	14.229	12.078	11.043	11.065
样本数	685	369	316	685	369	316

*、**和***分别表示在 10%、5%和 1%的水平上显著

注：括号中为 t 值

表 8-16　管理层职业经历对会计稳健性与跨国并购价值创造效应的影响

变量	CAR			LMCR		
	全样本	国有企业样本	民营企业样本	全样本	国有企业样本	民营企业样本
C_Score	0.997** (2.426)	0.972** (2.257)	0.986** (2.348)	1.122** (2.331)	1.109** (1.994)	1.143** (2.165)
Caree	0.091 (1.186)	0.075* (1.788)	0.079* (1.782)	0.088* (1.725)	0.108 (1.041)	0.126* (1.859)
Caree×C_Score	0.191* (1.739)	0.184* (1.808)	0.201** (2.390)	0.184* (1.855)	0.182* (1.920)	0.197** (2.369)
Size	−0.054 (−0.895)	−0.061 (−1.073)	−0.062 (−0.634)	−0.051 (−0.894)	−0.049 (−1.218)	−0.077 (−0.701)
Gro	0.198 (0.943)	0.205* (1.749)	0.201* (1.678)	0.405 (0.690)	0.308 (0.804)	0.321 (0.917)
Lev	−0.228 (−1.181)	−0.213 (−1.205)	−0.219 (−1.332)	−0.109 (−0.850)	−0.116 (−0.757)	−0.115 (−0.913)
ROA	−0.306 (−1.335)	−0.297 (0.625)	−0.299 (−0.878)	−0.339 (−1.018)	−0.411 (−1.027)	−0.256 (−1.314)
Own	0.039 (0.937)	0.044 (1.207)	0.041 (0.703)	0.051 (0.774)	0.049 (0.764)	0.068 (0.847)

续表

变量	CAR			LMCR		
	全样本	国有企业样本	民营企业样本	全样本	国有企业样本	民营企业样本
Ratio	−0.118 (−0.780)	−0.206 (−1.279)	−0.125 (1.205)	−0.221 (−1.169)	−0.211 (−1.216)	−0.108 (−1.147)
Year	控制	控制	控制	控制	控制	控制
Industry	控制	控制	控制	控制	控制	控制
C	0.041* (1.672)	0.037* (1.820)	0.043 (1.189)	0.025 (0.601)	0.019* (1.752)	0.017 (0.739)
调整后的 R^2	0.221	0.207	0.218	0.331	0.289	0.341
F 值	12.993	13.182	13.865	11.944	12.052	11.944
样本数	685	369	316	685	369	316

*和**分别表示在 10%和 5%的水平上显著

注：括号中为 *t* 值

模型 1、模型 2 引入了 Age 和 C_Score 的交互项 Age×C_Score，全样本回归结果显示，当被解释变量是跨国并购短期价值创造效应 CAR 时，Age×C_Score 回归系数在 5%的水平上显著为正，当被解释变量是跨国并购长期价值创造效应 LMCR 时，Age×C_Score 回归系数在 1%的水平上显著为正，表明管理层平均年龄正向调节会计稳健性与跨国并购价值创造效应的关系；按照产权性质进行分组检验后发现，被解释变量为 CAR 和 LMCR 时，国有企业样本组交互变量回归系数均显著大于民营企业样本组，表明国有企业管理层平均年龄对于会计稳健性与跨国并购价值创造效应的调节作用强于民营企业，验证了假设 8-7。

现阶段，在深化国有企业薪酬改革制度的大背景下，《中央管理企业负责人薪酬制度改革方案》《关于合理确定并严格规范中央企业负责人履职待遇、业务支出的意见》等一系列政策法规陆续出台，将国有企业管理层薪酬置于较为严格的约束体系下，对国有企业负责人待遇设置上限，因此，与待遇完全市场化的民营企业相比，国有企业管理层薪酬与企业规模的关系并不密切。随着年龄的增长，国有企业管理层更加注重国有资产的保值和自身职业的稳定性，更加倾向于使用稳健的会计政策，且国有企业管理层平均年龄越大，这种倾向性越明显。因此，与民营企业相比，国有企业管理层平均年龄对会计稳健性与跨国并购价值创造效应的调节作用更加显著。

模型 3、模型 4 引入了 Time 和 C_Score 的交互项 Time×C_Score，全样本回归结果显示当被解释变量为 CAR 和 LMCR 时，Time×C_Score 回归系数在 10%

的水平上显著为正，表明管理层任职期限正向调节会计稳健性与跨国并购价值创造效应的关系。区分产权性质后的研究结果显示，当被解释变量为CAR时，国有企业 Age×C_Score 回归系数为 0.201，在 5%的水平上显著，民营企业 Age×C_Score 的回归系数为 0.141，在 10%的水平上显著；当被解释变量为LMCR时，国有企业 Age×C_Score 的回归系数为 0.227，在 1%的水平上显著，民营企业 Age×C_Score 回归系数为 0.138，在 5%的水平上显著，表明管理层任职期限对国有企业会计稳健性与跨国并购价值创造效应的调节作用大于民营企业，支持了假设 8-8。

在现行的制度安排下，与民营企业高度市场化的双向人才选拔机制不同，国有企业的管理层以国有资产监督管理部门行政任免方式为主、市场化聘任方式为辅，上级行政主管部门对于国有企业管理者的仕途升迁和职级待遇拥有绝对的话语权，一旦因决策失误或者盲目扩张造成国有资产的损失，管理者前期已经建立起的声誉和地位将会受到严重的负面影响。管理者的任职期限越长，其前期的职业成果和经营政绩对未来职位升迁的背书作用价值越大，且这种背书作用在国有企业中更加显著。与民营企业相比，随着任职期限的增长和政治资本的积累，国有企业管理层出于对未来仕途升迁或平稳退休的考虑，更加愿意奉行稳健的会计政策，因此，与民营企业相比，国有企业管理层任职期限对会计稳健性与跨国并购价值创造效应的调节作用更加显著。

模型 5、模型 6 引入了 Edu 和 C_Score 的交互项 Edu×C_Score，全样本回归结果显示，Edu×C_Score 回归系数分别为 0.246、0.227，t 统计量为 1.969、1.967，接近 5%显著性水平的 t 临界值 1.97，表明管理层平均学历水平，对会计稳健性与跨国并购价值创造效应的关系起到显著的正向调节作用。区分产权性质后分组研究结果显示，在测度 Edu×C_Score 与 CAR 的关系时，国有企业 Edu×C_Score 的回归系数为 0.149，在 10%的水平上显著为正，民营企业 Edu×C_Score 的回归系数在 5%的水平上显著为正，达到 0.251。在测度 Edu×C_Score 与 LMCR 的关系时，国有企业 Edu×C_Score 的回归系数为 0.289，在 10%的水平上显著为正，民营企业 Edu×C_Score 的回归系数为 0.317，在 5%的水平上显著为正。上述研究结果表明民营企业管理层平均学历水平对于会计稳健性与跨国并购价值创造效应的调节作用强于国有企业，假设 8-9 得到验证。

现阶段，民营企业在管理层选聘的过程中拥有完全的自主权，激励机制往往更加灵活多样。为了吸引能力出众、高学历层次的职业经理人，民营企业通常在工资薪金之外，赋予管理层股票期权和股票增值权等一系列潜在收益权。与国有企业相对固定的以工作年限为基础的职业晋升规则相比，民营企业为高学历的管理者提供了更加灵活的职业晋升通道，若管理者的管理能力出众、工作成果显著，其在民营企业中更可能被破格提拔或任用。民营企业市场化的激励机制和灵活的职业晋升通道对高学历水平的管理者往往更具吸引力。因此，与国有企业相比，民营企业管理层学历水平对会计稳健性与跨国并购价值创造效应的调节作用更加显著。

模型 7、模型 8 引入了 Caree 和 C_Score 的交互项 Caree×C_Score，全样本回归结果显示 Caree×C_Score 回归系数在 10%的水平上显著为正，表明管理层职业经历正向调节会计稳健性与跨国并购价值创造效应的关系。区分产权性质后研究结果显示，当被解释变量为 CAR 和 LMCR 时，民营企业样本组中的 Caree×C_Score 的回归系数分别为 0.201、0.197，均在 5%的水平上显著为正，国有企业样本组中的 Caree×C_Score 的回归系数分别为 0.184、0.182，均在 10%的水平上显著为正。因此，当被解释变量为 CAR 和 LMCR 时，民营企业样本组交互变量回归系数均显著大于国有企业样本组，上述研究结果表明，管理层职业经历对于民营企业会计稳健性与跨国并购价值创造效应的调节作用大于国有企业，支持了假设 8-10。

与民营企业市场化的双向匹配机制相比，相当一部分国有企业的管理层是按照工作年限和年功序列从企业内部逐级晋升而来，其追求职业稳定性的倾向更加明显，相应地其职业经历和职能背景也相对单一。相比之下，民营企业管理者多数是企业根据现实需求和经营战略从市场中聘任而来，受聘的管理层在此之前通常拥有数份工作经历，其职业经历的多元化特征更加明显。因此，与国有企业相比，民营企业管理层职业经历对会计稳健性与跨国并购价值创造效应的调节作用更加显著。

8.5　研究结论与建议

8.5.1　研究结论

跨国并购发起方会计稳健性水平与跨国并购价值创造效应呈现显著的正相关关系。运用 C_Score 模型对跨国并购发起方会计稳健性水平进行了分类评价，研究结果表明，债务软约束、政府干预和内部人控制等因素对国有企业会计稳健性造成了一定的负面影响，国有企业会计稳健性水平均值低于民营企业。会计稳健性通过降低委托代理成本、抑制管理层过度自信、缓解企业融资约束，正向影响跨国并购价值创造效应，能够提升并购方企业价值。

跨国并购发起方管理层特征会对企业会计稳健性产生显著的影响。年龄的增长通常会使管理者对待风险的态度趋于保守，管理层平均年龄越大，企业的会计稳健性水平越高；较高的学历水平通常代表着较强的环境感知能力和信息处理能力，高学历的管理层更加倾向于选择有利于企业长期发展的稳健性会计政策，因此，管理层学历水平与企业会计稳健性呈现显著的正相关关系；随着管理层任职期限的增长，管理层对企业的能力禀赋和所处的竞争态势的认知更加全面，更加倾向于采用稳健的会计政策；拥有多种职业经历的管理者对企业采购、生产、销售、财务等各个环节经营风险的认知往往更加深刻，更加倾向于选择稳健性的会计政策以防范企业风险，因此，管理层职业经历的多样性水平与企业会计稳健性水平呈现出显著的正相关关系。

管理层特征对会计稳健性与跨国并购价值创造效应的关系起到显著的调节作用。通过引入管理层特征与会计稳健性的交互项，检验了管理层平均年龄、任职期限、学历水平和职业经历对企业会计稳健性与跨国并购价值创造效应之间关系的调节效应，并按照产权性质进行了分组报告。研究结果显示，管理层平均年龄和任职期限，正向调节会计稳健性与跨国并购价值创造效应的关系，其在国有企业中的作用强度大于民营企业；管理层学历水平和职业经历，正向调节会计稳健性与跨国并购价值创造效应的关系，其在民营企业中的作用强度大于国有企业。

8.5.2 研究建议

1. 提高并购发起方会计稳健性水平，加强并购风险识别与防范

在“一带一路”倡议与“中国制造 2025”的宏观背景下，中国企业实施“走出去”战略势在必行。并购活动作为企业的重大战略决策本身具备较高的风险性和不确定性，跨国并购在境内并购活动的基础上进一步叠加了“跨境因素”后，并购方不仅需要跨越空间和时区，更要跨越不同的文化和价值观念，对于跨国经营经验尚浅的中国企业而言，意味着诸多问题和挑战。在中国企业跨国并购活动中，因对跨国并购风险性因素重视不足而导致并购失败的案例时有发生，中海油折戟优尼科并购案、中铝股份遭力拓集团单方面毁约等案例为中国企业敲响了警钟。

跨国并购为企业战略层面的高风险性价值创造活动，并购协同效应的实现与

企业的风险管控和风险应对能力密切相关。由于并购方与目标企业地处不同的国家和地区，企业在跨国并购过程中面临的政治风险、法律风险、财务风险、文化风险等一系列风险较之境内并购更加纷繁复杂。对于“走出去”的中国企业而言，跨国并购风险贯穿于并购前的谈判环节、并购中的审批环节和并购后的整合环节，既可能受到并购双方的影响，也需要考虑政府监管因素，同时对目标企业所在国的行业自律组织和工会组织等民间组织也要给予足够的重视。在进行跨国并购尽职调查的过程中，并购方应该充分发挥会计稳健性的风险发现功能，理性评估交易对手方的财务状况、业务情况及法律因素，避免盲目乐观和跟风并购。并购方应基于稳健性视角充分了解并购标的所在国的宏观经济情况、行业竞争格局、产品市场占有率、品牌价值和美誉度、技术研发实力、自由现金流情况、收入及成本构成、股权结构、法律纠纷、董事会及公司治理情况和企业的历史沿革等方面的详细信息。

会计稳健性作为企业风险防范的前置手段，其风险对冲功能有助于企业识别、应对跨国并购过程中的潜在风险。前文实证研究结果表明，企业会计稳健性水平与跨国并购超额收益率显著正相关。现阶段，我国上市公司会计信息质量和公司治理水平均有待于进一步提升，一方面，政府及监管机构应强化对信息披露的审慎监管要求，引导企业提供更高质量的会计信息，为会计稳健性风险防火墙和非理性投资约束功能的发挥创设良好的制度环境，鼓励企业外部利益相关者通过资本市场的价值筛选功能主动参与企业跨国并购等重大战略决策，抑制企业的非理性投资行为；另一方面，企业应主动深化对会计稳健性原则内在机理和作用路径的理解，正视稳健性原则对于企业跨国并购等重大战略决策的积极作用，及时识别、防范跨国并购过程中的潜在风险，提高企业跨国并购价值创造能力。

2. 加强管理层团队建设，提升管理层决策水平和跨国并购价值创造能力

对于并购方而言，跨国并购的成败不仅取决于并购交易能否顺利完成，更取决于企业能否顺利完成并购后的整合工作。对于中国企业而言，并购整合主要包括中西方管理方式的整合和并购双方核心资源的整合。由于并购双方的公司治理结构、组织架构和权责分工可能存在一定的差异性，加之语言文化方面的隔阂，企业并购活动完成后的整合工作成为影响并购协同效应发挥的关键性因素。在企业跨国并购完成后的管理融合和资源整合过程中，管理层的风险偏好、知识结构、管理经验、专业素养和国际视野等一系列特征会对跨国并购发起方预期战略目标的实现产生关键性影响。

在现代企业所有权和经营权相分离的制度背景下，管理层作为企业的决策中枢与企业战略的实际执行者，其平均年龄、任职期限、学历水平和职业经历等特征，会对企业会计稳健性与跨国并购价值创造效应产生显著影响。企业在选择和聘任管理者时，应充分重视管理层特征对企业决策模式和会计政策选择的潜在影响，随着管理层年龄的增长和任职期限的增加，管理者对企业的竞争优势和能力短板的认知更加深刻，而学历水平的增加和职业经历的多样性则意味着更加丰富的理论素养和更加全面的知识技能结构。因此，加强企业管理层团队建设是企业提升跨国并购价值创造能力的重要战略途径，优化管理层团队人才配置，打造出风险意识出众、管理经验丰富、专业素养精湛、知识结构全面的管理层，有利于提升企业的会计稳健性水平，对于处在“一带一路”倡议机遇期的中国企业提高跨国并购价值创造能力、成功迈向世界舞台具有重要的战略意义。

第9章　政府控制下企业并购特征研究

本章研究政府控制下企业并购的特征，遵循了“政府控制（根源）—企业高管（途径）—并购效应（结果）”的研究思路，将政府控制、企业并购、企业高管及并购效应有机结合起来，剖析政府控制对企业并购的影响。首先研究政府控制对企业并购频率与并购规模的影响，其次从并购效应角度研究并购对企业经营绩效的影响，最后引入高管权力变量，深层次探讨在政府控制的基础上高管权力对企业并购效应的影响。

9.1　研究背景

在全球化的背景下，处于转轨中的中国经济需要并购重组来完成产业结构战略性的调整。虽然基于市场化的企业并购活动正在增长，但企业并购中政府依然处于较高的地位。政府先后颁布了一系列鼓励和规范我国并购市场健康快速发展的法律法规，推动企业之间的有效并购。同时，对并购过程加以监管，防止出现损害广大投资者利益并购行为的发生，积极维护并购市场的健康发展。然而，并购活动的复杂性及并购双方之间的信息不对称导致的企业间并购困难，并购中不断出现损害相关者的利益等情况。为了解决并购中出现的问题，2002年中国证监会颁布《上市公司收购管理办法》，使企业能加入并购市场中，为企业的并购行为提供了规范指引与法律保障，促进我国并购市场蓬勃发展，非重大资产并购几乎每天都有发生。随着我国国民经济战略性调整、经济增长方式转变、国内竞争转为国际竞争，以及股权分置改革后股份的全流通大背景和微观企业的并购信息不透明、收购人掏空企业、利用并购操纵市场、内幕交易等现象的出现，中国证监会于 2006 年对《上市公司收购管理办法》进行了修改，这一办法的修改又推动了我国并购市场新一轮的发展。而 2008 年金融危机发生后，政府为了应对金融危机对我国经济造成的影响，趁机加快产业整合和升级，提升我国经济实力和企业实力，于 2009 年审议并通过了汽车、钢铁、纺织、物流等在内的十大产业振兴规划，规划中强调的一个重要方面就是推动国有企业高管加快企业并购，着力发展一批具有国际竞争力的企业集团，而并购则可以作为推动我国产业结构调整的助推剂，希望通过并购达到企业技术改造升级。2012 年中国证监会又对《上市公司收购管理办法》进行修改，使其更能适合我国企业发展实际；2014 年颁布了修订后的《上市公司重大资产重组管理办法》，该法规以“放松管制、加强监管”为理念，从政府角度多方面进行改革，从而推动我国并购市场向前发展。可见，政府通过颁布法律法规推动我国企业并购的发展，希望通过并购解决企业发展中出现的问题，提高企业核心竞争力，进而促进我国经济健康发展。随着各项法律法规的实行，我国并购交易市场还将呈现新一轮的并购浪潮，将引领我国经济持续、快速、健康发展。

我国正处于转轨的市场经济阶段，市场经济体制没有完全建立，这就决定了我国企业并购与西方国家企业间并购的不同之处在于企业并购中政府的作用。同时，我国上市公司大部分是国有企业，即使部分私营企业也是由国有企业转制而来，这些特点使我国企业并购活动在某种程度上受制于政府控制。虽然发达国家中企业并购也会受到政府不同程度的干预，但政府只是从法律法规政策上对企业并购活动进行控制；而我国政府的经济权限较大，在信息搜集和处理方面具有较大的优势。所以，特殊的制度背景下政府对企业的影响程度更强烈，那么对于企业的“并购悖论”是不是可以从政府控制的视角来解释呢？自 20 世纪 80 年代改革以来，国有企业的管理权逐级下放，国务院国有资产监督管理委员会（以下简称国资委）通过层层委派管理者形成了中央和地方分级管理体制，但国有企业终极控制人还是政府——中央政府和地方政府。政府作为社会公众的代理人，虽拥有企业的实际控制权但是没有拥有企业收益的剩余索取权，各级政府为了本区域的经济社会发展可能会对企业的并购进行干预。政府干预对企业并购的影响有“支持之手”和“掠夺之手”；“支持之手”就是能给企业带来诸多好处，如相对于非国有企业，政府控制企业能得到较低的税负和销售成本；政府控制下的企业在经济效益、社会效益、营运能力和劳动生产率方面都显著优于其他类型企业；当企业出现财务危机时，政府控制企业具有宽松的融资环境，获取银行贷款更为便利；而且，政府控制企业能够进入管制性行业来获取垄断性利润。“掠夺之手”是政府干预对企业造成的损失，政治观点认为，政府控制下的企业由于政府出于非经济动机的干预导致企业绩效降低和价值减少。而高管作为企业的实际管理者，对企业的经营活动有着直接的影响，政府可以通过获取企业高管的任命权达到干预企业的目的。这些高管一方面由政府委任，受政府约束，另一方面有着不同的个人特征和权力，这些因素都会对企业并购后的绩效产生不同影响。所以，本章基于供给侧结构性改革背景下中国企业的特色，研究微观企业中政府控制、高管权力和企业并购及其效应之间的关系，以期丰富相关理论并为中国企业的并购提供一定的建议。

9.2 政府控制与企业并购行为研究

9.2.1 理论分析和研究假设

由于我国的市场经济正处于转型期，并购活动并不是完全由市场推动，政府在企业并购中处于举足轻重的地位。而且，无论是从政治动机还是经济动机方面考虑，政府都会积极参与到企业的并购活动中，从而对企业并购产生影响。政府对企业的控制主要通过两种途径进行：①对企业人事控制，即通过对高管的任免权来达到控制企业的目的，这是政府控制企业的具体体现。中国企业家调查系统《中国企业家队伍成长现状与环境评价》调查结果显示，国有企业高管有 90%是政府任命，因此企业高管作为政府的代理人，能将政府各种政策目标内化为企业目标。②政策法规的制定。我国政府目前对企业并购的管制还较为严格，企业并购活动必须得到政府的批准；对于不符合法律法规的并购，政府会强制干预。

而在我国，现有的文献均已表明，政府对企业并购行为具有显著性的影响。例如，张雯等（2013）研究发现政治关联企业实施了更多的并购，与非政治关联企业相比，政治关联企业并购更多的是国有企业，而且并购频率和规模都较大。杜玉鹏（2010）从管理层的角度研究了政府控制下的国有企业并购，发现国有企业的所有者缺位及内部监管机制的不完善导致企业管理层有能力和动机实施大量的并购活动。由上述分析知，政府控制下的企业有动机和能力实施并购。因此从控制权角度研究政府对企业控制权程度的影响，当政府控制权比例低于某一数值时，其进行频繁的并购活动易受到其他股东的制衡，政府想通过企业并购达到其政绩目标的动机将会受到一定的限制，此时政府的干预程度并不强烈。同时，在中央提出的“抓大放小”战略思想下，政府控制权较小的企业的规模就较小，往往成为被并购的对象。当政府控制权达到一定程度时，其控制权越大，企业和政府的联系就越紧密，企业就越容易通过和政府的关系获得并购所需资金，进而利用这种关系实施大量的并购。政府控制权较大的企业，由于所有者缺位将导致严重的内部控制人现象，高管将拥有企业的实际控制权，其通过并购扩大企业规模来达到机会主义动机。因此，无论从企业层面上，还是高管层面上，当政府控制权较大时企业有强烈的动机实施频繁的并购活动。

然而，在我国现有的行政体制下，中央和地方政府之间的关系更类似于“委托-代理”模式，中央政府更像一个委托人，地方政府类似于代理人。这种委托代理关系的存在，预示着政府层级的差异将会带来不同的政府干预结果。对于中央控制企业，虽然政府的控制权较大，但其控制的企业都是较大国有企业，企业经营灵活性较大，而且中央政府会考虑到自身形象而减少对企业并购的干预。同时，由代理理论知，控制权与所有权背离程度越大，代理成本就越高，国有控股企业，特别是中央控股企业，其控制权是所有权的 1.072 倍，远低于非国有控股企业的 2.35 倍，所以政府对央企并购的干预度较小。而地方政府官员的政绩目的，如促进就业，维护社会稳定，还有政治晋升，需要通过国有企业来实现，从而往往热衷于在本地区“构建”大型的企业帝国，因此在高度控制权的情况下，政府官员极力为企业创造条件，通过并购这一“多快好省”的方式达到企业快速扩张的目的。另外，中央提出的“抓大放小”思想，使地方政府均把解决当地困难国有企业作为一项政治任务，为了完成这项任务，政府出台各项政策鼓励其控制的国有企业积极并购困难企业。政府干预下的并购会使主并方因并购困难企业而背上沉重包袱，不利于企业未来的发展，且更有甚者主并方可能因此而陷入并购失败的泥潭中，最终导致主并方自身出现财务危机。政府干预下的企业并购只注重并购的规模和数量，不注重并购的质量。地方企业终极控制人通过交叉持股获得的控制权远远大于所有权，两权分离越大，终极控制人通过并购获取的收益的成本较小，潘红波等（2008）以 1994~2007 年发生的 594 起并购事件为研究对象，实证检验了政府干预对企业并购的影响，研究发现主并方企业性质与并购决策相关，地方政府控制的企业更倾向于实施本区域内并购；由于具有中央政府背景，企业可以突破地方政府对企业并购的阻碍，且地方政府也青睐中央政府控制企业对本区域内企业并购，所以中央政府控制企业易于实施异地并购。因此，我们可以进一步推测，政府控制权比例和企业并购频率之间的关系，在不同的政府控制层级之间也存在一定的差异，这种关系在地方政府控制企业中更为显著。基于上述分析，提出如下假设：

假设 9-1a：政府控制权比例与企业并购频率呈现出非线性的 U 形关系。

假设 9-1b：政府控制权比例与企业并购频率之间的关系在不同的层级下将呈现出一定差异，如果存在 U 形关系，这一关系在地方政府控制下更为显著。

首先，对于各行业内的大型国有企业，企业规模越大，政府就越关注企业的国有资产的保值增值，政府控制权比例就越大；因此通过大规模的并购不仅可以实现企业的快速发展，还可以给企业创造价值。其次，政府控制下的企业更容易通过政府获得融资、经营等方面资源上的支持，这些便利条件都会激励企业进行大规模并购。最后，政府控制下的企业高管亦官亦商，能够“商而优则仕”。因此，进行大规模的并购不仅能给高管带来巨大政治收益和声誉，还能给予高管通过企业的发展壮大而进入政府部门的机会，所以无论从政府方面还是企业高管方面企业都有进行大规模并购的动机。

不同的控制层级政府有不同的目的和动机，这将影响它们对企业控制权的行使。中央政府控制的企业都是行业内的超大型企业，其目标就是建立具有世界竞争力的行业领袖，而将现有企业进行大规模并购成为达到这一目标的首选途径。例如，国资委成立之初就决定在一些行业进行大规模并购，力争把央企合并重组成 80~100 家具有世界影响力的超大型企业，经过几年的发展目前央企由开始的 199 家合并重组为 2018 年的 96 家。而对于地方政府控制的企业来说，虽然政府控制度达到一定比例时，企业并购频率与控制权正相关，但目标企业基本是本地区规模较小的企业，所以并购规模并不一定随着控制权比例的增大而增大。因此，我们可以推测，政府控制权比例和企业并购规模之间的关系，在不同的政府控制层级之间也存在一定的差异，在中央政府控制企业中更为显著。基于以上分析，提出如下假设：

假设 9-2a：政府控制权比例越大，企业并购规模越大。

假设 9-2b：政府控制权比例与企业并购规模之间的关系在中央政府和地方政府控制下也将呈现出一定差异，且这一关系在中央政府控制下更为显著。

9.2.2　样本选择

本章选择 2008~2011 年（2011 年并购后两年的财务效应就是 2013 年）深、沪两市 A 股发生并购的国有企业作为初始研究样本。在初始研究样本的基础之上，为了尽量保证实证分析的结果具有可靠性，将按照如下方式对样本进行筛选：①剔除金融保险类上市企业，因为这些公司的资本结构和盈利具有较强的行业特性；②因为需用上年度数据，需剔除当年上市的公司；③剔除政府控制权比例 10%以下的公司；④剔除数据不全的公司。经过上述筛选，最后得到 1 122 个研究样本。

表 9-1 报告了样本企业行业分布，由该表可知，样本企业中制造业较多，占总样本的近 50%，因此又将制造业分成五小类，其中机械、设备、仪表等占的比重较大，说明这些行业发生的并购事件较多。

表 9-1　样本企业行业分布

行业代码	行业	数量	百分比
C0	食品、饮料	76	6.773 619%
C4	石油、化学、塑胶、塑料	97	8.645 276%
C6	金属、非金属	83	7.397 504%
C7	机械、设备、仪表	180	15.329 77%
C8	医药、生物制品	81	7.219 251%
D	电力、煤气及水的生产和供应业	168	14.973 26%
F	交通运输、仓储业	126	11.229 95%
G	信息技术业	88	7.843 137%
H	批发和零售贸易	93	8.288 77%
J	房地产业	68	6.060 606%
M	综合类	70	6.238 859%

9.2.3　模型设计

为了验证假设 9-1a 和假设 9-1b，建立了如下回归模型：

$$\begin{aligned}\text{Matimes}_{it} = {} & \alpha_0 + \alpha_1\text{Gcontrol} + \alpha_2\text{Gcontrol}^2 + \alpha_3\text{CFO}_{i,t-1} + \alpha_4\text{Lnsize}_{i,t-1} \\ & + \alpha_5\text{Rota}_{i,t-1} + \alpha_6\text{Tatr}_{i,t-1} + \alpha_7\text{Tagr}_{i,t-1} + \alpha_8\text{Lev}_{i,t-1} + \alpha_9\text{Rind}_{i,t-1} \\ & + \alpha_{10}\sum\text{Ind}_{it} + \alpha_{11}\sum\text{Year}_{it} + \varepsilon\end{aligned} \tag{9-1}$$

为了验证假设 9-2a 和假设 9-2b，建立了如下回归模型：

$$\begin{aligned}\text{Ma}_{it} = {} & \beta_0 + \beta_1\text{Gcontrol} + \beta_2\text{CFO}_{i,t-1} + \beta_3\text{Lnsize}_{i,t-1} + \beta_4\text{Rota}_{i,t-1} \\ & + \beta_5\text{Tatr}_{i,t-1} + \beta_6\text{Tagr}_{i,t-1} + \beta_7\text{Lev}_{i,t-1} + \beta_8\text{Rind}_{i,t-1} \\ & + \beta_9\sum\text{Ind}_{it} + \beta_{10}\sum\text{Year}_{it} + \varepsilon\end{aligned} \tag{9-2}$$

其中，t-1 为并购的前一年，因为企业当年的并购决策依据是企业前一年的经营状况；ε 为随机干扰项，表示其他次要因素对企业并购的影响。

模型中涉及的变量说明如下：

（1）政府控制（Gcontrol）。关于政府对企业的控制，部分学者从政府持股比例度量政府的控制权，但是随着国有企业的改革，政府对上市公司的控制已经从直接控股拓展到间接控制，而且间接控制普遍存在于我国的上市公司中，因此选择终极控制人对企业控制权比例，反映终极控制人对上市公司的控制能力（刘芍佳等，2003）。判断标准：政府作为国有企业的终极所有者；按照终极产权论分类原则，通过对企业复杂的控制链研究，确认了终极控制者为政府的企业，政府控制权包括直接控制和间接控制，选择政府作为终极控制人的控制权比例。详见例子如下：

由图 9-1 知，终极控制人控制权比例为直接控制权为 5%，间接控制权为 min（10%，60%）+min（20%，30%）=30%，所以终极控制权合计为 5%+30%=35%。

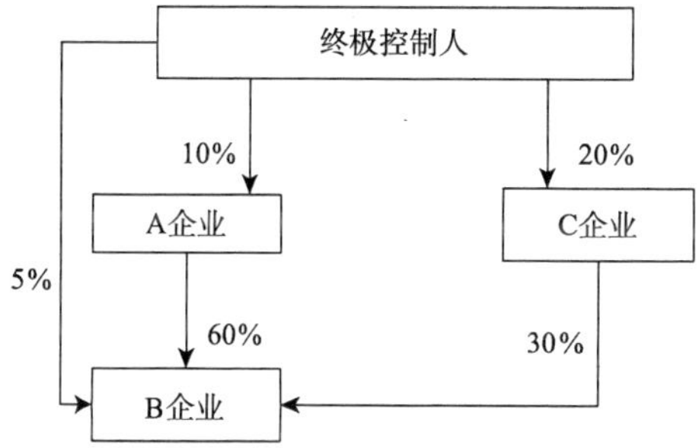

图 9-1　企业控制权比例示意图

（2）并购频率（Matimes）。有的企业一年之中发生了多次规模不一的并购，把一年之中发生的次数求和，即企业并购频率；这里的并购频率指并购成功的次数。

（3）并购规模（Ma）。对研究年度内实施并购的进行合并，以并购当年发生的并购金额之和除以并购前一年的总资产作为企业并购规模衡量指标。

（4）控制层级（Layer）。如果终极控制人为中央政府，取值为 1，否则为 0。

（5）控制变量。

为了控制其他因素影响，我们设置了如下控制变量：

自由现金流比率（CFO）、公司规模（Lnsize）、总资产收益率（Rota）、总资产周转率（Tatr）、总资产增长率（Tagr）、资产负债率（Lev）、独立董事比例（Rind）、行业虚拟变量（Ind）和年度虚拟变量（Year）。本章研究所使用的变量详见表 9-2。

表 9-2 变量说明表

类别	变量代码	含义	说明
并购（Merger）	Ma	并购规模	并购当年的合计金额/前一年末的总资产
	Matimes	并购频率	并购当年的次数累加
解释变量	Gcontrol	政府控制权	终极控制人控制权比例
	$Gcontrol^2$	政府控制权	终极控制人控制权比例的平方
其他变量	Layer	控制层级	中央政府控制为 1，地方政府控制为 0
	CFO	自由现金流比率	前一年自由现金流/并购上一年末总资产
	Lnsize	公司规模	前一年末总资产取对数
	Rota	总资产收益率	前一年总资产收益率
	Tatr	总资产周转率	前一年的总资产周转率
	Tagr	总资产增长率	前一年总资产增长率
	Lev	资产负债率	前一年资产负债率
	Rind	独立董事比例	前一年独立董事人数/董事人数
	Ind1-11	行业虚拟变量	属于该行业，取 1，否则取 0
	Year08-11	年度虚拟变量	属于并购当年取 1，否则取 0

9.2.4 实证结果分析

1. 样本描述性统计分析

表 9-3 和表 9-4 报告了主要变量的描述性统计。从表 9-3 中可以看出，企业并购频率最小值为 1，最大值为 16；企业并购规模最小值为 0，最大值为 10.63，说明企业并购频率和规模之间的差距较大。从表 9-4 可以看出，2008 年控制层级均值为 0.32，说明样本企业里有 32%是中央控股，而且中央控制企业比例在降低，从 2008 年的 0.32 降低到 2011 年的 0.31。2008 年政府控制权比例为 41%，到 2011 年为 39%，说明政府控制权比例有所下降，因为我国国有企业改革的目的就是放开竞争性行业的垄断，鼓励国有企业股权多元化。同时可以发现中央政府控制权比例大于地方政府控制权比例，说明中央政府对那些关系民生的行业进行绝对控制，所以控制权比例较高。关于并购次数，地方控制企业并购平均次数大于中央控制企业，可以初步说明地方对企业的干预较多；从并购规模上可知，中央控制企业并购规模比地方控制企业大，说明中央控制企业主要是国有大型企业，一般发生并购的金额都较大。

表 9-3　主要变量描述性统计分析（一）

变量	中央控制企业					地方控制企业					全样本				
	样本数	最小值	最大值	均值	标准差	样本数	最小值	最大值	均值	标准差	样本数	最小值	最大值	均值	标准差
Ma	370	0	1.86	0.19	0.31	752	0	10.63	0.07	0.55	1 122	0	10.63	0.11	0.49
Matimes	370	1.00	15.00	1.94	1.90	752	1.00	16.00	2.24	1.72	1 122	1.00	16.00	2.04	1.79
Gcontrol	370	0.11	0.87	0.44	0.15	752	0.10	0.84	0.40	0.15	1 122	0.10	0.87	0.41	0.15
$Gcontrol^2$	370	0.01	0.75	0.21	0.13	752	0.01	0.70	0.18	0.13	1 122	0.01	0.75	0.19	0.13

表 9-4　主要变量描述性统计分析（二）

变量	2008 年			2009 年			2010 年			2011 年			全样本		
	最小值	最大值	均值	最小值	最大值	均值	最小值	最大值	均值	最小值	最大值	均值	最小值	最大值	均值
Ma	0	7.08	0.11	0	10.63	0.15	0	2.77	0.10	0	1.27	0.07	0	10.63	0.11
Matimes	1.00	13.00	1.84	1.00	12.00	1.95	1.00	15.00	2.00	1.00	16.00	2.03	1.00	16.00	2.04
Gcontrol	0.10	0.87	0.41	0.12	0.83	0.42	0.11	0.76	0.40	0.11	0.82	0.39	0.10	0.87	0.41
$Gcontrol^2$	0.01	0.75	0.19	0.01	0.74	0.20	0.01	0.58	0.18	0.01	0.67	0.17	0.01	0.75	0.19
Layer	0	1.00	0.32	0	1.00	0.37	0	1.00	0.32	0	1.00	0.31	0	1.00	0.33

2. 相关系数矩阵分析

从表 9-5 相关系数矩阵表可以看出，关键的解释变量 Gcontrol 和 Ma 的相关系数在 5%水平上显著，但 Gcontrol 和 Matimes 的相关系数不显著，主要因为它们之间是非线性相关的。同时，Lnsize、Rota、Tatr、Tagr、Lev 和 Layer 与 Matimes 也有显著的相关关系。Lnsize、Rota、Tagr、Lev 与 Ma 也有显著的相关关系。在相关性系数矩阵中，解释变量和控制变量及控制变量之间的相关系数的值都不是很大，说明模型中的变量不会存在严重的共线性。

表 9-5　变量 Pearson 相关系数矩阵

变量	Matimes	Ma	Gcontrol	CFO	Lnsize	Rota	Tatr	Tagr	Lev	Rind	Layer
Matimes	1										
Ma	0.007	1									
Gcontrol	0.022	0.052^{**}	1								
CFO	−0.026	0.015	0.038	1							
Lnsize	0.111^{***}	-0.071^{***}	0.257^{***}	0.001	1						
Rota	0.240^{***}	-0.038^{**}	0.028	−0.008	0.020	1					

续表

变量	Matimes	Ma	Gcontrol	CFO	Lnsize	Rota	Tatr	Tagr	Lev	Rind	Layer
Tatr	−0.036*	−0.021	0.002	0.018	−0.030	0.165**	1				
Tagr	0.070***	−0.057**	0.014	−0.214**	0.126**	0.001	−0.072**	1			
Lev	0.045*	0.238***	−0.027	−0.009	0.165	−0.051*	0.105	−0.038	1		
Rind	0.002	−0.002	−0.052	−0.06**	0.143	−0.033	−0.035	−0.001	0.049	1	
Layer	0.079***	0.019	0.106***	0.129**	0.146**	0.013	0.002	0.038	−0.006	0.026	1

*、**和***分别表示在 10%、5%和 1%的水平上显著

注：括号中为 *t* 值

3. 政府控制及其层级与并购频率的多元回归分析

表 9-6 报告了政府控制与企业并购频率的回归结果。首先给出了全样本回归结果，然后对由中央政府和地方政府为终极控制人的样本企业进行回归。在模型 1 中，Gcontrol 的系数为负且在 5%水平上显著，$Gcontrol^2$ 的系数在 5%水平上显著为正，表明在全样本中，政府控制权比例与企业并购频率确实存在非线性的 U 形关系，假设 9-1a 得到了验证。而在中央控制企业中，Gcontrol 和 $Gcontrol^2$ 的系数都不显著，而且单独考虑 Gcontrol 与并购频率的关系，回归系数仍然不显著，这表明在中央控制企业中，政府控制与企业并购频率之间不存在明显的关系。在地方控制企业中，Gcontrol 和 $Gcontrol^2$ 的系数分别在 1%上显著为负和 5%上显著为正，这说明在地方控制企业中，政府控制与企业并购频率存在明显的 U 形关系。因此，假设 9-2a 得到了验证。

表 9-6 政府控制与企业并购频率回归结果

变量	全样本	中央政府	地方政府
截距项	0.797 （0.827）	−1.878 （−1.063）	0.422 （0.350）
Gcontrol	−3.329** （−2.278）	1.182 （0.385）	−4.428*** （−2.746）
$Gcontrol^2$	3.818** （2.248）	−0.050 （−0.334）	4.817** （2.539）
CFO	−0.255 （−0.822）	−1.977*** （−2.717）	0.127 （0.386）
Lnsize	0.091** （2.264）	0.153** （2.095）	0.115** （2.263）
Rota	1.788*** （10.316）	2.761*** （11.066）	0.503* （1.946）
Tatr	−0.214*** （−3.067）	−0.055 （−0.334）	−0.195** （−2.612）
Tagr	0.248** （2.051）	0.029 （0.154）	0.365** （2.257）

续表

变量	全样本	中央政府	地方政府
Lev	0.516** (2.389)	0.174 (0.382)	0.614** (2.583)
Rind	−0.319 (−0.406)	0.047 (0.034)	−0.680 (−0.714)
Layer	0.291*** (2.919)		
Year	控制	控制	控制
Ind	控制	控制	控制
修正 R^2	0.084	0.220	0.025
F 值	10.234***	10.590***	2.902***
D-W 统计量	2	2.041	1.921

*、**和***分别表示在 10%、5%和 1%的水平上显著（双尾检验）

注：表格上方数值为系数值，下方括号内为 t 值

综上可知，政府控制与企业并购频率之间的 U 形关系只存在于地方政府控制企业中，而在中央控制企业中两者不存在显著关系。根据前文分析，这种关系主要源于政府较强的干预动机，而且在地方控制企业中这种动机更明显，因为国有企业改革的过程也是中央政府把规模较小的企业委托给地方政府管理的过程，中央政府作为委托人可能更加注意自身形象，更加运用市场规律去经营管理企业；而地方政府出于政治目标的追求可能不惜以地方企业健康发展为代价参与地区竞争。同时，由于存在 U 形关系，所以存在一个控制权比例的拐点，这个比例大约在 46%，在该点企业并购频率最低。

4. 政府控制及其层级与并购规模多元回归分析

表 9-7 报告了政府控制与并购规模的回归结果。从全样本回归结果可知，Gcontrol 系数为正且在 5%水平上显著，表明政府控制与企业并购规模之间存在显著的正相关关系，假设 9-1b 得到了验证。进一步分析分样本企业，发现在中央控制企业中，Gcontrol 系数为正且在 1%水平上显著，这表明在中央控制企业中它们之间也存在着显著的正向关系。然而在地方控制企业中，Gcontrol 系数虽然为正但是不显著，表明在地方控制企业中，政府控制与企业并购规模没有明显关系。综上所知，政府控制与企业并购规模之间的正向关系只存在于中央控制企业中，而在地方控制企业中，这种关系不明显。根据前文理论知，这种关系主要来源于政府对企业并购活动的干预。虽然在前文分析中，相对于中央政府，地方政府对企业干预的动机更强，对企业并购频率的影响更显著，但是，地方政府干预下的企业并购都是本区域内规模较小的企业，发生的并购规模也较小；而对于央企的并购活动，由于

央企的目标是建立本行业的超大型企业，所以发生并购的规模也都很大。

表 9-7　政府控制与并购规模回归结果

变量	全样本	中央政府	地方政府
截距项	1.202* （1.773）	0.504 （1.038）	0.823 （0.772）
Gcontrol	0.535** （2.256）	0.730*** （3.398）	0.415 （1.331）
CFO	0.586** （2.494）	0.535** （2.345）	0.598** （1.973）
Lnsize	−0.141*** （−4.656）	−0.053** （−2.356）	−0.144*** （−3.085）
Rota	−0.627*** （−4.775）	−0.025 （−0.316）	−1.608*** （−6.760）
Tatr	−0.179*** （−3.397）	−0.105** （−2.032）	−0.170** （−2.475）
Tagr	0.085 （0.930）	0.007 （0.122）	0.124 （0.832）
Lev	2.345*** （14.367）	0.433*** （3.068）	3.011*** （13.769）
Rind	−0.118 （−0.197）	0.494 （1.139）	−0.632 （−0.721）
Layer	0.110 （1.457）		
Year	控制	控制	控制
Ind	控制	控制	控制
修正 R^2	0.169	0.084	0.226
F 值	22.866***	4.369***	23.884***
D-W 统计量	2.006	1.998	2.017

*、**和***分别表示在 10%、5%和 1%的水平上显著

注：括号中为 *t* 值

9.3　政府控制与并购效应研究

2008 年的金融危机使资本主义国家的市场自由化暴露出了极大的缺点，凸显出了在市场经济社会政府对经济发展干预的重要作用。尽管我国一直在推进国有企业改革，建立现代企业制度，但是政府始终对国有企业保持着绝对的控制，可以通过各种方式、形式达到对企业经营活动的影响。在我国经济发展的新常态下，经济由高速增长转为中高速增长，企业面临的发展环境有很大的变化，作为

企业要顺应时势，很重要的一点就是做时代的企业，企业发展不能再走高能耗、高成本、没有技术没有品牌的路子，而要通过技术创新、机制创新发展方式来争取未来市场发展空间；技术机制的创新可以通过企业自身也可以通过并购来快速达到。经济新常态下，世界经济增长放缓，企业生存压力增大，我国企业完全可以利用这个有利时机，进行并购，这不但能够扩大市场份额，提高企业竞争力，而且能够通过并购达到调整我国产业结构的目的。因此，结合我国目前的经济背景，如何进一步讨论企业并购中政府的作用具有重要意义。上一节实证检验了政府对企业并购行为的影响，结果发现政府控制权能显著影响企业的并购活动，本节将分析政府是否也对企业并购效应产生影响。

9.3.1　理论分析与研究假设

并购是企业重大复杂的投资活动，是企业内部各个利益主体之间博弈的结果，从而将终极控制人和各利益主体之间存在的代理冲突显现出来。当终极控制人控制权小于某一特定值时，企业股权相对而言就较为分散，各大股东实力相当，这就有利于其他大股东设计一系列有效的规章制度来对抗终极控制人的掠夺行为进而维护自身在公司的合法权益。此时，终极控制人就有可能约束自利行为，减少对企业价值的侵害，甚至利用手中资源积极帮助企业发展，企业之间的并购活动就较多体现为市场推动型。但是，当终极控制人控制权大于某一特定值时，能对企业有绝对的控制权，由于缺乏有效的权力制衡和监督机制，控制人攫取私有收益的速度要比积极参与管理，提高企业价值而获取收益的速度快且有保证。因此，在“堑壕效应”的作用下，控制人主导下的企业并购行为偏离了企业价值最大化目标，从而不利于企业并购效应的提高。

为了较为明晰地分析政府控制对企业的“支持之手”和“掠夺之手”所带来的效应，参考逯东的观点建立简单的数学模型进行分析。

首先构建企业并购效应函数：

$$P(a)=P_0(a)+S(a)-I(a) \tag{9-3}$$

其中，$P(a)$表示企业并购后效应；$P_0(a)$表示企业不被政府控制时能达到的并购效应，这个效应一般是个常量；$S(a)$为扶持效应，即政府给企业并购带来的并购效应的溢价，因为在并购中政府可以为企业提供融资、法律及各种审批手续的支持，这些措施可以无形中增加企业并购后的效应；$I(a)$表示政府给企业带来的并购效应的毁损，即并购后政府通过各种手段侵占企业利益，降低企业并购效应。a表示政府控制权比例，$a\in[0.1,1]$，因为本章按照 Claessens 等（2002）的标准，选择控制权比例在 0.1 以上的企业作为研究样本。

当政府控制权比例较小时，企业股权相对而言就较为分散，各大股东实力相当，这就有利于其他大股东设计一系列有效规章制度来对抗终极控制人的掠夺行为进而维护自身在公司的合法权益，所以，随着控制权比例的增加，企业越容易获取政府的“支持之手”。此时，$S(a)$是一个增函数，当 a 较低时，这种增长趋势是明显的。但是当 a 达到某一临界值时，政府足以能够干涉企业经营决策，政府对企业的支持增长率将减小，慢慢趋于 0。此时，$S(a)$是一个边际递减的增函数。

$$\lim_{x\to 0.1}\frac{\partial S(a)}{\partial a}>0,\lim_{x\to 1}\frac{\partial S(a)}{\partial a}=0,\frac{\partial^2 S(a)}{\partial a^2}<0 \quad (9\text{-}4)$$

政府对企业既有“支持之手”又有“掠夺之手”，企业在获得政府的“支持之手”的同时，也会受到政府“掠夺之手”的干预。虽然政府控制权比例较低时，由于股权制衡的影响，政府对企业的掠夺行为较少；但是当控制权比例足以控制其他股东时，随着控制权比例的增加，政府对企业并购活动干预强度增加，特别是控制权比例越大而现金流量权比例越小时，在相对更高控制权比例将会导致企业更为严重代理冲突的情形，此时政府通过并购将对企业有较强的占有动机。此时，$I(a)$是一个增函数。

$$\lim_{x\to 0.1}\frac{\partial I(a)}{\partial a}=0,\lim_{x\to 1}\frac{\partial I(a)}{\partial a}>0,\frac{\partial^2 I(a)}{\partial a^2}>0 \quad (9\text{-}5)$$

对式（9-3）进行一阶求导得

$$\frac{\partial P(a)}{\partial a}=\frac{\partial S(a)}{\partial a}-\frac{\partial I(a)}{\partial a} \quad (9\text{-}6)$$

把式（9-4）和式（9-5）代入式（9-6），对式（9-3）进行二阶求导得

$$\lim_{x\to 0.1}\frac{\partial P(a)}{\partial a}>0,\lim_{x\to 1}\frac{\partial P(a)}{\partial a}<0,\frac{\partial^2 P(a)}{\partial a^2}<0 \quad (9\text{-}7)$$

式（9-7）表明了企业并购效应函数$P(a)$随着政府控制权比例 a 的增加先增后减，表现为开口向下的凸函数，呈现出倒 U 形，如图 9-2 所示。

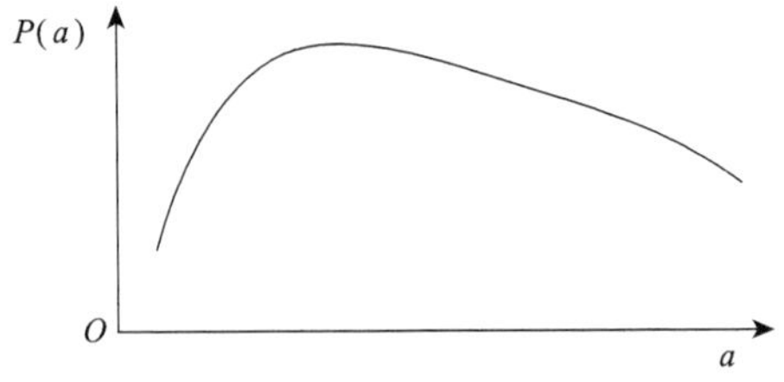

图 9-2　控制权示意图

基于上述分析，提出如下假设：

假设 9-3：政府控制权比例与企业并购效应之间呈现出非线性的倒 U 形关系。

同时中央和地方政府的控制权对企业会产生不同的影响。对于中央政府控制的企业，由于其具有现代化的管理制度，在经营上具有灵活性，公司治理的效率也更高；同时，终极控制人也面临着来自市场的监督，企业并购行为更多源于发展壮大的需要。而对于地方政府控制的企业，官员出于政治晋升目标和私有收益目的，对企业干预动机更明显、力度也更大，不利于企业价值的提高。因此，如果假设 9-1 成立，那么频繁的并购将导致并购效应的降低。故提出如下假设：

假设 9-4：政府控制权比例与企业并购效应之间的关系在中央政府和地方政府控制下将呈现出一定差异，如果存在倒 U 形关系，这一关系在地方政府控制下更为显著。

9.3.2 样本选择与模型设计

为保持研究的一贯性，本节选取的研究样本与 9.2 节相同，即以 2008~2011 年发生并购的 1 122 家国有上市公司为研究对象。

对于上述假设，运用以下几种方法分析：第一，通过因子分析法分别求出并购前一年、当年、后一年及后两年的综合因子得分，然后运用两配对 Wilcoxon 符号秩检验，分析企业并购前后各年份效应是否存在显著差异，从而判断企业是否取得并购效应。第二，把并购后第一年的并购效应作为短期效应，并购后第二年的并购效应作为长期效应，然后将政府控制层级分为两组（中央和地方），采用独立样本均值 t 检验法，分析控制层级对企业并购效应的影响。第三，采用多元回归方法，对政府控制和并购效应的关系做进一步的研究，多元回归模型如下：

$$
\begin{aligned}
\Delta \mathrm{PER}_{it} = {} & \lambda_0 + \lambda_1 \mathrm{Gcontrol} + \lambda_2 \mathrm{Gcontrol}^2 + \lambda_3 \mathrm{CFO}_{it} + \lambda_4 \mathrm{Lnsize}_{it} \\
& + \lambda_5 \mathrm{Rota}_{it} + \lambda_6 \mathrm{Tatr}_{it} + \lambda_7 \mathrm{Tagr}_{it} + \lambda_8 \mathrm{Lev}_{it} + \lambda_9 \mathrm{Rind}_{it} \\
& + \lambda_{10} \sum \mathrm{Ind}_{it} + \lambda_{11} \sum \mathrm{Year}_{it} + \varepsilon
\end{aligned} \tag{9-8}
$$

其中，ε 为随机干扰项，表示其他次要因素对企业并购的影响。

模型中涉及的变量说明如下：

（1）并购效应。

本节基于现金流视角从并购后营利能力、资产质量、偿债能力和发展潜力 4 个方面对企业并购效应进行衡量。运用因子分析法，计算各企业的综合得分，通过对综合得分的检验来研究企业的并购效应。因此，从以上 4 个方面各取 4 个指标，共计 16 个指标来评价企业并购效应。具体指标含义如表 9-8 所示。在进行多元回归分析时，借鉴了高明华（2008）研究企业并购效应的方法，选择并购后一年的业绩为并购短期效应；并购后两年的业绩为并购长期效应。在选取并购效应的财务指标时选取一部分现金流指标，因为企业的现金流对企业的发展至关重要。

表 9-8　变量描述

变量类型	变量代码	定义	备注
营利能力（Profitability）	Prof1	销售现金比率	经营活动净现金流/营业收入
	Prof2	总资产现金流率	经营活动净现金流/总资产平均额
	Prof3	净资产现金率	经营活动净现金流/平均股东权益
	Prof4	投入资本回报率	（净利润+财务费用）/（总资产−流动负债+应付票据+短期借款+一年内到期长期负债）
资产质量（Quality）	Asqu1	现金周转率	营业收入/经营活动净现金流
	Asqu2	固定资产周转率	营业收入/平均固定资产
	Asqu3	总资产周转率	营业收入/平均资产
	Asqu4	股东权益周转率	营业收入/平均股东权益
偿债能力（Debt）	Depa1	资产负债率	负债总额/资产总额
	Depa2	速动比率	流动资产/流动负债
	Depa3	经营融资与筹资活动现金支出比率	经营活动现金净流量/筹资活动现金支出
	Depa4	全部债务现金比率	现金及其等价物/全部债务
发展潜力（Potential）	Pote1	资本保值增长率	期末股东权益/上年期末股东权益
	Pote2	总资产增长率	（期末总资产−上年期末总资产）/上年期末总资产
	Pote3	营业利润增长率	（本期营业利润−上期营业利润）/上期营业利润
	Pote4	经营现金净流量成长率	经营活动现金净流量增加额/基期经营活动现金净流量

（2）政府控制（Gcontrol）。政府拥有企业控制权比例；反映政府对企业的控制能力。参考 Jeremy S. S. Edwards 对控制权的计量方法，选择政府作为终极控制人的控制权比例。

（3）并购效应（ΔPER）。采用因子分析法，求出每年的因子得分，以此来衡量并购效应。t=1 表示并购后一年与并购前一年效应变化量，t=2 表示并购后第二年与并购前一年效应变化量。

（4）控制层级（Layer）。如果终极控制人为中央政府，取值为 1，否则为 0。

（5）控制变量。

结合前人研究，设置了如下控制变量：自由现金流比率（CFO）、公司规模

（Lnsize）、总资产收益率（Rota）、总资产周转率（Tatr）、总资产增长率（Tagr）、资产负债率（Lev）、独立董事比例（Rind）、行业虚拟变量（Ind）和年度虚拟变量（Year）。具体变量描述见表 9-9。

表 9-9　变量描述

变量类型	变量代码	含义	说明
并购效应（performance）	ΔPER_1	短期财务效应	并购后一年企业业绩变化
	ΔPER_2	长期财务效应	并购后两年企业业绩变化
解释变量	Gcontrol	政府控制权	政府控制权比例
	$Gcontrol^2$	政府控制权	政府控制权比例的平方
其他	Layer	控制层级	中央政府控制为 1，地方政府控制为 0
	CFO	自由现金流比率	并购前一年自由现金流/前一年总资产
	Lnsize	公司规模	并购前一年末总资产取对数
	Tatr	总资产周转率	并购前一年总资产周转率
	Rota	总资产收益率	并购前一年总资产收益率
	Lev	资产负债率	并购前一年资产负债率
	Tagr	总资产增长率	并购前一年总资产增长率
	Rind	独立董事比例	并购前一年独立董事人数/董事人数
	Ind1-11	行业虚拟变量	属于该行业，取 1，否则取 0
	Year08-11	年度虚拟变量	属于并购当年取 1，否则取 0

9.3.3　描述性分析及配对检验

1. 描述性统计分析

表 9-10 报告了主要变量的描述性统计。从表 9-10 中可以看出，短期并购效应和长期并购效应均为负值，说明并购没有取得良好效应，而且企业长期效应比短期效应更差。独立董事比例最小值为 0.091，最大值为 0.800，说明样本间独立董事比例差距较大，但是其均值 0.365 和中位数 0.333 处在合理水平，符合上市公司的规定。控制层级均值为 0.320，说明样本企业里有 32%是中央控股。其他变量企业自由现金流比率、总资产周转率、总资产增长率和资产负债率企业间的差距也较大，这些差异可能影响企业并购，因此分析时作为控制变量。同时对于 ΔPER_1 和 ΔPER_2 等财务指标存在异常值的情况，分别做了双向 1%的 Winsoried 缩尾处理。

表 9-10　主要变量的描述性统计

变量	样本数	均值	中位数	最小值	最大值	S.D
ΔPER_1	1 122	−0.120	−0.142	−22.445	14.315	1.436
ΔPER_2	1 122	−0.271	−0.193	−22.567	6.368	1.300
Gcontrol	1 122	0.411	0.408	0.101	0.867	0.152
$Gcontrol^2$	1 122	0.193	0.169	0.010	0.752	0.131
CFO	1 122	0.050	0.053	−1.207	2.132	0.151
Lnsize	1 122	22.272	22.093	16.185	27.809	1.360
Rota	1 122	0.044	0.034	−0.591	7.696	0.283
Tatr	1 122	0.759	0.617	0.012	8.924	0.665
Tagr	1 122	0.205	0.136	−0.909	7.609	0.665
Lev	1 122	0.541	0.551	0.016	4.395	0.239
Rind	1 122	0.365	0.333	0.091	0.800	0.058
Layer	1 122	0.320	0	0	1	0.465

2. 相关系数矩阵分析

从表 9-11 相关系数矩阵表可以看出，关键的解释变量 $Gcontrol^2$ 和 ΔPER_1 的相关系数在 10%水平上显著，但 Gcontrol 和 ΔPER_1、ΔPER_2 的相关系数不显著，主要因为它们之间是非线性相关的。同时，Lnsize、Rota、Tatr、Tagr 和 Layer 与 ΔPER_1 也有显著的相关关系；Rota、Tatr、Tagr、Lev 和 Layer 与 ΔPER_2 有显著的相关关系；在相关性系数矩阵中，解释变量 Gcontrol 和 $Gcontrol^2$ 相关系数较大，存在着共线性，所以对其进行中心化处理；解释变量和控制变量以及控制变量之间的相关系数的值都不是很大，说明模型中的变量不会存在严重的共线性。

表 9-11　变量 Pearson 相关系数矩阵

变量	ΔPER_1	ΔPER_2	Gcontrol	$Gcontrol^2$	CFO	Lnsize	Rota	Tatr	Tagr	Lev	Rind	Layer
ΔPER_1	1											
ΔPER_2	0.779^{***}	1										
Gcontrol	0.550	0.060	1									
$Gcontrol^2$	0.135^{*}	0.043	0.978^{**}	1								
CFO	0.008	0.010	0.038	0.027	1							
Lnsize	-0.086^{***}	−0.044	0.257^{***}	0.333	0.001	1						
Rota	-0.453^{***}	-0.490^{***}	0.028	0.048	−0.008	0.020	1					
Tatr	-0.121^{***}	-0.152^{***}	0.002	0.030	0.018	−0.030	0.165^{**}	1				
Tagr	-0.052^{*}	-0.053^{*}	0.014	0.010	-0.214^{**}	0.126^{**}	0.001	-0.072^{**}	1			

续表

变量	ΔPER₁	ΔPER₂	Gcontrol	Gcontrol²	CFO	Lnsize	Rota	Tatr	Tagr	Lev	Rind	Layer
Lev	0.045	0.053*	−0.027	−0.049	−0.009	0.165	−0.051*	0.105	−0.038	1		
Rind	−0.038	−0.028	−0.052	0.076*	−0.06**	0.143	−0.033	−0.035	−0.001	0.049	1	
Layer	0.071*	0.082***	0.106***	0.108***	0.129**	0.146**	0.013	0.002	0.038	−0.006	0.026	1

*、**和***分别表示在 10%、5%和 1%的水平上显著

注：括号中为 t 值

3. 因子分析

因子分析的前提是指标间存在着较强的线性关系，因此首先对原始数据指标进行检验，判断是否适合做因子分析。由表 9-12 知，KMO 是衡量指标间简单相关和偏相关关系的指标，该值分别为 0.606、0.58、0.684、0.578，均大于 0.5，表明样本适合做因子分析。Bartlett 球形检验是衡量指标间独立性的一种方法，结果显示，卡方检验值分别为 614、1 215、2 014、743，相伴概率为 0.000，表明指标间存在着相关性和共线性。因此，从表 9-12 中可知，两个检验结果都表明选取的并购效应指标之间存在相关性，可以进行因子分析。

表 9-12　因子分析统计表

类别	并购效应因子分析			
	T−1	T=0	T+1	T+2
KMO	0.606	0.58	0.684	0.578
Barlett 球形检验	614***	1 215***	2 014***	743***
因子累计贡献率	88.207	81.618	90.021	85.641

*** 表示在 1%的水平上显著

对因子载荷矩阵运用方差最大法进行正交旋转后得到因子载荷矩阵表，以特征值 1 为标准，作为影响因子；经分析，累计贡献率大于 80%（表 9-12）。通过选择的公共因子计算综合得分，计算时将标准化处理后累计贡献率作为公共因子的权重。T−1、T=0、T+1、T+2 分别表示并购前一年、当年、后一年和后两年。

4. 两配对样本 Wilcoxon 符号秩检验

上述的因子得分只是计算出了企业并购效应综合因子得分，判断不出企业并购前后的效应如何变化，因此，采用两配对样本 Wilcoxon 符号秩检验方法，检验企业并购前后综合因子得分的变化，从而可以判断出并购后企业是否取得了并购效应。结果如表 9-13 所示，从表 9-13 中可以得出，并购当年企业绩效没有提高，并购后一年和后两年并购效应都没有提高，而且随着时间推移，企业绩效下降更大。

表 9-13 财务效应 Wilcoxon 符号秩检验

对比检验		T=0>T−1	T+1>T−1	T+2>T−1	T+1>T=0	T+2>T=0	T+2>T+1
并购效应	*Z* 值	−2.612	−1.205	−2.116	−1.169	−1.223	−1.634
	P 值	0.00***	0.313	0.000***	0.256	0.218	0.112
	结论	通过	未通过	通过	未通过	未通过	未通过

***表示在 1%的水平上显著

9.3.4 政府控制与并购效应多元回归分析

在做回归分析之前，对于财务指标存在异常值的情况，分别做了双向 1%的 Winsoried 缩尾处理。研究样本属于非平衡的面板数据，需要检验所选方法。首先比较混合回归和固定效应，进行 *F* 检验。*F* 检验统计量为 4.13，*P* 值为 0.000 0；结果表明不适合进行混合回归。其次比较固定效应和随机效应，并进行 Hausman 检验。卡方统计量为 46.92，*P* 值为 0.000 0，结果表明不适合采用随机效应。因此，由分析结果可知，采用固定效应较为合适。

表 9-14 报告了控制权比例与并购效应的回归结果，从全样本看，无论在短期效应上还是长期效应上，Gcontrol 的系数均显著为正，$Gcontrol^2$ 的系数显著为负，说明了政府控制权比例与企业并购效应之间存在着显著的倒 U 形关系，据此，假设 9-3 得到了验证。

表 9-14 政府控制与并购效应回归结果

变量	短期效应			长期效应		
样本分类	全样本	中央	地方	全样本	中央	地方
截距项	1.389* （1.798）	2.468*** （2.645）	1.779 （1.523）	0.762 （1.018）	1.138 （1.236）	0.888 （0.794）
Gcontrol	3.557*** （2.879）	1.422 （0.821）	4.920*** （2.993）	2.818** （2.363）	−0.144 （−0.084）	4.488*** （2.853）
$Gcontrol^2$	−3.429** （−2.388）	−0.951 （−0.490）	−5.121*** （−2.661）	−2.656* （−1.917）	0.694 （0.363）	−4.719** （−2.544）
CFO	0.119* （1.643）	0.279* （1.820）	0.099 （1.137）	0.027 （0.388）	0.162 （0.285）	0.018 （0.222）
Lnsize	−0.105*** （−3.089）	−0.085** （−2.050）	−0.134*** （−2.627）	−0.054* （−1.633）	−0.053* （−1.642）	−0.073* （−1.696）
Rota	1.420** （2.193）	1.317 （1.581）	1.433 （1.602）	1.304** （2.087）	0.180 （0.220）	2.116** （2.472）
Tatr	0.011 （0.168）	0.014 （0.125）	−0.002 （−0.026）	0.021 （0.327）	0.133 （1.189）	−0.009 （−0.120）
Tagr	0.102* （1.891）	0.273** （2.441）	0.073 （1.147）	0.091* （1.764）	0.185* （1.676）	0.073 （1.201）

续表

变量	短期效应			长期效应		
样本分类	全样本	中央	地方	全样本	中央	地方
Lev	0.446* （1.825）	0.229 （0.718）	0.657** （1.961）	0.326 （1.381）	0.302 （0.957）	0.422* （1.681）
Rind	0.558 （0.779）	0.205 （0.241）	0.849 （0.852）	0.475 （0.706）	0.686 （0.818）	1.260 （1.321）
Layer	0.145* （1.734）			0.170** （2.109）		
Year	控制	控制	控制	控制	控制	控制
Ind	控制	控制	控制	控制	控制	控制
修正 R^2	0.205	0.32	0.168	0.098	0.135	0.086
F 值	23.149***	15.457***	13.500***	10.267***	5.814***	6.831***
D-W 统计量	2.014	1.975	2.026	1.902	2.051	1.936

*、**和***分别表示在 10%、5%和 1%的水平上显著

注：括号中为 t 值

接下来，按照政府控制层级进行细分，研究不同控制层级下政府控制权比例对企业并购效应的影响。如表 9-14 第 2、第 3 和第 5、第 6 列所示，无论短期还是长期效应，中央政府控制下企业控制权比例系数均不显著，说明政府控制权对央企并购效应没有显著的影响。但是在地方政府控制企业中控制权比例系数均显著，且控制权比例与并购效应之间呈现倒 U 形关系，因此，政府控制权主要影响地方政府控制的企业。至此，假设 9-4 得到了验证。由于存在倒 U 形关系，必然存在一个拐点，拐点在 0.48 附近，政府控制权比例在该点时，控制权比例最优，企业并购效应最大。说明政治经济体制改革使政府权力经历了从集权到分权的过程。中央政府将一些权力下放给地方政府，地方政府被赋予了相当大权力。中央与地方政府分权的结果是地方政府具有强烈的动机扶持当地国有企业，但也导致了政府对企业的干预。

9.4　政府控制、高管权力及并购效应研究

9.3 节主要从政府控制权及控制层级研究其对并购效应的影响，实证检验政府控制与并购效应之间的关系，发现政府确实对企业存在着“支持之手”和“掠夺之手”，当政府控制权比例小于某一临界值时，随着政府控制权比例的增加，企业并购后的效应升高；但是当政府控制权比例大于这一临界值时，政府控制权

抑制企业的并购效应。这说明对于国有企业，政府控制权的存在能对企业并购产生显著的影响。那么，政府虽然是国有企业的终极控制人，能对影响企业的经营决策；但是，政府毕竟不直接经营企业，其是通过什么途径对企业施加影响进行干预呢？研究发现，政府对企业的干预主要是通过对企业高管的控制来达到的，目前国有企业政府控制着企业高管的任免和选拔。在政府控制下的国有企业，高管的权力如何？高管权力对企业的并购效应是起到提升作用还是抑制作用？而且在中央政府和地方政府不同的控制层级下，国有企业的高管权力对企业并购效应是否产生同样的影响？这些疑问值得我们进行深入的分析和探讨。

9.2 节和 9.3 节分别实证分析了政府控制权对企业并购及其效应的影响。本节将在前面研究的基础之上，深入研究政府通过企业高管的任命达到干预企业的目的，然后分析高管权力如何影响企业并购效应。本节的研究思路是“政府控制—企业高管—并购效应”。政府和高管之间是委托代理关系，高管作为政府的代理人，由于面临着不同的监督激励机制，不同类型的高管表现出的行为迥异。同时，来自政府任命的高管行为是否和政府表现出较多的一致性，来迎合来自政府的目标？本节将实证分析，为这些问题提供经验证据。

9.4.1 理论分析和研究假设

由于国有企业“一股独大”，政府控制着企业高管的任命与选拔，且企业高管具有一定行政级别和等级，这就形成了企业高管具有政府官员和企业家的双重身份，双重身份使国有企业在一定程度上受国家的政策管制，但高管还是拥有一定的权力。国有企业改革的目的是搞活国有企业，需要有才能的高管来管理企业，在改革过程中政府给予了企业一定的独立经营权力，这种权力使高管基于政府超强控制权形成对企业的控制。

现代企业的两权分离使高管在企业中的地位逐渐提高，权力逐渐增大，这不仅导致企业高管集决策权、执行权于一身，而且造成所有者的权力架空，所有者和经营者之间信息不对称。作为“经济人”的高管为了构建“企业帝国”和提高自己的社会声誉等使其私有收益最大化，把并购作为一种达到目的的方式。委托代理理论隐含假设就是高管以自身利益最大化为目标，在并购决策时，他们更关心自己的地位、声誉和收入；当自身利益和企业利益发生冲突时他们可能更倾向于从自身利益考虑。高管这种自利动机产生的代理成本使所有者试图通过一套约束激励契约来减少高管的“逆向选择”和“道德风险”，使高管和企业的目标函数趋于一致。但我国特有的制度背景使企业存在严重的内部控制人现象，高管具有强势的控制权，却较少有相应的监督制衡来约束，导致高管可以在一个较自由的环境中去实现个人私利，从而造成企业价值毁损。高管权力理论也认为高管可以通过权力影响决策的制定和一定程度的自定薪酬，并利用其在企业内的权威，进行多渠道的寻租。但高管的寻租收益对企业价值产生负面影响，寻租越盛行，越会导致本该属于所有者的收益被高管攫取，降低企业的绩效，对企业的发展不利，因此，高管寻租行为对并购效应的影响应该是消极的。而现代企业的薪酬机制也促使较大权力的高管有强烈的动机推动大规模的并购活动，以期获得高额报酬。正如 Chikh 和 Filbien（2011）研究西方高管薪酬激励制度后发现，具有较大权力的高管具有强烈动机追逐成功完成一项并购所带来的高额奖金，然而市场对这些并购事件给予负面的股价反应，成功并购后高管奖金与并购后效应之间并不存在显著关系，这说明了作为“经济人”的高管在并购决策时更多的是从私有利益的角度出发。我国的赵息和张西栓（2013）通过对沪深两市发生的股权并购事件进行研究也得到：高管权力对企业并购绩效有抑制作用，企业并购是高管在个人利益和企业利益两者均衡下采取的战略行为。总之，在企业并购过程中，具有较大权力的高管在并购决策时出于私有收益动机可能会做出错误的决策，发生的并购对主并企业产生负面影响。综上所述，提出如下假设：

假设 9-5：企业高管权力抑制企业并购效应的提升。

由上述分析知：高管权力对企业并购效应产生负向影响，为什么高管权力不利于企业并购效应的提高？事实上，国有企业高管都是通过多年的学习和积累的工作经验、技能和人际关系等才获得当前的职位，他们都是行业的佼佼者，拥有一定管理能力和领导能力。但是由于国有企业的激励机制不完善，能力较强的高管并没有把精力和能力完全用在企业的经营管理上，可能存在着高管利用自身的能力加强与政府管理部门的沟通，满足政府一系列的政治和社会等非经济目标任务的现象，或者利用自身的权力通过并购满足自身私利的动机，从而外在表现出高管的“能力不足”和“努力不足”。故提出假设：

假设 9-6：权力大的高管更少将自身拥有的管理能力和领导能力用于企业并购效应的提高上。

国有企业虽然进行了几十年的改革，但是国有股一股独大，国有企业的终极控制人是政府的现象依然没有改变，企业并购中政府的作用依然不容忽视。总结我国国有企业并购活动，并购分为以下三种。第一，行政主导型：政府为使国有企业承担过多社会职能而运用行政力量推动的并购，政府意图是企业并购的重要动因，并购的对象往往是那些规模较小、经营困难的中小型企业，政府希望通过大企业的先进管理经验和技术设备改造目标企业，但这种非市场化的并购，不利于企业价值的最大化，而且往往会造成企业内部人控制、“黑箱”操作等问题。第二，市场推动型：按照市场经济进行企业并购，让市场决定企业并购行为，不需要政府的干预；实行优胜劣汰，没有竞争力的企业应该退出市场，被效益好的企业并购。第三，混合推动型：由市场和政府两种力量共同推动的并购。目前我国国有企业的并购主要表现为混合型并购，随着改革开放的持续深入，国有企业的并购由以前的完全政府主导型正在发生改变，政府对并购决策干预在减少，但政府依然保留对大型及地方国有企业的并购决策权。然而，政府官员由于远离企业，不负责企业日常经营，只是通过企业高管提供的信息来了解企业，这就使得高管可能利用控制权进行权力寻租；高管人员还可以通过和政府的沟通使政府支持其并购，同时对于政府通过的并购决策，高管也乐意执行，因为通过并购能获取如下收益：

高管薪酬：目前我国国有企业的高管薪酬主要是货币性薪酬。虽然有股权期权激励，但才刚刚起步，并不完善，其在高管薪酬中的比重还较小；由于高管的股权期权激励具有长期激励效应，必将成为企业未来薪酬体系中重要的组成部分。在美国的薪酬形式中，工资津贴在总薪酬中比例很小，而长期激励薪酬往往占的比例却很高。但鉴于股票期权具有很大的不确定性及估算其价值不易，大多学者在研究高管薪酬时只研究货币薪酬，因此本节研究高管薪酬时也主要关注货币薪酬。我国国有企业没有通过企业的市场表现来决定高管薪酬，而且政府管理部门一直对高管薪酬实施一定程度的管制，使高管的薪酬与非国有企业相比激励不足。目前国资委对于高管薪酬的确定主要是考虑企业经营规模及复杂程度，规模越大，业务越复杂，高管薪酬越高。因此高管为了提高薪酬可以通过两种方式：一是扩大企业规模；二是提高企业经营难度。扩大企业规模又有两种途径：一是靠内部积累；二是通过外部并购。内部积累扩大企业规模对三年为一个任期的高管来说不太可行，因为内部积累扩张缓慢，周期长，不利于高管考核。而并购不仅可以快速提高企业规模，而且并购后双方的整合也提高企业经营的难度，所以并购成为高管青睐的提高其薪酬的途径。高管为提高薪酬可能实施权力滥用行为而选择具有价值破坏性的并购活动，高管的年薪增长幅度越大，企业并购效应越差。

控制权收益：Grossman 和 Hart（1987）认为控制权收益是指控股股东通过行使控制权的占有利益，包括常见的利用内幕交易所获得的收益、超额薪酬和在职消费等。企业剩余收益是根据企业股份比例来分配的，即投资者按照自己持有股份的数额获得相应比例的红利支付。但现实的情况是，我国国有企业的股权特征是“一股独大”，而且所有者“缺位”，高管对企业拥有较强的控制权，所以高管有种种理由为自身的卸责或私利行为寻找借口，享有私人控制收益。而我国国有企业高管薪酬一直被政府管制。国资委的薪酬考核机制使高管薪酬没有市场化；为了弥补损失，高管通过其他隐蔽方式进行补偿，这就是在职消费。李良智和夏靓（2006）认为高管之所以和股东签订薪酬契约，不是看重表面上的薪酬，而是通过获得企业控制权以获得更大利益，如在职消费。陈冬华等（2005）研究高管的在职消费时发现企业规模、高管薪酬都影响在职消费，政府对薪酬的管制使高管利用在职消费来弥补。树友林（2011）研究发现企业高管利用手中权力进行在职消费的成本较低，因为我国内部治理机制和外部监督机构都不能对高管形成有效的监管。徐静（2013）研究发现高管权力越大，其在职消费就越多，但股权制衡机制能抑制高管权力的自利行为。综上所述，提出如下假设：

假设 9-7：高管通过并购可以达到提升其薪酬的动机，且高管权力越大越明显。

受到中央控制的企业资产规模大，这样的企业一般从事的是关系到国计民生的产业，此时政府为保持经济的健康发展，会以更高的标准要求这些企业，中央政府控制的企业高管试图通过某种途径来获取利益的方式被严格限制。所以在中央政府控制的企业中，虽然企业的高管权力很大，但是因为受到的限制多，企业的非效率投资行为就会减少。而地方政府控制的企业，它们本身就是地方经济的中流砥柱，既要满足政府的一些政绩指标又要承担一定的社会责任。因为地方企业要依赖这些企业去满足自己的目标，企业也需要去寻求政府的帮助。受地方政府控制的企业过度投资不会受到严格的限制，这类上市公司的高管也有可能考虑到以后的政治前途，放弃净现值为正值但存在较大风险的项目。此外，依赖于这类企业的当地政府，也会选择容忍的态度。故提出如下假设：

假设 9-8：与中央政府控制的企业相比，地方政府控制企业中高管权力越大，并购效应就越低。

9.4.2　样本选择和变量定义

为保证研究的一贯性，样本选择和 9.3 节中相同，同时本节研究高管权力与政府控制对并购效应的共同作用，因此新增如下变量。

1. 高管权力

高管权力：Kim 和 Yao（2011）将 Finkelstein 的专家权力和声望权力合并为个人能力权力，将高管权力分为组织上的权力、所有权权力和个人能力权力。Bebchuk 等（2011）将高管薪酬作为企业高管权力的测度。由于我国上市公司年报等对高管权力的信息披露较少，很多指标无法得到，故借鉴卢锐（2008）、赵息和张西栓（2013）、权小锋等（2010）对高管权力的测度，根据我国的制度背景选择两职合一（Dual）、高管任期（Tenure）和股权分散度（Diso）作为企业高管权力的衡量指标，这三个指标能从时间维度和空间维度综合反映企业高管权力。两职合一、高管任期和股权分散度越大，企业高管权力越大。定义 Power1 为权力虚拟变量，当 Dual+Tenure+Diso≥2，取 1，否则取 0；定义 Power2 为权力连续变量其值为 Dual+Tenure+Diso。

2. 高管能力

高管能力：知识教育能在某种程度上反映一个人的能力（张建君和李宏伟，2007）。吴延兵和刘霞辉（2009）发现教育程度越高，其创新能力越强。贺小刚和李新春（2005）通过对企业的调查，发现受教育程度高的企业家其在企业经营过程中更得心应手。因此认为学历较能反映企业高管的能力大小。同时，还选择职称作为能力的代理变量。具体而言，分别采用教育（Edu）和职称（Title）两个指标来反映能力。教育（Edu）：中专及中专以下为 1；大专为 2；本科为 3；硕士为4；博士为5。职称（Title）：是否获取过专业高级职称，是为1，否为0；高级职称包括高级工程师（会计师、经济师）、研究员、教授等。

3. 高管薪酬

在对企业高管的研究中，国外的研究主要限定为公司总经理，即 CEO。鉴于我国企业财务报表没有强制性披露 CEO 薪酬，选择上市公司必须披露前三名高管的薪酬总额，作为高管薪酬的代理变量（Salary），并且以并购前一年和并购后一年前三名高管人员薪酬的变化表示并购带给高管收益的增加（ΔSalary）。通过前述理论分析知，高管薪酬对高管具有一定激励效应，但其也能够诱发权力寻租，可以预期高管薪酬非线性影响企业并购。在模型中，本章以企业并购前后经行业调整的“前三名高管的薪酬总额”的变化，作为度量并购事件对高管薪酬变化影响的指标。

4. 控制变量

鉴于国资委对国有企业高管薪酬的管制，高管可能利用其权力进行寻租，因此以在职消费作为另一个代理变量进行研究。在企业实际经营中，高管的在职消费通过管理费用来转嫁给企业，因此借鉴前人的研究，选择“管理费用”作为企业高管在职消费的代理变量。其等于并购后一年管理费用减去并购前数据，以此表示并购活动给国有企业高管带来的控制权收益的增加（ΔBenefit）。在模型中，以经过行业调整管理费用的变化来衡量高管控制权收益。其他控制变量有自由现金流比率（CFO）、公司规模（Lnsize）、总资产收益率（Rota）、总资产周转率（Tatr）、总资产增长率（Tagr）、资产负债率（Lev）、独立董事比例（Rind）、行业虚拟变量（Ind）和年度虚拟变量（Year）。具体变量描述见表 9-15。

表 9-15　变量描述

变量	变量代码	含义	说明
并购效应（performance）	ΔPER_1	短期财务效应	并购后一年企业业绩变化
	ΔPER_2	长期财务效应	并购后两年企业业绩变化
管理层权力（Power）	Power1	权力虚拟变量	若 Tenure+Dual+Disp≥2，取 1，否则取 0
	Power2	权力连续变量	Tenure+Dual+Disp
高管薪酬	ΔSalary	高管薪酬	并购当年和并购后一年“前三名高管的薪酬总额”经行业调整后的变化率
其他变量	Layer	控制层级	中央政府控制为 0，地方政府控制为 1
	CFO	自由现金流比率	并购上年的自由现金流/并购上年末的总资产
	Gcontrol	政府控制权	终极控制人控制权比例
	ΔBenefit	控制权收益的增加	并购后一年与并购前一年“管理费用”经行业调整后的变化率
	Lnsize	公司规模	并购上一年末总资产取对数
	Tatr	总资产周转率	并购上一年的总资产周转率
	Rota	总资产收益率	并购上一年的总资产收益率
	Lev	资产负债率	并购上一年的资产负债率
	Tagr	总资产增长率	并购上一年的总资产增长率
	Rind	独立董事比例	并购上一年独立董事人数除以董事人数
	Ind1−11	行业虚拟变量	如果属于该行业，取 1，否则取 0
	Year08−11	年度虚拟变量	如果属于并购当年，取 1，否则取 0

9.4.3　模型设计

对于假设 9-5，首先对高管权力指标进行分组，用独立样本 t 检验，研究高管权力对并购效应的影响，然后再用多元回归进行分析，见式（9-9），其他假设分别用式（9-10）~式（9-12）验证，具体表达式如下：

$$\begin{aligned}\Delta PER_{it} = & a_{it} + \alpha_1 Power_{it} + \alpha_2 CFO_{it} + \alpha_3 Lnsize_{it} + \alpha_4 Rota_{it} + \alpha_5 Tatr_{it} \\ & + \alpha_6 Gcontrol_{it} + \alpha_7 Tagr_{it} + \alpha_8 Lev_{it} + \alpha_9 Rind_{it} + \alpha_{10} Layer_{it} \\ & + \alpha_{11}\sum Ind_{it} + \alpha_{12}\sum Year_{it} + \varepsilon_{it}\end{aligned} \tag{9-9}$$

$$\begin{aligned}\Delta PER_{it} = & a_{it} + \alpha_1 Ability_{it} + \alpha_2 Power_{it} \times Ability_{it} + \alpha_3 CFO_{it} + \alpha_4 Lnsize_{it} \\ & + \alpha_5 Rota_{it} + \alpha_6 Tatr_{it} + \alpha_7 Gcontrol_{it} + \alpha_8 Tagr_{it} + \alpha_9 Lev_{it} \\ & + \alpha_{10} Rind_{it} + \alpha_{11} Layer_{it} + \alpha_{12}\sum Ind_{it} + \alpha_{13}\sum Year_{it} + \varepsilon_{it}\end{aligned} \tag{9-10}$$

$$\begin{aligned}\Delta \text{PER}_{it} = a_{it} &+ \alpha_1 \Delta \text{Salary}_{it} + \alpha_2 \Delta \text{Salary}_{it}^2 + \alpha_3 \text{CFO}_{it} + \alpha_4 \text{Lnsize}_{it} + \alpha_5 \text{Rota}_{it} \\ &+ \alpha_6 \text{Tatr}_{it} + \alpha_7 \Delta \text{Benefit} + \alpha_8 \text{Tagr}_{it} + \alpha_9 \text{Gcontrol}_{it} + \alpha_{10} \text{Lev}_{it} \\ &+ \alpha_{11} \text{Rind}_{it} + \alpha_{12} \text{Layer}_{it} + \alpha_{13} \sum \text{Ind}_{it} + \alpha_{14} \sum \text{Year}_{it} + \varepsilon_{it}\end{aligned} \tag{9-11}$$

$$\begin{aligned}\Delta \text{PER}_{it} = a_{it} &+ \alpha_1 \text{Power}_{it} + \alpha_2 \text{Power}_{it} \times \text{Layer}_{it} + \alpha_3 \text{CFO}_{it} + \alpha_4 \text{Lnsize}_{it} \\ &+ \alpha_5 \text{Rota}_{it} + \alpha_6 \text{Tatr}_{it} + \alpha_7 \text{Gcontrol}_{it} + \alpha_8 \text{Tagr}_{it} + \alpha_9 \text{Lev}_{it} \\ &+ \alpha_{10} \text{Rind}_{it} + \alpha_{11} \sum \text{Ind}_{it} + \alpha_{12} \sum \text{Year}_{it} + \varepsilon_{it}\end{aligned} \tag{9-12}$$

9.4.4　高管权力与企业并购效应实证结果分析

由 9.3 节的分析可知，企业并购并没有取得相应的并购效应，但是 9.3 节考虑的是政府对企业并购效应的影响，国有企业股权的一大特征就是“一股独大”，所有者“缺位”，导致企业高管虽然由政府部门任命，但政府并不具体经营企业，国有企业形成“行政干预下的经营者控制”状况，高管具有较大的权力。高管利用权力进行的寻租行为高可能是并购决策是高管利益最大化而非企业价值最大化，损害股东利益；上一章的并购效应数据表明并购活动发生后国有企业效益没有增加，在一定程度上印证了高管权力不利于企业并购效应的提高。下面引入高管权力，通过独立样本均值 t 检验和回归分析，研究企业并购效应和高管权力之间的关系。

1．独立样本 t 检验

为进行独立样本 t 检验，首先利用高管权力虚拟变量（Power1）把企业分为高管权力大和权力小两组样本，研究高管权力对企业并购短期效应（并购后一年）和长期效应（并购后两年）的影响。从表 9-16 可知，高管权力较大的一组，并购后短期效应和长期效应均为负值，且长期效应下降更严重；高管权力较小的一组，并购后短期效应和长期效应均为正值，短期效应提升的幅度更大。这说明高管权力越大，自利行为动机下的并购，其效应越差，且高管权力对长期效应的影响更大。

表 9-16　高管权力对企业并购效应的均值比较

对比检验	Power1	短期效应			长期效应		
		样本数	均值	t 值	样本数	均值	t 值
Power1	0	940	0.12	−1.360*	940	0.084	−1.531*
	1	182	−0.023		182	−0.102	

*表示在 10%的水平上显著

2. 多元回归分析

上述检验初步证实了高管权力不利于并购效应的提高，在此基础之上运用多元回归，综合研究各因素对企业并购效应的影响。

表 9-17 是高管权力和并购效应的多元回归结果，从表中可知，修正 R^2 均大于 10%，说明所选取变量在一定程度上解释企业并购效应。从短期效应来看，高管权力虚拟变量和连续变量的回归系数均为负值，且分别在 10%和 5%上显著，当把高管权力虚拟变量和连续变量都引入模型中后，发现它们的回归系数也为负值，都在 10%上显著；结果说明了高管权力不利于企业并购效应的提高，权力大的高管，以其自身利益最大化为目标，推动的并购活动不符合企业价值最大化目标，最终会损害企业价值。从长期效应来看，高管权力回归系数也都为负值，且在 5%上显著，说明高管权力对企业长期效应的影响更明显，长期内高管能形成凌驾于企业治理结构之上的权力，其机会主义动机更明显。对于控制变量，结果表明企业规模和净资产收益率能促进企业并购效应的提升，资产负债率与并购效应正相关，因为负债越高，企业越冒大的风险，冒险的结果可能是企业并购效应提高，但一般学者研究结果是负债对企业并购效应产生不利影响。同时独立董事比例与并购效应正相关，独立董事在一定程度上能够发挥其监督作用，但不够显著；政府控制层级的回归系数为正且显著，说明控制层级越高的企业，高管权力受到的约束可能越大，公司治理机制越完善，并购效应就越高（由于本章选用的中央政府控制为 0，地方政府控制为 1，所以系数为负数），由此假设 9-5 得到验证。

表 9-17 高管权力对企业并购效应的回归分析

变量	短期效应			长期效应		
	模型 1	模型 2	模型 3	模型 4	模型 5	模型 6
截距项	0.634* （1.862）	0.437** （2.051）	1.023 （1.479）	0.762* （−1.716）	0.594 （1.236）	1.210* （1.791）
Power1	−0.123* （−1.914）		−0.079* （−1.783）	−0.155** （−2.161）		−0.083** （−2.524）
Power2		−0.051** （−1.997）	−0.175* （−1.783）		−0.068** （−2.134）	−0.186*** （−2.975）
Gcontrol	−2.274 （−1.388）	−1.072 （−1.481）	−3.258* （−1.656）	−2.656 （−1.226）	−0.973 （−1.363）	−2.831 （−1.514）
CFO	0.218* （1.774）	0.527* （1.820）	0.137 （1.137）	0.121 （1.376）	0.189 （1.262）	0.097 （1.087）
Lnsize	0.095** （2.189）	0.085** （2.050）	0.102*** （2.673）	0.054* （1.633）	0.051* （1.673）	0.074* （1.765）
Rota	1.280** （2.291）	1.431 （1.597）	1.440* （1.678）	1.517** （2.138）	0.180 （0.978）	1.117** （2.331）

续表

变量	短期效应			长期效应		
	模型 1	模型 2	模型 3	模型 4	模型 5	模型 6
Tatr	0.023 （1.167）	−0.031 （−1.131）	0.092 （1.451）	0.045 （1.327）	−0.172 （−1.172）	0.096 （0.980）
Tagr	0.243* （1.724）	0.378** （2.216）	0.092 （1.435）	0.106* （1.821）	0.127* （1.683）	0.031 （1.317）
Lev	0.328* （1.798）	0.462 （0.973）	0.836** （2.124）	0.419 （1.047）	0.501 （0.938）	0.379* （1.825）
Rind	0.465 （1.432）	0.298 （0.657）	0.372 （0.978）	0.573 （1.301）	0.598 （1.208）	1.135 （1.461）
Layer	−0.172* （−1.798）	−0.165* （−1.862）	−0.316* （−1.718）	−0.178** （−2.063）	−0.245* （−1.672）	−0.403** （−1.997）
Year	控制	控制	控制	控制	控制	控制
Ind	控制	控制	控制	控制	控制	控制
修正 R^2	0.266	0.310	0.270	0.108	0.147	0.116
F 值	22.667***	23.975***	18.433***	10.467***	8.659***	7.312***
D-W 统计量	2.025	1.987	2.013	1.965	2.024 6	1.967

*、**和***分别表示在 10%、5%和 1%的水平上显著

注：括号中为 t 值

表 9-18 和表 9-19 分别是高管能力和企业并购效应的回归结果，首先以全样本为研究对象，进行回归分析，发现 Edu 系数为正数，且在 10%上显著，说明高管教育程度越高，即学历越高，越能促进企业并购效应的提升（包括长期效应和短期效应），在一定程度上验证了学历可以反映一个人的能力。在进行分类研究时，在高管权力较小一组，高管受教育程度高也能有利于并购效应的提高；但是在高管权力大的一组发现，高管受教育程度高虽然也能促进并购效应的提升，但是不够显著；研究结果表明在高管权力大的企业，高管可以利用权力做出不利于企业并购效应提升的决策，高管的能力也因高管权力的影响没有得到发挥。但引入交叉项时，即把高管权力作为调节变量代入回归方程，发现交叉项的系数为负值且分别在 5%和 10%上显著。说明高管受教育程度正向影响企业并购效应，但是高管权力却抑制受教育程度对并购效应的提升作用，即高管权力越大，受教育程度越不利于发挥其对并购效应的正向影响作用，权力越大的高管越不将自身的能力用于提高企业并购后的效应上。从长期效应上看，回归结果和短期效益基本一致，只是在长期内高管权力对受教育程度和并购效应之间关系的影响更大。表 9-19 是高管职称对企业并购效应的影响，研究结果和以 Edu 作为能力变量的分析结果一致，由此假设 9-6 得到验证。

表 9-18　方程（2）的回归（以 Edu 作为能力变量）

变量	短期效应					长期效应				
	全样本	Power1=0	Power1=1	Power1	Power2	全样本	Power=0	Power=1	Power1	Power2
截距项	0.613* （−1.812）	0.237** （−2.021）	1.057 −1.33	0.714** （2.323）	0.724 （1.076）	0.832* （−1.776）	0.768* −1.737	1.210* −1.756	1.523* （1678）	1.432* （1.896）
Edu	0.143* （1.924）	0.159* （1.798）	0.146 （1.891）	0.371* （1.768）	0.524** （2.129）	−0.237** （−2.231）	0.145** （2.331）	0.103 （1.505）	0.213* （1.697）	0.312* （1.743）
Edu×Power				−0.121** （−1.986）	−0.310* （−1.871）				−0.177*** （−2.134）	−0.126*** （−2.215）
Gcontrol	−2.285 （−1.356）	−1.112 （−1.371）	−3.014* （−1.676）	−1.345 （−1.461）	−3.115* （−1.698）	−2.634 （−1.543）	−0.914 （−1.343）	−2.700 （−1.598）	−0.915 （−1.333）	−2.811 （−1.565）
CFO	0.354* （1.882）	0.576* （1.92）	0.113 （1.547）	0.512* （1.876）	0.124 （1.567）	0.131 （1.316）	0.187 （1.278）	0.126 （1.357）	0.173 （1.251）	0.107 （1.098）
Lnsize	0.102** （2.110）	0.102** （2.150）	0.123*** （2.333）	0.192** （2.237）	0.147** （2.335）	0.095* （1.763）	0.068* （1.733）	0.079* （1.774）	0.032* （1.688）	0.073* （1.675）
Rota	1.457** （2.278）	1.454 （1.507）	1.425* （1.676）	1.455 （1.568）	1.425* （1.676）	1.525** （2.137）	0.168 （1.261）	1.165** （2.441）	0.189 （0.921）	1.123** （2.145）
Tatr	0.033 （1.117）	−0.069 （−1.121）	0.087 （1.613）	−0.123 （−1.456）	0.287 （1.513）	0.046 （1.332）	0.187 （1.162）	0.012 （1.026）	0.188 （1.175）	0.113 （1.226）
Tagr	0.457* （1.678）	0.392** （2.503）	0.101 （1.439）	0.297** （2.473）	0.211 （1.478）	0.135* （1.872）	0.167* （1.768）	0.131 （1.357）	0.183* （1.762）	0.154 （1.362）
Lev	0.314* （1.809）	0.614 （0.911）	0.839** （2.224）	0.623 （0.119）	0.808** （2.214）	0.447 （1.501）	0.599 （1.245）	0.317* （1.875）	0.554 （1.234）	0.348* （1.830）

续表

变量	短期效应					长期效应				
	全样本	Power1=0	Power1=1	Power1	Power2	全样本	Power=0	Power=1	Power1	Power2
Rind	0.571 （1.224）	0.323 （1.251）	0.371 （0.976）	0.379 （1.471）	0.396 （1.023）	0.591 （1.279）	0.522 （1.298）	1.178 （1.431）	0.579 （1.456）	1.123 （1.521）
Layer	−0.191* （−1.806）	−0.163* （−1.851）	−0.323* （−1.692）	−0.192* （−1.913）	−0.653* （−1.687）	−0.122** （−2.159）	−0.269* （−1.789）	−0.427** （−1.981）	−0.236* （−1.689）	−0.414** （−1.907）
Year	控制	控制	控制	控制	控制	控制	控制	控制	控制	控制
Ind	控制	控制	控制	控制	控制	控制	控制	控制	控制	控制
修正 R^2	0.211	0.25	0.23	0.26	0.27	0.108	0.147	0.116	0.124	0.098
F 值	26.671***	22.765***	19.234***	18.897***	21.765***	8.976***	9.253***	10.413***	9.565**	8.534***
D-W 统计量	2.014	2.016	1.965	1.997	2.010	2.014	2.017	1.992	1.998	1.920

*、**和***分别表示在 10%、5%和 1%的水平上显著

注：括号中为 *t* 值

表 9-19　方程（2）的回归（以 Title 作为能力变量）

变量	短期效应					长期效应				
	全样本	Power1=0	Power1=1	Power1	Power2	全样本	Power=0	Power=1	Power1	Power2
截距项	0.734* −1.873	0.367** −1.997	0.952 −1.476	0.137** −2.153	1.167 −1.379	0.554* （−1.725）	0.329 −1.247	1.003* −1.352	0.479 −1.243	1.032* −1.811
Title	0.145* （1.905）	0.134** （1.936）	0.179* （1.725）	0.161** （1.978）	0.178* （1.796）	0.157** （2.231）	0.126** （2.149）	0.173** （2.237）	0.128** （2.113）	0.093** （2.234）
Title×Power				−0.122* （−1.728）	−0.165* （−1.733）				−0.146*** （−2.955）	−0.164*** （−2.976）
Gcontrol	−2.125 （−1.333）	−1.563 （−1.256）	−3.071* （−1.676）	−1.428 （−1.475）	−2.143* （−1.678）	−2.645 （−1.251）	−0.874 （−1.342）	−2.631 （−1.533）	−0.778 （−1.321）	−2.941 （−1.574）
CFO	0.239* （1.735）	0.545* （1.769）	0.247 （1.135）	0.617* （1.865）	0.149 （1.139）	0.122 （1.358）	0.207 （1.162）	0.126 （1.187）	0.177 （1.532）	0.197 （1.237）
Lnsize	0.123** （2.037）	0.185** （2.254）	0.134*** （2.273）	0.255** （2.369）	0.117*** （2.678）	0.049* （1.655）	0.021* （1.632）	0.174* （1.778）	0.071* （1.654）	0.034* （1.744）
Rota	1.2208** （2.231）	1.466 （1.432）	1.478* （1.647）	1.452 （1.535）	1.441* （1.626）	1.532** （2.119）	0.179 （0.935）	1.134** （2.346）	0.379 （0.932）	1.327** （2.359）
Tatr	0.123 （1.122）	0.231 （1.135）	0.145 （1.457）	0.321 （1.139）	0.106 （1.458）	0.108 （1.357）	0.179 （1.232）	0.091 （0.761）	0.175 （1.332）	0.092 （0.789）
Tagr	0.222* （1.727）	0.356** （2.266）	0.322 （1.437）	0.378** （2.001）	0.122 （1.213）	0.116* （1.913）	0.126* （1.624）	0.073 （1.423）	0.130* （1.679）	0.069 （1.427）
Lev	0.318* （1.934）	0.456 （1.193）	0.814** （2.764）	0.578 （0.149）	0.814** （2.715）	0.891 （1.368）	0.801 （0.918）	0.572* （1.856）	0.5221 （0.925）	0.384* （1.813）

续表

变量	短期效应					长期效应				
	全样本	Power1=0	Power1=1	Power1	Power2	全样本	Power=0	Power=1	Power1	Power2
Rind	0.466 （1.411）	0.201 （0.379）	0.302 （1.218）	0.245 （0.349）	0.336 （1.123	0.733 （1.391）	0.564 （1.269）	1.125 （1.381）	0.515 （1.238）	1.146 （1.231）
Layer	−0.113* （−1.758）	−0.125* （−1.847）	−0.326* （−1.750）	−0.215* （−1.876）	−0.427* （−1.722）	−0.679** （−2.132）	−0.135* （−1.691）	−0.385** （−1.978）	−0.423* （−1.743）	−0.433** （−1.979）
Year	控制	控制	控制	控制	控制	控制	控制	控制	控制	控制
Ind	控制	控制	控制	控制	控制	控制	控制	控制	控制	控制
修正 R^2	0.211	0.30	0.26	0.29	0.25	0.127	0.138	0.096	0.141	0.123
F 值	20.137***	23.573**	17.653***	23.569***	16.356***	10.986***	9.389***	8.672***	9.436***	8.512***
D-W 统计量	2.012	1.998	2.012	1.997	2.015	1.969	2.0213	1.973	2.015	1.996

*、**和***分别表示在 10%、5%和 1%的水平上显著

注：括号中为 t 值

表 9-20 报告了根据模型 3 所做的高管薪酬和并购效应之间的回归结果。从表 9-20 中可知：模型 1 中高管薪酬系数在全样本中系数虽为正数但不显著，但是 $\Delta Salary^2$ 系数在 10%上显著为负，但是在模型 2 和模型 3 中，高管薪酬系数都为正值，且分别在 10%和 5%上显著，说明高管薪酬变化和企业并购效应正相关，同时 $\Delta Salary^2$ 系数分别在 10%和 5%上显著为负，说明高管薪酬和并购效应之间存在非线性的倒 U 形关系，从结果上看高管薪酬的增加，在初期能够提高高管的积极性，激励高管从企业价值最大化角度经营管理企业，此时并购后的效应也得以提升；但是高管薪酬的激励效应是有限的，当超过一定的界限以后其激励效应就会变小；此时高管的薪酬增加的幅度远远大于企业并购取得的效应，从分析结果可以看出，这也说明了薪酬对高管激励效应有限，而且高管利用权力在并购活动中存在寻租行为。由回归结果可知高管权力变量系数无论虚拟变量还是连续变量都显著为负；结合上述分析，综合可知，高管在企业并购过程中存在着权力寻租行为，这也是企业并购效应低下的原因，而且在职消费的变量系数也为负数，说明高管并购中增加了其控制权收益——在职消费，所以假设 9-7 得到验证。长期效应的回归结果基本和短期效应一致，不再分析。

表 9-20　高管薪酬与并购效应回归分析表

变量	短期效应			长期效应		
	模型 1	模型 2	模型 3	模型 4	模型 5	模型 6
截距项	0.675* (1.920)	0.637** (2.137)	1.126 (1.225)	0.973* (1.879)	0.651 (1.193)	1.438* (1.682)
ΔSalary	0.179 (1.008)	0.096** (1.672)	0.123* (1.689)	0.137* (1.786)	0.113** (2.345)	0.196** (2.561)
$\Delta Salary^2$	−0.087* (−1.754)	−0.034* (−1.689)	−0.079** (−2.078)	−0.041* (−1.732)	−0.069** (−2.319)	−0.532** (−2.478)
Power1	−0.123* (−1.824)		−0.067* (−1.862)	−0.173** (−2.376)		−0.102** (−2.139)
Power2		−0.047** (−2.113)	−0.168* (−1.952)		−0.052** (−2.231)	−0.197*** (−2.767)
Gcontrol	−2.141 (−1.457)	−1.540 (−1.612)	−1.223* (−1.790)	−2.417 (−1.027)	−1.024 (−1.561)	−2.947 (−1.439)
CFO	0.237* (1.879)	0.741* (1.723)	0.109 (1.498)	0.365 (1.342)	0.201 (1.576)	0.106 (1.631)
ΔBenefit	−0.079* (−1.768)	−0.054* (−1.871)	−0.067* (−1.675)	−0.092* (−1.899)	−0.107 (−1.340)	−0.039** (−2.236)
Lnsize	0.115** (2.236)	0.097** (2.251)	0.132*** (2.899)	0.078* (1.678)	0.089* (1.879)	1.004* (1.634)
Rota	1.431** (2.438)	1.832 (1.416)	1.543* (1.931)	1.673** (2.247)	0.975 (1.298)	1.314** (2.142)

续表

变量	短期效应			长期效应		
	模型 1	模型 2	模型 3	模型 4	模型 5	模型 6
Tatr	0.102 （1.108）	0.065 （1.241）	0.098 （1.490）	0.037 （1.531）	0.139 （1.274）	0.104 （1.078）
Tagr	0.317* （1.815）	0.396** （2.432）	0.189 （1.311）	0.106* （1.765）	−0.156* （−1.847）	0.431* （1.716）
Lev	0.532* （1.931）	0.478 （1.073）	0.912** （2.245）	0.645 （1.589）	0.511 （0.877）	0.423* （1.879）
Rind	0.367 （1.113）	0.389 （0.939）	0.465 （1.346）	0.689 （1.205）	0.654 （1.333）	1.023 （1.517）
Layer	−0.194* （−1.690）	−0.238* （−1.762）	−0.414* （−1.879）	−0.308** （−2.472）	−0.189* （−1.837）	−0.332** （−2.136）
Year	控制	控制	控制	控制	控制	控制
Ind	控制	控制	控制	控制	控制	控制
修正 R^2	0.213	0.298	0.246	0.124	0.151	0.121
F 值	33.437***	228.653***	21.821***	11.567***	9.978***	8.431***
D-W 统计量	2.013	2.014	2.023	1.995	2.015	1.978

*、**和***分别表示在 10%、5%和 1%的水平上显著

注：括号中为 t 值

上述研究中已经把政府控制层级作为控制变量进行了研究，发现控制层级不利于企业并购效应的提高。表 9-21 报告了政府控制层级对高管权力（虚拟权力）和并购效应之间的关系影响回归结果。首先对全样本进行回归分析，从表 9-21 中可知，高管权力系数在中央政府控制企业中为负数，但是不显著，说明中央政府控制的企业一般为国有大型企业，公司治理机制较完善，高管的机会主义动机将受到抑制。而在地方政府控制企业中，高管权力对并购效应影响为负且 1%上显著，说明地方政府控制企业高管的权力寻租较严重。由全样本回归分析知，高管权力系数为负且在 10%上显著为负，交叉变量系数为负，说明政府控制层级能强化高管权力对企业并购的负向影响，即在不同的政府控制层级下高管权力对并购效应的影响不一致。表 9-22 分析在不同控制层级下，高管权力连续变量对企业并购效应的影响，所得结果和高管权力虚拟变量基本一致，所以假设 9-8 得到了验证。

表 9-21　高管权力、政府层级与并购效应回归分析表（一）

变量	短期效应			长期效应		
	全样本	中央	地方	全样本	中央	地方
截距项	1.527* （1.772）	3.249* （1.684）	4.761** （2.141）	1.554 （1.052）	1.673* （1.663）	0.819** （1.987）
Power1	−0.175* （−1.914）	−1.011 （−1.217）	−0.251*** （−2.688）	−0.093* （−1.669）	−0.144 （−1.207）	−0.153** （−2.432）

续表

变量	短期效应			长期效应		
	全样本	中央	地方	全样本	中央	地方
Layer	−0.114* (−1.798)			−0.102* (−1.987)		
Power1×Layer	−0.181** (−2.437)			−0.173** (−1.998)		
CFO	0.123* (1.668)	0.110* (1.794)	−0.172 (−1.243)	0.211** (2.099)	0.219 (1.223)	−0.116 (−1.402)
Lnsize	0.172** (2.237)	0.743** (1.995)	0.778*** (3.549)	0.829* (1.772)	0.679* (1.846)	0.569 (1.389)
Rota	1.115** (2.137)	1.208 (0.850)	1.372 (1.223)	1.258** (1.993)	0.873** (2.152)	1.669* (1.753)
Tatr	0.147 (1.439)	0.271 (1.164)	−0.109* (−1.848)	0.359 (0.857)	0.248 (1.277)	−0.102* (−1.678)
Tagr	0.778** (2.185)	0.623** (2.237)	0.114 (0.736)	0.163* (1.068)	0.162* (1.697)	0.221 (1.094)
Lev	0.319* (1.724)	0.265 (1.106)	0.274* (1.699)	0.408 (1.378)	0.516 (0.968)	0.329* (1.751)
Rind	0.116 (0.983)	0.437 (1.329)	0.841 (−0.704)	0.528 (1.383)	0.608 (0.697)	1.609 (0.875)
Year	控制	控制	控制	控制	控制	控制
Ind	控制	控制	控制	控制	控制	控制
修正 R^2	0.225	0.317	0.153	0.165	0.179	0.137
F 值	25.685***	18.384***	16.037***	19.375***	14.673***	9.531***
D-W 统计量	2.016	1.978	1.982	2.023	2.018	1.978

*、**和***分别表示在 10%、5%和 1%的水平上显著

注：括号中为 t 值

表 9-22　高管权力、政府层级与并购效应回归分析表（二）

变量	短期效应			长期效应		
	全样本	中央	地方	全样本	中央	地方
截距项	1.982* (1.722)	1.869*** (3.991)	4.394 (1.578)	1.657 4 (1.398)	1.876* (1.744)	1.241 (1.238)
Power2	−0.078*** (−3.341)	−0.253 (−1.353)	−0.231** (−1.983)	−0.091** (−2.364)	−0.127 (−0.977)	−0.239** (−2.146)
Layer	−0.118* (−1.813)			−0.089** (−2.226)		
Power2×Layer	−0.079* (−1.878)			−0.127** (−2.146)		
CFO	0.239* (1.768)	0.373* (1.843)	0.279 (1.190)	0.406* (1.679)	0.298* (1.895)	0.215 (1.036)
Lnsize	0.122** (2.457)	0.619** (2.072)	0.873** (2.656)	0.615* (1.672)	0.821* (1.853)	0.659 (1.216)

续表

变量	短期效应			长期效应		
	全样本	中央	地方	全样本	中央	地方
Rota	0.376** （2.176）	0.119* （1.874）	0.782* （1.739）	0.315* （1.786）	0.138* （1.673）	0.097 （1.004）
Tatr	0.190 （1.532）	0.281 （0.983）	−0.072 （−0.347）	0.025 （1.436）	0.133 （−1.224）	−0.067* （−1.687）
Tagr	0.764** （2.136）	0.641** （2.267）	0.092 （2.145）	0.421* （1.688）	0.583* （1.783）	0.105 （1.158）
Lev	0.273* （1.672）	0.154 （0.962）	0.217* （1.695）	0.392 （1.373）	0.412 （1.198）	0.391* （1.875）
Rind	0.519 （1.223）	0.451 （1.594）	0.923 （1.376）	0.437 （1.255）	0.965 （0.843）	0.579 （1.006）
Year	控制	控制	控制	控制	控制	控制
Ind	控制	控制	控制	控制	控制	控制
修正 R^2	0.192	0.334	0.125	0.189	0.156	0.131
F 值	21.574***	17.375***	11.563***	19.446***	14.983***	9.278***
D-W 统计量	2.021	1.989	1.995	2.026	2.013	1.976

*、**和***分别表示在 10%、5%和 1%的水平上显著

注：括号中为 t 值

9.5　研究结论与启示

9.5.1　研究结论

基于供给侧结构性改革背景下政府对企业并购行为的影响，本章立足于政府控制这个微观视角，分析政府控制权及高管权力是如何影响企业并购的，以期了解国有企业并购“成功悖论”内在机理。在理论分析上，政府拥有企业的控制权，但不拥有企业剩余索取权，导致政府行为私有性。首先对委托代理理论、政府控制理论和高管权力理论进行分析，但形成于西方的并购理论不能完全适合中国市场，于是在研究中充分结合我国社会主义市场经济正处于转型时期的经济背景，考虑政府控制下企业并购有较强的特殊性，然后梳理了国有企业改革过程中的政府角色，构建了较为完整的国有企业并购理论框架，从理论上分析国有企业并购行为是混合推动型，国有企业存在着行政干预下的内部人控制现象，初步找出了企业并购效应低下的原因。在实证分析上，运用因子分析法计算企业并购发生前后共四年效应的综合因子得分，构建国有企业高管权力指标，分别实证检验

了政府控制、高管权力和并购效应之间的关系。通过理论和实证分析，得到了如下结论。

1. 政府控制与企业并购

首先分析政府控制权比例和企业并购之间的关系，研究发现政府控制权与企业并购频率呈现出非线性的 U 形关系，当政府控制权比例小于 46%时，由于存在着股权制衡机制，政府对国有企业干预度较小；当政府控制权比例大于这个值时，能够对企业实施绝对的控制权，此时对企业的干预就较强，特别是地方政府的干预程度更严重。研究还发现政府控制权比例越大，企业并购规模就越大，在中央政府控制下的企业中，控制权对并购规模的影响更为显著；虽然地方政府对企业干预程度较大，并购频率大，但是企业间并购规模较小，而中央政府控制下的企业一般规模较大，并购规模也较大。

2. 政府控制与并购效应

企业并购效应是并购成功与否的标准。鉴于我国资本市场不如西方国家完善，为了能够较为可靠地反映企业并购活动的情况，并购效应的衡量上放弃西方较为常用的事件研究法，而选择基于现金流视角的会计研究法。研究发现并购活动不利于企业的效应提升，且从长期来看，由于并购整合的不成功或者其他原因，并购对企业绩效的负面影响更大，表明国有企业并购活动由于政府和高管的共同干预，没能促进企业并购效应的提升，没有改善企业管理能力和经济效益，和西方国家并购相比并购效应还处在较低阶段。

参考政府的“支持效应”和“掠夺效应”理论，结合政府干预动机，理论上发现政府控制权与并购效应应该存在着非线性的倒 U 形关系，而且存在着最优控制权比例，当控制权比例大于这一最优值时，它们之间是负相关关系。由于我国国有企业中政府控制权比例都较大，所以企业并购后没有取得相应的效应。可能原因如下：一是国有企业并购的整合不成功，可能是国有企业高管没有把精力完全放到并购后续的整合上；二是并购活动不是市场推动的，而是由其终极控制人政府为了完成其政治社会目标而推动的。因此，运用多元回归模型分析验证了政府控制权比例与并购效应之间存在倒 U 形关系，且这种关系在地方政府控制企业中更为显著，中央政府控制权比例与并购效应之间则不存在明显关系，因为地方政府需要承担诸多政策性负担，需要企业的帮助来完成，所以地方政府干预企业的力度更大。

3. 政府控制、高管权力与并购效应

政府控制下企业并购没有取得良好的经济效果，所以需要分析其深层次原因。实证发现企业高管权力越大，越有可能忽视企业利益，损害企业并购后的效应。这是因为政府控制着企业高管的任命，而且我国企业是“行政干预下的内部人控制”，政府通过高管来实现其对企业的干预。权力越大的高管越不会把精力放到提高企业并购效应上，高管利用手中权力表现出更多的“政治迎合倾向”或者自身私利的寻租，从而外在的表象为“努力不足”或者“能力不足”。研究还发现，并购后高管的薪酬比并购前增加 26%，而且高管薪酬与并购效应多元回归系数显著为正，薪酬平方与并购效应显著负相关，表明在开始阶段高管薪酬能显著提高高管的积极性，企业并购效应有所提高，但是高管薪酬远远超过企业并购效应的增加，说明企业高管在并购过程中存在着利益寻租。

区分中央与地方政府分析发现，地方国企高管与政府密切的关系可能导致其拥有较大的权力，可能会利用手中的权力达到其机会主义动机，不利于企业并购效应的提高。而中央控制下的国有企业都是关系到国计民生的大型企业集团，在国内外都具有一定的竞争力，政府对其干预较少，企业也拥有较为完善的治理机制，高管的机会主义动机较少，所以高管权力对其影响较小。

9.5.2 研究启示

1. 加快推进混合所有制改革，增强国有企业活力

实证研究发现政府控制权比例在48%时，并购效应最高，而目前我国国有企业的控制权比例较大，不利于企业的发展。因此要注重合理调整股权结构，适当引进外资和民间股份等非国有股份来提高股东性质的多元化程度。这些股东可以向企业传授先进的管理经验，从而使企业管理创新的动力和空间得到更大提升。股东之间的集中与相互制衡还可以提高股东的监控动力，保持一定程度的股权集中，同时构建大股东多元化、股权相互制衡的治理机制，能更好地协调各方利益，有助于解决目前国有企业存在的治理问题，实现国有资本的保值增值。

2. 调整中央政府对地方政府和地方官员的考核机制

实证研究表明相比于中央国企，地方政府对当地企业干预强度更大，由此造成的负面效应就大。开始于20世纪90年代的政绩考核制，把GDP作为地方官员政绩和能力的重要指标，这种考核制致使各级地方政府把提高 GDP 作为首要任

务，这就造成了一些地方政府对企业并购的不当干预，以期通过所控制企业并购达到企业政治社会目标的实现。因此需要进一步建立一套科学的政绩考核体系，激励地方政府和官员科学合理地引导企业的并购活动。

3. 完善公司治理机制，限制高管权力产生的寻租行为

公司治理机制的不完善，不利于企业治理机制对高管行为的制约，使得高管为了机会主义动机，利用对企业的控制权从事对企业价值有损害的活动。因此，政府控制上市企业应该建立有效完备的企业治理机制，从内外约束高管在企业并购中的权力寻租。内部方面，要建立健全董事会和监事会制度。具体而言，要制定严格的规章制度，选拔专业技术能力强和职业道德水平高的人员担任董事，防止董事长和总经理两职兼任，打破董事和管理层可能存在的“利益共同体”现象，真正实现权力相互制衡。加强监事会制度建设，可以赋予监事会对独立董事提名建议权和财务、审计部门负责人任用的建议权及部分特别事项否决权，以提高监事会对管理层的监督约束作用。外部方面，要进一步完善股东大会制度，规范企业的对外信息披露，使得股东能在客观真实了解企业情况的基础上行使表决权与监督权。

第10章 结　　论

10.1 供给侧改革现状分析

10.1.1 已取得的成效

自 2015 年 11 月中央提出供给侧结构性改革以来，各项工作得到有力的贯彻落实。此后，中国经济也在 2016 年出现企稳，然后在 2017 年实现了超预期增长，可以说，供给侧结构性改革取得显著性成效，具体体现在以下几个方面。

去产能方面，以遏制产能盲目扩张、清理整顿建成违规产能、淘汰和退出落后产能、调整优化产业结构、开拓国内市场需求、拓展对外发展空间、增强企业创新驱动发展动力和建立长效机制为主要任务，坚持尊重市场规律与改善宏观调控相结合，开拓市场需求与产业转型升级相结合，严格控制增量与调整优化存量相结合，完善政策措施与深化改革创新相结合的原则，超额完成了既定目标。在钢铁领域，2016 年、2017 年两年累计化解过剩产能 1.15 亿吨，同时 1.4 亿吨“地条钢”得到全面清理，钢铁去产能超额完成既定目标，实际进展已接近“十三五”目标上限，2018 年已提前完成“十三五”去产能任务。在煤炭业领域，2016 年、2017 年已经退出产能 4.4 亿吨。2016 年，中国提出的用 3~5 年时间，煤炭产能再退出 5 亿吨左右、减量重组 5 亿吨左右的任务，已在 2018 年提前完成。与此同时，去产能相关行业的发展质量明显改善。兼并重组取得实质性进展，产能结构得到优化；清洁生产和污染治理水平显著提高，资源综合利用水平明显提升；经济效益实现好转，盈利水平回归合理，核心竞争力明显增强。2015 年，煤炭行业、钢铁行业的全年利润分别为 441 亿元、526 亿元，2016 年分别为 1 091 亿元、1 659 亿元，2017 年更是达到了 2 959 亿元、3 419 亿元。此外，电解铝、水泥、平板玻璃等行业的过剩产能也得到了进一步化解，职工安置问题也得到了有序、妥善的解决。经济结构进一步优化，发展后劲不断增强。规模以上工业增加值增长7.5%，高新技术产业、战略性新兴产业产值分别增长14.4%和13.6%。去产能工作逐步向产能结构趋于合理、发展质量明显改善和长效机制初步建立的目标靠近。

去杠杆方面，2016年的中央经济工作明确，去杠杆要在控制总杠杆率的前提下，把降低企业杠杆率作为重中之重，要规范政府举债行为，严控地方政府债务增量。2017年全国金融工作会议上，习近平总书记强调要推动经济去杠杆，坚定执行稳健的货币政策，处理好稳增长、调结构、控总量的关系。要把国有企业降杠杆作为重中之重，抓好处置“僵尸企业”工作①。2018年中央财经委员会首次提出要以结构性去杠杆为基本思路，分部门、分债务类型提出不同要求；强调去杠杆的重点为地方政府和国企部门，努力实现宏观杠杆率稳定和逐步下降。针对中央财经委员会提出的要求，中国人民银行与中国银行保险监督管理委员会均在落实层面明确了各自的任务。中国人民银行表示，要以供给侧结构性改革为主线，从源头入手，有效控制宏观杠杆率和重点领域信用风险；中国银行保险监督管理委员会则表示，要在稳定的基础上全力以赴做好结构性去杠杆工作。而中国证监会和国家外汇管理局则相对侧重于防范化解所辖领域风险。中国证监会表示，要以结构性去杠杆为基本思路，把防范化解资本市场风险放在更加重要的位置，并将在进一步完善多层次资本市场体系的同时加快推动资本市场法治建设，加大资本市场对外开放。国家外汇管理局则表示，要把防范化解外汇市场风险和跨境资本流动风险放在更加重要的位置。总体上看，宏观杠杆率得到了有效控制。2017年包括居民、非金融企业和政府部门的实体经济杠杆率由2016年的239.7%上升到242.1%，上升了2.3个百分点。对比2008~2016年，杠杆率年均上升12.3个百分点，当前的杠杆率增速已是大幅回落，趋于平稳。结构上看，非金融企业部门杠杆率下降、政府部门杠杆率略有回落与金融部门加速去杠杆，体现出结构性去杠杆的基本思路。具体来说：非金融企业部门杠杆率由2016年的158.2%回落至156.9%，下降了1.3个百分点；政府部门杠杆率从2016年的36.6%下降到36.2%，回落0.4个百分点。与此同时，居民部门杠杆率从2016年的44.8%上升到49.0%，提高了4.2个百分点，可见2017年的总杠杆率上升主要是居民部门杠杆率攀升所致。宏观杠杆率的平稳与局部去杠杆任务的达成体现出去杠杆工作取得了来之不易的成绩。

去库存方面，2015年中央城市工作会议指出，要鼓励房地产开发企业顺应市

---

① 习近平：深化金融改革 促进经济和金融良性循环健康发展. http://www.xinhuanet.com/fortune/2017-07/15/c_1121324747.htm，2017-07-15.

场规律调整营销策略，适当降低商品住房价格，地方政府出台刺激房地产市场发展的措施，将房地产去库存真金白银地落到实处。步入2017年，各地楼市调控步伐并未停息，针对楼市现状，中央经济工作会议表示要分清中央和地方事权、实行差别化调控。从召开的省级两会来看，差别化调控思路得以落地，且一二线热点城市趋向“控房价”，三四线城市继续“去库存”的政策导向更趋明朗。作为房地产市场的热点城市，北京、上海均表示要加强房地产市场调控。北京表示要严格执行各项房地产调控政策措施，加强市场监测和政策储备，促进房地产市场平稳运行；时任天津市代理市长张国清强调稳控住房价格，合理引导市场预期和购房行为，同时，加强住房信贷管理，严格限制信贷资金用于投资投机性购房，防止信贷资金过度向房地产领域集中，有效防范房地产泡沫引发金融风险。与此同时，“去库存”任务仍在一些地方继续推进。甘肃表示要将商品房去化周期保持在合理区间；青海提出，抓好“去降补”重点任务，大力破除无效供给，大力优化住房供给，大力降低企业成本；天津要求持续深入去库存，盘活空置楼宇300万平方米、示范工业园区低效闲置土地1 500亩（1亩≈666.67平方米）。国家统计局数据显示，2017年12月末，全国商品房待售面积58 923万平方米，比上年末下降15.3%，商品房库存水平持续下降，去库存政策颇具成效。

10.1.2　尚存在的不足

在供给侧改革取得一定成效的同时，仍存在着以下问题亟待解决：

（1）一些行业仍面临着严峻的产能过剩形势。以钢铁行业为例，我国钢铁产能利用率和行业集中度与发达国家相比仍偏低，中国钢铁工业协会副会长、河钢集团有限公司董事长于勇表示，未来，中国钢铁总需求波动下降和产能过剩并存的格局还会持续相当长一段时间，中国钢铁的结构性过剩矛盾还将不断出现。低端供给过剩、高端供给不足并存，区域性过剩和区域性不足共存仍是去产能进程中面临的重大问题。

（2）推动去产能的具体方式仍主要依赖行政化手段，需更多地向市场化、法治化转变。去产能在短短两年时间内大见成效，行政部门的执行力起到了重要作用，去产能过程中政府的作用不可或缺，而且，在去产能任务艰巨、时间有限的特定情况下，政府部门较多地使用了行政命令的做法是必要和有效的。然而从长远看，市场化、法治化才是推进去产能等工作的根本途径和长效机制，市场化方式去产能是经济转型和产业升级的必由之路。同时，原有产能过剩行业的经营状况改善在很大程度上是政策导致的行业之间利益再分配的结果。去产能行业的利润大幅改善，在相当程度上以抬高其他行业成本为代价，并由此挤占了其他行业的利润空间。而且在这个对应关系中，去产能行业更多地集中在上游行业、重工业、国有企业，而其他行业更多集中在下游行业、轻工业、非国有企业。从中长期角度来看，利益在上述两大类企业之间的再分配，不但会削弱整体工业企业的投资增速，也可能不利于提高经济的潜在产出增速，甚至可能会产生一定的负面冲击。而且，在此背景下，一旦外需的扩张不可持续或者出现逆转，则去产能的政策可持续性或将面临问题。

（3）在去产能去杠杆的过程中，“僵尸企业”是高产能高负债的重灾区，解决淘汰“僵尸企业”后出现的就业岗位空缺与职工安置问题是供给侧结构性改革面临的一大挑战。清退“僵尸企业”，处置债务的原则之一是“保人不保企”，但职工安置所需资金规模较大，国家扶持资金相对较少，很难满足职工安置需求。例如，截至2016年末，临汾钢铁有限公司职工分流安置所需资金总缺口2.54亿元，职工安置所需缺口较大；川煤集团欠“五险一金”就高达26亿元，安置资金远远无法满足需求。另外，职工安置资金使用范围不够明确，如“清偿拖欠职工的工资、社会保险费等历史欠费”的期限要求不明确，产能过剩企业很多都是自愿枯竭、长期亏损、长期欠薪欠保的企业，有些历史欠费是前期经营期间形成的，部分欠费已在关闭前通过集团内部借款清偿，是否可以在国家扶助资金使用范围内进行弥补需要明确；“其他符合要求的职工安置工作”不明确，是否包括职工培训设施的投入、职工再就业培训支出、职工待岗期间生活费、关闭煤矿留守人员的薪酬、集团垫付的安置职工资金的利息支出等。

（4）房地产去库存进一步推进面临一系列困难。部分房地产去库存政策，如棚户区改造货币化政策，虽然起到刺激市场需求的作用，但造成了部分城市的房价涨幅过大。而近些年城镇化提升速率放缓，房价涨幅远高于城镇居民人均可支配收入增速，前期购买力透支未来需求。一方面，2016 年全国住宅销售面积13.75亿平方米，创历年新高，需求在短期内集中释放的现象较为显著，透支了未来市场需求，对去库存工作提出了新的挑战；另一方面，一、二、三线城市住宅销售面积分别为0.53亿平方米、3.91亿平方米和0.81亿平方米，同比增速分别为1.08%、26.64%和19.75%，二线城市吸纳了大量三、四线城市的购房需求，不利于三、四线城市房地产有效去库存。与此同时，去库存在提高了居民购买住房能力的同时，也增加了其中蕴含的金融风险。去库存政策是让支付能力低的居民获得按揭贷款的机会，很多居民的按揭首付正是来源于棚改的货币化安置。正因为如此，居民的按揭贷款快速增加，在2016年的有些月度，新增加的贷款中按揭贷款占据了80%以上，2017年度新增贷款中居民贷款占53%，超过了企业贷款，需要严格把控其中的金融风险。

10.2 研究贡献

10.2.1 并购与去产能

本书从总体与分行业层面分别研究了并购对产能过剩行业的影响。总体层面，从市场反应、财务绩效及产业效应三个方面进行研究，发现短期市场绩效方面，并购重组事件具有显著的正向财富效应，多元化并购的市场绩效优于非多元化并购，国有企业并购重组的市场绩效优于非国有企业，采用非现金支付方式的主并方上市公司的市场绩效优于现金支付，主并方所属行业对并购重组的市场绩效存在显著影响。中期并购效率方面，并购重组将导致主并方效率毁损，资产负债率、资产回报率等内部环境因素对企业效率有负面影响，GDP 及 GDP 增长率等外部环境因素对企业效率有正向促进作用；横向并购可显著减轻全要素生产率的毁损，地方国有企业全要素生产率毁损最小，中央企业次之，非国有企业效率毁损最为严重，支付方式和所属行业对全要素生产率变动指数影响不显著，但对其分解指数有显著影响。长期产业效应方面，并购重组提升我国水泥行业和钢铁行业的行业集中度，但目前我国钢铁、有色金属、水泥行业仍处于高度分散的竞争型市场结构。分行业层面，具体研究了有色金属行业与煤炭行业并购的相关问题。对于有色金属行业，从经营绩效与产能利用率方面展开研究。首先，总体上并购活动所带来的经营绩效不理想，产能效率治理水平呈现先上升再下降的趋势，说明有色金属行业上市公司总体上在考察期内并没有达到实质上的规模经济。其次，在并购企业特征对并购经营绩效的影响方面，主并企业的投入资本回报水平对于短期并购经营绩效有促进作用，对中期绩效的作用并不理想，主并企业的现金流水平对并购绩效具有促进作用，但是并购规模与主并企业规模会给并购绩效带来负面作用，说明企业在并购重组活动中不应该盲目扩张规模，应该慎重选择标的公司，优化自身内部管理结构。最后，在并购特征方面，横向并购与现金支付方式对并购绩效都具有促进作用，同属管辖关系的并购在短期内会提高并购绩效，说明现阶段有色金属行业的并购目标还主要集中在提高企业规模上，最终实现规模经济效益。对于煤炭行业，从相关特征对市场绩效与财务绩效影响层面展开研究，发现从短期来看，横向并购和纵向并购的超额收益均为正值，且纵向并购短期绩效不显著；

现金并购和股票并购均能获得显著为正的超额收益，且股票并购的超额收益大于现金并购；关联并购能获得显著为正的超额收益，而非关联并购的超额收益为负，且不显著。从长期来看，样本公司的绩效均表现出下降趋势，其中纵向并购、股票支付和非关联并购的下降趋势更加明显。当考虑行业周期性时发现，在煤炭行业黄金期，并购有助于企业长期绩效的提高，而在行业低迷期正好相反。

10.2.2 并购与去杠杆

本书研究了去杠杆背景下企业并购前后绩效及杠杆率的变化，并从融资方式与支付方式两个角度验证了企业通过并购对资本结构的调节效应及不同支付方式对企业并购绩效的影响。研究发现，首先，我国上市公司的整体并购绩效为负，并购重组当年及后一年内负债率显著提高，但国有企业在并购重组后实现了绩效的提升与整体杠杆率的小幅度下降。其次，样本企业存在通过并购融资方式与支付方式调整资本结构的行为。对于融资方式，研究发现目标资本结构对并购融资方式选择有显著影响，相比于杠杆不足的主并方，过度杠杆的企业更倾向于选择股权融资方式，并基于该融资方式以50%左右的速度向目标资本结构靠近。对于支付方式，实证结果显示杠杆赤字对于并购支付方式存在调节作用，且该调节作用显著存在于现金支付和现金-股票混合支付的选择中。再次，将股票市场分离为高涨期和低迷期，发现企业在股票高涨期通过并购支付调节杠杆水平的动机更明显。将并购企业按产权属性分为国有企业和非国有企业，发现国有企业即使在高杠杆赤字的情形下，仍然偏向于使用现金支付。最后，不同类型支付方式的并购绩效表现存在显著差异。采用现金支付时，短期内能够获得显著为正的超额收益，而长期绩效在并购发生后持续下降，至并购后第三年开始有所改善且变化显著；采用股票支付时，短期并购绩效较为稳定但出现负向收益，而长期绩效在并购当年显著增加，随后则出现明显下降。

10.2.3 并购与去库存

本书研究了去库存背景下房地产行业企业并购前后绩效的变化情况及相关并购特征对绩效的影响，实证结果发现，首先，并购发生后主并企业的短期经营绩效得到提升，但中长期业绩变化并不理想，并购的绩效提升不具有可持续性。其次，在并购双方特征方面，目标企业较好的财务表现和市场价值可以促进主并企业提升经营绩效，而股权集中度对并购经营绩效具有负面作用，高管持股与并购绩效间无显著性影响。最后，在并购交易特征方面，关联方交易、现金支付方式显著改善了主并企业的并购绩效，横向并购类型对并购绩效并无显著性关系，而并购双方隶属同一政府管辖导致更差的并购绩效，表明存在地方政府对并购活动的不正当干预行为。

10.2.4　跨国并购价值创造研究

本书研究了跨国并购的价值创造效应以及会计稳健性、管理层特征等因素对跨国并购绩效的影响。研究结果显示：中国企业跨国并购总体取得了正向超额收益，实现了预期的并购协同效应并带来了企业价值的增长，区分产权性质后的研究结果表明民营企业跨国并购行为市场认可度高于国有企业。会计稳健性通过降低委托代理成本、抑制管理层过度自信、缓解企业融资约束，提升了企业跨国并购价值创造能力。管理层特征对会计稳健性与跨国并购价值创造效应之间的关系起到显著的调节作用，调节作用强度与企业产权性质密切相关，管理层平均年龄和任职期限正向调节会计稳健性与跨国并购价值创造效应的关系，其在国有企业中的调节作用强度大于民营企业；管理层学历水平和职业经历正向调节会计稳健性与跨国并购价值创造效应的关系，其在民营企业中的调节作用强度大于国有企业。

10.2.5　政府控制下并购研究

本书研究了政府控制权及控制层级对并购规模和频率的影响，然后进一步分析了政府控制权及其层级对企业并购效应的影响。研究表明政府能显著影响企业并购活动，政府控制权与企业并购频率呈现非线性的 U 形关系，且这种关系在地方政府控制的企业中更为显著；政府控制权越大，企业并购规模就越大，这种关系只在中央政府控制的企业中表现更为明显。同时还发现，政府控制权与并购效应之间存在非线性的倒 U 形关系，且这种关系在地方政府控制企业中更为显著。国有企业高管权力不利于并购效应的提高，因为高管没有把自身能力放到企业并购效应的提高上，而是放到了提高其薪酬及控制权收益上。

10.3 政策建议

10.3.1 政府层面

1. 深入推进“三去一降一补”工作，实现供需平衡

虽然目前供给侧结构性改革取得了显著成效，但仍存在一些问题：钢铁、煤炭等传统行业产能利用率仍偏低，低端需求过剩，高端需求不足的问题依然存在；企业杠杆率增速虽明显放缓，但杠杆率水平仍居高不下；房地产行业部分城市库存积压问题依然严峻，房价过高问题仍有待解决。因此需要坚定不移贯彻落实供给侧结构性改革政策，以“三去一降一补”为抓手，推动改革的进程。具体而言，需要进一步扩大去产能的范围，加大去产能力度；降低杠杆率，防范金融风险；分城市出台政策以控制房价，降低房地产库存；降低企业成本以支持企业创新。

2. 培育新动能，促进经济高质量发展

我国经济已由高速增长阶段转向高质量发展阶段，即高效率的投入和高效益的产出。高质量发展主要表现在供给侧，具体表现在四个方面：第一，针对新时代社会主要矛盾，高质量发展是能够满足人民日益增长的美好生活需要的发展。第二，体现新发展理念，高质量发展是坚持创新、协调、绿色、开放、共享发展要求的发展。第三，体现资源有效配置的要求，高质量发展是有效配置资源、高质量的投入产出比的发展。第四，体现宏观稳定的要求，高质量发展是经济增长处于宏观合理区间的发展。根据高质量发展的时代特征，在去产能、去库存的供给侧结构性改革已经取得明显成效的基础上，深入推进供给侧结构性改革，不能只是停留在去产能、去库存层面。“去”了同时需要“立”。这就是培育新动能，使该“去”的无效产能被新动能替代，从而使经济发展由新动能推动，并把被过剩、无效产能占用的生产要素转移到新动能中，实现新旧动能的转换，给经济增长带来新的活力、新的动力、新的能量，不断增强我国经济的竞争力。

3. 鼓励企业合理兼并重组，提升企业竞争力

根据本书研究，企业横向兼并重组可以产生规模效应，增强市场影响力，

提升行业集中度；企业纵向兼并重组可以降低交易成本，保证供给和需求渠道，实现产业一体化；企业的多元化兼并重组有利于分散经营风险，提升创新力，促进新兴产业与传统产业间资源的合理配置。因此政府可以利用并购这一市场化手段进行供给侧结构性改革，提升企业竞争力。一方面，可以出台激励性政策，如降低税收、简化审批流程等，促进并购活动的进行；另一方面，要完善资本市场，建立健全相应的企业信息披露制度，出台相应的法律法规规范企业间的并购行为。

10.3.2　企业层面

1. 合理选择并购标的，提升并购绩效

并购是企业扩大规模，实现产业升级的有效途径，但同时也是一项高风险的经营活动，成功的并购依赖并购标的的合理选择。主并方在并购前一定要根据自身公司发展阶段及所处行业状况，明确并购目的。例如，产能过剩行业可以通过并购去产能，提升资源利用率；杠杆率偏高的行业可以通过并购去杠杆，降低经营风险；房地产企业可以通过并购整合行业资源，降低库存；高科技优势行业可以通过跨国并购扩大市场，增强国际影响力和竞争力；等等。根据并购目的，对目标公司经营、财务、发展前景等各方面的能力进行审慎的评估，使企业并购活动能真正实现企业价值增值。

2. 恰当选择并购融资方式与支付方式，以优化资本结构

过高的杠杆率会引起金融风险，过低的杠杆率会损害企业的经营效率，因此保持适当的资本结构显得尤为重要。并购作为一种资本活动，能通过不同的融资方式与支付方式有效改善企业的资本结构。在并购融资方式选择方面，企业可以利用并购交易的契机进入资本市场筹措外部资金，以较低成本和较快速度调整其资本结构，选择恰当的融资方式使企业的股权、债务得到合理配置。企业若杠杆率过高，则可选用股权融资的方式，以此优化治理结构，降低委托代理成本，保证企业在并购活动完成后价值得到提升。在并购支付方式选择上，当并购方的财务压力较小且拥有充足的现金流时，建议选择现金支付；当资本市场状况较佳时，股票支付方式是一种较好的选择。传统周期性企业若想要通过并购渠道加快去杠杆，就应开拓支付工具向多元化发展，特别是采用换股并购和承担债务等手段来为大规模战略性并购提供更多可能，根据自身财务特征选择适合企业自身的

支付方式以影响企业资本结构，最终达到去杠杆，控制后续财务风险的效果。

3. 注重并购后的资源整合，真正发挥协同效应

本书研究发现，并购导致企业价值毁损的一大原因就是并购后整合的失败。因此，企业要把并购后的整合工作上升到战略高度，在并购前进行科学的策划，制订出一个完善的整合计划。并购完成后要即时执行整合计划，并根据情况不断进行调整。不仅要对并购双方市场、技术、财务等方面进行整合，更重要的是，要关注双方企业文化与经营理念的协调。管理层应采取包容的态度，让并购双方的文化相互融合，取长补短，形成一个共同的价值观。同时还可以采取激励措施，让员工有认同感，充满凝聚力，使并购能真正发挥协同效应。

4. 完善公司治理结构，限制管理层的机会主义行为

公司治理结构的不完善，可能导致管理层通过并购活动实现私利攫取。因此，公司应该建立起功能完备、运转有效的公司治理机制，抑制管理层在企业并购中的机会主义行为。内部应完善监事会的监督职能，赋予监事会对独立董事提名建议权和财务、审计部门负责人任用的建议权，以提高监事会对管理层的监督约束作用。外部应完善股东大会制度，重大并购重组活动必须经股东大会投票通过，并采取措施保障中小股东能切实行使表决权与监督权，以提高公司并购决策的科学性及规范性。

参考文献

白景坤，李红艳，屈玲霞. 2017. 动态环境下上市公司高管团队的异质性如何影响战略变革——基于沪深两市中小企业板上市公司数据的实证分析[J]. 宏观经济研究，（2）：157-168.

鲍盛祥. 2011. 资产权、控制权与股权激励行为效应——心理所有权的中介作用[J]. 现代经济探讨，（4）：35-38.

曹慧. 2014. 市场化水平、管理层权力与高管薪酬激励[J]. 科技管理研究，（15）：124-128.

陈冬华，陈信元，万华林，等. 2005. 国有企业中的薪酬管制与在职消费[J]. 经济研究，（2）：92-101.

陈璐，杨百寅，井润田，等. 2010. 家长式领导、冲突与高管团队战略决策效果的关系研究[J]. 南开管理评论，13（5）：4-11.

陈信元，原红旗. 1998. 上市公司资产重组财务会计问题研究[J]. 会计研究，（10）：62-66.

陈旭东，杨兴全，曾春华. 2014b. 市场化进程、管理者权力与公司并购绩效[J]. 中国注册会计师，（4）：49-58.

陈旭东，曾春华，杨兴全. 2014a. 金字塔结构、政府控制与公司并购绩效[J]. 新疆财经，（1）：21-30.

陈忠卫，常极. 2009. 高管团队异质性：集体创新能力与公司绩效关系的实证研究[J]. 软科学，23（9）：78-83.

程俊杰. 2015. 中国转型时期产业政策与产能过剩——基于制造业面板数据的实证研究[J]. 财经研究，41（8）：131-144.

代彬，刘星，郝颖. 2011. 高管权力、薪酬契约与国企改革——来自国有上市公司的实证研究[J]. 当代经济科学，（4）：90-98.

邓淑芳，陈晓，姚正春. 2007. 终极所有权、层级结构与信息泄露——来自控制权转让市场的经验证据[J]. 管理世界，（3）：122-129，172.

丁志红，张秋生，陈扬. 2007. 我国管理层收购的动机偏离及其理论解释[J]. 北京交通大学学报

（社会科学版），6（1）：62-66.
杜兴强，聂志萍. 2007. 中国上市公司并购的短期财富效应实证研究[J]. 证券市场导报，（1）：29-38.
杜玉鹏. 2010. 管理层权力对国有企业并购及其财务效应影响研究[D]. 天津大学博士学位论文.
方军雄. 2008. 政府干预、所有权性质与企业并购[J]. 管理世界，（9）：118-123.
方勇. 2014. 政府控制与企业绩效实证研究[J]. 技术经济与管理研究，（3）：43-49.
冯根福，吴林江. 2001. 我国上市公司并购绩效的实证研究[J]. 经济研究，（1）：54-61.
傅颀，汪祥耀，路军. 2014. 管理层权力、高管薪酬变动与公司并购行为分析[J]. 会计研究，（11）：30-38.
高明华. 2008. 中国上市公司并购财务效用研究[M]. 厦门：厦门大学出版社.
葛结根. 2015. 并购支付方式与并购绩效的实证研究——以沪深上市公司为收购目标的经验证据[J]. 会计研究，（9）：74-80，97.
葛伟杰，张秋生，张自巧. 2014a. 支付方式、融资约束与并购溢价研究[J]. 证券市场导报，（1）：40-47.
葛伟杰，张秋生，张自巧. 2014b. 剩余资源、政府干预与企业并购[J]. 北京交通大学学报（社会科学版），（2）：42-48.
韩国高. 2013. 行业市场结构与产能过剩研究——基于我国钢铁行业的分析[J]. 东北财经大学学报，（4）：17-24.
贺小刚，李新春. 2005. 企业家能力与企业成长：基于中国经验的实证研究[J]. 经济研究，（10）：101-111.
侯杰. 2013. 我国房地产上市公司并购绩效研究[D]. 重庆大学硕士学位论文.
胡国柳，胡珺，李少华. 2015. 政府控制、政府层级与企业并购绩效[J]. 预测，34（1）：54-59.
胡荣涛. 2016. 产能过剩形成原因与化解的供给侧因素分析[J]. 现代经济探讨，（2）：5-9.
黄娟，李青原. 2007. 基于产业生态周期的上市公司并购绩效分析[J]. 生态经济（中文版），（5）：34-38.
黄少安，张岗. 2001. 中国上市公司股权融资偏好分析[J]. 经济研究，（11）：12-20，27.
黄兴孪，沈维涛. 2006. 掏空或支持——来自我国上市公司关联并购的实证分析[J]. 经济管理，（12）：57-64.
贾孟冉. 2016. 产能过剩行业兼并重组治理的理论与实证研究[D]. 北京交通大学硕士学位论文.
江飞涛，曹建海. 2009. 市场失灵还是体制扭曲——重复建设形成机理研究中的争论、缺陷与新进展[J]. 中国工业经济，（1）：53-64.
姜付秀，伊志宏，苏飞，等. 2009. 管理者背景特征与企业过度投资行为[J]. 管理世界，（1）：130-139.

鞠蕾，高越青，王立国. 2016. 供给侧视角下的产能过剩治理：要素市场扭曲与产能过剩[J]. 宏观经济研究，（5）：3-15，127.
雷玉德. 2006. 论公司控制权的制度约束[J]. 理论探讨，（6）：154-156.
黎泽. 2011. 我国房地产企业并购绩效研究[J]. 人力资源管理，（10）：175-178.
李江涛. 2006. 产能过剩——问题、理论及治理机制[M]. 北京：中国财政经济出版社.
李井林. 2017. 目标资本结构、市场错误定价与并购融资方式选择[J]. 山西财经大学学报，39（4）：1-13.
李蕾，宋志国. 2009. 基于因子分析法的我国上市公司并购绩效实证研究[J]. 技术经济与管理研究，（6）：16-19，22.
李良智，夏靓. 2006. 上市公司管理层薪酬与公司绩效的关系研究——以电子行业为样本[J]. 当代财经，（2）：64-69.
李善民，陈玉罡. 2002. 上市公司兼并与收购的财富效应[J]. 经济研究，（11）：66-68.
李善民，朱滔，陈玉罡，等. 2004. 收购公司与目标公司配对组合绩效的实证分析[J]. 经济研究，（9）：96-104.
李维安，陈钢. 2015. 高管持股、会计稳健性与并购绩效——来自沪深A股上市公司的经验证据[J]. 审计与经济研究，30（4）：3-12.
林毅夫. 2007. 潮涌现象与发展中国家宏观经济理论的重新构建[J]. 经济研究，（1）：126-131.
刘纪才. 2016. 并购类型、并购支付方式与并购绩效[D]. 东北财经大学硕士学位论文.
刘京虎，李兵. 2013. 房地产上市企业并购策略与财务绩效[J]. 工程管理学报，（5）：93-97.
刘芍佳，孙霈，刘乃全. 2003. 终极产权论、股权结构及公司绩效[J]. 经济研究，（4）：51-62.
刘淑莲，李井林，汪玉兰. 2015. 公司存在目标资本结构吗?——来自并购的经验证据[J]. 投资研究，34（10）：53-75.
刘星，威锋，詹宇，等. 2004. 我国上市公司融资顺序的实证研究[J]. 会计研究，（6）：66-72.
刘星，徐光伟. 2012. 政府管制、管理层权力与国企高管薪酬刚性[J]. 经济科学，（1）：86-102.
刘玉瀛. 2012. 我国钢铁业的并购重组、市场结构及产业效率研究[D]. 南开大学博士学位论文.
刘正菊. 2012. 中国房地产上市公司的并购绩效及其影响因素的研究[D]. 复旦大学硕士学位论文.
卢锐. 2008. 管理层权力、薪酬激励与绩效[M]. 北京：经济科学出版社.
潘红波，夏新平，余明桂. 2008. 政府干预、政治关联与地方国有企业并购[J]. 经济研究，（4）：41-52.
潘红波，余明桂. 2011. 支持之手、掠夺之手与异地并购[J]. 经济研究，（9）：108-120.

权小锋，吴世农，文芳. 2010. 管理层权力、私有收益与薪酬操纵[J]. 经济研究，（11）：73-87.
史贞. 2014. 产能过剩治理的国际经验及对我国的启示[J]. 经济体制改革，（4）：154-158.
树友林. 2011. 高管权力、货币报酬与在职消费关系实证研究[J]. 经济学动态，（5）：86-89.
孙海法，姚振华，严茂胜. 2006. 高管团队人口统计特征对纺织和信息技术公司经营绩效的影响[J]. 南开管理评论，9（6）：61-67.
孙世攀，赵息，李胜楠. 2013. 股权控制、债务容量与支付方式——来自我国企业并购的证据[J]. 会计研究，（4）：52-57.
唐洋. 2009. 股权再融资认购选择、政府控制与上市公司恶性增资行为研究[D]. 南开大学硕士学位论文.
田国强. 2001. 一个关于转型经济中最优所有权安排的理论[J]. 经济学（季刊），1（1）：45-45.
王凤荣，高飞. 2012. 政府干预、企业生命周期与并购绩效——基于我国地方国有上市公司的经验数据[J]. 金融研究，（12）：137-150.
王立国，张日旭. 2010. 财政分权背景下的产能过剩问题研究——基于钢铁行业的实证分析[J]. 财经问题研究，（12）：30-35.
王培林，靳云汇，贾昌杰. 2007. 从并购行为剖析中国上市公司代理成本问题[J]. 金融研究，4（4）：171-177.
王霞，王宸. 2014. 地方政府干预与企业并购价值效应研究——基于“四个中心”建设背景下的上海国有上市公司的证据[J]. 上海财经大学学报，（5）：39-47.
王湛. 2001. 企业兼并中的财务协同效应[J]. 财会月刊，（16）：29-30.
魏刚，肖泽忠，Travlos N，等. 2007. 独立董事背景与公司经营绩效[J]. 经济研究，（3）：92-105.
魏立群，王智慧. 2002. 我国上市公司高管特征与企业绩效的实证研究[J]. 南开管理评论，（4）：16-22.
魏星. 2014. 中国公司并购中政府干预效应及其职能定位研究[D]. 中国社会科学院研究生院博士学位论文.
温巧夫，李敏强. 2006. 中国企业海外并购的风险与对策研究——基于 2000-2005 年中国企业海外并购实证分析[J]. 经济理论与经济管理，（5）：24-29.
文芳，胡玉明. 2009. 中国上市公司高管个人特征与 R&D 投资[J]. 管理评论，（11）：84-91.
吴风来. 2003. 产权所有制性质与企业绩效实证研究[J]. 经济科学，（3）：12-19.
吴晓庆，邓荣霖. 1992. 企业兼并问题研究[M]. 北京：中国人民大学出版社.
吴延兵，刘霞辉. 2009. 人力资本与研发行为——基于民营企业调研数据的分析[J]. 经济学（季刊），8（4）：376-399.
席鑫，谌昕. 2010. 上市公司并购绩效的影响因素的实证研究[J]. 工业技术经济，（9）：140-146.
谢纪刚，赵立彬. 2014. 融资约束、现金持有量与并购支付方式——来自中国资本市场的经验证据[J]. 北京交通大学学报，（3）：77-83.
邢蕊，周建林，王国红. 2017. 创业团队知识异质性与创业绩效关系的实证研究——基于认知复杂性和知识基础的调节作用[J]. 预测，36（1）：1-7.
熊欣. 2014. 基于平衡计分卡的房地产企业并购绩效研究——以我国珠三角地区房地产企业并购为例[D]. 浙江大学硕士学位论文.
徐国祥，檀向球，胡穗华. 2000. 上市公司经营业绩综合评价及其实证研究[J]. 统计研究，（9）：44-50.
徐静. 2013. 高管层权力强度、其他大股东制衡和在职消费——以中国房地产上市公司为例[J]. 软科学，27（4）：65-70.
徐莉萍，辛宇，陈工孟. 2006. 股权集中度和股权制衡及其对公司经营绩效的影响[J]. 经济研究，（1）：90-100.
徐晓. 2016. 并购标的公司的特征及选择研究[D]. 天津大学硕士学位论文.
薛健，窦超. 2015. 并购重组过程中的信息泄露与财富转移[J]. 金融研究，（6）：189-206.
杨丹，王宁，叶建明. 2011. 会计稳健性与上市公司投资行为[J]. 会计研究，（3）：7-8.
杨柳勇，张晶晶. 2013. 企业政治关联、政府干预与跨国并购绩效：基于中国并购方的研究[C]. 中国金融发展学术论坛.
杨振. 2013. 激励扭曲视角下的产能过剩形成机制及其治理研究[J]. 经济学家，（10）：48-54.
尹筑嘉，杨晓光，黄建欢. 2013. 大股东主导的资产重组、公司效率与利益侵占——基于中国重组类整体上市案例的研究[J]. 管理科学学报，16（8）：54-67.
应益华，汤辉先. 2014. 制造业上市公司并购绩效分析——基于全要素生产率视角[J]. 财会月刊，（14）：26-30.
余光，杨荣. 2000. 企业购并股价效应的理论分析和实证分析[J]. 当代财经，（7）：70-74.
余鹏翼，王满四. 2014. 国内上市公司跨国并购绩效影响因素的实证研究[J]. 会计研究，（3）：64-70，96.
余燕妮. 2012. 企业并购绩效及影响因素的实证分析[D]. 吉林大学博士学位论文.
曾春华，胡国柳. 2013. 治理环境、终极股东控制与公司并购绩效[J]. 商业经济与管理，（9）：68-77.
张春景，马文超. 2014. 基于企业经营预期下的资本结构调整——来自我国制造业上市公司的经验证据[J]. 会计研究，（8）：67-74.

张建君，李宏伟. 2007. 私营企业的企业家背景、多元化战略与企业业绩[J]. 南开管理评论，10（5）：12-25.

张金若，陈逢文. 2012. CEO 权力、最终控制人性质与 CEO 薪酬权重[J]. 中大管理研究，7（4）：57-76.

张洽，袁天荣. 2013. CEO 权力、私有收益与并购动因——基于我国上市公司的实证研究[J]. 财经研究，（4）：101-110.

张秋生，周琳. 2003. 企业并购协同效应的研究与发展[J]. 会计研究，（6）：44-47.

张维迎. 1998. 控制权损失的不可补偿性与国有企业兼并中的产权障碍[J]. 经济研究，（7）：21-22.

张雯，孙茂竹，张胜. 2012. 政府控制、企业并购及其绩效——来自中国证券市场的经验证据[J]. 经济与管理研究，（8）：5-13.

张雯，张胜，李百兴. 2013. 政治关联、企业并购特征与并购绩效[J]. 南开管理评论，16（2）：64-74.

张翼，乔元波，何小锋. 2015. 我国上市公司并购绩效的经验与实证分析[J]. 财经问题研究，（1）：60-66.

张兆国，刘永丽，谈多娇. 2011. 管理者背景特征与会计稳健性——来自中国上市公司的经验证据[J]. 会计研究，（7）：11-18，97.

赵琳，王湛. 2001. 论企业兼并中的管理协同效应[J]. 价值工程，（6）：43-45.

赵息，刘佳音. 2014. 并购支付方式影响我国上市公司并购绩效的实证研究——基于事件研究法与财务报表分析法的比较研究[J]. 电子科技大学学报（社会科学版），16（1）：51-56.

赵息，孙世攀. 2015. 资本结构对并购支付方式的影响研究——基于我国资本市场背景的分析[J]. 管理评论，（8）：33-46.

赵息，张西栓. 2013. 内部控制、高管权力与并购绩效——来自中国证券市场的经验证据[J]. 南开管理评论，16（2）：75-81.

赵子坤. 2017. 资本结构对并购支付方式的影响——基于上市公司产权属性的研究[J]. 东岳论丛，38（2）：170-179.

郑竹青，谢赤. 2016. 交易特征视角下企业并购绩效影响因素研究[J]. 求索，（8）：115-119.

周劲，付保宗. 2011. 产能过剩的内涵、评价体系及在我国工业领域的表现特征[J]. 经济学动态，（10）：58-64.

周绍妮，王惠瞳. 2015. 支付方式、公司治理与并购绩效[J]. 北京交通大学学报（社会科学版），14（2）：39-44.

朱栋，李雪. 2014. 管理层权力与企业长期并购效率的相关性研究[J]. 会计师，（8）：25-26.

Amason A C，Sapienza H J. 1997. The effects of top management team size and interaction norms on cognitive and affective conflict[J]. Journal of Management，23（4）：495-516.

Amihud Y，Lev B. 1981. Risk reduction as a managerial motive for conglomerate mergers [J]. Bell Journal of Economics，12（2）：605-617.

Andrade G，Stafford E. 2001. New evidence and perspectives on mergers[J]. Journal of Economic Perspectives，15（2）：103-120.

Andrade G，Stafford E. 2004. Investigating the economic role of mergers[J]. Journal of Corporate Finance，10（1）：1-36.

Arye L，Fried J M，Bebchuk L，et al. 2004. Pay without performance[J]. Personnel Psychology，20（3）：5-24.

Aw M S B，Chatterjee R A. 2004. The performance of UK firms acquiring large cross-border and domestic takeover targets[J]. Applied Financial Economics，14（5）：337-349.

Baker M，Wurgler J. 2002. Market timing and capital structure[J]. Journal of Finance，57（1）：1-32.

Bantel K A，Jackson S E. 1989. Top management and innovations in banking：does the composition of the top team make a difference? [J]. Strategic Management Journal，10（S1）：107-124.

Barker Ⅲ V L，Mueller G C. 2002. CEO characteristics and firm R&D spending[J]. Management Science，48（6）：782-801.

Beamish P W，Delios A. 2005. Symposium on selling China：foreign direct investment during the reform era-selling China：looking back and looking forward[J]. Management & Organization Review，1（2）：309-313.

Bebchuk L A，Cremers K J，Peyer U C. 2011. The CEO pay slice[J]. Journal of Financial Economics，102（1）：199-221.

Bebchuk L A，Fried J M. 2005. Pay without performance：the unfulfilled promise of executive compensation[J]. Social Science Electronic Publishing，83（4）：721-724.

Berle A A，Means G C. 1930. Corporations and the public investor[J]. American Economic Review，20（1）：54-71.

Brown R，Sarma N. 2007. CEO overconfidence，CEO dominance and corporate acquisitions[J]. Journal of Economics and Business，59（5）：358-379.

Camelo-Ordaz C，Hernández-Lara A B，Valle-Cabrera R. 2005. The relationship between top management teams and innovative capacity in companies[J]. Journal of Management Development，24（8）：683-705.

Carlsson G, Karlsson K. 1970. Age, cohorts and the generation of generations[J]. American Sociological Review, 35（4）: 710-718.

Carpenter M A, Geletkanycz M A, Sanders W G. 2004. Upper echelons research revisited: antecedents, elements, and consequences of top management team composition[J]. Journal of Management, 30（6）: 749-778.

Certo S T, Lester R H, Dalton C M, et al. 2006. Top management teams, strategy and financial performance: a meta-analytic examination[J]. Journal of Management Studies, 43（4）: 813-839.

Chang S. 1998. Takeovers of privately held targets, methods of payment, and bidder returns[J]. The Journal of Finance, 53（2）: 773-784.

Chen J, Ezzamel M, Cai Z. 2011. Managerial power theory, tournament theory, and executive pay in China[J]. Journal of Corporate Finance, 17（4）: 1176-1199.

Cheng L T W, Leung T Y. 2004. A comparative analysis of the market-based and accounting-based performance of diversifying and non-diversifying acquisitions in Hong Kong[J]. International Business Review, 13（6）: 763-789.

Chikh S, Filbien J Y. 2011. Acquisitions and CEO power: evidence from French networks[J]. Journal of Corporate Finance, 17（5）: 1221-1236.

Claessens S, Djankov S, Fan J P H, et al. 2002. Disentangling the incentive and entrenchment effects of large shareholdings[J]. The Journal of Finance, 57（6）: 2741-2771.

Claessens S, Djankov S, Lang L H P. 2000. The separation of ownership and control in East Asian corporations[J]. Journal of Financial Economics,（58）: 81-112.

Datta D K. 1991. Organizational fit and acquisition performance: effects of post-acquisition integration[J]. Strategic Management Journal, 12（4）: 281-297.

Diamond D W. 1989. Reputation acquisition in debt markets[J]. Journal of Political Economy, 97（4）: 828-862.

Edwards J S S, Weichenrieder A J. 2009. Control rights, pyramids, and the measurement of ownership concentration[J]. Social Science, 72（1）: 489-508.

Elenkov D S, Judge W, Wright P. 2005. Strategic leadership and executive innovation influence: an international multi-cluster comparative study[J]. Strategic Management Journal, 26（7）: 665-682.

Elsas R, Flannery M J, Garfinkel J A. 2014. Financing major investments: information about capital structure decisions[J]. Review of Finance, 18（4）: 1341-1386.

Faccio M, Masulis R W. 2005. The choice of payment method in European mergers &

acquisitions[J]. Journal of Finance, 60（3）: 1345-1388.

Fama E F, Jensen M C, Fama E F, et al. 1983. Separation of ownership and control[J]. Journal of Finance, 26（2）: 301-325.

Finkelstein S, Hambrick D C. 1990. Top-management-team tenure and organizational outcomes: the moderating role of managerial discretion[J]. Administrative Science Quarterly, 35（3）: 484-503.

Firth M. 1980. Takeovers, shareholder returns, and the theory of the firm[J]. Quarterly Journal of Economics, 94（2）: 235-260.

Fishman M J. 1989. Preemptive bidding and the role of the medium of exchange in acquisitions[J]. The Journal of Finance, 44（1）: 41-57.

Flannery M J, Rangan K P. 2006. Partial adjustment toward target capital structures[J]. Journal of Financial Economics, 79（3）: 469-506.

Flood P C, Fong C M, Smith K G, et al. 1997. Top management teams and pioneering: a resource based view[J]. International Journal of Human Resource Management, 8（3）: 291-306.

Fraser S, Greene F J. 2006. The effects of experience on entrepreneurial optimism and uncertainty[J]. Economica, 73（290）: 169-192.

Friedman E, Johnson S, Mitton T. 2003. Propping and tunneling[J]. Journal of Comparative Economics, 31（4）: 732-750.

Ginsberg A. 1990. Connecting diversification to performance: a sociocognitive approach[J]. Academy of Management Review, 15（3）: 514-535.

Grabke-Rundell A, Gomez-Mejia L R. 2002. Power as a determinant of executive compensation[J]. Human Resource Management Review, 12（1）: 3-23.

Grinstein Y, Hribar P. 2004. CEO compensation and incentives: evidence from M&A bonuses[J]. Journal of Financial Economics, 73（1）: 119-143.

Grossman S J, Hart O D. 1983. An analysis of the principal-agent problem[J]. Econometrica, 51（1）: 7-45.

Grossman S J, Hart O D. 1987. One share-one vote and the market for corporate control[J]. Journal of Financial Economics, 20（1~2）: 175-202.

Gugler K, Mueller D C, Yurtoglu B B, et al. 2003. The effects of mergers: an international comparison[J]. International Journal of Industrial Organization, 21（5）: 625-653.

Hambrick D C, Mason P A. 1984. Upper echelons: the organization as a reflection of its top managers[J]. Academy of Management Review, 9（2）: 193-206.

Kim E H, Lu Y. 2011. Is chief executive officer power bad?[J]. Asia - Pacific Journal of Financial

Studies，40（4）：495-516.

Hansen R G. 1987. A theory for the choice of exchange medium in mergers and acquisitions[J]. Journal of Business，60（1）：75-95.

Harford J，Klasa S，Walcott N. 2009. Do firms have leverage target? Evidence from acquisitions[J]. Journal of Financial Economics，93（1）：1-14.

Harrison D A，Klein K J. 2007. What's the difference? Diversity constructs as separation，variety，or disparity in organizations[J]. Academy of Management Review，32（4）：1199-1228.

Hart O，Grossman S. 1986. The costs and benefits of ownership：a theory of vertical and lateral Integration[J]. Journal of Political Economy，94（4）：691-719.

Hayes R H，Abernathy W J. 2007. Managing our way to economic decline[J]. Harvard Business Review，61（7）：67-77.

Henderson V. 2010. Is corporate control effective when managers face investment timing decisions in incomplete markets?[J]. Journal of Economic Dynamics & Control，34（6）：1062-1076.

Hoskisson R E，Hitt M A. 1990. Antecedents and performance outcomes of diversification：a review and critique of theoretical perspectives[J]. Journal of Management，16（2）：461-509.

Hovakimian A，Opler T C，Titman S. 2001. The debt-equity choice：an analysis of issuing firms[J]. Journal of Financial and Quantitative Analysis，36（1）：1-24.

Jaw Y L，Lin W T. 2009. Corporate elite characteristics and firm's internationalization：CEO-level and TMT-level roles[J]. The International Journal of Human Resource Management，20（1）：220-233.

Jensen M C. 1993. The modern industrial revolution，exit，and the failure of internal control systems[J]. Journal of Finance，48（3）：831-880.

Jensen M C，Meckling W H. 1976. Theory of the firm：managerial behavior，agency costs and ownership structure [J]. Journal of Financial Economics，3（4）：305-360.

Jensen M C，Ruback R. 1983. The market for corporate control：the scientific evidence[J]. Journal of Financial Economics，（11）：5-50.

Jensen M C，Zajac E J. 2004. Corporate elites and corporate strategy：how demographic preferences and structural position shape the scope of the firm[J]. Strategic Management Journal，25（6）：507-524.

Jiang F，Zhu B，Huang J. 2013. CEO's financial experience and earnings management[J]. Journal of Multinational Financial Management，23（3）：134-145.

Johanson J，Vahlne J E. 1977. The internationalization process of the firm—a model of knowledge development and increasing foreign market commitments[J]. Journal of International Business

Studies，8（1）：23-32.

Johnson S，Porta R L，Shleifer A. 2000. Tunneling[J]. American Economic Review，90（2）：22-27.

Kamien M I，Schwartz N L. 1972. Uncertain entry and excess capacity[J]. The American Economic Review，62（5）：918-927.

Katz R. 1982. The effects of group longevity on project communication and performance[J]. Administrative Science Quarterly，27（1）：81-104.

Khan M，Watts R L. 2009. Estimation and empirical properties of a firm-year measure of accounting conservatism[J]. Journal of Accounting and Economics，48（2）：132-150.

Khanna N，Tice S. 2001. The bright side of internal capital markets[J]. Journal of Finance，56（4）：1489-1528.

Kimberly J R，Evanisko M J. 1981. Organizational innovation：the influence of individual，organizational，and contextual factors on hospital adoption of technological and administrative innovations[J]. Academy of Management Journal，24（4）：689-713.

Kirkley J，Paul C J M，Squires D. 2002. Capacity and capacity utilization in common-pool resource industries[J]. Environmental & Resource Economics，22（1~2）：71-97.

Korajczyk R A，Lucas D J，McDonald R L. 1991. The effect of information releases on the pricing and timing of equity issues[J]. Review of Financial Studies，4（4）：695-708.

La Porta R，Lopez-de-Silanes F，Shleifer A. 1999. Corporate ownership around the world[J]. Journal of Finance，54（2）：471-517.

Lang L H P，Stulz R M. 1994. Tobin's Q，Corporate diversification and firm performance[J]. Journal of Political Economy，102（6）：1248-1280.

Lant T K，Milliken F J，Batra B. 1992. The role of managerial learning and interpretation in strategic persistence and reorientation：an empirical exploration[J]. Strategic Management Journal，13（8）：585-608.

Lewellen W，Loderer C，Rosenfeld A. 1985. Merger decisions and executive stock ownership in acquiring firms[J]. Journal of Accounting & Economics，7（1~3）：209-231.

Lewellen W G，Huntsman B. 1970. Managerial pay and corporate performance[J]. American Economic Review，60（4）：710-720.

Luedi T. 2008. China's track record in M & A：China's companies are expanding the focus of their outbound M&A，but so far they have struggled to create value[J]. Mckinsey Quarterly，（3）：75.

Malmendier U，Tate G. 2008. Who makes acquisitions? CEO overconfidence and the market's reaction[J]. Journal of Financial Economics, 89（1）: 20-43.

Martin K J. 1996. The method of payment in corporate acquisitions, investment opportunities, and management ownership[J]. Journal of Finance, 51（4）: 1227-1246.

Michel J G, Hambrick D C. 1992. Diversification posture and top management team characteristics[J]. Academy of Management Journal, 35（1）: 9-37.

Miller D T, Ross M. 1975. Self-serving biases in the attribution of causality: fact or fiction?[J]. Psychological Bulletin, 82（2）: 213-225.

Moeller S B, Schlingemann F P, Stulz R M. 2005. Wealth destruction on a massive scale? A study of acquiring-firm returns in the recent merger wave[J]. The Journal of Finance, 60（2）: 757-782.

Morse A, Nanda V, Seru A. 2011. Are incentive contracts rigged by powerful CEOs? [J]. The Journal of Finance, 66（5）: 1779-1821.

Mueller D C. 1969. A theory of conglomerate mergers[J]. The Quarterly Journal of Economics, 83（4）: 643-659.

Otten J A, Heugens P P M A R. 2008. The managerial power theory of executive pay: a cross national test and extension[J]. Academy of Management Annual Meeting Proceedings,（1）: 1-6.

Ozkan A. 2001. Determinants of capital structure and adjustment to long run target: evidence from UK company panel data[J]. Journal of Business Finance & Accounting, 28（1~2）: 175-198.

Pegels C, Yang B. 2000. Top management team impact on strategic assets accumulation capabilities[J]. Management Decision, 38（10）: 694-710.

Roll R. 1986. The hubris hypothesis of corporate takeovers[J]. Journal of Business, 59（2）: 197-216.

Ross S A. 1973. The economic theory of agency: the principal's problem[J]. The American Economic Review, 63（2）: 134-139.

Sambharya R B. 2015. Foreign experience of top management teams and international diversification strategies of US multinational corporations[J]. Strategic Management Journal, 17（9）: 739-746.

Schwert G W. 1996. Markup pricing in mergers and acquisitions[J]. Journal of Financial Economics, 41（2）: 153-192.

Shipilov A, Danis W. 2006. TMG social capital, strategic choice and firm performance[J]. European Management Journal, 24（1）: 16-27.

Shleifer A, Vishny R W. 1997. A survey of corporate governance[J]. Journal of Finance, 52（2）:

737-783.

Simons T, Pelled L H, Smith K A. 1999. Making use of difference: diversity, debate, and decision comprehensiveness in top management teams[J]. Academy of Management Journal, 42（6）: 662-673.

Singh M, Mathur G, Etebari A. 2001. An empirical examination of the trend and performance implications of business diversification[J]. Journal of Business & Economic Studies, （2）: 25-51.

Stevens J M, Beyer J M, Trice H M. 1978. Assessing personal, role, and organizational predictors of managerial commitment[J]. Academy of Management Journal, 21（3）: 380-396.

Stulz R M. 1990. Managerial discretion and optimal financing policies [J]. Journal of Financial Economics, 26（1）: 3-27.

Sutcliffe K M. 1994. What executives notice: accurate perceptions in top management teams[J]. Academy of Management Journal, 37（5）: 1360-1378.

Tihanyi L, Ellstrand A E, Daily C M, et al. 2000. Composition of the top management team and firm international diversification[J]. Journal of Management, 26（6）: 1157-1177.

Titman S, Tsyplakov S. 2007. A dynamic model of optimal capital structure[J]. Review of Finance, 11（3）: 401-451.

Titman S, Wessels R. 1988. The determinants of capital structure choice[J]. Journal of Finance, 43（1）: 1-18.

Travlos N G. 1987. Corporate takeovers bids, method of payment, and bidding firms' stock return[J]. Journal of Finance, 42（4）: 943-963.

Uysal V B. 2011. Deviation from the target capital structure and acquisition choices[J]. Journal of Financial Economics, 102（3）: 602-620.

Varaiya N P, Ferris K R. 1987. Overpaying in corporate takeovers: the winner's curse[J]. Financial Analysts Journal, 43（3）: 64-70.

Vermaelen T, Xu M. 2014. Acquisition finance and market timing[J]. Journal of Corporate Finance, 25（2）: 73-91.

Wansley J W, Yang H C. 1983. Abnormal returns to acquired firms by type of acquisition and method of payment[J]. Financial Management, 12（3）: 276-299.

Weinstein N D. 1980. Unrealistic optimism about future life events[J]. Journal of Personality & Social Psychology, 39（5）: 806-820.

Welch I. 2004. Capital structure and stock returns[J]. Journal of Political Economy, 112（1）: 106-132.

Wiersema M F, Bantel K A. 1992. Top management team demography and corporate strategic change[J]. Academy of Management Journal, 35（1）: 91-121.

Wu L Z, Wei L Q, Lau C M. 2010. TMT educational and functional background diversity, team mechanisms and firm performance: the moderating role of CEO empowering leadership[J]. Academy of Management Annual Meeting Proceedings, （1）: 1-6.

Yim S. 2013. The acquisitiveness of youth: CEO age and acquisition behavior[J]. Journal of Financial Economics, 108（1）: 250-273.